◉诉讼法学文库 2011（4）
总主编　樊崇义

渎职罪定罪事实暨证据研究

A Study on the Convicted Facts and Evidence of Crimes of Dereliction of Duty

魏颖华　著

中国人民公安大学出版社
·北　京·

图书在版编目（CIP）数据
读职罪定罪事实暨证据研究/魏颖华著. —北京：中国人民公安大学出版社，2011.1
（诉讼法学文库／樊崇义主编）
ISBN 978-7-5653-0302-9
I. ①渎… II. ①魏… III. ①渎职罪-定罪-研究-中国 IV. ①D924.393.4
中国版本图书馆 CIP 数据核字（2011）第 009848 号

诉讼法学文库

渎职罪定罪事实暨证据研究

魏颖华 著

出版发行：中国人民公安大学出版社
地　　址：北京市西城区木樨地南里
邮政编码：100038
经　　销：新华书店
印　　刷：北京泰锐印刷有限责任公司

版　　次：2011 年 1 月第 1 版
印　　次：2011 年 1 月第 1 次
印　　张：19.75
开　　本：787 毫米×1092 毫米　1/16
字　　数：355 千字

书　　号：ISBN 978-7-5653-0302-9
定　　价：48.00 元

网　　址：www.cppsup.com.cn　www.porclub.com.cn
电子邮箱：zbs@cppsup.com　zbs@cppsu.edu.cn

营销中心电话：010-83903254
读者服务部电话（门市）：010-83903257
警官读者俱乐部电话（网购、邮购）：010-83903253
法律图书分社电话：010-83905745

“诉讼法学文库” 总序

诉讼法制是现代法治的重要内容和标志之一，也是依法治国的重要保障。我国法制建设的历程已经证明，诉讼制度是否健全与完善，直接决定着实体法律的实际效力：没有相应的诉讼制度作为依托，实体权利只能是“镜中花、水中月”；没有完善的诉讼制度予以保障，实体法律将无法如其所愿地实现其追求的立法目的。更为重要的是，诉讼法制的完善程度如何，还直接反映和体现着一个国家、一个民族进步、文明、民主和法治的程度，是区分进步与落后、民主与专制、法治与人治、文明与野蛮的标志。在现代法治国家，诉讼制度作为法治的一个重要环节，受到了前所未有的重视。美国联邦最高法院法官威廉·道格拉斯曾谈道，“权利法案的大多数规定都是程序性条款，这一事实绝不是无意义的。正是程序决定了法治与恣意的人治之间的基本区别”。①

我国 1999 年宪法修正案正式确立了“依法治国，建设社会主义法治国家”的治国方略，为推进我国社会主义民主、法制建设，完善我国司法体制，提出了新的纲领和目标。而社会主义市场经济的初步发展则培育了公众的权利观念，并由此对司法公正提出了更高的要求。在此大背景下，通过增设新的诉讼制度以充实公民实体权利的实现途径，通过完善现行诉讼制度以保障实体法律的公正实施，从而推进依法治国，加快社会主义民主与法制建设的步伐，已经成为我国法治建设的关键所在。

诉讼制度的构建，与人们对诉讼原理的认识和把握有着密切的关系。诉讼原理是人类在长期的诉讼实践中，在大量经验教训的基础上总结出来的、对有关诉讼活动的规律性认识。诉讼原理在诉讼制度的构建及运作中发挥着高屋建瓴的作用。只有正确认识和准确把握诉讼原理，才能构建较为完善的诉讼制度，才能推动诉讼活动向良性运作的状态发展。我国在改革与完善诉讼法律制度时，对于人类经过长期理论与实践探索获得的原理性认识，不能不予以重视，也不能不认真加以借鉴、吸收。

我国诉讼的立法和实践曾十分严重地受到“左”倾思潮和法律虚无主义

① 转引自季卫东：《法律程序的意义》，载《比较法研究》总第 25 期。

的影响，诉讼规律和诉讼原理长期被忽视、被冷落。由此造成的后果之一：司法机关和诉讼制度的功能被狭隘化。例如，刑事司法机关和刑事诉讼法律仅仅被视为镇压敌人、惩罚犯罪并通过镇压敌人、惩罚犯罪来维护社会秩序的功能单一的工具，忽视了司法机关和诉讼法制所具有的制约国家权力使之不被滥用和保护包括犯罪嫌疑人、被告人在内的公民基本人权的作用，忽视了刑事诉讼所具有的独立品格和价值。对诉讼原理、诉讼规律认识的片面和浅陋，已经严重地制约了我国诉讼法制发展的步伐，而且直接对公正、文明地进行诉讼活动产生了非常消极的影响。要扭转这一局面，必须在宏观法律观念上作一个大的转变，同时大力借鉴、吸收法治发达国家丰富的研究成果和宝贵的实践经验，加强对诉讼原理、诉讼规律的研究。

对诉讼原理的正确认识是诉讼立法科学化的前提条件。正确把握诉讼原理，可以帮助我们全面地认识司法机关的功能，并对各种不同的诉讼模式及规则进行正确的取舍，从而在一定的诉讼原理的指导下构建更为科学和更适合“本土资源”的诉讼模式及规则。由此制定的法律，将具有更强的民主性、文明性和科学性。反之，如果不能正确把握诉讼原理，对于存在着内在价值冲突的各种可供选择的立法方案就可能难以作出正确的选择，立法活动就可能要多走许多弯路，甚至要付出沉重的代价。

对诉讼原理的正确认识对于司法活动同样具有重要的积极价值。对诉讼原理的正确把握可以在一定程度上弥补立法的不足。法律永远是抽象的。要将抽象的法律适用于具体的案件，就必须有科学的观念作为指导。对基本诉讼原理的正确认识，将有利于指导人们对司法活动中必然存在的种种法律适用问题作出科学的解释，从而使法律文本本身存在的不足得到补救。在现代社会，由于法律的稳定性与现实生活千变万化之间的落差只能通过赋予司法人员自由裁量权的途径予以调和，所以对基本诉讼原理的认识，还直接决定着司法人员在行使法律赋予的自由裁量权时，能否作出符合公正标准的决定或者裁判。

要贯彻“依法治国，建设社会主义法治国家”的治国方略，保障诉讼活动的公正进行，也必须认真研究诉讼原理，把握诉讼规律。当前，我国已有不少学者开始探索一些诉讼原理性的问题，如诉讼法律观、诉讼法哲学、诉讼目的、诉讼职能、诉讼价值、诉讼法律关系等，并已取得了一定的研究成果，这有力地推动了人们法律观念的变化，并对立法和司法活动发挥着积极的影响作用。但总的来看，我国诉讼法学界对诉讼原理问题的研究距离立法、司法实践的需求还有很大差距，还需要继续深入。尤其是现有的研究成果一般只是就诉讼的某一方面进行探讨，缺乏对一般性诉讼原理的全面和系统的探讨。因此，随着我国法治进程的推进，探讨一般性诉讼原理已经成为我国诉讼法学界必须研究的课题。

为吸引更多的诉讼法学者致力于诉讼原理的研究，同时也为了能够促使诉讼原理研究及时对立法、司法、学理研究等多个领域产生积极的影响，并对司法实践工作有所帮助，中国政法大学诉讼法学研究中心特意组织力量进行此项题为"诉讼法学文库"的大型丛书的编辑出版工作。"诉讼法学文库"是中心的一项长期出版项目，面向国内外专家、学者开放，凡以诉讼原理、诉讼规律为内容且有新意、有深度、有分量的专著、译著，以及对公安、司法工作有指导意义，对立法工作有参考价值的其他诉讼法学著作均可入选。

"诉讼法学文库"自 2001 年面世以来，得到了诉讼法学界专家、学者、实务工作者的热情支持，现已出版发行专著 60 多部，这些成果深受广大读者的青睐，已有多部著作获省部级以上的奖励，在这里特向广大读者和作者致以诚挚的谢意！由于编辑工作的需要，该文库从 2006 年起，每年以入选先后另行排序。特此说明。

中国政法大学诉讼法学研究中心名誉主任

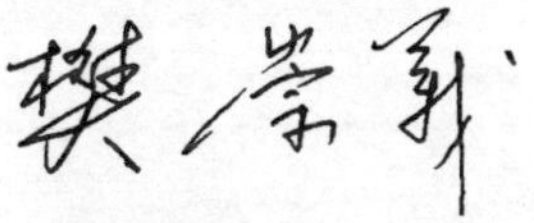

2007 年元月于北京

序　言

颖华检察官是我于 2006 年至 2009 年间在北京师范大学刑事法律科学研究院指导的第一届博士生。三年来，作为她的指导老师，我清晰地目睹了她在学术道路上的付出和成长。今夏，当颖华在她博士毕业一周年之际，告诉我她的博士论文拟由中国人民公安大学出版社出版（书名为《渎职罪的定罪事实暨证据研究》）并诚邀我作序时，我非常高兴。

透过任何一个研究主题总能管窥到特定时期的社会图景。这篇论文的选题时间是在 2007 年。那一年有两件堪称典型的年度事件，一件是我国第一部全面、系统地规范行政惩戒工作的专门行政法规《行政机关公务员处分条例》于当年 6 月 1 日起实施，以规范行政机关公务员的行为，促进行政机关及其公务员勤政廉政，依法履行职责；第二件是居于 2007 年十大典型腐败案之首的郑筱萸受贿、玩忽职守案。2007 年 6 月 22 日，北京市高级人民法院作出终审判决，以受贿罪、玩忽职守罪判处国家食品药品监督管理局原局长郑筱萸死刑，剥夺政治权利终身。这两起法治事件是转型时期国家管理者期望借助严格治吏、加强社会管理的现实缩影。伴随中国经济的发展，中国社会进入转型期，信息技术的进步和全球普及，经济科技的更新与变革，牵动包括社会体制、社会秩序、社会行为方式和社会心理等各个领域、各个层面、各个范畴的深刻变动，各种积存的、新生的矛盾被纷纷荡起，成为社会发展中的显性问题。毫无疑问，各类矛盾叠加对国家管理社会的能力和水平形成了多元挑战。公职人员作为国家权力运行的执行者、国家意志的实现者，能否正确行使权力、履行职责与国家政权地位的巩固、社会的安定有序息息相关。而刑法关于渎职罪的规定为这类群体履行公职的行为划定了一条高压线，逾越边界则可能被纳入刑法评价的范畴。在此意义上，本书选题是有相当的现实意义的。

在内容上，本书有三大特色：

一是注重体现研究对象的标本价值。虽以“渎职罪”为研究对象，但作者没有“就题论题”，局限于研究对象本身，而是“借题发挥”，始终以更大的思考格局，在更开阔的思维视野下，聚焦主题，并努力将对单个类罪的研究成果拓展到更为广阔的学术领域，通过应用视野下的动态视角，兼容处于实体、程序、方法等不同层面但相互叠加的共通性问题。以渎职罪为研究对象，不仅在于其当下所具有的社会意义，也在于本罪构成要件的特殊性及其对传统刑法理论带来的挑战。本书以 1997 年刑法规定为基础，在法定犯语境下，结合司法实践中的各种现实问题展开对渎职罪构成要件的研究，揭示出渎职罪主体“内涵（即为渎职罪客体所决定的该罪主体的本质属性）不变、外延（即指符合主体本质属性的人员外在的各种社会身份）边界不确定”的典型特征；主观方面的研究则触及对以刑法规定为代表的传统罪过理论关于犯罪故意与过失的判断标准的反思；客观方面关于渎职行为双重违法性的判断揭示了渎职犯罪界定责任的关键在于刑法之外与涉案职责有关的相关规范。此外，对因果关系的研究也是本书的重点。法定犯因果关系的成立是价值判决的结果，有别于故意杀人、故意伤害等自然犯物理意义上的因果逻辑。正是在上述意义上，对渎职罪的研究，不仅对于整个公职犯罪，而且对于法定犯罪都具有标本意义。其自身的理论价值具有“以点带面”的辐射效应，而非限于渎职罪本身。

二是注重实践性。本书对渎职罪的研究定位在“应用”层面。首先，在研究理念上，如导论所言，在对事物本质的分析及规律的把握上秉承“一体化”的理念，强调“融通”；在具体应用中——认识角度和应用方式上——突出“个性”，用符合这类犯罪特性的方式确立应用中的形式意义上的运作规则；其次，在研究内容上，“应用研究”成为贯通始终的一条主线，“定罪视角下对渎职罪的应用研究是通过两个步骤完成的，第一步是在法律文本的框架内，研究渎职罪的定罪要素。通过对各定罪要素涉及理论及实务问题的分析、论证、归纳、整合，梳理出各定罪要素的核心要点和本质特征，从中找出规律并提炼、总结出应用于实务中的司法判断模块或证明方案，实现应用成果的转化；第二步是在司法实践的场景中，将第一步的研究成果纳入诉讼程序，在诉讼环境中，结合渎职罪的个罪特征，按审理案件的逻辑思维顺序，总结案件事实的审查分析方法及司法判断依据体系，并从中沉淀出具有一般启发意义的刑法应用的观念或方法。在这条主脉上，从法律规定到实践反馈，从对已有学说观点的梳理到对主张论点的论证，从多视角的分析归纳到规律的发现与规则的总结，从规则的提出到将之具体化为可操作的判断模式或证明方案，从实体研究到诉讼检验并借助诉讼实践，遵循逻辑思维顺序对应用方法的梳理，从个罪应用方法的归纳抽象、提升到具有普遍意义的应用理念的总结，完成了从个别到一般、从现象到本质、从分散到系统、从理论到实务、从观点到方法这样一个循序论证、系统归纳、实践检验的规律性的应用研究过程。

三是注重研究逻辑的严谨性。本书结构安排层次清晰、研究布局设计科学，通过立法考察的宏观背景和对研究主题基本问题的梳理，界定了研究边界、明确了研究的基本范畴。在此基础上，以作为渎职罪核心概念的“公务职责”为主线，依次展开对渎职罪各定罪要素从理论到实践、从规范到证明的不同层次的研究，继而又以刑事诉讼法“以事实为根据，以法律为准绳”为框架，分别研究了从案件事实的审查、法律依据、政策参照等体现审查案件过程的阶段性要素。整个思考格局、研究设计具有鲜明的立体特色，既展示了有序、递进地发现问题、分析问题、论证方案的研究过程，又使研究内容严格遵循并充分体现司法运作的过程和规律。

当然，本书也有需要补充、完善的内容，有需要深入思考、充分论证的地方。理论深度还需精进，研究内容还有欠缺，比如，渎职罪中的一个很重要的问题“危害结果”在本书中并未涉及等。既然选择了这一研究领域，我希望作者能继续这一主题的研究，不断丰富、完善研究成果，为刑法事业尽能力所及作出更多贡献！

相信颖华一定能够做到！不只是因为三年来我对她的观察，也基于她本人的经历。颖华检察官从检十二年。十二年间她曾当选全国优秀公诉人、河南省“百优女检察官”，曾被评为“郑州市十大杰出女性”。已有的收获勾勒出她成长的足迹，作为她的导师，我会继续关注她的成长，相信无论是实务工作，还是学术研究，她都会认真对待、全力以赴，也希望读者能够开卷有益！

储槐植于北大承泽园

2010年8月18日

目　　录

导　论

一、一个“二合一”的选题

对个罪的关注首先源于它的社会影响，其次在于其本身的某种个性特征包含的法律价值在刑法理论更新、进化过程中具有的重要意义。渎职罪正是这样一类犯罪。对渎职罪的关注源于其突出的社会价值和独特的理论价值。

关于社会价值。渎职罪的社会价值主要是通过其严重的社会危害性和具有战略意义的一般预防功能两个方面体现出来的。渎职罪是具有国家公职的人员滥用职权或玩忽职守，侵害国家管理秩序、危害国家执政能力，致使公共财产、国家和人民利益遭受重大损失的犯罪。在此意义上，其危害是宏观的、全局性的，严重威胁到国家生存、发展的根基。具体到社会生活中，这类被称为“不落腰包的犯罪”常被认为是“好心办坏事、失误难免”、“交学费”或者“花钱买教训”，因而造成“不把违法当违法、不拿犯罪当犯罪”的现象相当普遍。在感情上，与贪官相比，渎职者似乎可以得到更多的宽容。然而，与贪污贿赂犯罪相比，渎职犯罪给社会造成的危害后果惊人。据统计，检察机关2003年至2007年查办的各类渎职犯罪，给国家造成直接经济损失高达357.3亿元。① 2008年1月至7月，在检察机关开展的查办危害能源资源和生态环境渎职犯罪专项行动中，据统计，这些案件共造成971人死亡、120人重伤，经济损失13亿余元。② 今天，渎职犯罪的“危害能力”和“发案频率”已远非昔日人们观念中的“好心办坏事”、“人民内部矛盾”的渎职犯罪所能比拟！而且，许多渎职犯罪已不再是唱“独角戏”了，而是与其他类型的犯罪紧密相连，或承上启下或互为因果，尤其是与贪贿犯罪，二者常常如影随形、密切交织，使公权与私利紧紧咬合在一起。这种“合成”的职

---

① 李薇薇：《渎职犯罪：“六大表现”严重危害社会》，载《人民日报》2007年5月23日，第13版。

② 《从“法纪检察”到“反渎职侵权”》，载《检察日报》2008年9月18日，第4版。

务犯罪的危害能力远远大于单独犯罪所形成的危害后果，它们以一种“规模犯罪”的面目严重挑衅、威胁、侵害着政府的公信力、执政力乃至国家制度的根基！毫无疑问，在社会迅速转型、现代化程度越来越高、社会管理高度复杂、国际竞争尤为激烈的今天，高度关注、有效打击渎职犯罪这一严重危及国家管理能力和政权根基的犯罪当属刑法的时代使命！正如有学者所言，贪官固然应该严惩，昏官、庸官、懒官、恶官也应该受到追究。对国家机关运用权力的错位、越位、不到位等不正确行使权力行为，必须进行监督。①正因为如此，打击此类犯罪是维护广大人民利益的一项“民心工程”，是维护社会稳定和构建和谐社会的重要途径。其意义关系到整个宪政的健康发展和运行，同时，具体到刑事领域，其也是国家同犯罪作斗争的力量和效果的基本保证。不能正确地适用法律，就不能有效地惩治犯罪。如果说，鉴于渎职犯罪的主体是国家机关工作人员，基于以德治国、对其加强道德教育树立的是反渎职犯罪的思想屏障，不断加强制度建设、健全体制、严堵漏洞树立的是反渎职犯罪的制度屏障，那么，探究渎职犯罪的规律和特性，深入研究此类犯罪的构成特征，以准确认定事实、界定行为性质，作出公正、合理的法律评价，则是在反渎职举措中构建的刑法屏障！

法律实施的方式要考虑到潜在违法者（prospective violators）的特征。②渎职罪的潜在违法者身份特殊，他们是国家权力的具体执行者，国家意志、国家管理社会的目标和功能的实现都是通过这些“官员”分别行使各自公共职权、履行相应的权力职责来实现的。每一个渎职罪个案的判决，都相当于一个国家“治官”的“反面管理案例”，应当通过判决使掌握国家权力的执行者慎重对待权力，并知道何样的行为将会导致何样的后果。在此意义上，深入研究渎职罪具有决策参考价值。

关于理论价值。研究渎职罪的理论价值主要源于该类犯罪构成要素的特殊性。一般存在于特殊之中。特殊性所提供的研究视点将为丰富刑法理论提供具有标本意义的素材。渎职罪是法定犯，因此，对其构成要件的解读必须在法定犯的语境中进行：渎职罪主体刑事责任能力相比自然犯而具有的以一定的公务职责为内容的附加的内涵，权力来源的多元性决定了主体身份表现形式的多样性，且一系列反映社会职能分工等变化的立法及司法解释使渎职

---

① 《从“法纪检察”到“反渎职侵权”》，载《检察日报》2008年9月18日，第4版。

② ［美］E. H. 萨瑟兰：《白领犯罪》，赵宝成、徐静磊、胡旭、于国旦译，中国大百科全书出版社2008年版，第69页。

罪主体呈现出“外延边界不确定”的特征；主观方面对滥用职权罪过形式的争议及由此而触及的对以刑法规定为代表的传统罪过理论对犯罪故意与过失判断标准的反思；客观行为难以用作为或不作为来形式地划分滥用职权和玩忽职守这两种渎职罪的基本类型，且行为具有的双重违法性使对责任判断的法律依据延及刑法之外的相关规范；刑法因果关系的判断规则无法用基于物理作用的自然犯因果原理来解释，法定犯的犯罪属性使得因果关系也如同法定犯的行为因法律规定而被贴上犯罪标签一样，充满价值判断的色彩；罪数问题尽管在《中华人民共和国刑法》（以下简称刑法）第 399 条第 4 款提供了限定条件下从一重罪定罪的处断原则，但这一规则是否具有在整个第九章“渎职罪”的规定中普遍适用的示范力？无论从刑法罪数原理还是从渎职罪社会危害性而产生的预防需要的战略考虑，立法规定造就了司法适用中对多个法律问题的反思空间，并产生寻求新的理论支撑的强烈需要。因为，对于包括新情况在内的特殊情形，如果缺少相应的理论对照，就会使得其所包含的法律问题因无法在现有的理论中找到依据而变得不典型，这种不典型的外部表现主要有两种：一是在实务上，形成诸多疑难案件。所谓疑难，“难”就难在表现形式的特殊性、个例性，与立法条文和通常理论所总结概括的典型情形不符，具有非典型性。而这正是研究此类问题的价值所在。二是在法律依据上，出现追踪犯罪现象而通过法律解释的途径对现有立法“打补丁”的现象。因此，研究“特性”问题、提供解决“特性”问题的合理解决方案，不仅有助于消解渎职罪案中的疑难问题，而且最根本的是，可以在研究问题的特殊性并对相关传统刑法理论进行反思的过程中，以新情况、新规律来更新、丰富刑法理论，实现刑法理论的与时俱进。此即研究本论题的理论和实务价值所在。无论是理论价值还是实务价值，最终都要落实在社会价值上，即能否合法、科学、合理地惩治犯罪，有效预防和遏制犯罪，造福社会。

此外，笔者作为一名公诉战线的检察官，多年的实践经历让笔者深感司法实践中方法的重要性。科学的方法无疑是提升刑法应用效率的杠杆，而方法是以观（理）念为先导的。刑法应用观念贯穿刑法理论研究和刑事司法活动始终，是法的基本价值理念、法律基本原则与刑法适用方法交汇融通的整合。它的理论价值在于解放学术思想，在时代变迁、社会发展于原本看似完善的结论之外所开辟的新的研究领域中不断吐故纳新，保持理论系统的开放性和现实适应性。它的司法价值在于在法律框架内，对刑法应用方法科学性的探索，提升高效处理案件信息及合理调配法律资源的能力，提高刑法适用效率。

对个罪的关注和对刑法理念及方法的推崇，使笔者萌生将这两个不同领域、不同属性、不同层面、不同功能的主题融合起来构筑自己论文选题的设想。两个主题之间存在的个别与一般、具体和抽象、经验与规律的宏观范畴和逻辑体系的密切联系，使这种设想成为可能，即在对渎职罪具体研究的基础上，将研究过程中涉及的应用方法抽取出来，依照诉讼规律，在审理案件的逻辑程式中将之体系化，进而对之提炼、抽象、整合，集合为具有普遍意义的刑法应用观念。这样，既完成了对个罪的研究，也实现了以个罪为视窗，对刑法应用方法和应用观念的初探。在后来的写作中，作为本书核心部分的第三章、第四章即是对上述初衷的实践。

二、本书的研究内容与结构布局

研究内容是本书的“地图”，全面展示了笔者为选题所做的各项具体工作，而结构体系的设计则是“地图”的路标，标示了笔者的研究思路和进程。

（一）研究内容

立法规定是应用的依据，因此，本书以对渎职罪的立法考察作为研究起点。

第一章“渎职罪的立法考察”在历史和世界纵横两个坐标轴构筑的视野中，分别考察、系统梳理了国内外法律关于渎职犯罪的主要文献资料，全面、客观地展示了渎职罪的立法概貌。其中，就国内立法而言，“渎职罪”是一个具有历史含义的概念，因此其含义不限于1997年刑法第九章的内容，在不同的历史阶段，其涵盖的范围有所不同，但总体上，不同历史阶段“渎职罪”含义的差别只是外延上的不同，在内涵（即基本属性）上则是基本相同的，即均为作为国家机器运行支柱的特定人员所实施的职务上或与职务有关的犯罪，在此意义上，可认为渎职罪是“治官的犯罪”。明确这一点非常重要，它是正确理解立法、解读政策、适用法律的认识起点。对国外渎职罪立法规定的借鉴，主要是观念和技术上的，具体内容上不能机械移植。因为渎职罪折射了一个国家的政治文化、国家机构设置、社会管理观念、国家权力运作机制等上层建筑的多个层面，因此，这类犯罪具有鲜明的国家特色，对许多问题的规定不单单是纯粹的刑法问题，而是有着刑法之外的深厚的政治和体制渊源，这种千丝万缕的联系决定了渎职罪立法规定对他国刑法借鉴的有限性。因此，在随后进行的定罪要素的研究中，主要立足本国刑法规定，只在检讨立法规定时才采用了比较的方法，有针对性地引入国外相关规定或先进理念。无论是纵向的历史考察，还是横向的域外管窥，任何借鉴都不是简单的移植，而是在学习中，结合本国的实际情况，有所选择、有所创新、有所发展。正如我国学者所言，学习外国的理论固然是为了借鉴，但更重要的是为了超越，借鉴而不超越，只能永远成为一个没有出息的追随者……借鉴必须与批判相结合，与创新相结合。这样，才能实现超越，站在时代的前列。①

第二章“渎职罪的基本问题”是为渎职罪刑法应用研究界定一个研究环境，搭建一个研究平台。本章分别研究了渎职罪的含义、特征、本质三个方面的基本问题。其中，通过与相关概念的辨析，揭示了渎职罪的内涵，明确了“渎职罪”这一概念在本书中的定位。在此基础上，依照认识事物的逻辑顺序，依次从“事实”、“法律”、“查办”三个不同层次的典型视角，分析归纳了渎职罪的主要特征，进而从特征中透视本质，以期从本质中把握规律，遵循规律应用法律，在应用中检视立法，并选择适合的应用方法。本章的研究进程可归纳为：概念（确定研究对象的范畴）→特点（对现象的深度分析和总结）→本质（对特点的高度提炼和概括）。

第三章“渎职罪定罪要素研究”，紧扣副标题界定的研究范围，以犯罪构成为基本框架，逐一展开对渎职罪定罪要素的研究。具体包括主体、客观行为、主观方面、因果关系的判断以及罪数问题等五个板块的内容。在系统研究各板块涉及的理论及实务问题的基础上，在现有法律框架内，根据对各定罪要素本质特征的分析，分别总结归纳出相应的司法判断模块或适用于一般情形的证明方案，完成对理论研究成果的应用转化。其中，“公务职责”是本章的核心要素。是否具有相应的岗位职责决定了认定渎职罪主体所应具有的刑事责任能力的有无，是否符合渎职罪主体资格关系行为人对其职务行为违法性的认识能力的有无。一定的岗位职责是相应刑事责任能力的标志，包含了对行为人就涉案公务事项应有认识能力和判断能力（以下笔者将之合并简称为“职业能力”）的确认。当这种对具体案件事实的职业能力和基于这种能力而在客观上的行为表现相结合时，就可以以此来判断行为人主观上有无以及有何罪过。这其中的推理路线是：一定的岗位职责→刑事责任能力→相应的客观行为→主观罪过。正是基于这样的推理过程，本书对渎职罪定罪要素的研究顺序依次列为主体、客观行为、主观方面。

---

① 何秉松：《外国刑法理论名著新著译丛》，“序”，载［美］路易斯·谢利：《犯罪与现代化》，何秉松译，罗典荣校，中信出版社 2002 年版，第 2 页。

第四章“渎职罪刑法应用方法研究”，以司法活动中审理案件的逻辑程式为基本构造，以“以事实为根据，以法律为准绳”的刑事诉讼基本原则为本章主线。围绕作为“根据”的事实，该章第一节专题研究了“渎职罪案件事实的分析方法”；围绕作为“准绳”的法律，第二节专题研究了以法律依据为主、以政策依据为辅的“认定渎职罪的司法框架”。将前文对渎职罪刑法应用研究的具体内容在观念和方法层面加以提炼、总结，形成本章第三节“渎职罪刑法应用实践对刑法应用观念的启示”。

第五章“渎职罪刑法应用研究对立法观念的启示——兼论宏观视野下对渎职罪的立法完善”，根据本书研究过程中作为应用根据的立法规定存在各类问题，比较借鉴第一章立法考察的有关资源，分别以观念启示和完善建议的方式，总结了全书应用研究在完善立法方面的成果。

每一板块的具体结构和内容安排因题制宜，同时，共同的研究主题和一致的研究目标决定了上述各个板块大都包含以下四个方面的内容：第一，立法概况，梳理对这一主题立法情况的来龙去脉，提供理解这一主题的法律依据背景；第二，总结这一主题的法律规定在司法实践具体适用中遇到的问题（没有法律依据、多种法律规定竞合或与刑法基本原理、通说理论冲突等情况）；第三，在现有法律框架内，提供司法实践中判断这一问题的证明方案，不仅包含需要证明的元素，而且当然地包含了基本的逻辑顺序；第四，根据问题提出立法建言，体现司法能动。

（二）研究思路与结构安排

1. 结构综述

第一章和第二章为概论，功能在于奠定研究基础，搭建研究平台，界定研究边界，明确研究的基本概念范畴；第三章和第四章是论文的核心内容，其中，第三章的“纲”为“公务职责”，“目”即为主体、客观行为、主观方面等定罪要素；第四章的“纲”为“以事实为根据，以法律为准绳”的刑事诉讼法的基本原则，“目”即为案件事实的审查、法律依据、政策参照等体现审查案件过程的阶段性要素。应用的研究目的与完善立法的路径选择相互交织构成贯通全书的主线。

2. 文章主脉

本书以“应用”作为研究目标和起点，同时，以“立法建议”为余论收尾。这是因为，任何理论的争鸣和探讨只有转化为立法成果，才能体现司法领域的实践价值。科学的立法规定既要有理论上的合理性，又要有实践上的可行性，其价值的实现要借助司法实践的具体应用来检验和实现。立法规定是应用的根据，立法本身的合理性决定了应用的效率。应用是研究的目标和中心，立法规定则是这个中心的根基。立法建议，既有对渎职罪刑法适用中涉及理论问题的总结，又兼顾了诉讼中的效率问题，涵盖了本书围绕“应用”研究的各个层面的核心问题，是应用研究的结晶。因此，渎职罪的刑法应用和立法完善是交织并行、贯通全书的两条主线。

（1）“应用”的主线

“应用”是本书的研究定位和基本方向。定罪视角下对渎职罪的应用研究是通过两个步骤完成的，第一步是在法律文本的框架内，研究渎职罪的定罪要素。通过对各定罪要素涉及理论及实务问题的分析、论证、归纳、整合，梳理出各定罪要素的核心要点和本质特征，从中找出规律并提炼、总结出应用于实务中的司法判断模块或证明方案，实现应用成果的转化；第二步是在司法实践的场景中，将第一步的研究成果纳入诉讼程序，在诉讼环境中，结合渎职罪的个罪特征，按审理案件的逻辑思维顺序，总结案件事实的审查分析方法及司法判断依据体系，并从中沉淀出具有一般启发意义的刑法应用的观念或方法。在这条主脉上，从法律规定到实践反馈，从对已有学说观点的梳理到对主张论点的论证，从多视角的分析归纳到规律的发现与规则的总结，从规则的提出到将之具体化为可操作的判断模式或证明方案，从实体研究到诉讼检验并借助诉讼实践，遵循逻辑思维顺序对应用方法的梳理，从个罪应用方法的归纳抽象、提升到具有普遍意义的应用理念的总结，完成了从个别到一般、从现象到本质、从分散到系统、从理论到实务、从观点到方法这样一个循序论证、系统归纳、实践检验的规律性的应用研究过程。

（2）“立法完善”的主线

“应用”是本书的基本定位，即应用刑法处理具体罪案。因此，应用的起点是“立法规定”。研究“应用”，既有实体价值的追求，即通过对具体类罪相关理论问题、实践问题的探讨、分析、论证，使得个案得到公正处理；亦有方法效率的探寻。后者对前者功能的发挥具有杠杆作用。无论哪一层面的应用研究，都必须在法律的框架下进行。立法规定既是应用的对象，更是应用的载体和依据。应用的效率在根本上取决于立法的质量。因此，尽管本书的研究主题为“渎职罪刑法应用”，但关于渎职罪的立法完善则始终是与其交织并行、贯通全书的主线。

开篇“渎职罪的立法考察”，通过国内外各类文献中对渎职这类犯罪现象林林总总规定的系统化地整理，梳理出渎职罪的历史发展脉络和世界上一些主要国家在本国政治框架内对该类犯罪的立法规定。国内立法考察，为后文进行的主题研究提供了基于立法经验的分析视角和理论支点。国外立法考察，为基于应用研究而对现有立法规定的检视提供了比较研究的立法参照。

中篇“渎职罪定罪要素研究”，在分别对各定罪要素涉及理论、实务问题分析论证的基础上，反观立法、评析利弊，对其中凸显的立法规定中存在的具体问题，有针对性地提出立法建言，是微观视角下立法完善在各定罪要素研究中的具体化。

余论“渎职罪刑法应用研究对立法观念的启示——兼论宏观视野下对渎职罪立法的完善”，在总结了通过本书主题研究对于刑事实体法在立法内容和立法技术等立法观念（方法）上的启示后，针对研究过程中验证的各定罪要素存在的具体立法问题，分别从现有法律框架之内的结构体系的调整和框架之外双轨制立法模式的构想等宏观视角，展开对渎职罪立法完善应然立场的分析和展望，同时，也呼应并完成开篇立法考察的初衷。

此外，客体在理论和观念上具有统摄意义。渎职罪的犯罪客体是渎职罪本质的刑法体现，是整个渎职犯罪研究的根基和主线，它是渎职犯罪系统中决定性的因素，对渎职罪系统的其他组成元素的分析都要回归到客体这一基本问题上，都要在客体这个平台上去探讨其相对独立的个体问题。因此，在全书的整体结构中尽管未设关于客体的独立章节，但客体的价值将贯穿各个板块，成为全部论证的基础。

本书研究内容，虽在体系上各部分相对独立，但在内容上，各部分的研究观点以接力的方式向前推进，前面的研究结论将直接用于后文的论证，成为下一部分研究工作的基础和理论前提。同时，在后文的研究中，不仅将前文已有成果付诸实践，而且，推进研究深度，并在实现新的研究目标的过程中对已有内容作出呼应。

三、本书的研究理念、创新及特色

（一）研究理念

“实践刑法学”是本书研究的基本理念和价值定位。“刑事一体化”或“整体刑法学”或“立体刑法学”的研究方法已经得到理论界的普遍认同和实践。承继这种观念的同时，本书从与上述方法宏观视角相对的微观视角展开对渎职犯罪刑法“个性”研究，即在对事物本质的分析及规律的把握上秉承“一体化”的理念，强调“融通”；在具体应用中——认识角度和应用方式上——突出“个性”，用符合这类犯罪特性的方式确立应用中的形式意义上的运作规则。

（二）创新

创新源于理念。

首先，本书创新体现在命题上。“实践刑法学”这一研究方向上的理念使笔者将目光关注于实务性较强的分则个罪和实用性较强的刑法方法，并以刑法应用为定位，将所关注的这两个命题整合为一个以个罪研究为载体，以应用研究为方向的复合式命题。

其次，本书创新表现为研究视角的多元性。视角的多元性是通过文章的结构布局体现的。本书在结构安排上是理论、实务应用和法律方法三位一体的组合，研究推进的逻辑进程体现法律的具体适用过程，在这一过程中，将刑法原理与实务运用结合、实体法与程序法结合，实现法律应用多角度、多层面的整合。视角越多，被研究对象的“附加值”就越大：在实务价值上，应用转化的方式主要是将应用原理和诉讼证据结合在一起。运用证据加以证明是应用的具体途径，也是应用的操作终端。关于证据，并非对各种证明事项的罗列，同一性质的案件案情千差万别，一劳永逸的证明清单只是一种不切实际的愿望，任何一个案件就其本身而言，都是独一无二的，在证明时都需要“量体裁衣”，根据案件的实际情况来确定具体证明事项。同时，无论案情有何不同，评价的法律依据是同一的，因此，对于同一性质的案件，其证明的核心要素是相同的。鉴于此，本书涉及证据论述的部分，强调的是各证明对象的核心要素，而没有列举详尽、繁杂的证明清单。在决策参考价值上，理论与实务的结合，不仅是法律规定与实际罪案的结合，还包括了理论研究与反渎职工作实际情况（统计分析、目标考核）的结合，是用理论研究所揭示的渎职罪的犯罪规律、应用规律，为一线反渎职工作提供科学决策、建立高效工作机制的理论参考。

最后，本书的另一个显著特色在于，紧紧围绕主题，使研究工作始终在诉讼环境中进行。具体表现在对定罪要素的研究中，在实践反馈和理论论证的基础上，总结出适用规则或证明模块；在渎职罪应用方法的研究中，沿着“以事实为根据，以法律为准绳”的审理案件基本的诉讼原则这一主线，通过诉讼中的应用实践，总结出刑法应用观念上的某些启示。

（三）特色

特色是与已有研究成果比较而言的。

1. 关于已有研究成果

笔者将有关渎职罪的研究资料大体梳理为三类：

第一类是关于渎职犯罪的专著。这类资料又可分为两种，一种是专著；

一种是学术论文。对于专著，按照写作内容和体系安排，可大体将之分为两类，一类是综合类；另一类是总则与分述结合类。综合类专著的共性特征在于，其均是以渎职罪犯罪构成要件为核心框架，针对各构成要素涉及的主要法律问题展开研究，并借此形成相关的立法建言。具体方式各有不同，有的是从刑法基本理论的角度对渎职罪的若干共性问题进行了系统研究，如贾济东所著的《渎职罪构成研究》，其将研究主题分解为概论、主体论、罪过论、行为论、结果论、因果关系论、立法完善论；有的是在总体上研究了渎职罪的犯罪构成后，将渎职罪实务应用中的疑难问题梳理出来，予以分类专题研究，如缪树权所著的《渎职罪疑难问题研究》，其先综述“渎职罪的一般理论”、“犯罪构成解析”，而后分别就“犯罪形态”、“滥用职权”、“玩忽职守”、“徇私枉法”中的疑难问题进行针对性的研究；有的是通过中外（地区）比较研究的方式，对渎职罪的概念、立法例、构成特征、犯罪形态、处罚以及具有代表性的个罪展开探讨，借助比较，以期借鉴，如蒋小燕、王安异所著的《渎职罪比较研究》。有的专著还将研究的视野从以渎职罪构成要件为本位的研究扩展到对渎职罪犯罪防控领域的研究，如张兆松等所著的《渎职犯罪的理论与实践》，其在研究了渎职罪主体、主观方面、客观方面、犯罪形态、立案标准等问题之后，专题研究了渎职犯罪的预防和控制对策。总则与分述相结合类的专著，如敬大力主编的《渎职罪》（2003 年），其详述了对刑法第九章规定的各个具体犯罪的司法适用，类似于司法实务应用手册，较少涉及对相关理论问题的深究。相关的学术论文，主要是选择某一视角就渎职罪的某一方面或某一领域中特定问题展开专题研究，如崔胜实博士的《过失渎职犯罪研究》、刘志高博士的《司法工作人员渎职犯罪基本问题研究》等。

第二类是包含渎职罪的以职务或公务犯罪为主题的上位型专著，如周振想主编的《公务犯罪研究综述》（2005 年）、张穹主编的《职务犯罪概论》（1991 年）、董鑫主编的《国家公务员犯罪及其防治》（1995 年）、孙谦主编的《国家工作人员职务犯罪研究》（1998 年）、何秉松主编的《职务犯罪的预防与惩治》（1999 年）、文盛堂所著的《反职务犯罪论略》（2005 年）等。其中涉及渎职罪的内容仅是其研究项目的组成部分。

第三类是包含部分渎职罪内容的交叉型著作，如林随安、褚玉梅所著的《行政渎职违法犯罪的认定和处理》（2001 年），李晓明所著的《行政刑法学导论》（2003）等。

从渎职罪的研究现状来看，研究主题具有单一性，即“渎职罪”。研究重点主要集中在对渎职罪犯罪构成要件的界定和立法完善等方面。研究方式主要是静态、平面式的研究，即“概况综述”（主要是立法概况、概念、特征、分类等）、“学说观点介绍与评析”、“研究结论与理由”，研究格局局限在刑法实体学的框架内，多为“理论对理论”、“学说对学说”的研究，缺乏对渎职罪刑法规定相对于规制其他犯罪的刑法规定而言，所具有的特殊性的体系化的研究。在研究过程中，虽有案例引入，但多是作为具体观点的说明，而不是将研究成果付诸实践、予以具体检验的示例。研究方法上，主要采用文本研究，兼采比较研究（历史、中外）和实证分析等方法。

2. 比较特色

本书在借鉴已有研究成果的基础上，与之相比具有以下四方面的特别之处：

第一，定位不同。已有研究针对的是“渎职罪”这一单一主题，尽管也涉及实务内容，但仅仅是作为定罪要素涉及理论问题结合具体实践问题的延伸，体系上仍属于理论争议之下某种理论立场的佐证。而本书的定位是“应用”。因此，在对渎职罪基本理论及实务问题研究的基础上，均系统总结出符合渎职罪基本规律和各定罪要素本质特征的司法判断模块或证明方案，将研究链条从法律文本、相关理论延至具有可操作性的具体方案的应用转化。

第二，理念不同。本书秉持实践刑法学的研究理念。因此，与已有成果孤立地研究个罪不同的是，本书将对个罪的研究纳入具体的诉讼环境中，将诉讼规律并入实体法相关理论的分析和论证，以使理论成果具有实践可行性，并有助于提高刑法应用效率。

第三，视角不同。已有研究主要从渎职罪本身以及职务犯罪或公职犯罪的视角研究渎职。笔者根据渎职罪法定犯的犯罪属性，同时参阅了经济刑法、行政刑法、环境刑法等关联著作，借鉴其中的有关原理及立法经验。

第四，主题不同。本书是个罪与方法相结合的复合式选题。与已有成果单纯研究渎职罪个罪的选题有别。本书期待针对这一复合选题的研究能带来相应的多元的研究成果。

四、研究方法

在将本书的研究理念、研究计划付诸实践的过程中，本书以马克思主义哲学方法为指导，坚持辩证发展的观点，遵循唯物主义认识论，综合采用了比较、理论联系实际、实证等方法，并在写作中遵循以现实问题研究带动基本理论研究、以现实问题为中心带动基本理论创新的指导思想，在实然层面研究时，视角往返于对法律规定的解读和解决实践问题并探寻基本原理之间；在应然层面研究时，视角往返于实践问题引发的思考和对传统理论或立法规定的反思之间。在具体问题的研究中都使用了一定数量的实际案例，通过分析发现问题并提出相关建议。在此过程中力求做到建议切合分析、分析切合资料。其中，根据矛盾的普遍性和特殊性关系的原理，普遍性存在于特殊性之中，普遍本质存在于特殊的具体事物中，笔者从渎职罪所属的两个属概念的上位视角，展开对该罪的刑法应用研究：一是渎职罪是公职犯罪。借助这一属性，笔者以“公务职责”作为串联渎职罪各定罪要素的主线，使各定罪要素涉及的理论问题以及对其司法判断模式的探索和总结都紧紧围绕这一中心展开。二是渎职罪是法定犯。借助这一属性，不仅可以用来阐述渎职罪表现于定罪要素以及因果关系判断等的个性特征，而且以前文对渎职罪的应用研究为基础，在对完善立法结构进行的前瞻性思考中，也借鉴了同属于法定犯的经济犯罪等的刑法立法模式的研究成果。

第一章　渎职罪的立法考察

本部分将在历史和世界纵横两大坐标轴构筑的视野中考察渎职罪，探寻其历史渊源、发展脉络、立法现状，审视和比较古今中外关于渎职罪的相关规定和历史定位，分析其发展趋势，为研究此类犯罪及其立法模式提供参考和借鉴。一个国家的刑法是该国政治制度、经济制度以及民族文化的反映，因此，一国不同的历史阶段及不同国家的犯罪定义必然存在林林总总的差别。就国内法而言，本部分言及的“渎职罪”的含义，以 1997 年刑法为分水岭，之前，包括从古代到 1979 年刑法为广义上的渎职罪，其内容覆盖但不限于 1997 年刑法渎职罪的规定。其中，有的意指“公职犯罪”，有的则指“国家公职人员（古代即指官吏）的犯罪”。公职犯罪中，除包括 1997 年刑法第九章规定的渎职罪外，还包括属于 1997 年刑法第八章中的贿赂犯罪。本书同时还考察了国外具有代表性的国家的刑法典中关于渎职罪的规定。由于各国刑法对渎职的认识和表述不同，有的使用“渎职罪”，有的则使用其他概念来表述此类犯罪。因此，这里使用的“渎职犯罪”只是渎职这一类犯罪现象的概括性的描述，是一种泛称。总体内容上以“公职”为中心的职务犯罪，相对于我国 1997 年刑法的规定，显然是在广义上使用的。

第一节　中国渎职罪的立法

任何事物均有产生、变化的历史发展过程。对渎职罪立法追本溯源，有助于把握当前渎职罪的法律规定。

渎职罪的内容古已有之，尽管在渎职罪的范围、处罚方式、惩治程度上存在差异，但对统治阶级实现阶级统治的功能价值是一致的，是统治阶级监督国家权力有效运行、保障国家管理秩序的刑法手段。渎职犯罪是一种历史现象。“历史是事物运动、变化和发展的经历或过程。在特定时间内，特定事物的过去和未来间，存在着承续和变化，亦即沿袭和改革。研究历史的价值在于，如实地反映事物的运动、变化、发展亦即沿革的具体过程，从中发现事物历史发展的规律，组成一个完整的理性认识体系，服务社会发展。”① 纵向研究中国法律关于渎职罪立法规定的目的即在于，通过历史把脉，梳理渎职立法的发展轨迹，将各个时期的立法关于渎职罪的具体规定逐渐沉淀下去，让接续延伸的立法思想和历史经验逐渐呈现出来，以揭示渎职罪发展规律，总结立法经验，服务现代法治。

一、渎职罪的古代立法

以下关于渎职罪立法溯源的研究将沿着两条脉络进行，一是在刑法史中探寻渎职罪的起源；二是在重现渎职罪自身立法演绎的历史轨迹中研究其因何而起、因何而变、主导其变化的主线、其历史使命和发展趋势及其于刑法之上的社会价值。对立法溯源的研究是本书研究体系的起点，也是本书全部研究的基础。

（一）渎职与刑法的产生

从刑法的起源来看，刑法的产生与渎职罪素有渊源。在阶级社会初期，最初的裁判是由统治者亲自承担的，裁判的标准是统治者个人当时的意志和感情。当统治者有了助手、部属后，裁判犯人和犯罪工作逐渐分解到了助手或部属。当统治者不予过问时，这些职司裁判官吏的意志和情感便成了裁判标准。问题由此而生：不同的裁判者，不同的意志和情感，必将形成不同的裁判标准。标准混乱，缺乏客观依据就难免出现滥用权力的弊害。为避免滥用权力，使众多司法人员的意志和情感互相一致，有如一人，借以贯彻统治者客观而冷静的意志和感情于每一案件的裁判，建立裁判标准，制定刑法变成必要，于是出现了刑法。② 春秋时代，由于“诸侯不同德，国君异法，折狱无伦，以意为限”（《孔丛子·刑论》），有法等于无法，官吏毁法，擅断罪刑。为了克服这种现象，避免司法无政府状态，公布刑法，俾众周知，用以明白裁判标准，孤立擅断罪刑的司法者，使其不敢再非法裁判，便成了唯一明智的选择。公元前536年，郑国子产一反秘密法的传统，铸刑书于鼎，公布刑法。③ 《韩非子·诡使》载：“夫立法令者，以废私也。”《五蠹》载：

---

① 蔡枢衡：《中国刑法史》，中国法制出版社2005年版，“序”第1页。
② 蔡枢衡：《中国刑法史》，中国法制出版社2005年版，第109~110页。
③ 蔡枢衡：《中国刑法史》，中国法制出版社2005年版，第111~112页。

"自环者，谓之私；背私谓之公。""私"指官吏各自的利益和意志；"公"指君王的利益和意志。"废私"就是裁判案件时排除官吏各自的假公济私，肯定奉公守法。建立法令在于废私立公的观点，即是历史经验的总括和提高。[①] 这些滥用权力、司法擅断的行为都可归之于"渎职"。可见，尽管渎职罪包含于刑法规定中，但回溯刑法史，设定统一标准，避免官吏滥权而损害统治阶级的统治意志、利益和秩序则是制定刑法的最初动因。

中国古代的刑律在组织布局上以保证封建国家的各项国务活动为主要出发点，而国务活动主要依靠官吏进行。所以，刑律绝大部分的篇目都体现国务活动的各个方面，都体现国家在各种国务活动中对官吏进行的监督。[②]"无法则无罪，无罪则无刑。法律在君主制时代是君臣斗争的产物，同时也是君民斗争的武器。对于民主制，则是统治阶级与官吏斗争（预防官吏擅断罪刑）的方法，同时也是公民对官权斗争（保障人权）的工具。"[③]"有刑罚，又有礼俗，足见刑罚不过是统治工具之一……官吏也是重要的统治工具。体现刑事政策，运用刑罚惩罚犯人，全仗官吏忠于职守。如果官吏违法乱纪，统治者借以自保自卫的武器——刑罚——立即变成自戕自害的凶器，也早已成为古人的经验教训……"《四库全书总目提要·政书类》按语："刑为盛世所不能废，而亦盛世所不尚。"实际是说："在有任何社会生活制度的时候，刑罚都是必要而不可或缺的；但也不可专靠或偏重刑罚。这就是中国刑法历史经验的总结……任何社会制度都是一定人群的生活纪律"，"刑法的内容，主要是规定犯罪和刑罚的联系。罪名和处罚的变化，就是刑事政策发展的表现。"[④] 因此，刑法对渎职罪的规定在一定意义上，较之其他犯罪的规定，更直接、更集中地体现了统治经验，是统治经验在刑法上的反映。

（二）渎职罪立法更迭

渎职罪是从统治阶级内部削弱本阶级的统治和政权，破坏国家正常管理活动的犯罪，相应地，惩治职官职务违法犯罪也成为国家管理活动的需要。因此，自从国家出现以来，处于各个历史阶段的国家对渎职犯罪都有规定，只不过在不同的历史阶段，基于不同的统治理念和治国方略，依据国家政务管理活动的发展变迁和不同需要，渎职罪的具体表现及对应的制裁方式亦有

---

① 蔡枢衡：《中国刑法史》，中国法制出版社 2005 年版，第 110 页。
② 林随安、褚玉梅：《行政渎职违法犯罪的认定和处理》，中国方正出版社 2001 年版，第 96 页。
③ 蔡枢衡：《中国刑法史》，中国法制出版社 2005 年版，第 118 页。
④ 蔡枢衡：《中国刑法史》，中国法制出版社 2005 年版，"引言"第 2～3 页。

不同而已。

在中国古代，统治者视官吏为执行国家职能的重要工具，重视吏治，对于各级官吏不能依法履行职责或利用职权谋取私利的行为，往往施用刑罚手段予以惩处。我国最早的渎职罪，始于夏朝。自夏朝起，统治者就强调治吏不治民，认为治吏是“摇木之木，引纲之纲”。[①]《左传·昭公七年》引《夏书》关于“掌天师”羲和因喝酒擅离职守，昏迷于“天象”而被治以死罪的记载，是迄今关于追究官吏渎职责任的最早文字记载。[②] 夏朝皋陶造律时，称“恶而掠美为昏，贪以败官为墨，杀人不忌为贼”。[③] 根据当时的刑法规定，这三种罪都得处以死刑。故《左传》引《夏书》曰：“昏、墨、贼、杀，皋陶之刑也。”[④] 商周时期，奴隶制国家的法律中有商汤“官刑”和“三风十愆（音同‘铅’）”之罪，惩治的对象主要是不行规劝职责的僚属。西周时，为防止司法官吏犯罪，《尚书·吕刑》记载周有“五过之疵”，即“惟官、惟反、惟内、惟货、惟来，其罪惟均”。意即执法者如果因为畏惧权贵、打击报复、包庇罪犯、受贿索财、营私徇私等原因而判案不公者，则与犯罪者同等受罚。[⑤] 尽管有如此规定，但实际上，在奴隶制社会“刑不上大夫，礼不下庶人”制度的影响下，贵族官吏享有法律特权，国家刑罚的对象主要是下层平民。

春秋时期，是古代中国由奴隶制国家向封建制国家转轨的大变革时期。这一时期，各地诸侯争霸，为巩固霸主地位，各国重视法治，严惩污吏。齐相管仲提出：“法律政令，吏民规矩绳墨也。”“君臣上下贵贱皆以法。”“不为爱亲危及社稷。”“政之所行，在顺民心，政之所废，在逆民心。”[⑥] 处罚方面，“守法守职之吏，有不行王法者，罪死不赦，刑及三族。”[⑦]

夏、商、周三代至春秋时期，是我国历史上的奴隶制时代。在这一历史

---

① 董鑫主编：《国家公务员犯罪及其防治》，成都科技大学出版社 1995 年版，第 16 页。

② 蒋曰杰、刘兴明：《渎职罪溯源》，载《检察实践》2003 年第 3 期，第 79 页。

③ 《尚书·舜典》，转引自董鑫主编：《国家公务员犯罪及其防治》，成都科技大学出版社 1995 年版，第 17 页。

④ 《左传·昭公十四年》，转引自董鑫主编：《国家公务员犯罪及其防治》，成都科技大学出版社 1995 年版，第 17 页。

⑤ 董鑫主编：《国家公务员犯罪及其防治》，成都科技大学出版社 1995 年版，第 18 页。

⑥ 《管子·七法》，转引自董鑫主编：《国家公务员犯罪及其防治》，成都科技大学出版社 1995 年版，第 19 页。

⑦ 《七国考》，转引自董鑫主编：《国家公务员犯罪及其防治》，成都科技大学出版社 1995 年版，第 20 页。

时期，虽然尚未形成防治官吏犯罪的完整体系，但统治者已经意识到了整治吏制对于巩固政权的重要性。①

随着封建政权的先后建立，奴隶制时代以“亲贵合一”的血缘关系为组织原则的世卿制度，被封建官僚制度所代替。② 从世卿世禄制到官僚制是一个巨大变化。前者以血缘关系为纽带，按血缘的远近确定封邑大小，家与国紧密结合；官僚制度下，血缘关系的重要性逐渐降低，君臣和上下级之间产生了一种新的权利与义务构成的法律关系。到了秦代，“由于共同文化传统的影响和统治实践的需要，儒家和道家法律思想不少已被秦的法律和政策所吸收。”③ 秦统治者重视吏治，对官吏的选拔、使用、考核和奖惩等方面均作出规定，这与前述任官制度的变化是密切相关的。与之相应，秦代逐步形成“严格治吏”的法律思想。④ 秦完成中国统一不是偶然的，它是春秋战国以来经济、政治发展和民族融合的结果，是秦统治者在总结历史经验的基础上制定的符合秦国实际的政策和法律实施的结果。⑤ 法是由人来执行的，有了较完备的法，必须有依法办事的官吏，法治才能变为现实。所以秦统治者很注意官吏执法和守法的情况，重视吏治。⑥ 法家“明主治吏不治民”意思即明主通过吏治来达到治民的目的。治吏遂成为统治者关心的首要问题，通过官吏分掌兵刑钱谷，建立所需要的统治秩序。⑦ 早在商鞅变法时，秦国封建统治者为了保证法律实施，提出：“为法令置官吏，朴足以知法令之谓者，以为天下正。”⑧ 意思是，国家要为贯彻法令设置官吏，请那些通晓法令的人担任各级司法官吏，主持司法工作。自商鞅开始，秦统治者从中央到地方逐步建立了一套较完整的司法官吏体系。⑨ 秦代有关职官违法的立法，主要见于《云梦秦简》中的《置吏律》、《除吏律》和《为吏之道》。有关官员渎职的规定主要有：第一，举荐不实，用人不当。第二，不公正诚实，官吏对所辖地区犯罪未及时发现的是“不胜任”、“不智”；知情不举，不敢论处的是“不廉”；处刑不当，畸轻畸重的为“失刑”；故意出入人罪的称“不直”；

① 董鑫主编：《国家公务员犯罪及其防治》，成都科技大学出版社1995年版，第16页。
② 刘海年：《战国秦代法制管窥》，法律出版社2006年版，第365页。
③ 刘海年：《战国秦代法制管窥》，法律出版社2006年版，第328页。
④ 刘海年：《战国秦代法制管窥》，法律出版社2006年版，第341～342页。
⑤ 刘海年：《战国秦代法制管窥》，法律出版社2006年版，第322页。
⑥ 刘海年：《战国秦代法制管窥》，法律出版社2006年版，第341页。
⑦ 刘海年：《战国秦代法制管窥》，法律出版社2006年版，第372页。
⑧ 《商君书·定分》，转引自刘海年：《战国秦代法制管窥》，法律出版社2006年版，第145页。
⑨ 刘海年：《战国秦代法制管窥》，法律出版社2006年版，第145页。

故意为犯人开脱罪责，使之逃避制裁的是“纵囚”，皆论以大罪。对不直等恶吏须通报全郡。第三，不忠于职守。第四，滥用刑罚。[①]“正因为秦刑罚的适用原则既有对历代经验的继承，又有对自己统治经验的总结，所以它就较以前各代更加具体、系统和完整。”[②]

两汉时期，为巩固和加强政权统治，提高封建国家机关的行政效率，依法规定了官员的职责权限、品位秩禄，当官员在行政活动中，违背自己的职责，触犯法律时，应依据官员违法行为的性质、行为后果、主观状态等，分别承担相应的法律后果，或是刑事制裁，或是行政处分。汉朝建立“三互法”，严禁婚姻之家及两州人交互为官，以防止官吏朋比为奸，削弱统治效能。这一时期，有关职官违法的立法散见于萧何所作汉《九章律》各篇及孙叔通《傍章》18 篇、张汤《越宫律》27 篇、赵禹《朝律》6 篇。[③] 魏晋南北朝时期，重要的律书有魏律、晋律、北魏律、北齐律。《魏律》18 篇中的《告劾律》、《请赇律》和《偿赃律》均为专门惩治官吏犯罪的法律。《晋律》20 篇，其中涉及职官违法而又为《晋律》所增、为前律所无者，首先是《违制律》，其规定凡违犯礼制、变更制度，或者化公为私等，均以违制论处，而且还专门规定违犯法定的职责、权限、程序、公式的罪名。《违制律》的创立，不仅丰富了《晋律》的内容，而且也是官律发展中的一个重要转折。其次是《诸侯律》，规定新诸侯之违制违式罪名。晋代已出现公罪、私罪的区别，《晋书·刑法志》载：“法律中诸不敬，违仪失式，及犯罪为公为私，赃入身不入身，皆随事轻重取法，以例求其名也。”这是对“刑不上大夫”理论的进一步否定，是官律发展中的一大进步。[④]

隋初，开皇三年（公元583年）颁布的新律《开皇律》中，将官员违法失职的行政惩罚专列于职制篇。唐朝时期，唐（永徽）律是迄今我国所保留的一部最早、最完备的封建法典。在我国封建法律发展史上，它上承战国以来各代封建立法之经验，下开宋元明清立法之先河，其对官吏渎职责任规定得最为详尽。《唐律》12 篇，规定涉及官吏犯罪的条款共有 192 条，几乎占

---

① 林随安、褚玉梅：《行政渎职违法犯罪的认定和处理》，中国方正出版社 2001 年版，第 81 ~ 82 页。

② 刘海年：《战国秦代法制管窥》，法律出版社 2006 年版，第 143 页。

③ 林随安、褚玉梅：《行政渎职违法犯罪的认定和处理》，中国方正出版社 2001 年版，第 83 页。

④ 林随安、褚玉梅：《行政渎职违法犯罪的认定和处理》，中国方正出版社 2001 年版，第 86 页。

全律的一半。特别是《职制律》和《诈伪律》主要是惩治官吏犯罪的条款。①职制律中，纳入官吏有关署官选任、贪赃枉法、行政效率、邮政管理等渎职犯罪的内容，在律之12篇中位居第三，地位显著。关于贿赂罪，《职制律》（总138条）规定：“监临主司受财而枉法者，一尺杖一百，一匹加一等，十五匹绞。不枉法者，一尺杖九十，二匹加一等，三十匹加役流。”由此，唐律将“受财”（相当于收受贿赂）分为“受财不枉法”和“受财而枉法”两种情节；关于泄露国家秘密方面的犯罪，《职制律》（总109条）规定，漏泄“大事者”处“绞”；漏泄“非大事应密者”，处“徒一年半”；如果是漏泄于“蕃国使者”的，则“加一等”处刑。也即，官吏职务上的泄露罪分为两种情况：一是漏泄“大事应密”，如“知谋反、大逆、谋叛，皆合密告，或掩袭寇贼”等；二是漏泄“非大事应密”，即指依令“仰观见风云气色有异”，应“密封奏闻”的情况。以泄露秘密的性质及造成的后果作为量刑的依据。在惩治“漏泄大事应密”罪的同时，追究泄密全过程中所有传递人的罪责。法律规定，最初泄露秘密的那个人，是为首犯；最后传递给接受对象（如蕃国使者）的，定为从犯；中间转传的人，处杖八十。但属“非大事，应密者”，转传之人不坐罪；关于玩忽职守罪，突出体现在其对责任主体范围的界定标准上。一是依据主观罪过追究责任，如《卫禁律》（总89条）规定：“缘边城戌，有外奸内入，内奸外出，而候望者不觉，徒一年半；主司，徒一年。”禁止边境上“奸人出入”是“候望者”的具体职司，但是如因“不觉”之失职而造成后果，管理“候望者”的“主司”官员也同时追究罪责。由此可见，唐律不仅对执掌具体职责的官吏即使在“不觉”的情况下造成后果，追究罪责，而且同时还要追究负监督管理责任官员的罪责。《职制律》（总91条）对于“署置过限或不应置而置者”，“一人杖一百，三人加一等，十人徒二年”，且不但追究作案的原任官员，而且还追究接任官员“知而听”的罪责，即后任官员知道前任有非法超编之罪，自己接任后不改正而继续维持超编的，也要照前任的犯罪减一等处罚。②从而防止官僚结党营私，限制随意增加官员人数。《职制律》（总92条）规定“贡举不如状”及“考试不实”的犯罪，表明唐朝对官吏选拔极为重视。有贡“不如状”的人，“一人徒一年，二人加一等，罪止徒三年”；有考“不实”情况的，比前项

① 董鑫主编：《国家公务员犯罪及其防治》，成都科技大学出版社1995年版，第30页。

② 钱大群、夏锦文：《唐律与中国现行刑法比较论》，江苏人民出版社1991年版，第378～382页。

"减一等"处罚。"过失"犯者，"各减三等"；"承言不觉"的犯罪，"又减一等"处罚。"承言不觉"，是指下面错报上来，自己不检查核实而致错失的人。此外，还规定"知而听行"者"与同罪"的罪责。这样，从最初的故意犯或过失犯，到承错不能觉察纠正的及知情放纵的，各个环节均被纳入法网之中。[①] 二是以公职连坐追究各级官吏的罪责，如《户婚律》（第151条）规定，有脱漏户口或增减年龄等的犯罪，除处罚家长外，规定里正"不觉脱漏增减者，一口笞四十，三口加一等；过杖一百，十口加一等，罪止徒三年"；县级官吏"县内十口笞三十，三十口加一等；过杖一百，五十口加一等"；州官"州随所管县多少，通计为罪"。"通计，谓管二县者，二十口笞三十，管三县者，三十口笞三十之类。""通计为罪"就是以所辖县的平均数为量刑依据。责任追究依次从里正到县官再到州官。[②]

在对渎职罪的处罚方面，有以下特点：第一，根据犯罪动机和后果，将官吏犯罪分为公罪和私罪，坚持公罪从轻，私罪从重，首犯和监临主守从重的处罚原则。[③] 第二，处罚严厉。尽管唐朝在立法上坚持"用法务在宽简"的指导思想，但对官吏贪赃犯罪处罚极为严厉，《大唐诏全集》有赦令数十条，而贪官污吏不在赦免之列。[④] 第三，注意在处分上将刑罚处罚方法和非刑罚处罚方法相衔接。主要表现在以下方面：一是刑律对在处刑的同时还必须给予革除官爵的，都以附加刑的形式作出明确规定，如《名例律》（总18条）规定监临主守"若受财而枉法者"要"除名"。所谓"除名"就是官职及爵位全都革除的处罚。第19条规定，官员犯"受财而不枉法"罪，处徒以上刑罚的，在依律受刑的同时，也要免官。二是官吏有轻微的犯罪可处赎刑，但赎刑可能引起行政处分的后果。官员受赎刑后，由于赎铜处罚要纳入行政考核的"负殿"制度内，从而往往会引起行政处罚的结果。所谓"负殿"即官吏考试中的劣迹记载制度，对官职的升降影响极大。[⑤]

以上是唐律关于一般渎职罪的规定。

对于具体的渎职罪，唐律在追究责任时，在立法中既充分贯彻了罪责刑

---

① 钱大群、夏锦文：《唐律与中国现行刑法比较论》，江苏人民出版社1991年版，第382页。

② 钱大群、夏锦文：《唐律与中国现行刑法比较论》，江苏人民出版社1991年版，第382～383页。

③ 董鑫主编：《国家公务员犯罪及其防治》，成都科技大学出版社1995年版，第30页。

④ 董鑫主编：《国家公务员犯罪及其防治》，成都科技大学出版社1995年版，第30页。

⑤ 钱大群、夏锦文：《唐律与中国现行刑法比较论》，江苏人民出版社1991年版，第388～389页。

相适应原则，又兼顾了对管理活动各个环节的监管和对犯罪的预防。在具体渎职犯罪类别上，除一般渎职罪中的贿赂罪、泄露国家机密罪、玩忽职守罪外，还包括司法人员的渎职犯罪（包括徇私枉法罪，体罚、虐待被监管人犯之犯罪，私放罪犯之犯罪），为保证国家公文送达的按时及准确而设定的渎职犯罪（类似于邮政人员的渎职犯罪）等。①

宋朝是我国古代封建制社会进一步发展时期，面对五代以来藩镇割据、贿赂公行、纲纪废弛的混乱局面，宋太祖为巩固其封建统治，充分发挥国家机器的效能，重视吏治。② 立法上，宋初基本沿用唐朝法律，《宋刑统》的篇目和基本内容与《唐律疏议》大体相同。北宋初年，统治者基于“凡罪罚悉从轻减，独于治赃吏最严”③ 的立法思想，“自开宝以来，犯大辟非情理深害者，多得贷死，惟赃吏弃市则未尝贳（音同‘世’，意为宽纵；赦免）”④，对污吏处刑极严。元朝时对渎职罪的规定在立法技术上有所进步，如《元典章·刑部》把官吏赃罪与《诸盗》相区分而归入《诸赃》等。随着封建国家的中央集权制度日趋极端化，到了明清时期对职官违法的规定较之先前更严密、更全面。明清律典根据中央设六部的行政体制，改变隋唐宋律书 12 篇的体例为 7 篇，首篇为《名例律》，其余 6 篇为吏、户、礼、兵、刑、工六律。关于职官违法的规定，主要集中于《吏律》，其次为《名例律》。《吏律》内容分为“职制”和“公式”二门。职制门规定了职官的任免程序、职责、权限及其违法行为；公式门规定了职官从事行政管理的程序、方式及其违法行为。除此之外，其他各篇中均有对应于本篇内容的对职官违法的相关规定。⑤在对官吏犯赃的处刑上，《大明律》规定得更为苛厉，监守自盗仓库钱粮等 40 两要被处以死刑。赃至 60 两以上，枭首示众，然后剥皮囊草。⑥ 清承明制，仍然实行重典治吏，“凡官吏犯赃审实者，立行处斩。”“治国安民，首

---

① 参见钱大群、夏锦文：《唐律与中国现行刑法比较论》，江苏人民出版社 1991 年版，第 375～388 页。

② 董鑫主编：《国家公务员犯罪及其防治》，成都科技大学出版社 1995 年版，第 31 页。

③ 《二十二史札记》，转引自董鑫主编：《国家公务员犯罪及其防治》，成都科技大学出版社 1995 年版，第 31 页。

④ 《宋史纪事本末》卷 7，转引自董鑫主编：《国家公务员犯罪及其防治》，成都科技大学出版社 1995 年版，第 31 页。

⑤ 林随安、褚玉梅：《行政渎职违法犯罪的认定和处理》，中国方正出版社 2001 年版，第 92～94 页。

⑥ 董鑫主编：《国家公务员犯罪及其防治》，成都科技大学出版社 1995 年版，第 34 页。

在惩贪，大贪官如问罪至死者，遇赦不宥。”①

（三）小结

纵观渎职罪的立法发展过程，可以得出以下结论：

第一，从观念上看，整饬吏制，以提高行政效率、巩固政权是历代传承的统治经验。各时期统治者均重视吏治，包括严厉惩治渎职性质的犯罪。鲁国大夫臧哀伯向鲁桓公进谏：“国家之败，由官邪也。官之失德，宠赂章也。”意即，官吏违法失职，必然导致国家的灭亡。贪财图利，必然丧失为官的道德。②

第二，从类型上看，中国历史上职官职务犯罪的主要类型：③ 一是贪赃枉法罪，主要有行贿受贿、侵占公款、贪污、非法牟利。二是玩忽职守罪，主要有管理不善，损害公物，核验不实、隐瞒曲报，贻误文书，囚徒逃亡，管理不善，指挥不力。三是任用不当罪，如对推荐官吏或任用官吏的人规定了连带责任，《史记》记载“秦之法，任人而所任不善者，各以其罪罪之”④，意即：在秦代，按法律规定，对于任用官吏不当，被任用者犯罪，那么，对任用者也要依法治罪。汉朝有“选举不实”罪；唐朝《职制律》规定：“诸贡举非其人，及应贡举而不贡举者，一人徒一年，二人加一等，罪止徒三年。”此外，还有“刑人无国位，戳人无任官”的原则，即不得任用受过刑罚以及撤职永不叙用的人做官等。四是徇私枉法罪，指司法官员在判案中的犯罪，如“不直”，指罪当重判而故意轻判，当轻判而故意重判；“纵囚罪”指应定罪故意不定或减轻罪责使之不够判罪标准，让罪犯逃脱法律惩罚等。五是泄露国家机密性质的犯罪。《史记·秦始皇本纪》记载，对秦始皇“行所幸，有言其处者，罪死”。皇帝行踪是最高机密，臣下传言泄密是最大的犯罪。又如《唐律》将泄露机密依大小不同而分别构成轻重不同的罪名，“泄露大事应密者”，即泄露谋反、大逆、谋叛等机密处绞刑；“漏泄非大事应密者”，如“仰观见风云气色有异”之类，应处徒刑一年半，但若把这类机密泄露给外国使节则要加重一等处罚；多人辗转泄密，则“以初传者为

① 《大清会典事例》，转引自董鑫主编：《国家公务员犯罪及其防治》，成都科技大学出版社1995年版，第37页。

② 《左传·桓公二年》，转引自董鑫主编：《国家公务员犯罪及其防治》，成都科技大学出版社1995年版，第20页。

③ 林随安、褚玉梅：《行政渎职违法犯罪的认定和处理》，中国方正出版社2001年版，第97～103页。

④ 《史记·范雎列传》，转引自董鑫主编：《国家公务员犯罪及其防治》，成都科技大学出版社1995年版，第21页。

首，传至者为从”，即以最早泄露的人为首犯处罚，而以最后传到的人为从犯，减一等处罚。[①] 此外，中国历史上的职官犯罪还涉及政治方面的犯罪、侵犯皇权和皇帝尊严罪、危害封建政权、破坏中央集权制度方面的犯罪等。

第三，从处罚上看，主要表现为刑罚苛厉。在处分方法上，将刑罚处罚方法和非刑罚处罚方法相衔接，常常将行政处罚和刑事处罚杂糅、混用。由于在中国封建社会，地方行政机关兼有行政、司法两种权力，上级行政机关长官对于下级官员而言，既有行政监督权，又有司法监察权，既可通过考绩予以行政处理，又可对考绩中发现的违法犯罪行为予以刑事惩罚。而司法监察机关发现官员的违法犯罪行为后，既可在皇帝赋予的权力范围内独立处理，也常常移送违法行为的部门长官或上级机关处理。这种权力、职能、处理程序上的交错渗透，决定了中国封建社会对职官违法犯罪处理方法的特征是行政处罚和刑事处罚互相结合，混合使用，并常常以刑事惩罚代替行政处罚，又以官当、八议的形式将官员的刑事处罚在实际上变为行政处罚。[②]

二、渎职罪立法从近代到现代的过渡

太平天国时期，为监督官吏，维护太平天国的纪律和巩固太平天国的圣库制度，天王多次下诏严惩贪污。1851 年（太平天国元年），太平天国攻破永安后，天王下诏：“凡一切杀妖取城，所得金宝绸帛宝物等项，不得私藏，尽缴归天朝圣库，逆者议罪。”[③] 1852 年（太平天国二年）太平军进攻长沙时，天王下诏：“通军大小兵将自今不得再私藏私带金宝，尽缴归天朝圣库，倘再私藏私带，一经查出，斩首示众。”[④]《太平刑律》规定：“凡曲圣库、圣粮及各典官，如有藏匿倒卖等弊，即属反草变妖，即治以天灯之罪。”此外，太平天国对官吏违制及泄露朝中秘密的行为也有明确规定，“红黄二色为天朝贵重之物，凡有官者，即遵官职制联造穿着……逾限者斩首不留。”[⑤]

北洋政府时期，先后颁布了 10 多种惩治官员犯罪的法令，如《文官惩戒

---

① 蒋小燕、王安异：《渎职罪比较研究》，中国人民公安大学出版社 2004 年版，第 7 ~ 8 页。

② 参见林随安、褚玉梅：《行政渎职违法犯罪的认定和处理》，中国方正出版社 2001 年版，第 104 页。

③ 《太平天国》第 1 册，第 65 页。转引自蒋小燕、王安异：《渎职罪比较研究》，中国人民公安大学出版社 2004 年版，第 9 页。

④ 《太平天国》第 1 册，第 69 页。转引自蒋小燕、王安异：《渎职罪比较研究》，中国人民公安大学出版社 2004 年版，第 9 页。

⑤ 《太平天国》第 3 册，第 223 页。转引自蒋小燕、王安异：《渎职罪比较研究》，中国人民公安大学出版社 2004 年版，第 9 页。

法草案》(1913)、《纠弹法》(1914)、《官吏犯罪特别管辖令》(1914)、《官吏违法惩戒令》(1914)、《司法官惩戒法》(1915)、《审计官惩戒法》(1915)、《文官惩戒条例》(1918)等，主要惩治官吏以下罪刑：一是官吏对职务上的行为，有收受贿赂或其他不正当利益的；二是官吏对于违背职务上的行为犯同上罪的；三是对于官吏交付贿赂或其他不正当利益的；四是官吏侵占公款逾5000元以上的等。①

南京临时政府时期，为废除封建社会的刑讯逼供，1912年3月2日颁布《大总统令内务司法两部通饬所属禁刑讯文》，严令内务司法两部通饬所属，“不论行政司法官署及任何案件，一概不准刑讯。”今后要“不时派员巡视，如有不肖官司，日久故智复萌，除褫夺官职外，付所司治以应得之罪”。② 1929年南京政府颁布了《公务人员考试法》、《公务人员考绩法》。1936年公布《公务员惩戒法》，规定凡是国家公职人员违法行为和职务上的犯罪，以及其他失职行为，均要受到惩戒处罚。国民政府所制定的一系列的公务员法规法令，在中国公务员制度建设史上具有较大影响。③

1931年中华苏维埃共和国诞生，新生政权高度重视严惩贪污腐化和各种违法乱纪行为，如《关于惩治贪污浪费行为》对贪污、挪用公款为私人营利，因玩忽职守而浪费公款致使国家受到损失等行为均有明确规定。抗日战争时期，抗日民主政权制定了惩治贪污条例，严厉打击贪污行为，如晋察冀边区《惩治贪污条例》，明确规定了对贪污行为和以贪污罪论处的工作人员敲诈勒索，收受贿赂，侵占、私征或强募人民财物，浪费公有财物供私人挥霍享乐，擅自动用或处分所保管之公有财产等行为的处罚。解放战争时期，中国共产党为严整纲纪，制定了《东北解放区惩治贪污暂行条例》等规定，对贪污分子的具体行为表现及处罚均作了详细规定。④

新中国成立后，中国共产党领导的人民政权同国家工作人员的职务犯罪行为进行了不懈的斗争，从“三反”、“五反”运动，到1956年至1964年间的三次反腐倡廉运动，始终坚持集中重点打击国家工作人员的渎职犯罪。

1949年全国人民政治协商会议第一届全体会议通过的《中国人民政治协

---

① 林随安、褚玉梅：《行政渎职违法犯罪的认定和处理》，中国方正出版社2001年版，第94～95页。

② 蒋小燕、王安异：《渎职罪比较研究》，中国人民公安大学出版社2004年版，第9页。

③ 林随安、褚玉梅：《行政渎职违法犯罪的认定和处理》，中国方正出版社2001年版，第95页。

④ 蒋小燕、王安异：《渎职罪比较研究》，中国人民公安大学出版社2004年版，第10～11页。

商会议共同纲领》（以下简称《共同纲领》）是我国第一部临时性宪法，它和1954年制定的《中华人民共和国宪法》（以下简称1954年《宪法》）明确规定了一切国家机关及其工作人员必须遵守国家宪法和法律，廉洁奉公，全心全意为人民服务，严惩贪污，禁止浪费，任何国家机关及其公务人员的违法失职行为都必将受到国家法律的追究等有关内容。①

1954年4月，中央人民政府根据《共同纲领》第18条有关严惩贪污的规定以及“三反”、“五反”运动中揭露出来的违法犯罪事实和所积累的斗争经验，制定颁布了我国第一部惩治职务犯罪的法律《中华人民共和国惩治贪污条例》（以下简称《条例》）。该条例以惩治贪污为主，贯彻执行过去从宽、今后从严，多数从宽、少数从严，坦白从宽、抗拒从严和对国家工作人员从严、对非国家工作人员（除一小部分罪大恶极者外）从宽的原则，从而把惩办与教育相结合、把镇压与宽大相结合以达到惩前毖后和除恶务尽的目的，如《条例》将“贪赃枉法者”作为贪污罪的从重或加重处刑情节；同时，因为有些贪污分子在免予刑事处分时，需要酌情予以行政处分；对于情节轻微而又彻底坦白的行贿分子，在“五反”中也需免刑而予以警告处分，所以，《条例》将开除、撤职、降职、降级、记过和警告等行政处分也写入其中。此外，为了加强监督，《条例》第13条规定，一切国家机关、企业、学校及其附属机构的领导人员，凡发觉其所属工作人员贪污而故意包庇或不予举发者，应依其情节轻重，予以刑事处分或行政处分。② 用现在的眼光来看当时《条例》的规定，尽管在内容、体例等方面不够完善，且有明显的群众运动色彩，但它是我国第一部有关惩治贪污等职务犯罪的法律，是职务犯罪立法的一次有益尝试，为今后职务犯罪立法工作奠定了基础。

此后，到1978年十一届三中全会之前，由于没有颁布统一的《刑法》，我国对国家工作人员在其他方面的职务犯罪惩处的依据主要是有关的条例、通则或者内部的规定，如针对国家工作人员泄露国家机密行为，惩处依据主要有《保守国家机密暂行条例》（1951）；针对人民警察违法失职行为，惩处依据主要有《中华人民共和国警察条例》（1957）；针对司法工作人员体罚虐待被监管人行为，惩处依据主要有《中华人民共和国劳动改造条例》（1954）；针对司法工作人徇私枉法行为，惩处依据主要有《人民法院组织通

---

① 何秉松主编：《职务犯罪的预防与惩治》，中国方正出版社1999年版，第44~45页。

② 高铭暄、赵秉志编：《中国刑法立法文献资料精选》，法律出版社2007年版，第185~195页。

则》(1950)；针对国家工作人员对检举人、控告人实施打击报复行为，惩处依据主要有《政务院关于处理人民来信和接见人民工作的决定》（1951)、《中华人民共和国逮捕拘留条例》(1954)、《监察部关于国家监察机关处理公民控诉工作的暂行办法》（1957)；针对违反规章制度或工作严重不负责任而造成事故的玩忽职守、重大责任事故行为，惩处依据主要有《国务院关于加强企业生产中安全工作的几项规定》（1963）等。1957 年以后，我国经历了一段特殊的历史时期，此间，由于“左”倾思想和法律虚无主义的干扰，立法工作几乎停滞，直到 1978 年十一届三中全会以后，随着整个法制建设的复兴，职务犯罪立法也才重新走上发展轨道。①

三、1979 年刑法到 1997 年刑法渎职罪立法的更迭

（一）1979 年刑法中的渎职罪

1979 年第五届全国人民代表大会第二次会议通过的《中华人民共和国刑法》，是我国第一部刑法，标志着我国打击国家工作人员渎职犯罪的工作走上了法制化的轨道。其针对“文化大革命”期间民主和法制建设被肆意践踏，许多干部、群众、知识分子惨遭迫害，贪赃枉法、徇私舞弊、以权谋私等职务犯罪严重滋长蔓延的现实情况，有针对性地规定了关于惩治职务犯罪的条款，主要内容有：(1）对国家工作人员作了明确界定。(2）针对十年动乱期间林彪、“四人帮”为了达到夺权的目的，利用职权，假公济私，制造冤假错案，任意践踏人权的现象，刑法规定了一些宣示性条款，如“保护公民的人身权利、民主权利和其他权利，不受任何人、任何机关非法侵犯。违法侵犯情节严重的，对直接责任人员予以刑事处分”。“严禁刑讯逼供”、“严禁非法拘禁他人”等，以抑制、防止国家工作人员利用职权实施侵犯公民人身权利、民主权利等职务犯罪行为的发生。(3）对于国家工作人员利用职权实施的职务犯罪行为，刑法规定从重处罚，体现了对国家工作人员从严要求的精神。(4）对于职务犯罪除了在“渎职罪”一章中作了规定外，还在其他章节中规定了相应内容，如重大责任事故罪（第 114 条)、挪用特定款物罪（第 126 条)、刑讯逼供罪（第 136 条)、贪污罪（第 155 条)。根据刑法规定，职务犯罪可分为四大类型：一是贪利型职务犯罪，包括贪污罪、受贿罪、挪用特定款物罪；二是假借国家机关权力侵犯他人人身权利、民主权利的犯罪，包括刑讯逼供罪、诬告陷害罪、报复陷害罪、非法剥夺宗教信仰自由罪、

① 何秉松主编:《职务犯罪的预防与惩治》，中国方正出版社 1999 年版，第 47～48 页。

侵犯少数民族风俗习惯罪；三是司法工作人员渎职罪，包括徇私舞弊罪、体罚、虐待被监管人罪、私放罪犯罪；四是一般的渎职罪，包括玩忽职守罪、重大责任事故罪。(5) 对于国家工作人员犯渎职罪情节轻微的，规定可以由主管部门酌情予以行政处分。1979 年刑法与 1981 年颁布的针对我国现役军人违反军人职责构成职务犯罪所制定的《中华人民共和国惩治军人违反职责罪暂行条例》，初步构成了我国惩治国家工作人员职务犯罪的法律体系。① 渎职罪被规定在 1979 年刑法第八章。这类犯罪主要是指国家工作人员利用职务上的便利或玩忽职守，妨害国家机关的正常活动，致使国家和人民利益遭受重大损失的行为。其社会危害性的实质在于，危害国家机关的正常活动。②

（二）1979 年刑法之后到 1997 年刑法之间的渎职罪立法状况

伴随着改革开放的进程，宽松的经济政策、日益频繁的对外交往，社会环境的发展和骤变潜移默化并深刻地影响着人们生活的方方面面。国家工作人员的职务犯罪现象也有了新的变化。为了严惩职务犯罪，克服刑法的局限性，从 1982 年开始，全国人大常委会陆续颁布了一些决定和补充规定，其中具有代表性的是 1982 年《关于严惩严重破坏经济的罪犯的决定》（以下简称 1982 年《决定》）和 1988 年《关于惩治贪污贿赂罪的补充规定》（以下简称 1988 年《补充规定》），对 1979 年刑法有关职务犯罪的内容作了修改和补充。③ 1988 年《补充规定》主要针对的是贪污贿赂等犯罪，这里不再赘述。至于 1982 年《决定》对刑法所作的修改和补充主要表现在：一是对国家工作人员的概念作了更为明确具体的界定；二是提高了国家工作人员职务犯罪的法定刑；三是对于 1982 年《决定》第 1 条第（一）、（二）、（三）项所列的犯罪人员，有追究责任的国家工作人员不依法处理，或者因受阻挠而不履行法律所规定的追究责任的；对犯罪人员和犯罪事实知情的直接主管人员或者仅有的知情的工作人员不依法报案和不如实作证的，分别比照刑法第 187 条玩忽职守罪、第 188 条徇私舞弊罪、第 190 条私放罪犯罪的规定处罚。④

其他有关渎职罪的单行刑事法律主要有：《关于惩治走私罪的补充规定》(1988)、《关于禁毒的决定》（1990）、《关于惩治走私、制作、贩卖、传播淫秽物品的犯罪分子的决定》(1990)、《关于严禁卖淫嫖娼的决定》（1991）、《关于严惩拐卖、绑架妇女、儿童的犯罪分子的决定》(1991)、《关于惩治假

① 何秉松主编：《职务犯罪的预防与惩治》，中国方正出版社 1999 年版，第 49～50 页。

② 蒋小燕、王安异：《渎职罪比较研究》，中国人民公安大学出版社 2004 年版，第 12 页。

③ 何秉松主编：《职务犯罪的预防与惩治》，中国方正出版社 1999 年版，第 50 页。

④ 何秉松主编：《职务犯罪的预防与惩治》，中国方正出版社 1999 年版，第 50～51 页。

冒注册商标犯罪的补充规定》(1993)、《关于惩治生产、销售伪劣商品犯罪的决定》(1993)、《关于严惩组织、运送他人偷越国(边)境犯罪的补充规定》(1994)、《关于惩治违反公司法的犯罪的决定》(1995)、《关于惩治破坏金融秩序犯罪的决定》(1995)、《关于惩治虚开、伪造和非法出售增值税专用发票犯罪的决定》(1995)等。① 除明确对相关行为按贪污贿赂罪或比照徇私枉法罪或依照玩忽职守罪、报复陷害罪等追究刑事责任外,还增加了一些新罪名,如发售发票、抵扣税款、出口退税舞弊罪,放纵制售伪劣商品犯罪行为罪,为偷越国(边)境人员办理出入境证件罪,放行偷越国(边)境人员罪,不解救被拐卖妇女、儿童罪,利用职务阻碍解救被拐卖妇女、儿童罪等。

一些部门法中的附属刑法对渎职犯罪亦有规定,如《中华人民共和国文物保护法》(1982)第31条规定,国家工作人员玩忽职守,造成珍贵文物损毁或者流失的,依法追究刑事责任;《中华人民共和国森林法》(1984)第35条规定,违反本法规定,超过批准的年采伐限额发放林木采伐许可证或者超越职权发放林木采伐许可证的,对直接责任人员给予行政处分;情节严重的,致使森林遭受严重破坏的,对直接责任人员依照刑法第187条的规定追究刑事责任;《中华人民共和国海关法》(1987)第56条规定,海关工作人员"徇私舞弊、玩忽职守或者放纵走私的,根据情节轻重,给予行政处分或者依法追究刑事责任"。此外,在《中华人民共和国商品检验法》、《中华人民共和国铁路法》、《中华人民共和国税收征收管理法》、《中华人民共和国教育法》、《中华人民共和国预备役军官法》、《中华人民共和国民用航空法》、《中华人民共和国行政处罚法》等部门法中也均设有对相关职务犯罪的处罚条款。这些规定有其相似的特征,如有关职务犯罪的处罚条款大都包含行政处分的内容;惩治"滥用职权"、"玩忽职守"、"徇私舞弊"等渎职性职务犯罪条款居多等。但也存在一些"技术"上的问题,不利于司法适用,如有的规定按照刑法有关条款进行处罚,有的虽然规定了"滥用职权、玩忽职守、徇私舞弊,构成犯罪的,依法追究刑事责任",但由于没有写明具体的罪状,没有规定相应的刑罚,造成司法适用的困难。②

上述大量分散于《条例》、《决定》、《补充规定》以及单行部门法中的关于职务犯罪的规定是对现实生活中职务犯罪发案实际的立法反应,但在具

① 何秉松主编:《职务犯罪的预防与惩治》,中国方正出版社1999年版,第52~56页。

② 何秉松主编:《职务犯罪的预防与惩治》,中国方正出版社1999年版,第56~59页。

体执法时，由于过于分散，不利于实践中的具体操作。同时，这些数量不菲的个别规定，从另一个方面也表明1979年刑法的相关规定过于笼统，已无法应对日趋复杂多样的职务犯罪行为。因此，将这些分散的规定加以整合并系统化成了立法和司法实践的客观需要。

（三）1997年刑法中的渎职罪

1. 1997年刑法对渎职罪的规定与1979年刑法相比的显著变化

如前所述，由于规定分散，在具体实践中，存在因法律之间的同一或衔接以及其他立法技术问题而导致的法律适用上的困境，影响了立法效率和司法效果，无助于对在各种社会矛盾中作用越来越突出的渎职犯罪的规制和打击。而且，1979年刑法中，渎职罪与流氓罪、投机倒把罪均属于“口袋罪”，规定得较为笼统，缺乏可操作性，执行时随意性较大。针对这种情况，1997年刑法在修订时，主要把十几年来民事、经济、行政法律中“依照”、“比照”刑法玩忽职守、徇私舞弊罪追究刑事责任的条文改为刑法的具体条款。并针对现实经济生活中出现的国家机关工作人员滥用职权、严重不负责任，给国家和人民利益造成重大损失的情况，增加规定了一些具体的渎职犯罪行为。[①] 总体上，1979年刑法第八章规定的渎职罪，从185条到第192条共计8条，内容涉及受贿罪、行贿罪、介绍贿赂罪、泄露国家重要机密罪、玩忽职守罪、徇私舞弊罪、体罚虐待被监管人罪、私放罪犯罪、妨害邮电通讯罪9个罪名。1997年刑法将其中的受贿罪、行贿罪、介绍贿赂罪等内容抽取出来，规定到新设的“贪污贿赂罪”一章中，将妨害邮电通讯罪移至1997年刑法第四章“侵犯公民人身权利、民主权利罪”中，这样，1979年刑法所规定的渎职罪在1997年刑法中以“渎职罪”的名义被保存下来的犯罪仅剩泄露国家重要机密罪、玩忽职守罪、徇私枉法罪、私放罪犯罪。具体表现为以下两方面的调整：

分则类罪划分的结构性的调整：

一是1997年刑法将1979年刑法第185条规定的贿赂罪从渎职罪中分离出来，新设“贪污贿赂罪”一章。

二是增设了军人违反职责罪，作为刑法分则第十章。这样，从一般意义上，渎职的类型大体便细化为行政渎职、司法渎职和军事渎职。

三是将1979年刑法第189条规定的虐待被监管人罪、第191条规定的妨

---

① 王汉斌：《关于〈中华人民共和国刑法（修订草案）〉的说明》（1997年3月6日），载高铭暄、赵秉志编：《中国刑法立法文献资料精选》，法律出版社2007年版，第863、870页。

害邮电通讯罪分别归入刑法第四章“侵犯公民人身权利、民主权利罪”中。

四是1997年刑法将1979年刑法以来颁行的《决定》、《补充规定》和单行部门法中除已纳入1997年刑法第九章外的其他有关职务犯罪的规定，部分从1979年刑法中有关职务犯罪条款分解而来的犯罪，以及依据实际需要增设的新罪名，根据具体犯罪的犯罪特征及刑法保护客体的需要，分别纳入刑法分则的有关章节，如规定在分则第一章“危害国家安全罪”中的叛逃罪（第109条）；规定在第二章“危害公共安全罪”中的非法出租、出借枪支罪（第128条第2、3款）、丢失枪支不报罪（第129条）、重大飞行事故罪（第131条）、重大责任事故罪（第134条）等；规定在第三章“破坏社会主义市场经济秩序罪”中的非国家工作人员受贿罪（第163条）；规定在第四章“侵犯公民人身权利、民主权利罪”中的刑讯逼供罪和暴力取证罪（第247条）、私自开拆、隐匿、毁弃邮件、电报罪（第253条第1款）、报复陷害罪（第254条）等；规定在第五章“侵犯财产罪”中的职务侵占罪（第271条第1款）、挪用资金罪（第272条第1款）、挪用特定款物罪（第273条）等；规定在第六章“妨害社会管理秩序罪”中的故意延误投递邮件罪（第304条）、伪证罪（第305条）、传染病菌种、毒种扩散罪（第331条）、医疗事故罪（第335条）等；规定在第七章“危害国防利益罪”中的接送不合格兵员罪（第374条）等。①

渎职罪具体内容的调整：②

一是主体范围上，将“渎职罪”一章中的犯罪主体界定为国家机关工作人员。

二是立法体例上，1997年刑法将1979年刑法的玩忽职守罪分解为玩忽职守罪和滥用职权罪两罪。对玩忽职守罪与滥用职权罪采取一般规定和特别规定相结合的立法体例，既有一般性规定，又有对多发部门、常见行为的专门规定；既突出了打击重点，又严密了法网。

三是具体内容上，主要通过以下途径充实了原有渎职罪的规定：（1）将原有的补充规定中的部分犯罪充实到本章中，如滥用管理公司、证券职权罪（第403条）、徇私舞弊发售发票和抵扣税款、出口退税罪（第405条）、放纵制售伪劣商品犯罪行为罪（第414条）等；（2）从原玩忽职守罪分解出来独立的罪名，如国家机关工作人员签订、履行合同失职被骗罪（第406

① 参见何秉松主编：《职务犯罪的预防与惩治》，中国方正出版社1999年版，第67～69页。

② 参见何秉松主编：《职务犯罪的预防与惩治》，中国方正出版社1999年版，第64～66页。

条）；（3）原有法律没有规定，根据实践情况增设的新罪，如徇私舞弊不移交刑事案件罪（第402条）、非法批准征用、占用土地罪和非法低价出让国有土地使用权罪（第410条）等。

四是在处罚上，调整了渎职罪的法定刑。1979年刑法规定玩忽职守罪的法定刑为5年以下，1997年刑法区分滥用职权、玩忽职守的犯罪行为所造成的不同后果，对法定刑作了修改，一般的为3年以下；严重的为3年以上7年以下；对某些徇私舞弊、徇私枉法情节特别严重的，法定最高刑规定为15年。对贪赃枉法裁判，构成受贿罪的，依照处罚较重的规定处罚。[①] 此外，删除1979年刑法第192条关于“国家工作人员犯本章之罪，情节轻微的，可以由主管部门酌情予以行政处分”的规定。[②]

2. 1997年刑法中的渎职罪

1997年刑法第九章“渎职罪”，条文范围从第397条至419条，共23个条文33个罪名。此外，《刑法修正案（四）》第8条增设了2个罪名，《刑法修正案（六）》第20条增设了1个罪名。共计25个条文36个罪名对渎职方面的犯罪作了规定。其中，单一罪名27个，选择性罪名9个。本章没有规定单位犯罪。[③]

（四）小结

笔者认为，1979年刑法到1997年刑法的演变过程表明，我国关于职务犯罪的立法正在经历着体系化的整合过程，作为这个过程的组成部分，“渎职罪”这一概念本身也在经历着从“泛”到“专”的进化。我国刑法分则对犯罪进行分类的标准是犯罪的同类客体，同类客体揭示的是同一类型犯罪在客体方面的共同本质，即一类犯罪不同于其他类型犯罪的危害性质，并在相当程度上反映出各类犯罪不同的危害程度。[④] 因此，如果我们将各个章节的类罪抽象化为一个具体概念，则可以认为同类客体揭示了相应类罪概念的内涵，而在这一类罪所处章节下列举的具体犯罪则可以理解为该类罪概念的外

---

① 王汉斌：《关于〈中华人民共和国刑法（修订草案）〉的说明》（1997年3月6日），载高铭暄、赵秉志编：《中国刑法立法文献资料精选》，法律出版社2007年版，第870页。

② 相应内容在刑法典总则中已有相应规定。根据1997年刑法第37条规定，对于犯罪情节轻微不需要判处刑罚的，可以免予刑事处罚，但是可以根据案件的不同情况，予以训诫或者责令具结悔过、赔礼道歉、赔偿损失，或者由主管部门予以行政处罚或者行政处分。

③ 周道鸾、张军主编：《刑法罪名精释——对最高人民法院最高人民检察院关于罪名司法解释的理解和适用》（第三版），人民法院出版社2007年版，第845页。

④ 高铭暄、马克昌、赵秉志主编：《刑法学》，北京大学出版社、高等教育出版社2000年版，第350～351页。

延。顺着这一思路，关于渎职罪，1979 年刑法和 1997 年刑法均有规定，但同样表达，含义有别，根本区别在于“内涵”不同。1997 年刑法在 1979 年刑法的基础上，将渎职罪的主要客体限定为国家机关的正常管理活动。这一客体仅仅是 1979 年刑法渎职罪客体的一部分，是对 1979 年刑法渎职罪内涵的进一步限定，反映在外延上，即渎职罪所包含的具体罪名上，也自然有了相应的变化。也即，渎职罪从过去笼而统之的职务犯罪的同义词，逐渐精细化为侵害国家机能、危害国家公务管理活动的职务犯罪的一个具体类型。

1997 年刑法具有阶段性的历史意义。1997 年刑法的制定过程也是我国刑事法制建设蓬勃发展的历史更进过程，在这个过程中，1997 年刑法将包括 1979 年刑法在内的刑法制定以来为适应社会需要陆续制定、日积月累的一系列立法成果在新的立法框架内重新整合，渎职罪的有关立法就是在这个过程中不断地发展、调试和完善的。

第二节　渎职罪立法域外管窥

一、国外关于渎职罪的立法规定

基于不同的国情、法文化背景及刑法传统，国外刑法关于渎职或相当于渎职或包含渎职的犯罪的规定丰富、多样。面面俱到地列举无助于借鉴，先入为主的先定论再列举的演绎则有失客观。同一视角下的观察，才能体现比较的价值。为此，笔者选择了几个有代表性的国家的刑法典，以我国刑法规定为参照，选择了体例归属、主体范围、行为类型（罪名本身包含了行为类型）、主观规定及刑罚特点等角度，进行有针对性的考察，比对、归纳，总结异同，为我国相关刑事立法完善提供参考和借鉴。日本、德国、美国、加拿大、俄罗斯、荷兰等国的刑法在当今世界具有显著的代表性。由于菲律宾法律体系是世界上独一无二的法律体系，主要是大陆法、英美法、伊斯兰法和本地法的混合体，因此，这里同时选择了颇具特色的菲律宾刑法。

日本刑法中规定有针对国家作用的犯罪，以保障国家的立法、司法、行政等各作用顺利、公正地进行。包括妨害公务执行的犯罪、逃走的犯罪、犯人藏匿及证据隐灭的犯罪、伪证的犯罪、虚伪告诉的犯罪、职权滥用的犯罪、贿赂的犯罪等。其中，职权滥用的犯罪与贿赂犯罪属于“污职的犯罪”，两者均是构成国家机关的公务员自身从内部侵害国家的作用，被共同规定在日本刑法第二十五章中。职权滥用的犯罪，是以公务员滥用其职权或者在实行其职务之时实施违法行为为内容的犯罪。其保护法益，第一层次是国家的司法、行政作用的适正，第二层次是滥用职权行为的对方的个人的法益。具体分为公务员职权滥用罪（第 193 条）、特别公务员职权滥用罪（第 194 条）、特别公务员暴行凌虐罪（第 195 条）以及特别公务员职权滥用致死伤罪、特别公务员暴行凌虐致死伤罪（第 196 条）。①

关于主体，即公务员。根据日本刑法，公务员，“是指国家或者地方公共团体的职员或者其他根据法令从事公务的议员、委员或者其他职员”（第 7 条第 1 项）。

关于刑罚。日本刑法规定公务员职权滥用罪，处 2 年以下的惩役或者禁锢；特别公务员职权滥用罪，处 6 个月以上 10 年以下的惩役或者禁锢；特别公务员暴行凌虐罪，处 7 年以下的惩役或者禁锢。②

《德国刑法典》关于渎职的相关规定分布在第三十章“职务中的犯罪行为”。③ 在这一章中规定的犯罪主要有：接受利益、索贿、提供利益、赠贿、不实施职务行为、仲裁人的报酬、乱用法律、职务中的身体侵害、逼供、追究无责任者、对无责任者的执行、职务中的虚假记载、超收税款、减少支出、国外职务中的背信、职务秘密和特别的秘密保守义务的侵害、对法院审理活动的禁止性传达、税务秘密的侵害、背叛当事人、引诱属员实施犯罪行为等。

涉及主体有公务员、对公共职务特别负有义务的人员、根据人格代表法而接受一定任务或者权限的人（第 353 条 b 职务秘密和特别的秘密保守义务的侵害）、法官或者仲裁人［第 331 条（2）］、律师或者其他的法律辅助人员（第 352 条超收费用，第 356 条背叛当事人）、作为一般主体的行为人（第 333 条提供利益，第 334 条赠贿，第 336 条不实施职务行为）等，其中多数主体为“公务员”。

主观方面，有“意图”或“明知”、“轻率”、“过失”等规定，但多数规定没有诸如上述明确的明示主观方面的用语，而是通过客观行为的描述表明主观。前者如第 334 条追究无责任者，“行为人作为公务员被任命协助刑罚

---

① ［日］大塚仁：《刑法概说》（各论）（第三版），冯军译，中国人民大学出版社 2003 年版，第 525、582 页。

② ［日］大塚仁：《刑法概说》（各论）（第三版），冯军译，中国人民大学出版社 2003 年版，第 583 ~ 586 页。

③ 参见冯军译：《德国刑法典》，中国政法大学出版社 2000 年版，第 205 ~ 213 页。

程序，为非剥夺自由的措施（第 11 条第 1 款第 8 项）的命令而进行的程序除外，意图地或者明知地对无责任者或者根据本法不允许对其进行刑法上的追究的人进行刑法上的追究或者促使这种追究的……”；第 345 条对无责任者的执行：“（1）行为人作为公务员被任命协助自由刑、剥夺自由的改善和保安处分或者官方管理的执行，尽管根据本法不允许执行却执行这种刑罚、处分或者管理的，处……（2）如果行为人轻率地行动的，那么，处……”第 353 条 a 国外职务中的背信：“（1）行为人相对于外国政府、国家共同体或者国家间组织在代表联邦德国时违背职务上的规定或者以使联邦政府陷入错误的意图，提供事实性质的不真实的报告的，处……”第 353 条 b 职务秘密和特别的秘密保守义务的侵害：“（1）……如果行为人通过其行为过失地给重要的公共利益造成危险的，处……”后者如第 331 条接受利益：“（1）公务员或者对公共职务特别负有义务的人员就其职务活动为自己或者第三者要求、使被约定或者接受利益的，处……（2）法官或者仲裁人就其已经从事或者将要从事的法官性质的行为，作为回报，为自己或者第三者要求、使被约定或者接受利益的，处……”第 339 条乱用法律：“法官、其他公务员或者仲裁人在主持或者判决法律事件时，为有利或者不利于一方当事人而有过错地进行法律的乱用的，处……”第 352 条超收费用：“（1）必须就其职务活动为其利益收取费用或者其他报酬的公务员、律师或者其他法律辅助人员收取他知道支付人完全不或者只对较小的款项负有债务的费用或者报酬的，处……”第 357 条引诱属员实施犯罪行为：“（1）领导者引诱或者从事引诱其属员实施职务中的违法行为或者让其属员的这种违法行为发生的，处以针对该种违法行为所规定的刑罚……”

刑罚方面，一是刑期区间主要集中在 3 个月以上 10 年以下的自由刑或者金钱刑，其中规定有 1 年或 2 年或 3 年或 5 年以下的自由刑或者金钱刑，3 个月或 6 个月以上 5 年以下的自由刑，1 年以上 5 年或 10 年以下的自由刑，不低于 2 年的自由刑等；二是在第 385 条附随后果中明确规定，除了因为第 332 条（索贿）、第 335 条（索贿和赠贿的特别严重情形）、第 339 条（乱用法律）、第 340 条（职务中的身体侵害）、第 343 条（逼供）、第 344 条（追究无责任者）、第 345 条（对无责任者的执行）第 1 款和第 3 款（注：第 2 款为轻率情形）、第 348 条（职务中的虚假记载）、第 352 条至第 353 条 b 第 1 款（超收费用、超收税款；减少支出、职务秘密和特别的秘密保守义务的侵害）、第 355 条（税务秘密的侵害）和第 357 条（引诱属员实施犯罪行为）所规定的犯罪行为被判处最低为 6 个月的自由刑之外，法院可以剥夺担任公共职务（第45条第2款[①]）的能力。

《美国模范刑法典》第240节至第243节规定了“侵害公共管理的犯罪”，其中包括贿赂和腐败性影响（第240节）、伪证和公务中的其他虚假行为（第241节）、妨害公务；脱逃（第242节）、滥用职权（第243节）。根据第240.0条对第240节至第243节使用的相关术语的定义，“公务员”，指政府的官员或者雇员，包括议员、法官和陪审员、顾问、咨询员或者以其他身份参与政府职能运转的人；但公务员不包括证人。[②] 由此可以认为，其所指的“公务员”即是指以某种身份参与政府职能运转的人。渎职行为主要有三种形式：①违法乱纪（malfeasance）；②滥用职权（misfeasance）；③玩忽职守（nonfeasance）。客观上指以职务的名义所进行的非法行为，主观上要有腐败心理状态。挪用公款、虐待人犯、冤狱假案等，都是渎职罪。如果一个公务员接受了贿赂，然后又做了行贿人希望的事情，则构成受贿罪和渎职罪两个罪。[③]

《加拿大刑事法典》将“腐败与渎职”合并规定在第四章“妨害执法和司法的犯罪”中，[④] 包括贿赂司法官员、官员受贿、欺诈政府、公务员违反信托、市政官员的腐败、职务买卖、影响或协商任命或公职交易、违反法令、违背法院裁定、官员执行不当、抗拒公务员或治安官、冒充治安官等。另外，在本章规定的其他犯罪中，也涉及有渎职行为，如“脱逃以及营救”中所规定的“允许或帮助脱逃”的犯罪。第146条（允许或帮助脱逃）规定，任何人，为下列行为，构成可诉罪，处2年以下监禁：（a）不执行法律职责，允许被其合法拘留之人脱逃……[⑤]

涉及主体有法官、警察局长、治安官、公务员、少年法院之官员、受雇于刑事执法机构之人员（如第120条官员受贿），治安官或法医（128条官员执行不当），其他为一般主体（表述为“任何人”）。根据118条解释，“公职”包括：（a）政府中的公职或任命；（b）民事或军事任命；以及（c）公务部门的职务或委聘；“官员”系指下列人员：（a）担任公职之人；或（b）

---

① 第45条“丧失担任公职的能力、选举的可能和投票权”：（1）行为人因为重罪被判处至少为1年的自由刑的，丧失为期5年的担任公共职务和从公共选举中获得权利的能力。（2）在法律特别规定的限度内，法院可以剥夺被判决人为期2年以上5年以下的第1款中所标明的能力。

② 刘仁文、王祎等译：《美国模范刑法典及其评注》，法律出版社2005年版，第181页。

③ 储槐植：《美国刑法》（第三版），北京大学出版社2005版，第210页。

④ 卞建林等译：《加拿大刑事法典》，中国政法大学出版社1999年版，第94～95页。

⑤ 卞建林等译：《加拿大刑事法典》，中国政法大学出版社1999年版，第94～107页。

受命执行公务之人。

主观方面，有的有明示规定，如上述第128条（“故意”），有的需根据行为描述推定，如上述第146条（a）。

刑罚方面，与贿赂或其他利益有关的犯罪最高刑可达14年，如第120条（官员受贿）处14年以下监禁；其他多为2年或5年以下监禁，如第128条（官员执行不当）规定，治安官或法医受命执行司法程序时故意（a）执行不当；或（b）报告不实，构成可诉罪，处2年以下监禁。

《俄罗斯联邦刑法典》分则第十编“反对国家政权的犯罪”中第三十章“侵害国家政权、侵害国家公务利益和地方自治机关公务利益的犯罪”，包括滥用职权、逾越职权、拒绝向俄罗斯联邦联邦会议或俄罗斯联邦审计署提供信息、冒用公职人员的权力、非法参与经营活动、受贿、行贿、伪造文件、玩忽职守。根据第285条“滥用职权”的规定，“公职人员违背公务利益而利用其职权，如果这种行为是出于贪利动机或其他个人利害关系，并严重侵犯公民或组织的权力和合法利益，或者严重损害社会或国家受法律保护的利益的，处……”根据第286条“逾越职权”的规定，“公职人员明显超越其权限的行为，严重损害公民或组织的权利和合法利益，或严重损害社会或国家受法律保护的利益的，处……”根据第293条“玩忽职守”的规定，“玩忽职守，即公职人员由于对公务采取不认真或疏忽态度而不履行或不正确履行自己的职责，造成巨大损失的，处……”①

根据附注，本章各条中的公职人员是指国家机关、地方自治机关、国家机构或地方自治机构中，以及在俄罗斯联邦武装力量、其他军队及军事组织中长期、临时或根据专门授权行使权力机关代表的职能，或行使组织指挥、行政经营职能的人员。国家工作人员和地方自治机关的工作人员，不属于公职人员的，在相应条款有专门规定的情况下，依照本章各条承担刑事责任。②

《荷兰刑法典》第二卷“重罪”第二十八章“滥用职权的重罪”共计26条。从规定的内容看，其“滥用职权”的概念外延要大于我国刑法第九章“渎职罪”的相关规定，同时还涉及类似我国刑法第四章“侵犯公民人身权利、民主权利罪”的规定，以及第八章“贪污贿赂罪”的规定。前者如第370条规定：①公务员超越职权范围或不按照法律规定，违反他人意愿，进入他人的住所、封闭房间或住处，或者在上述地方非法停留，在有权的人或

① 黄道秀译：《俄罗斯联邦刑法典》，中国法制出版社2004年版，第153、155、159页。
② 黄道秀译：《俄罗斯联邦刑法典》，中国法制出版社2004年版，第153～154页。

其代表要求其离开的情况下拒不离开的，应判处1年以下监禁或第三类罚金。②公务员在进行搜查时，超越职权范围或不按照法律规定，检查、扣押他人文件、账簿或其他文书的，适用第1款处罚。第372条规定：邮政部门公务人员或雇佣人员故意非法开拆已交付邮政部门的信件或封闭包裹，故意非法检查信件、包裹的内容，或者故意非法向他人泄露上述内容的，应判处1年6个月以下监禁或第四类罚金。后者如第359条规定：公务员或其他长期、临时担任公职的人员故意挪用本人职权范围内掌管的资金或具有货币价值的票证，或者允许他人动用、挪用上述资金、票证，或协助他人动用、挪用的，应判处6年以下监禁或第五类罚金。第362条规定：公务员明知他人赠送礼物或作出某种承诺是为了诱使自己在履行职责时以不违背公职要求的方式从事或限制从事某种行为，而接受该礼物或承诺的，应判处3个月以下监禁或第五类罚金。第363条规定：公务员有以下行为之一的，应判处4年以下监禁或第五类罚金：①明知他人赠送礼物或作出某种承诺是为了诱使自己在履行职责时以违背公职要求的方式从事或限制从事某种行为，而接受该礼物或承诺的；②明知他人赠送礼物或作出某种承诺是因为自己在履行职责时已经以违背公职要求的方式从事或限制从事了某种行为，而接受该礼物或承诺的。[①]

主体为公务人员。根据该法典第九章"本法典部分用语和表达的定义"第84条规定：①"公务员"是指在选举中被选举到公共职位按照法律应当这样称呼的任何人。②"公务员"和"法官"也适用于仲裁员。"法官"一词还适用于对公共行政事务有裁判权的人。③所有武装部队的成员都被看做"公务员"。[②] 主观方面为"故意"及"（严重）过失或疏忽大意"。刑罚方面，滥用职权被列为重罪，最高刑上限达12年，如第364条规定：①法官明知他人赠送礼物或作出某种承诺是为了影响自己所审理案件的判决，而接受该礼物或承诺的，应判处9年以下监禁或第五类罚金。②明知他人赠送礼物或作出某种承诺是为了让自己作出有罪判决，法官仍然接受该礼物或承诺的，应判处12年以下监禁或第五类罚金。[③] 总则第二章刑罚部分第29条规定：除了第二卷所指的犯罪，剥夺担任公职或特定职务及加入武装部队的权利，适用于涉及滥用职权的严重犯罪、违背特定职责的严重犯罪或者利用职务所产

---

① 于志刚、龚馨译：《荷兰刑法典》，中国方正出版社2007年版，第157~162页。

② 于志刚、龚馨译：《荷兰刑法典》，中国方正出版社2007年版，第63页。

③ 于志刚、龚馨译：《荷兰刑法典》，中国方正出版社2007年版，第159页。

生的权力、机会或方法实施的犯罪。[①] 第三章“排除或加重刑事责任”部分第44条规定：公务员违反其职务的特定职责实施犯罪的，或为了实施犯罪，利用该职务所赋予其的权利、机会或方法的，除罚金外，可以将法律对该犯罪所规定的刑罚提高1/3。[②]

《菲律宾修正刑法典》第二册犯罪与刑罚之第七编规定有“公职人员罪”。[③] 共由6章组成，第一章为一般规定，其中，明确规定了“公职人员”的范围。第二章为“渎职罪和滥用职权罪”，其中包括“玩忽职守罪”（第204条故意枉法裁判罪；第205条疏忽大意枉法裁判罪；第206条不公中间裁决罪；第207条恶意延迟执行判决罪；第208条失职不起诉罪和默许犯罪罪；第209条律师或者法律顾问背信泄密罪）、贿赂罪（第210条直接受贿罪；第211条间接受贿罪；第212条对公职人员行贿罪）。第三章为“公职人员诈骗罪和非法勒索和交易罪”，其中包括公职人员骗取公共财产和类似犯罪（第213条）、公职人员其他诈骗罪（第214条）、非法交易罪（第215条）、公职人员获取非法利益罪（第216条）。第四章为贪污公款或公共财物罪。第五章为公职人员不忠于职守罪，包括监管不忠罪（第223纵容或同意脱逃罪、第224过失致被监管人脱逃罪、第225条其他监管人员致被监管人员逃脱）、保管公文不忠罪、泄露秘密罪。第六章公职人员渎职罪，包括违抗罪，提前履行、延期履行和放弃公职罪，篡夺权力和非法任职罪，滥用职权破坏贞操罪。其中，“违抗罪”包括公开违抗罪（第231条）、不服从、延期执行上级命令罪（第232条）、拒绝协助罪（第233条）、拒绝履行所选任的公职罪（第234条）、虐待被监管人员罪（第235条）；“提前履行、延期履行和放弃公职罪”包括提前履行公职罪（第236条）、延期履行公职罪（第237条）、放弃公职罪（第238条）；“篡夺权力和非法任职罪”包括篡夺立法权罪（第239条）、篡夺执行权罪（第240条）、篡夺司法权罪（第241条）、违反管辖权罪（第242条）、执行官对司法机关非法作出命令和要求罪（第243条）、非法任命罪（第244条）。

逻辑上，菲律宾刑法关于渎职犯罪的规定在概念表述上颇为混乱，但基本反映了该国渎职犯罪的立法概貌。上述规定中，相当于或接近我国刑法第九章规定之渎职罪的主要有“玩忽职守罪”、“公职人员不忠于职守罪”、“公

---

① 于志刚、龚馨译：《荷兰刑法典》，中国方正出版社2007年版，第23页。

② 于志刚、龚馨译：《荷兰刑法典》，中国方正出版社2007年版，第35页。

③ 陈志军译：《菲律宾刑法典》，中国人民公安大学出版社2007年版，第75页。

职人员渎职罪”等。仅从类罪名称也可看出，有些用语，如玩忽职守、滥用职权尽管表达相同，但含义有别。具体梳理如下：

涉及主体主要为“公职人员”。根据第 203 条规定，公职人员的范围是，为适用于本编和前面各编之规定，任何直接依照法律规定、公众选举或者当局任命而参与行使菲律宾政府公共职能以及在其各部门之各层和各级作为雇员、代理人或者下属官员而行使公共职能的都是公职人员。

主观方面，有故意和疏忽大意等罪过类型。前者，如第 204 条故意枉法裁判罪（对任何在由其裁判之案件中故意作出枉法裁判的审判人员，处……），第 207 条恶意延迟执行判决罪（对任何故意延迟执行判决的审判人员，处……），第 231 条公开违抗罪（司法官员或执行官员公开拒绝执行上级机关在其司法权限内合法制作和颁布的判决、决定或命令的，处……）等；后者，如第 205 条疏忽大意枉法裁判罪（对任何在由其作出裁判之案件中，因为不可免责的疏忽或者无知作出明显不公判决的审判人员，处……）；有些犯罪两种罪过形式都有可能性（罪过具有可选性），如第 209 条律师或者法律顾问背信泄密罪［对任何因恶意严重失职或者不可宽恕的疏忽或者无知而造成当事人利益受损的，或者泄露其职权范围内的当事人的秘密的律师或者法律顾问（法律事务代理人），除正当的管理行为以外，单处或并处……］等。

刑罚方面，主要涉及重刑和矫正刑，也有单处或并处罚金。重刑，如第 204 条故意枉法裁判罪，处以监禁和终身完全剥夺权利；矫正刑，如第 208 条失职不起诉和默许犯罪罪，处以最低幅度的监狱矫正和中止公职。第 230 条公职人员泄露他人秘密罪，处以长期禁闭和不超过 1000 比索的罚金。①

二、相关启示

本书以“渎职罪”这一概念作为考察起点，其内涵表现为一国刑法对该罪所界定的客体，其外延则体现为一国刑法所界定的该罪的具体行为表现或范围，通常表现为渎职罪项下所包括的若干具体犯罪。以下以我国刑法第九章“渎职罪”的规定为参照，即依我国刑法规定使用“渎职罪”这一概念，

---

① 在菲律宾刑法中，刑罚分为主刑和附加刑，主刑包括极刑（死刑）、重刑、矫正刑和轻刑。重刑包括无期徒刑、有期徒刑、终身或有期剥夺全部权利、终身或有期剥夺特别权利和监禁；矫正刑包括监狱矫正、长期禁闭、停职和流放；轻刑包括短期禁闭和谴责。其中罚金和守法保证可以与上述三类刑罚同时并用，并且对罚金既可以作为重刑也可以作为矫正刑或者轻刑。陈志军译：《菲律宾刑法典》，中国人民公安大学出版社 2007 年版，第 13～14 页。

通观上述各国刑法关于此类犯罪的规定，大体可归纳出以下结论：

一是上述诸国对渎职类犯罪侵犯客体的定位在广义上是一致的，即“国家作用”，也即该类犯罪是国家职能的具体执行者滥用权力或实行职务时实施违法行为而从内部侵害国家作用的犯罪，目的是保证国家各项职能合法、公正、有序、高效地执行。

二是广义上客体内容认识的一致性，决定了上述诸国渎职犯罪主体范围尽管表述有所差别，但实质大体相当，即主要为公务员或公职人员或官员。同时，为了充分保护客体，根据具体情况和实际需要，立法例中已经逐渐趋向以公务职责为本位扩张主体概念（从以“人”为本到以“职责”为本）。这在诸国对主体范围的解释中有充分体现。无论是原来的主体，还是被扩张解释进来的主体，其共同特征在于，主体均具有或承担某种具体的国家职能，即公务职责。当然，公务职责的具体类型和内容以及公职人员的界定，基于各国政权组织形式的差异而各有不同。“公职”及“公职人员”的概念必然对应于该国的政权组织形式。

三是渎职罪的外延，也即该罪的具体行为表现。以我国刑法为参照，上述多数国家是从广义上界定的，即行为内容不仅有类似于我国刑法第九章规定意义上的渎职罪，还包括属于我国刑法第八章贿赂犯罪的内容。相比之下，我国刑法意义上的渎职罪是与贿赂犯罪在分则罪刑体系中分立并行的狭义上的渎职。此外，在具体行为内容上，一些国家刑法所规定的犯罪，按照我国渎职罪的客体含义，可归入渎职罪，但内容与我国渎职罪的内容差异较大。这是一种正常现象。各国包括政治体制、国家管理运行机制、社会环境、价值观念等实际国情的不同，导致同样性质的犯罪表现形式自然会有很大差异，如《菲律宾刑法典》第239条篡夺立法权罪（公务员在其权限之外制定任一一般法律法规，或试图废止某一法律或中止执行某一法律而侵犯政府立法机构之立法权的……），这种情况在我国没有发生的可能性；又如第234条拒绝履行所选任的公职罪（任何被公众选举担任公职的人员，无法定理由拒绝宣誓或拒绝履行上述公职的……），这种情况在我国是不会入罪的。

四是上述诸国刑法规定值得借鉴之处，如资格刑的适用，《德国刑法典》在第385条附随后果中规定，除对因相关犯罪行为被判处最低为6个月的自由刑之外，法院可以剥夺担任公共职务（第45条第2款[①]）的能力；又如严格规范任职（门槛）、履职程序的规定，如《菲律宾修正刑法典》第六章“公职人员渎职罪”中，“提前履行、延期履行和放弃公职罪”中的非法任命罪（第244条）规定，任何公职人员故意任命或者委派缺乏法定资格条件的人员到公共机关任职的，处以长期禁闭和不超过1000比索的罚金。又如，提前履行公职罪（第236条）规定，任何未经宣誓或者获得法定合同而提前履行公职人员或雇员的职责与权力的，中止其公职直到其履行正式手续时，并处以200至500比索的罚金。[②]

纵向的国内考察，作为一种历史的还原，应在当时的历史环境中解读渎职这种社会现象和对应的刑法反应，把立法的变化和其所处的时代特征结合起来发现其演变的内在规律。同理，横向域外考察，也应在该国的政治框架内进行。“法律如同社会群体一样，是可变的、多样的，它或多或少完善地表现了社会群体的意志……它把法律和社会现实结合起来，从而使法律从秘传的学说中解放出来……法律像语言、艺术、宗教等等一样，是社会生活的反映，因此不能把它与另外那些与它关系甚密的社会现象割裂开来，另眼相看。这就为法律研究指明了新方向，从此法学家必须研究社会环境以弄清法律规定是如何施行的，弄清它产生、施行或废弃等原因。”[③] 对渎职罪立法规定的考察，再次证明了任何事物都有其自身的客观发展规律，它包含了人的认识过程和通过立法所实现的经验总结，但它的发展趋势和未来命运不以人的意志为转移，而是取决于其本质特征和社会发展的现实状况。和其他犯罪一样，渎职犯罪也是一定时期、一定社会环境的“反射物”。当我们将社会发展特征的曲线和渎职犯罪的曲线置于同一个坐标系时，就会在“环境”与“反射”两条曲线在同一时期的变化中，找到规律，而这正是我们解决渎职犯罪诸多刑法问题的理论支点。

---

① 第45条“丧失担任公职的能力、选举的可能和投票权”：（1）行为人因为重罪被判处至少为1年的自由刑的，丧失为期5年的担任公共职务和从公共选举中获得权利的能力。（2）在法律特别规定的限度内，法院可以剥夺被判决人为期2年以上5年以下的第1款中所标明的能力。

② 陈志军译：《菲律宾刑法典》，中国人民公安大学出版社2007年版，第84～86页。

③ ［法］亨利·莱维·布律尔：《法律社会学》，许钧译（根据法国大学出版社1981年第6版译），上海人民出版社1987年版，第98～99页。

第二章　渎职罪的基本问题

第一节　渎职罪的含义及相关概念辨析

一、渎职罪的含义

关于渎职罪的含义，学界有多种定义。[①] 研究渎职罪的含义，关键不是如何表述其概念，而是解决定位问题，即在一组相关的概念群中，渎职罪与相关概念范畴的关系，以揭示渎职罪的内涵。为此，需要先明确本书是在何种意义上使用“渎职罪”这一概念的。渎职罪有广义和狭义之分，第一章立

① 学界关于渎职罪有多种定义，如：(1) 渎职罪属于妨害国家机关正常活动的职务犯罪，指国家工作人员利用职务上的便利或玩忽职守，妨害国家机关、企事业单位的正常活动，致使国家和人民利益遭受重大损失的行为。(参见张穹主编：《职务犯罪概论》，中国检察出版社 1991 年版，第 251 页。) (2) 渎职罪，是指国家机关工作人员滥用职权、玩忽职守，妨害国家机关的正常活动，致使公共财产或者国家和人民利益遭受重大损失的行为。［参见王作富主编：《刑法分则实务研究（下）》(第二版)，中国方正出版社 2003 年版，第 2053 页。］(3) 渎职罪，是指公务员利用职务上的便利，滥用职权或放弃职责、玩忽职守，破坏国家机关的正常活动和国家对公务活动的管理职能，给国家、集体和人民利益造成重大损失，依照刑法应受处罚的行为。(参见蒋小燕、王安异：《渎职罪比较研究》，中国人民公安大学出版社 2004 年版，第 43 页。) (4) 渎职罪，是指国家机关工作人员在行使职权或者履行职责的过程中，玩忽职守、滥用职权或者徇私舞弊，妨害国家正常的职责活动，致使公共财产、国家和人民利益遭受重大损失的行为。(参见贾济东：《渎职罪构成研究》，知识产权出版社 2007 年版，第 24 页。) (5) 渎职罪，有广义和狭义之分。狭义的渎职罪，是指国家机关工作人员滥用职权、玩忽职守或者徇私舞弊，妨害国家机关的正常活动，致使公共财产或者国家和人民利益遭受重大损失的行为。现行刑法分则第九章对此作了专门规定。广义的渎职罪，是指国家机关或者其工作人员滥用职权、玩忽职守或者徇私舞弊，妨害国家机关的正常活动，致使公共财产或者国家和人民利益遭受重大损失或者侵吞、挪用或者私分国有资产，情节恶劣或者后果严重的行为。现行刑法除了在分则第九章作了具体规定外，在其他各章也有相应规定，如刑法分则第八章规定的贪污贿赂罪等。(参见林随安、褚玉梅：《行政渎职违法犯罪的认定和处理》，中国方正出版社 2001 年版，第 59 页。)

法考察的研究描述了广义上的“渎职罪”。主要涉及刑法第九章（渎职罪）和第八章（贪污贿赂罪）的内容。如果以我国刑法为参照，根据《现代汉语词典》的解释，“渎”指“轻慢、不敬”，“渎职”指“不尽职，在执行任务时犯严重过失”，[①] 那么，广义的渎职罪分布在1997年刑法分则的全部十章犯罪中。狭义的渎职罪则专指我国1997年刑法第九章的规定。以下本书所言的“渎职罪”与刑法第九章“渎职罪”是在同一含义上使用的，渎职罪中的“职”限定于“公职”，对应的“权”限定于国家公权。因此，在诸多定义中，我们选择的定义是：“渎职罪是指国家机关工作人员滥用职权、玩忽职守，妨害国家机关的正常活动，致使公共财产或者国家和人民利益遭受重大损失的行为。”[②]

二、相关概念辨析

（一）自然犯、法定犯、行政犯

自然犯与法定犯的观念，最早起源于古罗马法。[③] 古罗马法中关于 mala in se 与 mala prohibia 的区分为其提供了直接的思想渊源。Mala in se 指实质上违反社会伦理道德的违法行为，这种行为因侵害了公共秩序、善良风俗而为一般社会正义所不容。mala prohibia 则是本质上并不违反伦理道德，是因为维护行政管理秩序的需要而为法律所禁止的行为。[④] 意大利刑法学家加罗法洛区分了自然犯和法定犯，认为自然犯是违反诚实和怜悯这种本来的感情的犯罪，法定犯是基于立法的犯罪。刑事犯和行政犯与自然犯和法定犯相对应。自然犯和刑事犯无须法律的规定，它本来就是在社会伦理上受到非难的行为，而行政犯和法定犯是因为受到法律的禁止才成为非难的对象。两组概念的区别是相对的，随着社会环境和社会观念的变化，存在相互转化的可能性。[⑤] 据此，有学者从与伦理道德的关系上区分自然犯与法定犯，即自然犯是指在

---

① 中国社会科学院语言研究所词典编辑室编：《现代汉语词典》（第5版），商务印书馆2005年版，第336～337页。

② 王作富主编：《刑法分则实务研究（下）》（第二版），中国方正出版社2003年版，第2053页。

③ 高仰止：《刑法总则之理论与实用》，五南图书出版公司1985年版，第140页。转引自张文、杜宇：《自然犯、法定犯分类的理论反思》，载《法学评论》2002年第6期，第33页。

④ 韩忠谟：《行政犯之法律性质及其理论基础》，载《“国立”台湾大学法学论丛》1980年第1期，第4页。转引自张文、杜宇：《自然犯、法定犯分类的理论反思》，载《法学评论》2002年第6期，第33页。

⑤ 赵秉志主编：《外国刑法原理（大陆法系）》，中国人民大学出版社2000年版，第65页。

侵害或者威胁法益的同时明显违反伦理道德的传统型犯罪，法定犯是指侵害或者威胁法益但没有明显违反伦理道德的现代型犯罪。[①]

自然犯与法定犯的区别主要在于违法性的评价标准（或应受处罚的根据）不同。自然犯的违法性源于传统的伦理道德观，因此，自然犯中的许多犯罪随历史发展而延续至今，是记录犯罪历史的“活化石”；法定犯的违法性则源于法律的规定，它是特定历史时期、特定社会发展条件下的产物，对法定犯行为的违法性评价本质上出于国家管理社会、维护统治的需要，体现突出的功利目的。因此，法定犯中的犯罪具有鲜明的时代特征，是从一定角度呈现特定时期社会发展状况、特征以及国家治国理念和管理方略的“载体”。

此外，虽然理论上一般认为上述对应的两组概念大体相同，但在具体的语境下使用上述概念时，必须斟酌概念的选择。例如，行政犯中的“行政”，根据《现代汉语词典》的解释，“行政”有两个含义：一是指行使国家权力；二是指机关、企业、团体等内部的管理工作。[②] 这一解释包含了对“行政”政治和管理两个不同层面的理解。但在我国的政治框架内，“行政”应理解为“国家的组织活动”，[③] 即国家行政机关行使国家行政职权从而实现国家行政职能的活动，涉及国家对政治、经济、文化及社会生活等各个领域的管理活动。根据1997年刑法第九章的规定，渎职罪中包含了行政渎职和司法渎职类型。因此，在我国刑法的语境中，上述概念中“行政犯”意欲表达的意思，用“法定犯”表达更为妥当。

（二）白领犯罪、经济犯罪

美国犯罪社会学家E. H. 萨瑟兰在其《白领犯罪》一书中率先提出“白领犯罪”的概念，他将由上层社会成员实施的违法行为称为“白领犯罪”。“白领”主要指企业管理人员。“白领犯罪”，是指由具有体面身份和较高社会地位的人在其职业活动中实施的犯罪行为。它不包括上层社会中不属于其职业或职务上的犯罪行为，诸如杀人、酒精中毒或通奸等，也排除不具有体

---

① 张明楷：《刑法学》（第三版），法律出版社2007年版，第92页。

② 中国社会科学院语言研究所词典编辑室编：《现代汉语词典》（第5版），商务印书馆2005年版，第1524页。

③ 马克思：《评“普鲁士人”和“普鲁士国王和社会改革”》，载《马克思恩格斯全集》第1卷，第479页。

面身份和较高的社会地位的人实施的犯罪，如富有的黑社会成员设置的骗局。[①] 白领犯罪的特征主要在于，它与贫穷或者与贫穷相联系的社会及个体的病理因素无关。关于白领犯罪的社会危害，萨瑟兰指出，“白领犯罪的经济代价可能数倍于通常被视为‘犯罪问题’的其他所有犯罪的经济代价”，“盗窃或者抢劫100万美元的案犯在现实中罕有所闻，但贪污侵吞100万美元的案犯在白领罪犯中却只属于‘小儿科’”。危害不仅仅是经济层面，“白领犯罪对社会关系的破坏更为严重。它破坏了社会诚信，败坏了社会风气……相比之下，普通犯罪对社会规则或社会组织所产生的影响则十分微弱。”[②]

关于“经济犯罪”，依台湾学者林山田的研究，1872年在英国伦敦举行的预防与控制犯罪的国际会议上，英国学者希尔（E. C. Hill）所作的题为《犯罪的资本家》（Criminal Capitalists）的演讲，首先提出了经济犯罪的重要性。德国刑法学家林德曼（1932年）认为，经济犯罪是一种侵犯国家整体经济及其重要部门与制度的可罚性行为。萨瑟兰发表的《白领犯罪》，通常被视为引起犯罪学界对经济犯罪问题给予重视的早期研究。[③] 林德曼的定义是从法律上分析经济犯罪，具有刑法学意义，萨瑟兰的定义则是从犯罪主体上来研究经济犯罪，同时也指出了其基本行为特征，具有重大的社会意义。[④] 尽管“经济犯罪”尚无统一、确定、规范的概念表述，但各种研究已形成的共识表明，经济犯罪与现代市场制度相联系，其侵犯的客体是正常的经济运行秩序。显然，侵犯客体表明，经济犯罪与白领犯罪尽管有着深厚的渊源，但并非同一概念，白领犯罪涉及某些经济犯罪，但其主要是从特定犯罪主体的职业活动的角度来研究犯罪问题的。[⑤] 在我国理论研究语境中，白领犯罪多是作为“舶来品”应用于研究工作，涉及的具体犯罪在立法和实务研究中主要表述为职务犯罪、经济犯罪等。

（三）职务犯罪、公务犯罪

根据《现代汉语词典》的解释，“职务”是指职位规定应该担任的工作，

---

① ［美］E. H. 萨瑟兰：《白领犯罪》，赵宝成、徐静磊、胡旭、于国旦译，中国大百科全书出版社2008年版，第7页。

② ［美］E. H. 萨瑟兰：《白领犯罪》，赵宝成、徐静磊、胡旭、于国旦译，中国大百科全书出版社2008年版，第10~11页。

③ 林山田：《经济犯罪与经济刑法》，台湾三民书局1981年版，第5、40页。

④ 储槐植：《美国刑法》（第三版），北京大学出版社2005年版，第216页。

⑤ 陈泽宪主编：《经济刑法新论》，群众出版社2001年版，第4页。

"职务犯罪"是指具有一定职务身份的人实施与其身份有必然联系的犯罪行为。[①]"公务"，指关于国家的事务；公家的事务。[②] 因此，"职务"包含但不限于"公务"，公务之外的活动中也会产生职务行为。相应地，职务犯罪包含但不限于"公务犯罪"。公务犯罪主要包括三大类，即贪污贿赂犯罪、渎职犯罪、国家工作人员利用职权实施的侵犯公民人身权利、民主权利罪。[③]

三、小结

以渎职罪为中心，我们将上述辨析加以归纳，可得出如下结论：

1. 渎职罪是法定犯

渎职罪侵犯的客体主要是国家机关的正常管理活动。国家基于社会管理的需要，针对社会各个领域，以法律、法规、规章等方式确立了公权力的运行秩序。渎职行为即是对这种秩序的破坏。因此，渎职罪是基于立法的犯罪，是"被禁止的恶"而非"本身的恶"。它的违法性源于国家管理社会、维护统治的需要，而非基于对伦理道德的触犯。因此，渎职罪属于法定犯。

2. 渎职罪是公务犯罪

渎职罪的主体是国家机关工作人员和依法代表国家机关在行使国家职权的组织或机关中从事公务的人员，客观行为是滥用职权或玩忽职守。也就是说，渎职罪是在从事国家公务活动中违背公务职责的犯罪，属于公务犯罪。由于公务犯罪属于职务犯罪，因此，渎职罪亦属于职务犯罪。

3. 渎职罪与经济犯罪、行政犯罪之间是异同并存的交叉关系

经济犯罪的概念尽管没有统一的界定，但此类犯罪的本质特征在于对正常经济运行秩序的侵害。渎职罪侵害的主要客体是国家机关的正常管理秩序。有些经济犯罪是由公职人员在执行公务职责时实施的，其在侵害经济犯罪客体的同时，亦亵渎职务，危害了国家管理秩序。有些渎职犯罪在侵害本罪客体的同时，由于其职务行为作用于特定经济领域，所以，也会侵害正常的经济秩序。因此，渎职罪与经济犯罪是交叉关系，公职人员在公务活动中利用公职实施的与经济有关的犯罪构成二者的交集。

---

① 中国社会科学院语言研究所词典编辑室编：《现代汉语词典》（第5版），商务印书馆2005年版，第1750页。

② 中国社会科学院语言研究所词典编辑室编：《现代汉语词典》（第5版），商务印书馆2005年版，第474页。

③ 周振想主编：《公务犯罪研究综述》，法律出版社2005年版，第4~5页。

关于行政犯罪，有学者将之定义为违反行政法规，危害正常的行政管理秩序，依照行政刑法应当承担刑事责任的行为。其中，刑事责任形式既包括刑罚处罚，也包括劳动教养保安处分，还包括非刑罚方法。[①] 这一定义是理论界定，没有立法对照，但大体表达了行政犯罪的主要特征。行政犯罪按侵犯客体的不同，可以分为：①妨害一般行政管理秩序的行政犯罪，如妨害公务罪，伪造国家机关公文、证件、印章罪，招摇撞骗罪等；②妨害司法行政管理秩序的行政犯罪，如诬告陷害罪，伪证罪，刑讯逼供罪，非法搜查罪，非法拘禁罪，窝藏罪，包庇罪，徇私枉法罪，拒不执行判决，裁定罪，聚众持械劫狱和组织越狱罪，脱逃罪等；③妨害工商、税收、金融、海关行政管理秩序的行政犯罪，如偷税罪、走私罪、金融类犯罪等；④妨害环境保护行政管理秩序的行政犯罪，如非法狩猎罪、重大环境污染事故罪等；⑤妨害公共安全行政管理秩序的行政犯罪，如交通肇事罪、重大责任事故罪等；⑥妨害文教、卫生、医疗行政管理秩序的行政犯罪，如制作贩卖淫秽物品罪、违反国境卫生检疫罪等。[②] 从刑法第九章“渎职罪”的规定看，在税收、林业管理、环境监管、传染病防治、土地管理、海关管理、商检、动植物检验、市场管理、招收公务员、学生、文物管理等领域都规定有相应的行政犯罪，如徇私舞弊不征、少征税款罪（第404条），违法发放林木采伐许可证罪（第407条），环境监管失职罪（第408条），传染病防治失职罪（第409条），非法批准征用、占用土地罪（第410条），放纵走私罪（第411条）等。此外，基于主体的特殊性和危害行为与职务的关联性，贪污贿赂犯罪在理论上也被视为行政犯罪。由此可见，只有部分行政犯罪属于刑法第九章的规定之列。因此，渎职罪与行政犯罪亦属交叉关系。二者的交集为行政渎职犯罪。行政渎职罪是从内部侵犯行政管理秩序，渎职罪之外的行政犯罪（除贪污贿赂罪）则是从外部侵犯行政管理秩序。

以渎职罪为中心和参照，经过逻辑上的筛选，我们从上述涉及的概念中，剔除与渎职罪属不同范畴的自然犯和易发生用语歧义的行政犯，择取“法定犯”；剔除职务犯罪，择取职务犯罪中包含了渎职罪的“公务犯罪”；剔除白领犯罪，择取“经济犯罪”，将上述分析整合并图示如下：

---

① 黄河：《行政刑法比较研究》，中国方正出版社2001年版，第92页。

② 黄河：《行政刑法比较研究》，中国方正出版社2001年版，第103页。

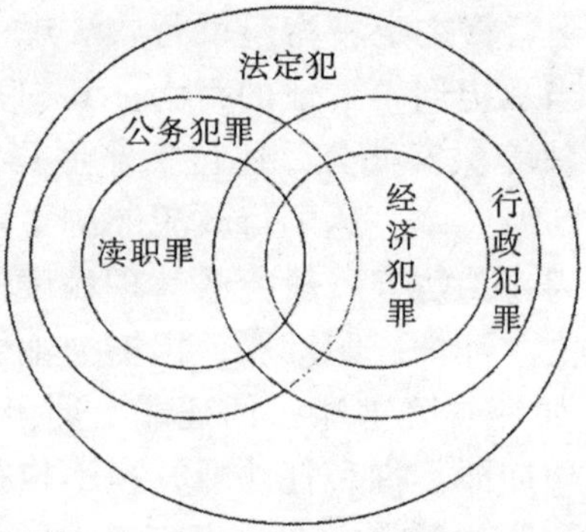

图1　本书对渎职罪与相关概念关系的界定

第二节　渎职罪的主要特征

观察、分析、归纳渎职罪特征的价值在于，剖析此类犯罪内在的规律性。这种“规律性”是处理渎职罪涉及法律问题（包括对法律规定的解释、适用）、政策制定、犯罪预防以及立法完善的客观基础和依据。与该规律的契合程度，是衡量立法质量及法律适用效率（两个具体指标：法律效果、社会效果）的核心标志。

特征，是指可以作为人或事物特点的征象、标志等，是一事物区别于他事物的典型表现。特征表现于现象中，是对现象的观察、分析和归纳；特征是一个相对的概念，是与同类事物在同一或同类标准下比较的结果，是本事物不同于他事物的特有属性；特征受观察视角的制约，角度不同，结论亦不相同。依照认识事物逻辑顺序，将对渎职罪特征的观察分为事实特征、法律特征和查办特征三个不同层次的视角。首先是事实特征，即渎职犯罪作为一种社会现象所具有的典型表现；其次是法律特征，是于事实特征基础之上，从刑法上解读渎职罪作为刑法规定的具体犯罪，其在定罪、量刑等方面所具有的特性；最后是查办特征，是在刑事诉讼过程中，从包含了侦查、证据及证明等要素在内的法律适用的角度，对渎职犯罪所作的观察。事实特征具有客观性，其直接源于犯罪现象；法律特征具有价值判断的属性，是法律规定与现象的结合。查办特征具有实效性和技术性，是研究提升包括刑法效用、办案效率等在内的司法效率的基础。无论是事实特征、法律特征还是查办特征，都是特定时期一定社会环境的产物，因此，渎职罪的本质属性是确定的，具体内容则是动态变化的。对特征的解读必须放在特定的社会环境中进行。“事实”、“法律”和“查办”代表了三个不同层次的典型视角，将观察结果拼接在一起后，可大体形成渎职罪特征的立体全景。

一、事实特征

奥地利思想家尤金·埃利希曾提出一种彻底的社会学法律理论。他认为，“活法”是“联合体的内在秩序”，即与由国家实施的法律相对的由社会进行实践的法律。他把活法视为支配社会生活的法律，即使它没有被列入法律命题之中。“现在以及任何别的时候，法律发展的重心既不在于立法，也不在于法律科学和司法判决，而在于社会本身……要研究活的法律，就必须去研究婚约、租契、买卖合同、遗嘱、继承的实际制度、合伙条款以及公司规章等。”① 分析渎职罪的事实特征，即是为研究此类犯罪的法律适用提供事实基础。

（一）渎职犯罪波及国家公权所及的社会生活的各个领域

渎职罪，是肩负国家一定公务职责的公民，违反规定，不依法履行职责的行为，这种行为侵害的不仅是国家对社会的管理秩序，同时还侵害了处于这种秩序之中的各方社会主体的正当权益。与其他类型的犯罪一样，渎职犯罪也是一种社会现象，不同的是，渎职犯罪这种社会现象并不单纯地指向社会生活的某个领域或社会主体的某种具体权益，而是辐射到国家公权所覆盖的社会生活的多个领域，侵害的社会关系具有广泛性和复杂性。

渎职罪这一特征形成的主要原因在于，国家为了实现社会管理，一方面要依据不同的性质和功能对自身职能进行必要的分解，并形成各种行业部门等社会组织作为实现相应社会职能的载体；另一方面，国家还要根据各个领域、行业、部门有效运转的客观要求和发展规律，通过法律、法规或规范性文件等方式，分别对这些部门的职务行为作出规定，以保障社会生活的规范、畅通、有序。在我国，国家对社会的管理通过以国家机关工作人员为主的人员来进行，通过赋予这些分布在各个职能部门的人员以一定的职责、权力和义务，实现职能，管理社会。一旦这些肩负了一定公务职责的特定人群违反规定、不依法履行职责，必然会破坏职能，其危害范围将会波及国家管理视野下的各个职能部门、各个社会领域。可以说，国家管理职能覆盖到哪里，渎职犯罪的触角就会延伸到哪里。正因为如此，渎职罪的表现形式和刑法对

---

① ［美］E. 博登海默：《法理学：法律哲学与法律方法》，邓正来译，中国政法大学出版社 2004 年修订版，第 149 页。

渎职罪的反应与社会的发展变化之间呈现出敏感的互动状态，其影响力在变动中对各个社会领域发生着持续的作用。有学者总结认为，渎职行为往往具有与经济体制和社会结构双重转换时期特征相联系的特点。伴随新旧体制转换，许多社会行为尚未通过法制形式得以严密规范，渎职呈现出较强的易发性特点；伴随改革的深化，渎职往往借改革之名滋长蔓延，具有很大的迷惑性特点；伴随市场经济的建立，渎职往往选择经济领域中供需矛盾突出的环节作为其钻营舞弊的场所，带有一定的聚集性特点；渎职滋生、蔓延的领域及表现形式，会随着客观情况的发展变化而不断转换和变化，具有多变性的特点等。①

（二）渎职犯罪表现隐蔽

渎职犯罪的隐蔽性，一是由其涉案领域的专业性所决定的。渎职案件发生在不同的领域、不同的行业，具有高度的专业性。1997 年刑法分则第九章“渎职罪”中规定的罪名范围涉及公、检、法、工商、税务、海关、商检、土地、林业、教育、文物、卫生防疫等诸多行业和部门。例如，住房公积金领域的渎职案件，商检、动植物检疫领域的徇私舞弊案件等，都涉及新领域的新型犯罪，专业知识性强，犯罪手段隐蔽。二是由认定行为违反职责的诸多法规的专业性所决定的。渎职犯罪是国家细化并强化规范公权运作以有效管理社会的产物。经济社会的高度发展，使社会管理变得日益复杂。针对特定行业、特定群体建章立制、确立秩序，成为国家管理社会、维护统治的迫切需要。大量专门化的法律及规范相继出台。但这些新型的、专业性规范对于大多数作为“业外人士”的普通公众却是陌生的，甚至是一无所知。因此，对这种犯罪的社会反应相对较弱，在客观上强化了此类犯罪的隐蔽性。正如萨瑟兰研究白领犯罪时所言：“普通公众对这些特殊条款更是知之不多，因而自己对白领犯罪的愤恨情绪很难获得组织性的表达。……公众对白领犯罪的愤恨情绪没能像对某些重罪的愤恨情绪那样获得有组织的表达，从而形成强有力的声音。”② 三是由渎职行为对职务具有的密切依附性所决定的。特定公职的专属性，使职务成为掩盖犯罪的屏障。四是利用相关制度运行体制机制设计的不完善或某些欠缺，以合法形式掩盖非法目的，如在审判实践中，一些法官利用自由裁量权损害当事人利益、破坏司法公正、谋求私利。五是以通过集体研究作出决策，以民主之名行渎职之实，如审判实践中的枉法裁

① 关福金、郭开元：《渎职行为及其类型》，载《中国检察官》2008 年第 4 期，第 47 页。

② ［美］E. H. 萨瑟兰：《白领犯罪》，赵宝成、徐静磊、胡旭、于国旦译，中国大百科全书出版社 2008 年版，第 73 页。

判案件不少是由合议庭作出，有些甚至是经过审判委员会研究决定，个人责任被稀释，谁都有责任但谁都不负责。①

此外，检察机关查处渎职案件类型的情况，也在一定程度上反映了渎职犯罪的专业性特征。各领域尽管都有一定的职业特性，但其专业程度仍有差别，专业程度越高、职业运行越封闭、主要侵害国家利益的领域，涉渎犯罪的隐蔽性就越强，越不易被发现，如行政监察领域的渎职犯罪；相对地，那些与民众生活息息相关的领域发生涉渎案件时，由于直接侵害公民个人利益，较易被发现，如公安人员的渎职犯罪。根据广东省人民检察院反渎职侵权局的统计，在被查办的125人中，公安人员73人、法院人员10人、税务人员11人、检验检疫人员3人、工商人员2人、林业人员2人等。在14个罪名中，刑法明确的领域有公安、法院、监狱、国土、税务、工商、证监、海关、检验检疫、教育等部门，除公安人员占此类案件的58.4%外，其他人员被查处的比例都比较低，特别是海关、证监等领域的渎职犯罪近年来出现立案空白。② 因此，不同类型渎职案件的发案情况的差异，有些确实是因为某些领域客观上发案率较高；还有一些领域虽然发案率低但并不意味着反渎形势非常乐观，而是由于其高度的专业性及因此所表现的作案手段的隐蔽性，客观上导致发现难、查处难，表现在统计数字上即是较低的发案率。

（三）渎职犯罪的发案特点

1．鲜明的社会性、行业性特征

要考察案发的环境因素。“环境”主要指社会环境和行业环境。渎职犯罪的触角延伸至国家管理活动所覆盖的各个领域。一方面，当前我国处于体制机制改革、经济结构调整、政府职能转变的新时期，客观上存在滋生失职渎职、职务侵权等犯罪的土壤和条件；另一方面，与许多刑事罪案不同的是，渎职犯罪具有行业性特征，不同行业的渎职案件具有不同的发案特点和规律，而且各行业的发案情况是不平均的，不同行业的渎职犯罪在各个时期表现出不同的高发态势，高发领域往往是社会防范的薄弱环节，存在严重制约社会发展的消极因素。这一特点决定了一定时期反渎职工作的政策选择和打击重点。例如，当前要把阻碍经济社会发展、影响和谐社会建设、破坏社会公平正义、危害群众切身利益、造成市场秩序混乱和国有资产流失的犯罪作为查

---

① 参见黎宏：《论徇私枉法罪的若干问题》，京师刑事法治网，http://www.criminallawbnu.cn/criminal/Info/showpage.asp? pkID=10330。

② 广东省人民检察院反渎职侵权局：《徇私舞弊类渎职犯罪司法认定共性问题调查与研究》，载《人民检察》2008年第8期，第48页。

办案件的主攻方向，以打击黑恶势力“保护伞”，查办影响公正司法和破坏土地资源与环境的渎职犯罪为重点，严肃查办涉及国计民生的资源环境、安全生产、医疗卫生、食品卫生、房屋拆迁、社保资金、教育管理、企业改革改制等领域和司法领域的渎职犯罪案件。①

2. 各发案领域案发情况不均衡

以司法领域的渎职案件为例，行政执法领域和直接办案部门是渎职侵权的多发领域。2007 年全国检察机关立案查处的司法人员渎职侵权犯罪 2105 人中公安机关有 1669 人，占 79.29%。主要由于公安机关行政执法权相比司法权的行使重效率、程序少、监督不够具体，因而发生违法行为的概率也比较高。当然，还存在前文分析隐蔽性特征时涉及的原因。

3. 与其他犯罪多有牵连互动关系，窝案串案现象突出

渎职犯罪发案的一个常见现象是，其多与贿赂、责任事故等犯罪纠葛在一起。这一现象在徇私型渎职案件中表现得尤为突出。渎职犯罪的民间提法是“不落腰包的腐败”，但这只是对单纯的渎职罪而言，如果追查渎职罪的前因后果、来龙去脉，就会发现它往往由贿赂犯罪引发，表现为与贿赂犯罪交织，侵害多重客体，典型特征即是“权钱交易”，尤其是涉及煤矿、土地、建设工程领域，这些领域附着了巨大的经济利益，也伴随着激烈竞争，这为权力寻租提供了交易的市场：一边是巨资行贿、利益公关，一边是暗箱操作、滥用权力；一边破坏的是平等竞争的市场秩序，一边侵蚀着国家健康运行的机能。许多灾难性后果的背后都隐藏着官商勾结的腐败交易。又如，多以渎职罪危害结果形式出现的责任事故案件，现实的情况是，几乎所有的重特大事故背后都有渎职犯罪，渎职犯罪催生事故，而事故又暴露了一些渎职犯罪。② 许多重大安全生产责任事故的发生与少数国家机关工作人员滥用职权、玩忽职守、徇私舞弊直接相关。有的国家机关工作人员官商勾结、官煤勾结，大搞权钱交易，充当不法分子和黑心矿主的“黑后台”、“保护伞”，性质恶劣，影响极坏。③ 渎职犯罪和其他犯罪之间的这种牵连互动关系使得“窝案串案”成为渎职案件发案的特有现象。

4. 渎职案件查办率仅在一定程度上反映发案情况

渎职案件查办率与办案重点的选择息息相关。某类犯罪的查办率在一定

---

① 张兆松、李志雄、章晓民：《渎职犯罪的理论与实践》，中国检察出版社 2008 年版，第 269 页。

② 宗边诗：《查办事故背后渎职犯罪仍是办案重点》，载《检察日报》2008 年 3 月 12 日。

③ 王新友：《突出重点 严查事故背后职务犯罪》，载《检察日报》2007 年 4 月 16 日。

程度上反映了此类犯罪的发案情况，但并不能反映这类犯罪同期与其他类型犯罪相比较的犯罪率的高低。因为发案情况仅仅是影响查办率的一个因素，除此之外，查办率与打击犯罪的政策导向、司法机关的办案重点关系密切，如2004年5月以来，各级检察机关开展集中办案、专项治理活动，集中力量查办了破坏社会主义市场经济秩序的渎职犯罪案件、危害能源资源和生态环境渎职犯罪案件等。2005年7月至2006年12月，全国共立案侦查严重破坏社会主义市场经济秩序的渎职犯罪案件5841件6664人，分别占同期立案侦查渎职侵权案件总数的64%和59%；2008年5月部署开展深入查办危害能源资源和生态环境渎职犯罪专项工作以来，仅3个月全国就受理危害能源资源和生态环境的渎职犯罪案件1592件，立案侦查1359件1579人。①

无论是从近年来频发的引起社会广泛关注的涉及渎职的社会事件，还是从刑法修订及大量新增的与渎职罪有关的立法、司法解释都表明，今昔对比，渎职犯罪已成为一种较为突出的社会矛盾，成为司法打击的重点。过去渎职犯罪案件较少，社会关注低，主要有两种可能：一是社会原因。计划经济时代，社会发展缓慢，风险度低，法治化程度较低，专业性规范较少，社会管理相对简单。相应地，对主体的能力和责任要求较低。二是司法能力水平整体不高，打击力度较弱。这与犯罪本身并无实质关联。当前，一是风险性与法治化成为社会发展并存的两大特征。风险性使社会管理显得尤为复杂，通过制定规范建立秩序化解风险成为国家管理社会的必要手段。政治体制改革的滞后在微观领域影响到科学的人事任免机制体制的建立和运行，一些不具备岗位资质（包括个人能力的潜条件）的人担负起了一定的公务职责，但事实上却无法胜任，为渎职犯罪的发生埋下了隐患。当然，这是个别现象，而且，相当一部分属于制度问题，不在本书研究之列。二是司法能力提高，打击力度加强，一些制约查处渎职犯罪案件的难题在今天有了不同程度的破解。这些因素通过渎职罪发案现象使渎职犯罪凸显为司法关注的重点。

5．当前犯罪趋向

据官方统计，当前渎职侵权犯罪的现状有六大新趋向：② 一是渎职侵权与贪污贿赂等经济犯罪相互交织；二是渎职侵权犯罪呈现“易发多发”的态势；三是行政执法人员的失职渎职犯罪涉案领域广泛；四是司法、行政执法人员失职渎职徇私枉法、危害司法公正的犯罪日渐引起社会关注；五是渎职

① 陈连福：《反渎职侵权工作30年回顾》，载《人民检察》2008年第17期，第46页。

② 杜萌：《最高检披露渎职侵权犯罪6大趋向》，载《法制日报》2006年12月20日，第8版。

侵权窝案串案及跨部门犯罪增多；六是一些个案造成经济损失数额巨大、人员伤亡严重。

（四）渎职犯罪具有特别的社会危害性

渎职罪具有特别严重的社会危害性，之所以强调“特别”，在于这类犯罪的社会危害与其他类型犯罪对社会的危害不属于同一层面。渎职犯罪的危害不是就公民或组织个体而言的，它危害的是社会的某个领域，危及的则是国家政权。具体表现在三个方面：

1. 特别的犯罪客体

渎职罪是从国家政权内部、从根基破坏国家正常的管理秩序，侵害统治者的执政能力。渎职犯罪主要发生在行政领域和司法领域。行政渎职是渎职罪的典型表现。其社会危害性与这种权力本身的特性息息相关。一是行政权的作用具有两面性：既可能为人们提供服务，同时也可能被滥用，国家权力如果不加控制和制约就必然导致被滥用；二是与立法权、司法权等其他国家权力相比，行政权最经常、最广泛、最直接地涉及行政相对人，且行政权实施的程序远不及立法权、司法权行使的程序严格、公开，从而行政权最容易导致腐败；三是行政权相对于立法权和司法权有膨胀和扩张的趋势。每年我国渎职侵权案件犯案人员都接近8000人，其中属于破坏社会主义市场经济秩序的犯罪占60%~70%。[①] 少数国家机关工作人员不能正确对待手中的权力，或疏于职守，或恣意滥用，或以权谋私，轻则导致国有资产流失，重则破坏市场经济秩序，阻碍经济社会发展；从群众的切身利益来看，发生在安全生产、食品卫生、房屋拆迁、社保资金、环境资源、医疗医药、教育管理、企业改革改制等领域的渎职犯罪，引起人民群众强烈不满。[②] 司法渎职案件中，一些司法人员渎职失职犯罪依然严重，破坏司法公正，损害司法权威，践踏法制尊严。有的徇私枉法、枉法裁判；有的滥用司法权，有法不依，执法不严；有的在民事诉讼、行政诉讼活动中弄虚作假，歪曲事实；有的利用执行刑罚、监管改造职权，徇私舞弊，非法减刑、假释、暂予监外执行等，还有极少数司法工作人员充当黑恶势力犯罪的“保护伞”。[③]

---

① 万兴亚、李丹：《“手段恶劣”等模糊界定清晰化了》，载《中国青年报》2006年7月27日，第1版。

② 王新友：《王振川：领导干部渎职侵权犯罪逐年上升》，正义网，http://www.jcrb.com/n1/jcrb1292/ca602331.htm。

③ 王新友：《王振川：领导干部渎职侵权犯罪逐年上升》，正义网，http://www.jcrb.com/n1/jcrb1292/ca602331.htm。

2. 特别的危害结果

有的犯罪行为，表面上看似徇私情，谋私利，受贿数额不大，但其给国家和人民所造成的损失却很大，危害后果十分严重。例如，辽宁省锦州市古塔区人民法院院长冯某、凌河区人民法院院长李某，违反法定民事诉讼程序，为交通银行锦州市分行出具司法文书，致使该分行将并不符合核销条件的46户企业1.4亿多元贷款本息核销，造成国有资产严重流失。[①] 再如，深圳市公安局消防支队南山大队政委黄某，在分管防火监督检查工作期间，违反相关消防法律法规处理公务，明知南方金属大厦存在消防隐患，大队已决定对南方金属公司作出相应处罚决定，并已制作和签发《重大火灾隐患限期整改通知书》等相关法律文书的情况下，在接受上级领导说情后，不但对该大厦存在的问题不依法立案进行全面整改，反而滥用职权，在报告中隐瞒该大厦存在的某些消防隐患，不依法发出法律文书，也不安排相关人员跟踪检查落实，从而导致特大火灾事故发生，致15人死亡，3人受伤，直接经济损失达1400万元。[②] 司法公正的践行者、维护者成了践踏者、破坏者。这些渎职犯罪致使公共财产、国家和人民利益遭受重大损失。据统计，检察机关2003年至2007年上半年查办的各类渎职犯罪，给国家造成直接经济损失高达357.3亿元。[③] 渎职犯罪造成的损失远远大于贪污、贿赂犯罪所带来的损失。最高人民检察院曾对1998年至2000年办理的贪污贿赂和渎职侵权犯罪案件个案平均涉案金额进行过比较，得出的结论是：前者的平均个案损失是15万元，后者的平均个案损失是258万元。[④] 后者的平均个案损失是前者的17倍多。

危害不止于经济层面。渎职犯罪危害依法行政和司法公正，破坏社会公平正义，危害民主法治建设，侵犯人民群众利益，阻碍经济社会发展，影响和谐社会建设，严重败坏党和政府在公众中的形象，削弱党和国家机关的公信力，损害党群关系、干群关系，危害社会和谐，危及社会主义市场经济体制的建立，影响改革发展与社会稳定大局，给国家、人民及公共财产造成巨大经济损失，破坏国家机关权力的正常运行，妨碍国家机关职权效能的正常发挥，并引发一系列的社会矛盾和问题。渎职犯罪已成为十分严重的社会问题。[⑤]

---

① http://www.cctv.com/news/society/20050702/100301.shtml。

② http://news.sina.com.cn/o/2008-09-29/075714515765s.shtml。

③ 王新友：《王振川：领导干部渎职侵权犯罪逐年上升》，正义网，http://www.jcrb.com/n1/jcrb1292/ca602331.htm。

④ 张兆松、李志雄、章晓民：《渎职犯罪的理论与实践》，中国检察出版社2008年版，第257页。

⑤ 张兆松、李志雄、章晓民：《渎职犯罪的理论与实践》，中国检察出版社2008年版，第266页。

3. “弥散效应”与“温水煮青蛙”

渎职犯罪也有类似于白领犯罪的“弥散效应”：“企业家的违法行为具有复杂性，而且会产生一种弥散效应（effect diffused）。企业家们的违法行为，不像人身攻击或者殴打那样表现为简单而直接地一个人攻击另一个人。不可思议的是，许多白领犯罪的手法之高明往往令它所发生的行业领域中的专家所叹服。在被官方或社会公众知晓以前，某些公司的违法犯罪行为往往已经持续长达十年之久或者更长时间。这些白领犯罪可以产生一种弥散效应，会在很长一段时间内波及数百万人，但没有哪一个特定的个人在某个特别的时间内感受到特别的伤害。”① 渎职犯罪的隐蔽性钝化了渎职危害弥散效应的社会反应，直至恶果出现。许多渎职案件的发案，往往伴随着无法弥补的巨额经济损失、无可挽救的众多生命和难以评估的恶劣的社会影响。

二、法律特征

法律是一个特殊的社会现象，由各种多样的规定组成，这些规定不是任意或专断的，恰恰相反，它们具有一定的客观性，是某些因素的产物。这些因素可以通过分析而认识。在社会领域和在物理或自然领域一样，人们只有在对它的本质开始顺应之时才会把握住它。法律规定是由比个人意志更为深刻的因素所决定的，此外，也是因为法律规定是与社会生活的其他各种现象密切关联的。②《太平御览》卷六三八引《文子》：“老子曰：法者，非从天生，非从地出，发于人心，反已［认］自正。”“发于人心，反以自正”，就是法律所以产生和存在的根据或理由。也就是说，法律通过思维反映现实又回到现实。法律之所以反映现实，正是由于要回到现实。③ 事物的特征是由其本质属性所决定的，是其本质属性的外在表现。渎职罪的法律特征，是从法律规定的视角对渎职犯罪所作的观察。它是渎职罪事实特征的规范写照，在其字里行间中便大体折射出当前我国渎职犯罪的概貌，同时，也是制定刑事政策和刑法适用解释的参照。

---

① ［美］E. H. 萨瑟兰：《白领犯罪》，赵宝成、徐静磊、胡旭、于国旦译，中国大百科全书出版社2008年版，第72页。

② ［法］亨利·莱维·布律尔：《法律社会学》，许钧译（根据法国大学出版社1981年第6版译），上海人民出版社1987年版，第92页。

③ 蔡枢衡：《中国刑法史》，中国法制出版社2005年版，第108页。

(一) 犯罪构成特点

1. 客体特征

刑法第九章“渎职罪”侵犯的客体为复杂客体，其中，主要客体是国家机关的正常管理秩序，次要客体依据具体渎职罪的不同而内容各异。渎职罪的客体在整个刑法体系中表现出鲜明的个性特征，其所侵害的直接客体范围不限于国家机关的正常管理秩序，而且，还侵害了第九章同类客体之外的其他类型的社会关系。其中所包含的直接客体的种类、所波及社会关系的范围均为刑法分则所规定的其他各章犯罪所无法企及。

根据我国刑法犯罪客体的有关理论，依照犯罪客体所包含的社会关系的范围不同，可将其分为一般客体、同类客体和直接客体。作为对类罪的研究，主要涉及同类客体和直接客体。其中，同类客体，是指某一类犯罪所共同侵犯的客体，即刑法所保护的社会关系的某一部分或某一方面，它是我国刑法分则对犯罪进行分类的依据。具体到渎职罪中，即为国家机关的正常管理秩序。直接客体，是指某一犯罪行为所直接侵害或威胁的具体社会关系，它揭示了具体犯罪所侵犯的社会关系的性质以及对社会危害程度的轻重，对于区分各种具体犯罪的界限，决定量刑轻重都有至关重要的作用。[1] 具体到渎职罪中，各具体渎职犯罪所侵犯的直接客体，不仅是其所在刑法第九章的同类客体，即国家机关的正常管理秩序，而且依据具体罪名不同，还分别侵犯了其他类型的社会关系，如动植物检疫徇私舞弊罪、动植物检疫失职罪还侵犯了公共安全，滥用管理公司、证券职权罪，商检徇私舞弊罪，商检失职罪还侵犯了社会主义市场经济秩序等。[2] 根据刑法理论，犯罪直接客体，依犯罪行为直接侵犯的具体社会关系的多寡，分为简单客体和复杂客体。简单客体，是指一种犯罪行为只直接侵犯某一种具体的社会关系；复杂客体，是指一种犯罪行为同时侵犯了两种或两种以上的具体社会关系。因此，结合前述，刑法第九章渎职罪侵犯的客体均为复杂客体。复杂客体是犯罪直接客体分类中相对于简单客体的客体类别，体现了侵犯客体类型的多样性、波及社会关系的多重性。根据刑法理论，某一犯罪行为所侵犯的，刑法重点予以保护的社会关系，为主要客体。主要客体始终是同类客体范围内的具体社会关系，其决定某一犯罪行为的社会危害性性质，从而也决定该种犯罪在刑法分则中的归

---

① 马克昌主编：《犯罪通论》，武汉大学出版社2000年版，第119页。

② 周琼华：《“侵权”犯罪与渎职犯罪的区别及对侦查的影响》，载《人民检察》2000年第12期，第30~31页。

属。因此，在渎职罪侵害的诸多客体中，主要客体应为本章的同类客体——国家机关的正常管理秩序。这体现了立法者所保护社会关系的侧重点。①

综上所述，刑法第九章规定的渎职罪侵犯的客体是以国家机关的正常管理秩序为主的、包含多种其他类型社会关系的复杂客体。侵犯客体类型多样，波及社会领域广泛，表现形式既有物质性的，也有非物质性的。这是渎职罪严重的社会危害性在刑法上的表现。

2. 补充型构成要件的立法结构

这种构成要件模式源于渎职罪所具有的双重违法性。渎职犯罪的职责违法性首先需要凭借相关的法律、法规、规章及其他规范性文件来确定，在此基础上才涉及刑法的适用。反映在立法中，刑法第九章规定的渎职罪的犯罪构成多为补充构成要件，渎职罪罪与非罪的认定需要两次判断，第一次是职责违法性的判断，依据是相关的行政法规、经济法规及其他规制公职履行的规范性文件等；第二次是刑事违法性的判断，依据是刑法的规定。

3. 渎职罪的犯罪对象与渎职行为的相对方

渎职罪的犯罪对象与渎职行为相对方是两个不同的概念。根据我国刑法理论，犯罪对象，是指犯罪分子在犯罪过程中对之直接施加影响的，并通过这种影响使某种客体遭受侵犯的具体的人或物。具体的人或物作为刑法所保护的某种社会关系的主体或物质表现，或者反映客体受到侵犯的某种社会关系有密切联系的人，必须具有合法性，才能成为犯罪对象。② 渎职罪的犯罪对象是行为人所具有的并在本案中实际行使的“公务职责”。渎职行为相对方，是指渎职行为所指向的利害关系方，如私放在押人员罪中的“犯罪嫌疑人、被告人或者罪犯”、帮助犯罪分子逃避处罚罪中的“犯罪分子”等。渎职行为作用的对象大体可分为两类，一类是“人”；一类是“事”或“物”。其中，那些能够反映刑法所保护的社会关系的人或物为犯罪对象，而除此以外的，如前述私放在押人员罪中的“犯罪嫌疑人、被告人或者罪犯”、帮助犯罪分子逃避处罚罪中的“犯罪分子”，由于不具合法性，不受法律保护，因此，只是渎职行为的相对方，而非犯罪对象。

在其他类型的刑事案件所涉及的案件事实中，主要有三种角色类型，即犯罪主体，犯罪对象和被害人。而在渎职案件中，除上述三种类型外，还存

---

① 主要客体、次要客体不是由犯罪行为本身造成的，而是由于立法者所保护的社会关系的出发点不同。对主要客体、次要客体的界定，应当根据立法者所保护的社会关系侧重点，即以刑法的规定为依据。马克昌主编：《犯罪通论》，武汉大学出版社 2000 年版，第 119 页。

② 马克昌主编：《犯罪通论》，武汉大学出版社 2000 年版，第 125 ~ 126 页。

在“渎职行为相对方”这一特殊的角色类型。

笔者认为，渎职行为相对方的存在是因为渎职罪所独有的“前案现象”所致。“前案”是指存在于一些渎职案中的、在认定渎职罪客观方面时需要先予确定的其他案件或事实。这些案件或事实中的主要当事人与渎职行为有着密切的利害关系，渎职行为的实施将会使他们在事实上或法律上不正常、不正当、不合法地受益或受害。

渎职行为的相对方在渎职罪刑法应用中的价值主要体现在对主体行为性质的认定上。由于渎职行为的相对方往往是渎职行为的受益者，常常涉嫌其他犯罪，如放纵走私罪中的走私犯罪。这就使得渎职行为主体的行为性质的认定变得复杂，根据主观方面的不同情形，可能构成渎职罪，也可能构成渎职相对方涉嫌犯罪的共犯。

（二）典型的“案外案”及“案中案”现象与罪数特征

渎职罪关联到其他犯罪的情形为“案外案”现象，渎职罪中包含前案的情形为“案中案”现象。前者使渎职罪的罪数问题也表现得相当复杂。

前文所提及的渎职罪与其他犯罪的牵连互动形成“案外案”现象，即在渎职犯罪之外，还有与渎职犯罪事实存在交叉或连接的其他犯罪事实，这一现象使得渎职罪的罪数问题表现突出。此外，有些渎职罪的认定，以与渎职事实本身无关的其他事实（违法事实或犯罪事实）的确定为前提，相对于渎职案（理论上称为“本案”），该“其他事实”在理论上被称为“前案”。前案包含的事实虽然与渎职事实无关，但前案本身的确定却关系到渎职犯罪的成立与否，形成“案中案”现象。相对于“案外案”事实与事实关联的特点，“案中案”是案与案的关联，不涉及罪数问题。①

利用渎职罪“案外案”特征，检察机关在办案中往往能够通过办一案发现数案，如吉林省人民检察院反渎职侵权局，通过查办张凤才滥用职权、受贿案一案，检察机关立案侦查49起案件；查办范围由国土资源一个部门扩展到省煤炭工业管理、省煤炭安全监察和当地的行政执法部门；由一个处级要案牵出两个副厅级领导特大要案。②

（三）严而不厉的罪刑特征

成文刑法的内容在制定后、修改前不变；统治者对于每一犯罪的评价，

---

① 尽管前案与本案关系的这一特点存在例外，即在国家机关工作人员签订、履行合同失职被骗罪中，前案事实是本案事实的组成部分，但由于实施主体不同，因此，仍然不会因此而产生罪数问题。

② 王新友：《首届十大反渎职侵权获奖案件三大鲜明特点》，正义网，http://news.jcrb.com/xwjj/200807/t20080707_35129.html。

却随着阶级斗争的缓急而变化。[①] 渎职犯罪作为当前社会发展过程中的主要矛盾之一，在成文刑法相对确定的前提下，相关刑事政策应如何应对，自然成为司法关注的焦点。储槐植教授提出“严而不厉”的刑事政策，严指刑事法网严密，刑事责任严格；厉主要指刑罚苛厉，刑罚过重。[②] 我国刑法及相关司法解释关于渎职罪的罪刑规定即体现了这一特征。

1. 刑事法网严密

这一特点突出体现在2006年7月26日公布施行的《立案标准》中。

立案标准是启动立案追诉犯罪的基本标准，是当前和今后一个时期检察机关查办渎职侵权犯罪案件的重要依据和执法标准。2006年《立案标准》在1999年《立案标准（试行）》的基础上，适应法治建设、经济社会发展的新情况、新需要，并针对司法实践中的各种亟须解决的具体问题对后者作出了修改、补充和完善，从各方面严密了惩治渎职侵权犯罪法网。主要体现在以下方面：

（1）整体结构

在整体结构上，统一规定了兜底条款。渎职案多以“情节严重”、“致使公共财产、国家和人民利益遭受重大损失”、“造成严重后果”为构成要件。1999年《立案标准（试行）》对渎职案中的滥用职权案、玩忽职守案、故意泄露国家秘密案等18个犯罪案件的立案标准规定了兜底条款，而对徇私舞弊不征、少征税款案，徇私舞弊发售发票、抵扣税款、出口退税案，违法提供出口退税凭证案，非法批准征用、占用土地案，非法低价出让国有土地使用权案等14个犯罪案件没有规定兜底条款。考虑到立案标准具体、明确的同时，防止可能出现的挂一漏万，2006年《立案标准》对每一个罪案都规定了兜底条款。[③] 这一举措大大严密了刑事法网。这是渎职罪与其他犯罪不同之处，是对社会危害日益严重的渎职犯罪的司法反应，体现了对渎职犯罪侵害法益的特殊保护。

（2）具体内容

在具体内容上，修改如下：

①增加了新罪名的立案标准。《立案标准》将执行判决、裁定失职案和执行判决、裁定滥用职权案补充进来，使渎职侵权犯罪42个罪名的立案标准全部得以完善，堵塞了可能的执法漏洞，也有利于加强对判决、裁定执行行

---

① 蔡枢衡：《中国刑法史》，中国法制出版社2005年版，第114页。

② 储槐植：《刑事一体化》，法律出版社2004年版，第198页。

③ 陈国庆、韩耀元：《〈关于渎职侵权犯罪案件立案标准的规定〉的理解与适用》，载《人民检察》2006年第16期，第20页。

为的法律监督。

②严密了结果犯的损失规定。增加了个人财产直接经济损失和间接经济损失标准，增加了合计计算标准，即在个人财产和公共财产均遭到损失的情况下，虽二者均未达到立案标准，但两项合计达到一定标准的，也应立案追究刑事责任。

③封堵了权力干预型渎职犯罪。堵截构成要件是严密刑事法网的途径之一，是指刑事立法制定的具有堵塞、拦截犯罪人逃漏法网功能的构成要件。这种立法方法运用其概括性和弹性对付犯罪形式的复杂性，以严密法网，不放纵犯罪。[①] 刑法第九章渎职罪中，除滥用职权案、玩忽职守案等少数案件犯罪主体系国家机关工作人员外，其余均属特殊渎职罪案，其犯罪主体系特定主体。在司法实践中，个别党政官员为了地方利益利用职权干涉司法或干涉行政执法，导致国家和人民利益遭受重大损失的情况时有发生。但由于他们不具有特定主体资格，徇私舞弊又不易证明，给立案侦查和司法认定带来很大困难。2006 年《立案标准》充分考虑到这一司法工作实际，在滥用职权案、玩忽职守案和违法发放林木采伐许可证案的立案标准中，分别增加了说明性条目，对主体不符合特殊渎职罪的主体条件但符合一般渎职罪条件的，按一般渎职罪处理。[②]

④从严规定了一些犯罪案件中应予立案情形的条件。主要是将一些犯罪案件应予立案情形中有关“三次或者一次三人以上”修改为“三人次以上”，这样将两次三人的情形也作为应予立案的情形，从而严密了法网，加大了打击力度。例如，将失职致使在押人员脱逃案中的“三次以上致使犯罪嫌疑人、被告人、罪犯脱逃，或者一次致使三名以上犯罪嫌疑人、被告人、罪犯脱逃的”修改为“致使犯罪嫌疑人、被告人、罪犯脱逃三人次以上的”；将

---

① 储槐植：《刑事一体化》，法律出版社 2004 年版，第 368 ~ 369 页。

② 倪爱静：《与时俱进惩渎职严密法网治侵权——就〈立案标准〉相关问题访最高人民检察院渎职侵权检察厅副厅长宋寒松》，载《人民检察》2006 年第 16 期，第 14 页。梁慧星教授在《怎样进行法律思维》一文中曾总结，立法的逻辑和适用法律的逻辑，方向是相反的，立法的逻辑是从一般到特殊，一般规则在前，特殊规则在后。适用法律的逻辑顺序则恰恰相反，是从特殊到一般，即“特别法优先适用”。笔者认为，从法律适用的逻辑来看，按照“特别法优先适用”的原则，通过分析具体案件触及的法律规范之间的逻辑关系，首先应适用特殊渎职罪的规定，若不具备特殊规定的适用条件而符合一般渎职罪的规定，则应依序适用一般规定。因此，实践中遵循法律适用的逻辑规则即可推理出上述司法解释的内容。最高司法机关之所以又通过司法解释作出专门规定，主要是考虑到，现阶段我国各地、各级执法人员的法律专业技能参差不齐，为使法律得到正确、统一的贯彻执行，故而将法律适用规则具体化。

徇私舞弊不移交刑事案件案中的“三次以上不移交犯罪案件，或者一次不移交犯罪案件涉及三名以上犯罪嫌疑人的”修改为“不移交刑事案件涉及三人次以上的”等。①

2. 刑罚处罚偏轻

主要表现在立法和司法两方面：

立法方面，即刑法第九章对渎职罪各罪所规定的刑罚，较之于刑法分则其他九章犯罪而言，刑罚偏轻。

表1　刑法第九章渎职罪法定刑概况

类别	刑罚区间	对应条款	备注
基本犯	2年以上7年以下有期徒刑	416条第2款	
	3年以下有期徒刑或者拘役	397条第1款、398条、399条之一、400条第2款、401～402条、406～410条、412条第2款、413条第2款、415条、417～419条	
	5年以下有期徒刑或者拘役	397条第2款、399条第1～3款、400条第1款、403～405条、411条、412条第1款、413条第1款、414条、416条第1款	
加重犯	3年以上7年以下有期徒刑	397条第1款、398条、399条之一、401条、402条、406条、410条、415条	以“情节严重”、“情节特别严重”或“造成严重后果”、“造成特别重大损失”为要件
	3年以上10年以下有期徒刑	400条第2款、417条	
	5年以上10年以下有期徒刑	397条第2款、399条第1～3款、400条第1款、412条第1款、413条第1款	
	5年以上有期徒刑	404～405条，411条	
	10年以上有期徒刑	399条第1款、400条第1款	
减轻犯	二年以下有期徒刑或者拘役	416条第2款	

根据表1，除刑法第399条第1款徇私枉法罪、第400条第1款私放在押

① 陈国庆、韩耀元：《〈关于渎职侵权犯罪案件立案标准的规定〉的理解与适用》，载《人民检察》2006年第16期，第19页。

人员罪等个别犯罪，在“情节特别严重”的情况下，处10年以上有期徒刑外，其他各罪法定刑均在10年以下。其中，基本犯法定刑集中在三个量刑区间，即3年以下有期徒刑或者拘役（共计17条/款），5年以下有期徒刑或者拘役（共计13条/款），2年以上7年以下有期徒刑（共计1条）；加重犯法定刑集中在五个区间，即3年以上7年以下有期徒刑（共计8条/款），3年以上10年以下有期徒刑（共计2条/款），5年以上10年以下有期徒刑（共计7款），5年以上有期徒刑（共计3条），10年以上有期徒刑（共计2款）；减轻犯法定刑有1款。上述加重犯法定刑要求“情节严重”、“情节特别严重”、“造成特别重大损失”等。

1979年刑法规定玩忽职守罪的法定刑为5年以下。1997年刑法区分滥用职权、玩忽职守的犯罪行为所造成的不同后果，对法定刑作了修改，一般的为3年以下；严重的为3年以上7年以下；对某些徇私舞弊、徇私枉法情节特别严重的，法定最高刑规定为15年。对贪赃枉法裁判，构成受贿罪的，依照处罚较重的规定处罚。① 尽管相比1979年刑法，1997年刑法对渎职罪的法定刑已有所上调，但在整个刑法罪刑体系中，其法定刑仍属较轻。而且，渎职罪是刑法分则规定的十章犯罪中，唯一没有规定死刑的犯罪。

司法方面，即司法实践中，法院对渎职罪的裁判偏轻。最高人民检察院曾公布了一组数据：在2006年法院已经作出刑事判决的249名渎职者中，判处免予刑事处罚的131人，宣告缓刑的107人，还有2人判无罪，而判处实刑的仅9人，只占判决总数的3.6%。② 就地方而言，以某省会城市为例，根据该市检察院渎检部门对2003年至2007年重特大案件量刑情况的统计，各年度缓免刑判决占当年判决总人数的比例分别为93%、86%、74%、92%和76%，其中被判处缓刑的共52人，占生效判决总人数的37%，被判处免予刑事处罚的共70人，占生效判决总人数的49%，被判处实刑的18人，占生效判决总人数的13%。其中特别指出，“86%的重特大案件，虽造成176人死亡，64人受伤，直接经济损失7921万余元的损失结果，却无一被判处实刑。且在仅有的18个实刑判决中，有8人系在查处渎职犯罪中被并案查处有其他犯罪，有4人系数罪并罚，有1人为起诉时改变定性，只有5人系因渎职犯罪被单独判处实刑，其中最高刑期为6年，其余分别为5个月、1年、5年”。

---

① 王汉斌：《关于〈中华人民共和国刑法（修订草案）〉的说明》（1997年3月6日），载高铭暄、赵秉志编：《中国刑法立法文献资料精选》，法律出版社2007年版，第870页。

② 转引自王琳：《渎职犯罪损失为何17倍于贪污》，载《北京青年报》2007年5月26日。

"重罪轻刑"——重危害和轻刑罚之间的鲜明对比，引起理论及实务界对渎职罪刑罚问题的高度关注和反思。渎职罪轻刑现象主要被归结为四类原因：一是认识问题。针对当前普遍存在的从普通民众到地方官员社会整体认知度偏低，"不把违法当违法、不把犯罪当犯罪"的社会现象，多数观点将处刑轻归结为"认识问题"，① 如最高人民检察院副检察长王振川在一次电话会议上指出，"当前，社会公众特别是一些国家机关工作人员和领导干部，对渎职侵权犯罪的严重危害性，以及惩治渎职侵权犯罪的重要性和必要性的认知程度还不够高，相当多的渎职侵权犯罪案件被忽视、被容忍、被'谅解'"。② 二是集体决策的形式。一些案件中，涉案决策是以集体决策的名义出现的，在这种情况下就会遇到法不责众的难题：如果只处理主要责任人，会让人感到"有失公允"，毕竟是集体行为；然而如果全部处理，涉及面又太广，影响稳定，甚至会影响干部的开拓精神、创新精神。③ 但过多徘徊在这种顾虑中，又难以保障实现国家权力的各个职能部门科学决策、认真履职。三是关系复杂，干扰多。一些表面上是个人所为的渎职行为，实际上背后或系执行上级的指示，或系基于上层领导的要求，因此，一旦案发，就会有各方势力出面干预，在客观上也会导致对渎职罪的轻处轻判。④ 四是可能包含的司法渎职等"连锁渎职现象"而致的轻刑。上述观点符合客观实际，反映了当前查办渎职案的社会环境和实际状况。在此基础上，笔者进一步分析认为，渎职罪较其他犯罪类型所表现出的典型的"刑罚轻"现象的存在，既有缘于这类犯罪自身特点的客观原因，又有基于人为因素的"问题原因"。

第一，客观原因。

客观原因包括该罪自身特点和对应的刑罚价值导向两方面因素。从犯罪

---

① 如认为涉嫌犯罪人"没有中饱私囊"，属于"工作失误"，"好心办坏事"，"好人犯错误"；有的官员认为查办渎职侵权案件，可能会影响"地方经济发展"和"干部的积极性"，法外讲情，为犯罪嫌疑人开脱责任，不配合查处工作。地方保护主义和部门保护主义严重，一些行业和部门存在以罚代刑、降格处理，或者不向检察机关移送涉嫌犯罪的渎职侵权案件等。王新友：《王振川：领导干部渎职侵权犯罪逐年上升》，正义网，http://www.jcrb.com/n1/jcrb1292/ca602331.htm。

② 王琳：《渎职罪案为何"发现难"》，载《北京青年报》2007 年 5 月 12 日，http://bjyouth.ynet.com/article.jsp? oid = 20508884。

③ 艾琳：《渎职案件"轻处轻判"的四大成因》，新华网，http://news.xinhuanet.com/comments/2007－06/24/content_6278230.htm。

④ 艾琳：《渎职案件"轻处轻判"的四大成因》，新华网，http://news.xinhuanet.com/comments/2007－06/24/content_6278230.htm。

属性上看，在中国古代，职官的犯罪行为分为“公罪”和“私罪”两大类。依据唐律，“公罪”，也称“公坐”，“谓缘公事致罪而无私、曲者”，即因执行职务而犯罪，但情不涉私。公罪承担的刑事责任轻于私罪，包括违礼行为、失职行为、侵职越司行为等。相对于“公罪”、“公坐”，“私罪”又称为“私坐”，“谓不缘公事私自犯者；虽缘公事，意涉阿曲，亦同私罪”，包括不因公事私自犯，即具有职官身份的人，犯了与公务无关的罪行；或者虽缘于公事，意涉阿曲，亦同私罪，如受请枉法等。[①] 因此，纯粹的渎职犯罪，不仅仅是职务犯罪，严格而言，应为职务性的“制度犯罪”。较之于杀人、伤害、抢劫等自然犯罪，行为人的主观恶性较小，而且职务本身的风险性也增加了这种犯罪的发生几率。在此意义上，前述社会上对渎职犯罪的“宽容”心态有其合理因素。从发案特征看，多因性特点和渎职罪的刑罚相联系。“多因”有的表现为刑法上的原因和其他属性原因，如自然原因的组合，有的则表现为刑法上的多个同种属性原因的组合，如在一个程序管道经过的几个审批环节中，各环节经办人均有玩忽职守行为的情形，多个审批环节决定了被告人作用的局部性。因此，多因性特征决定了刑法对渎职罪在刑罚责任分配上的细化。

对渎职罪而言，其刑罚的价值导向应在预防。报应是刑罚对犯罪的被动反应，预防则是刑罚能动价值的体现。1997 年刑法对渎职罪没有规定死刑是因为，死刑体系的出现和存在，本来是以原始社会氏族对外复仇为历史条件和社会条件的。[②] 而渎职罪违反的是法律、法规和其他各种规范性、制度性规定，侵害的是国家管理秩序，危害的是国家执政能力，因此，对于这样的制度性犯罪在确定配置刑罚的价值取向时，无论是站在社会立场，还是基于人权保障，预防价值都远大于报应价值，在这种情况下，包括死刑在内的各类重刑，其功能极其有限，且综合效果明显弊大于利。

刑罚的社会功效取决于刑罚规范，刑罚规范的内容取决于刑罚目的和政策导向，而要实现刑罚目的，形成科学的政策导向，首先要考量的因素便是该犯罪本身。确定某类犯罪的刑罚量，不仅要考虑刑罚目的以及该类罪所表征的因素，如主观恶性，或者所造成的外部影响，如社会危害性，而且还要考虑该类犯罪自身特性，它决定刑罚的选择，这种选择反过来决定刑罚的适

---

① 林随安、褚玉梅：《行政渎职违法犯罪的认定和处理》，中国方正出版社 2001 年版，第 89 ~ 90 页。

② 蔡枢衡：《中国刑法史》，中国法制出版社 2005 年版，“序”第 3 页。

用效果。这种特性对刑罚的影响主要表现在：

从当前社会环境看，社会发展迅速，管理活动高度复杂，风险源激增，管理风险、决策风险对管理者的注意能力、决策能力提出了更高的要求，使渎职罪的发生几率变大，这也决定了对渎职罪的惩罚利弊共存。刑罚规定要考虑到各方利益的平衡和协调。既要惩治亵渎公职的犯罪行为，保障国家管理社会的正常秩序、维护执政能力、增强公信力，又要分清责任原因，避免客观归罪，遏制管理者的执政能动性。立法者需要在诸利弊因素间权衡刑罚量的多少。

从刑罚目的上看，与打击杀人、抢劫等暴力犯罪不同的是，惩治渎职犯罪只是手段，目的在于规制国家管理活动中各个环节的职务行为，使管理规范有序、权力运作更高效。严刑未必有利于刑罚目的的实现，必须讲究刑罚的执行策略，注重刑罚适用的社会效果。

从刑罚效果上看，我国在刑罚适用上坚持特殊预防与报应的统一，刑罚目的是在偏重特殊预防的基础上，兼顾报应的要求。而根据我国目前的法律规定，渎职犯罪的主体一旦受刑事处罚，无论处刑轻重，都意味着其政治生命的终结，基本没有再犯此类罪的可能性。从完善立法的角度看，对实施渎职犯罪的公职人员最为彻底的特殊预防措施应是剥夺其担任公职人员的资格。

渎职罪的“轻刑”特点在各国普遍存在，如日本刑法规定公务员职权滥用罪，处2年以下的惩役或者禁锢；特别公务员职权滥用罪，处6个月以上10年以下的惩役或者禁锢；特别公务员暴行凌虐罪，处7年以下的惩役或者禁锢。[①]《丹麦刑法典》第十六章“履行公共职责时所犯之罪”中，所涉各条规定的刑罚分别为罚金，或者不超过4个月、6个月、2年、3年、6年之监禁。只有被授予司法权力或者其他公共权力而有权对涉及个人法律权利之事项作出决定之人，在判决或者处理涉案事项时作出不公正处理决定，且该不公正决定已经对他人生活条件造成损害，或者此类不公正决定意在对他人之生活条件造成损害的，则应当处以不超过16年之监禁。[②]

第二，“问题原因”。

前文所述的渎职罪轻刑现象的四类原因即属于问题原因。

综上所述，在形成渎职罪轻刑罚特征的客观原因和“问题”原因中，前

① ［日］大塚仁：《刑法概说（各论）》（第三版），冯军译，中国人民大学出版社2003年版，第583～586页。

② 谢望原译：《丹麦刑法典与丹麦刑事执行法》，北京大学出版社2005年版，第44～46页。

者是“个性”或“规律”的体现，是严而不厉刑事政策中“不厉”政策的客观依据，应予正视。后者，即“问题”原因则应予排除。包括官方在内的社会各界普遍呼吁的避免对渎职犯罪“轻处轻判”的呼声针对的应当是“问题原因”。笔者认为，对于重罪轻罚现象，问题的根本并不在于刑罚轻重本身（即立法规定的刑罚），重要的是裁判本身是否公正合理（检讨司法）。而要做到公正合理，就必须完善立法、加强监督，如有学者借鉴英美国家的司法经验，提出最高人民法院应当制定渎职犯罪的量刑标准的建议。① 这样，有助于法官量刑时有明确统一的参照，也有利于公众比对量刑标准，对裁判进行客观的监督评价。

3. 刑罚兼顾人与事的双效功能

这里的“人”指“犯罪人”，“事”指规范公权行使的“制度”。刑罚对渎职罪的双效功能体现为对犯罪人的特殊预防功能和对制度的补漏功能。

刑罚对于渎职犯罪人的特殊预防功能多数情况下具有一劳永逸的特点。一旦被判处刑罚，犯罪人将无法再染指公权。根据2007年6月1日实施的《行政机关公务员处分条例》第17条第2款的规定，行政机关公务员依法被判处刑罚的，给予开除处分。同时，渎职犯罪暴露出制度上或管理上的漏洞，其刑罚价值更多体现在“制度”而非“人”上。在这一意义上，惩治渎职犯罪具有显著的对“事”意义上的一般预防功能。而且，惩治渎职罪在多大程度上发挥一般预防的积极效应关键取决于刑法的适用效率，既包括法律效果，即及时准确地适用刑法，又包括社会效果，即以有效预防相关渎职犯罪为标志的社会反馈。我国早在古代社会即强调“刑罚为政教之用”，突出预防职务犯罪，体现了惩治渎职犯罪的社会价值。

三、查办特征

查办特征是在刑事诉讼过程中对渎职罪所作的动态观察，揭示了在渎职罪侦查工作中、在确认案件事实的证据时、在判断案件性质的证明过程中该罪所表现出来的类罪个性。

---

① 英美国家在20世纪70年代中叶开始量刑改革运动，在量刑理论上提倡均衡量刑论，在量刑方法上主张实施量刑统一标准，以限制法官的自由裁量权。英国2003年《刑事审判法》第172条规定：“任何法院在对某一罪犯量刑时，必须注意与此罪名有关的量刑指南。”量刑指南对法官适用量刑有约束力。参见张兆松、李志雄、章晓民：《渎职犯罪的理论与实践》，中国检察出版社2008年版，第270页。

(一) 渎职案件的侦查特征

1. “三难一大”现象突出

根据我国刑事诉讼法，立案即刑事案件成立，其前提是有犯罪事实，需要追究刑事责任。立案的意义是启动侦查程序并为强制侦查提供法律依据。对于渎职案件而言，立案就意味着案件侦查的基本任务已经完成。[①] 实践中，渎职案的侦查主要表现为发现难、查证难、处理难、阻力大的“三难一大”现象。其中，导致“三难一大”现象的存在，既有渎职这类案件自身特点所决定的客观原因，也有查办机制的原因。

第一，客观原因。

一是渎职案发生领域及作案手段具有高度专业性、隐蔽性。专业性，表现在两个方面，首先是以专业性为特点的行业，如国土、税务、工商、证监、海关、检验检疫等；其次是法律职业，突出表现在司法渎职案件中，如公安、法院、监狱等。前者因具有较强的专业性、职能运行相对封闭，运作规则难以为行外人所知，也就难以发现运作中的违规“动作”，犯罪行为非常隐蔽。此外，由于其主要侵害国家利益而不直接指向公众权益，使得其职务行为较少受到公众监督，不易被发现；后者行为主体为法律职业者，熟悉法律、了解案情、通晓程序，具有较强的反侦查能力。

二是证明条件的局限性。这里所说的证明条件并非针对具体案件，而是在一般意义上而言的。渎职案件的证明条件受这类案件自身性质的约束，具有客观上的局限性。许多类型的渎职案件由于没有直接的被害人，使得办案工作缺乏积极稳定、有利于控方的言词证据的支持，且渎职案件的犯罪嫌疑人与前案当事人之间大多具有行为的相关性和利益的一致性，[②] 容易出现串供串证现象，大大降低了相关证人证言的可信度和可采性。[③] 此外，由于多数渎职案件没有刑事案件常规具有的可供勘查的犯罪现场，因此无法获取一些可以从犯罪现场获取的证据，如物证，从而在事实上减少了渎职罪证明中可用证据的种类。

三是案件本身的复杂性。渎职罪“案中案”和“案外案”的典型现象决

---

① 《职务犯罪侦查：理论与实践融合——职务犯罪侦查理论研讨会专家观点撷要》，载《检察日报》2008 年 1 月 24 日。

② 只有个别情况下，渎职案的犯罪嫌疑人与前案当事人的利益有冲突，如徇私枉法罪（无罪的人），不解救被拐卖、绑架妇女、儿童罪，阻碍解救被拐卖、绑架妇女、儿童罪等。

③ 张兆松、李志雄、章晓民：《渎职犯罪的理论与实践》，中国检察出版社 2008 年版，第 253 ~ 254 页。

定了对渎职案件的审查不能仅限于渎职罪本身，而应通过梳理、分析渎职案件的来龙去脉，揭示这根由渎职案牵出的犯罪链条上所隐藏、串联的其他犯罪。有前案时，还要证明前案的成立。

第二，查办机制问题，既表现在刑事诉讼程序之外，又存在于刑事诉讼程序之中。

在刑事诉讼程序之外，查办机制问题在重大责任事故涉渎案件中表现得较为典型。责任事故调查机制制约渎职犯罪的查办活动。表现在：一是事故调查主体往往又是责任主体。责任事故的调查机制形成要么制造障碍阻挠侦查，要么自证其罪的特殊的渎职犯罪侦查环境。① 二是立案受限，进而影响到侦查活动的进行。立案，是指公安机关、人民检察院、人民法院对报案、控告、举报和犯罪人的自首等方面的材料进行审查，判明是否有犯罪事实并需要追究刑事责任，依法决定是否作为刑事案件交付侦查或审判的诉讼活动。② 立案是刑事诉讼活动的开始和必经阶段。没有立案这一阶段，便没有刑事诉讼的整个过程。它是进行侦查和审判活动的合法依据。对于已经实施或预备实施或正在实施并需要追究刑事责任的犯罪行为，一经发现便及时立案，就能迅速开展侦查审判活动，从而及时有力地揭露、证实和打击犯罪。③ 而在重大责任事故类渎职案件中，检察机关对渎职罪决定立案的前提是发生了责任事故，而具有鉴定权的主体通常就是对这方面的工作负有监督管理职责的部门。④ 三是取证实效性强与初查、侦查受限性的矛盾。⑤ 重大责任事故的调查具有明显的阶段性特征，一般分为抢险救援、善后安抚、事故调查、责任认定与处理四个阶段。在责任事故调查的四个阶段中，抢险救援和善后安抚阶段的首要工作是，抢救遇难者的生命，维护社会稳定，此时检察机关不具备大规模开展初查和侦查的条件，而在这一阶段，证据却最容易遭到损毁、破坏。⑥

---

① 杨书文：《查办重大责任事故所涉渎职罪的几个问题》，载《人民检察》2008 年第 10 期，第 17 页。

② 樊崇义主编：《刑事诉讼法学》，中国政法大学出版社 2002 年修订版，第 201 页。

③ 樊崇义主编：《刑事诉讼法学》，中国政法大学出版社 2002 年修订版，第 203 页。

④ 杨书文：《查办重大责任事故所涉渎职罪的几个问题》，载《人民检察》2008 年第 10 期，第 18 页。

⑤ 杨书文：《查办重大责任事故所涉渎职罪的几个问题》，载《人民检察》2008 年第 10 期，第 17 页。

⑥ 杨书文：《查办重大责任事故所涉渎职罪的几个问题》，载《人民检察》2008 年第 10 期，第 17 页。

在刑事诉讼程序之中，查办机制问题在对渎职罪前案的立案管辖中表现得较为典型。按现有的立案管辖规定及执法状况，常常形成“自侦其罪”或“自证其罪”的尴尬局面。例如，徇私枉法犯罪的主体是公安人员时，由于前案的立案管辖属于公安机关，因此，要证实公安人员的徇私枉法犯罪，必须由公安机关查清前案事实。于是，就形成了由徇私枉法的公安人员所在公安机关查清前案，以证实公安人员是否有徇私枉法行为的局面。出于单位荣誉或小团体利益考虑，这种“自己查自己”的方式很难保证案件能够得到公正查处，对于审判人员和检察人员也存在类似问题。也就是说，出现“三难”本身就有司法渎职的可能。这主要是因为，检察机关受刑事诉讼法规定的立案管辖范围的限制，对于在查处渎职罪过程中所涉及的前案，尽管其与本案相互牵连、关系密切，但基于管辖分工而不能并案查处，必须移交有管辖权的机关处理。同一问题被切块处理，分解到不同部门，部门之间相互依附，程序进度彼此牵制，导致被动局面，最终形成制约公正、高效查处渎职案件的司法困局。

目前，从全国检察机关反渎职侵权工作发展的实际情况看，发现和查办渎职侵权犯罪的数量与实际的发案状况相差悬殊就是渎职案侦查工作“三难”状况的真实写照。

2. 侦查工作主动性强

前文提到，由于渎职犯罪侵害的多为国家利益，许多类型的渎职案件没有直接被害人，且涉案当事人又多为渎职案件利益关系人，使得检察机关通过举报、自首等渠道获取的案件线索非常有限，大大制约了对渎职犯罪的打击力度。为强化检察机关反渎工作职能，有力惩治此类犯罪，检察机关强化了反渎侦查工作的主动性，逐步形成诸如针对重大责任事故等的“同步介入”制度，检察人员于第一时间到达事故现场，调查事故背后是否存在渎职犯罪，如2008年，最高人民检察院派员参与重特大安全生产责任事故调查29人次，介入和督办责任事故14起，立案侦查事故所涉渎职等犯罪122件123人。主要参与了山东胶济铁路“4·28”特大交通事故案、山西娄烦尖山铁矿排土场垮塌瞒报事故案、山西襄汾溃坝事故案、深圳龙岗舞王俱乐部特大火灾事故案、云南玉溪阳宗海水污染案等。[①] 目前，渎职犯罪案件线索主要是依靠检察机关自行发现。

---

① 王新友：《最高检：去年全国8939人因渎职侵权被立案侦查》，载《检察日报》2009年2月25日。

（二）渎职案件的证据及证明特点

1. 客观证据易查、主观证据难辨

根据刑法第397条的规定，成立滥用职权罪和玩忽职守罪均以“致使公共财产、国家和人民利益遭受重大损失”为必要条件。在第九章规定的渎职罪中除徇私枉法罪、私放在押人员罪等少数行为犯外，多数渎职罪系结果犯。而且，从该罪的发案规律看，渎职案往往是先发生了严重后果，而后才牵出渎职犯罪问题，“事故”提供了“线索”。这些记载结果的证据只能证明发生了危害结果、损失状况以及严重程度，而不能确定事件（故）性质，即出现这一严重后果的事件是自然事件、意外事故还是责任事故。“事故”所提供的“线索”是否涉嫌渎职犯罪，必须根据主观证据及表明主观罪过的行为证据进行综合判断。反映在证据上，表明危害后果的证据直观、易查。与之相反，主观证据显得复杂、难辨。证明主观方面，仅凭纯粹的客观行为或是供述、证言之类的言词证据很难辨析是工作水平、能力问题，还是确有罪过，是故意还是过失。它需要的是涵盖主体岗位角色、岗位职责特点、职务行为的有效依据、涉案职务行为等一系列证据的组合。而且，从该证据组合并不能直接得出判断结论，其中还包含了逻辑推定的过程。

2. 证明依据的复合性

一般刑事案件，只要有确实、充分的证据证明案件事实，即可直接比对刑法及相关司法解释对案件性质作出判断，但渎职罪不同。渎职罪是职务性的制度犯罪。渎职案中，行为是否构成犯罪的判断依据具有复合性——首先确定该行为是否违反了相关行业的行政法规、部门规章及其他有关规定（以下简称“行为依据”），其次确定其可能触犯的刑法条文（以下简称“定性依据”）。这决定了在证明过程中，既要查清案件事实，又要明确相关的法律、法规、部门规章、行业性技术规定等。

3. 罪与非罪判断证明难度大

（1）案件事实是刑事犯罪事实还是违法、违纪事实不易判断

（2）同一行为“似罪非罪”

这种现象听起来颇为荒谬，但在渎职案中却客观存在。对于某个刑事案件，有明确的法律依据、清楚的事实、充分的证据，遵循一定的逻辑法则，依据法律对事实、证据综合分析、评价后，一个行为要么有罪、要么无罪，又怎么会“似罪非罪”呢？笔者认为，渎职罪中似罪非罪现象的存在主要有两种情况：一是由于案件中的某些专业性问题所导致的决定案件性质的关键

事实难以确认。例如，烟台市人民检察院查处的一起民事枉法裁判案中，甲方纱厂1990年与乙方印染厂签订长期供货合同，由乙方加工后向东南亚国家和地区出口。几年来，合同执行良好，遵照的一直是部颁标准。1998年受东南亚金融危机的影响，乙方出口受挫，产品大量积压。为了转嫁风险损失，乙方向当地人民法院提起诉讼，并多方打通关节，最后由法院认定甲方产品不合格，判决甲方败诉，由此给甲方造成近千万元的损失。渎侦部门在接触法院办案人员时，他们拿出协会行规标准，按此标准部分产品属二级等次，而按部颁标准则全部合格。由于沿用不同标准，对产品作出了截然不同的鉴定结论，对其徇私枉法行为难以认定。鉴定标准的混乱，制约了整个案件的查处。二是“行为依据”不健全，使得某些明显滥用权力或严重不负责任的职务行为游离于缺乏明确规范标准的灰色地带，导致认定其违法性的依据不足。符合行业特点和工作规律的配套立法或规定的完善程度将直接影响刑法效用。从这个意义上讲，刑事法律的完善和高效适用不仅仅是刑法学者和刑事司法人员的使命，而且，更需要各个领域、各个层次法规及制度建设的协同发展。

(3) 刑法因果关系判断及责任认定的复杂性

渎职行为与危害结果之间因果关系判断具有高度复杂性。“多因一果”是渎职案件因果关系问题的典型特征。谁的行为是渎职行为、谁的渎职行为与危害结果具有刑法上的因果关系、刑事责任的链条延伸到哪一个环节，成为渎职案件罪与非罪判断以及责任范围划分的突出问题。从责任主体的角度看，由我国国家机关体制结构决定，一些公务事项往往要经过提议、决策或审批以及执行等多个环节，这样，各个环节的责任人便形成了一条责任链，“往往牵涉人员多，领导责任和直接责任、主要责任和次要责任、决策责任和执行责任混合交织在一起”；① 从危害结果发生的直接原因看，或由于突发自然灾害，或由于发案单位或相对人自身行为存在严重过错；从渎职行为作为危害结果原因的发生机制上看，渎职行为之所以也是原因的组成部分，是因为渎职犯罪的核心是“职务”，而职务行为是一种管理行为，其本身不会直接导致危害结果的发生，但正确履行职责却是避免危害结果发生的重要屏障。因此，在法律意义上，渎职因为使职务行为丧失了这种秩序维护、防范危险的功能而被视为危害结果发生的“原因”。这种原因表现出间接性、附

---

① 张兆松、李志雄、章晓民：《渎职犯罪的理论与实践》，中国检察出版社2008年版，第253页。

随性、随机性以及与直接原因的互动性等特征。所以，在渎职案件中，危害结果的发生往往是多种原因混杂的结果。各种原因相互交错，混合作用，难以泾渭分明地排序对结果发生的原因力的大小。以重大责任事故为例，在此类案件中，发案单位违法生产是直接原因，相关地方政府、监督管理部门的支持、放纵等滥用职权、玩忽职守行为是重要原因。由于多个方面、多个层次上的原因行为对事故的发生都具有一定的作用，且这种作用的发挥通常表现为间接性、随机性，司法人员难以用一定的尺度衡量渎职行为对事故的作用力，即使判定多个原因行为对事故的发生都具有作用力，也难以区分作用力的大小以及对哪一个或几个原因行为追究刑事责任，[①] 构成渎职案件罪与非罪判断以及责任界定的难点。

四、小结

特征中蕴涵着本质，本质是事物内在规律的核心解码，从现象中归纳特征，从特征中透析本质，进而揭示事物内部运作及外部发展的特点和规律。研究渎职罪的特征，就是要揭示渎职犯罪现象的本质。明确本质有利于发现、认识渎职犯罪的规律，这对于明确取证方向、正确认定案件事实、准确适用法律、有效预防犯罪具有非常重要的意义。

第三节 渎职罪的本质

“本质”，是指事物本身所固有的，决定事物性质、面貌和发展的根本属性。事物的本质是隐蔽的，是通过现象来表现的，不能用简单的直观去认识，必须透过现象掌握本质。[②] 抓住本质，是发现规律的前提、解决问题的关键。犯罪的本质就是犯罪本身所固有的决定该种行为之所以成为犯罪的根本属性，它解决的是一种行为从根本上为何被认为是犯罪的问题。[③]

根据前文对渎职罪特征的研究可知，渎职罪发生在国家公权所及的社会生活的各个领域，它对国家和社会的危害深远却表现隐蔽，它与其他类型的犯罪交织，侵害刑法保护的多重社会关系却处刑偏轻，刑罚对渎职罪的适用

---

① 杨书文：《查办重大责任事故所涉渎职罪的几个问题》，载《人民检察》2008 年第 10 期，第 18 页。

② 中国社会科学院语言研究所词典编辑室编：《现代汉语词典》（第 5 版），商务印书馆 2005 年版，第 65 页。

③ 马克昌主编：《犯罪通论》，武汉大学出版社 2000 年版，第 8 ~ 9 页。

价值预防胜于报应等等。立足这些特征，本书分别从以下三个角度解析渎职罪的本质。

一、国家角度

渎职罪是从统治阶级内部削弱本阶级的统治和政权，破坏国家正常活动的犯罪，就国家而言，它实质上是统治者治国方略和统治经验在刑法上的反映。因此，渎职罪尽管是法定犯，但它与法定犯中的其他类型的犯罪尤其是经济犯罪的显著不同之处在于，渎职罪具有类似于自然犯的漫长的历史连线，只不过在不同历史时期渎职罪的具体内容和范围有所差异而已。同样，从世界范围来看，何种类型国家的刑法对渎职犯罪都有规定。只是不同社会制度的国家，刑法规定渎职罪的阶级本质及目的不同而已。①

二、犯罪属性角度

渎职罪是制度性犯罪。主体的特殊性、危害行为的公职依附性表明，渎职罪是“治官”的犯罪。同时，法律是一种制度，渎职罪作为法定犯，因而，它也是一种制度犯罪。也就是说，渎职罪是公职性的制度性犯罪。尽管在立法上有较强的功利性（国家管理社会、维护统治的需要）、内容上有鲜明的国别性，但在根本上，它仍然是严重危害社会的行为，是破坏社会主义社会关系的犯罪行为，在这一点上，它和传统的自然犯罪别无二致，差异仅仅是侵犯客体的具体内容不同而已。

三、刑法目的角度

刑法规定渎职罪，实际上是用禁止的方式明示了具有公务职责、执行各项国家管理职能、确保国家机器正常运转的特定社会成员所应遵守的职业规范的底线，以保障各种社会制度规范下的权力运作机制的有效运行。它是国家化解风险、保障社会有序发展的手段。为了避免或减少社会在任意发展状态下必然出现的人与人、人与自然、人与社会之间的矛盾、冲突及其带来的灾难或风险，国家以各种形式在社会生活的各个领域建立一定的秩序（法治化国家中，这种形式主要是各种法律规定），就是为了协调均衡各种关系和利益，最大限度地化解风险，减少危害。这些秩序由享有国家公权的人以履行公职的方式来维护和保障。为了确保公职的正确履行，

① 钱大群、夏锦文：《唐律与中国现行刑法比较论》，江苏人民出版社 1991 年版，第 375 页。

这些公职人员必须遵守相关的职责规定，否则，违背职责、滥用权力，将会导致秩序的混乱和管理的无效，最终导致的是风险失控。从秩序规范到履行公职的规范到惩治渎职的规范，实际组成的是一个环环制约的制度保障体系：针对社会生活实际，通过各种形式确立社会生活和发展的方式（实际是一种秩序），这种秩序主要由国家公职人员以行使公权的方式来实现、维护和发展；为了确保国家公职人员正确履行职责，国家依据各行业领域工作规律对公职的履行制定了相关的制度和规范，以确保公职正确履行的“秩序”；为了确保公职的正确履行，最为严厉的保障措施即是刑法的规定，通过刑法对渎职罪的规定，以最为严厉的方式来保障公职的正确履行，维护国家对社会正常的管理秩序。这也正是渎职罪中刑法因果关系的基本原理所在。

四、小结

根据上述分析，关于渎职罪的本质，在我国刑法框架内，可以得出以下结论：

首先，渎职罪本质的内容集中体现在其社会危害性上，即担任国家公职的人员从内部侵害国家管理秩序、危害国家的执政能力。这一内容体现了其本质特征，“权力与责任的背离”仅仅是其形式特征。

其次，渎职罪本质的刑法载体是犯罪客体。这里所言的渎职罪的本质，不是一般意义上的描述，而是以动态视角、在刑法中解读渎职罪的本质。从社会环境现状到刑法价值取向，从价值取向到刑法目的，从刑法目的到客体定位，每一种制度的规定、规范的设立、秩序的形成都有价值理念的支撑。例如，如果某个法官与当事人一方关系密切，那么他就必须回避听证和审判该案件，而这一规则就是源出于司法职责本身固有性质之中的。就创立这一职责的宗旨而言，它本身就要求以公正无私与不偏不倚作为它正当发挥作用的条件。[①] 这些价值理念的渊源都可以在国家维护统治的需要中找到根据。犯罪客体是渎职罪本质的刑法体现，是整个渎职犯罪研究的根基和主线，它是渎职犯罪系统中决定性的因素，对渎职罪其他组成元素的分析都要回归到客体这一基点，都要在客体这个平台上去探讨其相对独立的个体问题。

---

① ［美］E. 博登海默：《法理学：法律哲学与法律方法》，邓正来译，中国政法大学出版社2004年修订版，第476页。

最后，渎职罪本质的类别归属，在以纯正渎职罪为标本的前提下，相对于“私利型腐败”的贪污贿赂罪而言，渎职罪属于“官僚型腐败”。

在刑法适用中，明确渎职罪本质的价值在于，它是解读渎职罪法律规定、审理渎职案件时进行法理分析的基础和核心。

第三章　渎职罪定罪要素研究

第一节　渎职罪主体研究

一、渎职罪主体适用的法律依据及效果反馈

（一）1979年刑法至今渎职罪主体概念范畴的演变及原因

1. 从1979年刑法的“国家工作人员”到1997年刑法的“国家机关工作人员”

从新中国第一部刑法1979年刑法颁布至今已有30多年时间。在这30多年间，整个国家政治、经济、生活发生了急剧快速的变化，在此过程中，1979年刑法在经历了多次修订后形成了现行的1997年刑法。其中，关于渎职罪的规定作了较大的改动。仅从渎职罪主体来看，1979年州法在分则第八章规定了渎职罪，其犯罪主体为国家工作人员，根据该法第83条规定，国家工作人员是指一切国家机关、企业、事业单位和其他依照法律从事公务的人员。这是我国立法首次规定渎职罪主体。1997年修改刑法时，将本章所规定的犯罪主体由国家工作人员修改为国家机关工作人员。

立法变动的初衷在于，国家机关工作人员行使着国家公权力，这些人员如果玩忽职守、滥用职权或者徇私舞弊，社会危害较大。为使国家机关工作人员正确行使权力，有必要对国家机关工作人员的渎职行为单独作出规定。同时将国有公司、企业、事业单位等国家工作人员的渎职犯罪规定在其他有关章节。

2. 从1997年刑法的“国家机关工作人员”到相关立法及司法解释的“准国家机关工作人员”

1997年刑法之后，最高司法机关针对实践中具有代表性的渎职罪典型个

案的主体认定问题，相继出台了一系列的司法解释，在实质上对渎职罪主体作了扩大解释。之后，最高立法机关对渎职罪主体适用问题作了专门的立法解释，对此前零散的司法解释在立法层面作了概括性的整合，渎职罪主体从刑法的单一的“国家机关工作人员”被扩张解释为三类代表国家机关行使职权时有渎职行为的人员。最高司法机关也相继作出反应，2003 年 11 月 13 日最高人民法院《全国法院审理经济犯罪案件工作座谈会纪要》（以下简称 2003 年《座谈会纪要》）首次对国家机关工作人员范围作出明确规定。2005 年 12 月 29 日最高人民检察院第十届检察委员会第 49 次会议审议通过了《最高人民检察院关于渎职侵权犯罪案件立案标准的规定》（以下简称 2006 年《立案标准》)，并于 2006 年 7 月 26 日印发执行。该《立案标准》立足上述立法原意，既吸收司法实践的新鲜经验，又借鉴法治发展的最新成果，从便利司法操作的角度，对渎职侵权案件中的国家机关工作人员的概念和范围作出了明确的界定。期间，全国人大常委会在 2005 年 4 月 27 日通过的《中华人民共和国公务员法》也为界定“国家机关工作人员”提供了法律依据。上述一揽子规定使渎职罪的主体范围，从单一的“国家机关工作人员”扩张到了符合上述法律规定的各类“准国家机关工作人员”。主要原因或作出扩大解释的依据：

（1）法律规定本身的问题

1997 年刑法将渎职罪的主体规定为国家机关工作人员。但当时对何为国家机关工作人员没有相关解释。在司法实践中，由于对此概念理解不同，法律适用情况较为混乱。为解决此问题，最高人民检察院先后制定了一系列司法解释，包括：2000 年 4 月 30 日《对〈关于中国证监会主体认定的请示〉的答复函》、2000 年 5 月 4 日《关于镇财政所所长是否适用国家机关工作人员的批复》、2000 年 10 月 9 日《关于合同制民警能否成为玩忽职守罪主体问题的批复》、2000 年 10 月 31 日《关于属工人编制的乡（镇）工商所所长能否依照刑法第 397 条的规定追究刑事责任问题的批复》、2001 年 1 月 2 日《关于工人等非监管机关在编监管人员私放在押人员行为和失职致使在押人员脱逃行为适用法律问题的解释》、2002 年 4 月 24 日《关于企业事业单位的公安机构在机构改革过程中其工作人员能否构成渎职侵权犯罪主体问题的批复》等。这些就典型个案而作的针对性的司法解释在一定程度上解决了实践中的一些具体问题。

（2）立法技术上的原因

立法技术关系到法律系统的协调和刑事法网的严密。1997 年刑法将渎职罪的主体范围由国家工作人员缩小限定为国家机关工作人员，这样就会出现刑法与其他部门法的冲突与不协调。例如，负有文物保管职责的国家工作人员因其严重不负责任，造成国家珍贵文物流失的，由于其不符合渎职罪主体条件而不能适用刑法第419条，在刑法中找不到相对应的条款，因而不能定罪处罚。类似问题在刑法实施中比较多地出现，使得立法者不得不对渎职罪的主体进行立法解释。①

（3）实践中出现新情况

界定“国家机关工作人员”，关键在于界定“国家机关”。根据宪法的规定，国家机关包括国家权力机关、行政机关、审判机关、检察机关、军事机关。国家机关工作人员应是在上述机关中从事公务的人员。但这与近年来国家社会管理权力运作表现的新的实际情况相比，显然已不适应。具体表现在：一是法律授权规定某些非国家机关的组织，在某些领域行使国家行政管理职权。例如，根据《证券法》的规定，证券业和银行业、信托业、保险业实行分业经营、分业管理。证券公司与银行、信托、保险业务机构分别设立。国务院证券监督管理机构依法对全国证券市场实行集中统一监督管理。《保险法》也作了修改，规定国务院保险监督管理机构负责对保险业实施监督管理，而这些权力过去法律规定是由中国人民银行行使的。二是在机构改革中，有的地方将原来的一些国家机关调整为事业单位，但仍然保留其行使某些行政管理的职能。三是有些国家机关将自己行使的职权依法委托给一些组织行使。四是实践中有的国家机关根据工作需要聘用了一部分国家机关以外的人员从事公务。上述这些人员虽然在形式上未列入国家机关编制，但实际是在国家机关中工作或者行使国家机关工作人员的权力。这些人在行使国家权力时，玩忽职守、滥用职权、徇私舞弊构成犯罪的，也应当按照国家机关工作人员渎职罪的规定处罚。②

上述原因，促使立法机关、司法机关针对新的司法实际，通过相关司法解释，对1997年刑法关于渎职罪主体的规定进行了修正：

①2002年12月28日，第九届全国人大常委会第三十一次会议通过了《关于〈中华人民共和国刑法〉第九章渎职罪主体适用问题的解释》（以下简称2002年《渎职罪主体适用解释》），规定：“在依照法律、法规规定行使国

① 参见龚培华：《渎职罪司法适用疑难问题研究》，载《法学》2005年第12期，第98页。

② 胡康生：《对〈全国人民代表大会常务委员会关于〈中华人民共和国刑法〉第九章渎职罪主体适用问题的解释（草案）〉的说明》，载黄太云：《立法解读：刑法修正案及刑法立法解释》，人民法院出版社2006年版，第265～266页。

家行政管理职权的组织中从事公务的人员，或者在受国家机关委托代表国家机关行使职权的组织中从事公务的人员，或者虽未列入国家机关人员编制但在国家机关中从事公务的人员，在代表国家机关行使职权时，有渎职行为，构成犯罪的，依照刑法关于渎职罪的规定追究刑事责任。”这一解释适用于刑法第九章所有犯罪。①

②最高人民法院2003年《座谈会纪要》规定：刑法中所称的国家机关工作人员，是指在国家机关中从事公务的人员，包括在各级国家权力机关、行政机关、司法机关和军事机关中从事公务的人员。

根据有关立法解释的规定，在依照法律、法规规定行使国家行政管理职权的组织中从事公务的人员，或者在受国家机关委托代表国家行使职权的组织中从事公务的人员；或者虽未列入国家机关人员编制但在国家机关中从事公务的人员，视为国家机关工作人员。在乡（镇）以上中国共产党机关、人民政协机关中从事公务的人员，司法实践中也应当视为国家机关工作人员。

③最高人民检察院2006年《立案标准》分三个层次明确界定了渎职侵权案件中的国家机关工作人员的概念和范围：“国家机关工作人员”，一是在国家机关中从事公务的人员，包括在各级国家权力机关、行政机关、司法机关和军事机关中从事公务的人员。二是在依照法律、法规规定行使国家行政管理职能的组织中从事公务的人员，或者在受国家机关委托代表国家行使职权的组织中从事公务的人员。三是虽未列入国家机关人员编制但在国家机关中从事公务的人员，在代表国家行使职权时，视为国家机关工作人员。在乡（镇）以上中国共产党机关、人民政协机关中从事公务的人员，视为国家机关工作人员。② 该《立案标准》为检察机关查办渎职侵权犯罪案件提供了重要的执法标准。

（二）渎职罪主体法律适用中的主要问题

随着相关立法和司法解释的出台，以往在渎职罪法律适用中最为突出的关于国家工作人员、国家机关工作人员等概念模糊混乱、渎职罪主体和实践中的发案主体脱节等的问题得到了一定的解决，如在《立案标准》中明确了“国家机关工作人员”的定义，根据实践中的实际情况，在2002年《渎职罪主体适用解释》中，明确了三类人员属于渎职罪的犯罪主体等。但从整体

---

① 周道鸾、张军主编：《刑法罪名精释——对最高人民法院最高人民检察院关于罪名司法解释的理解和适用》（第三版），人民法院出版社2007年版，第845页。

② 参见倪爱静：《与时俱进惩渎职 严密法网治侵权》，载《人民检察》2006年第8期，第13页。

上，仍然存在一些问题困扰着实务工作者。

1. 法条关系及适用选择上的困境

1997 年刑法将渎职罪的主体限定为国家机关工作人员，而将非国家机关工作人员渎职行为进行单独规定，出现了国家机关工作人员渎职犯罪法条与国家工作人员渎职犯罪法条的关系及其适用选择问题。1997 年刑法将渎职罪的主体限定为国家机关工作人员的立法弊端在于，在对渎职罪法条分设时，其所依据的基础法律，如《中华人民共和国教育法》、《中华人民共和国文物保护法》等规定的渎职行为的主体大多为国家工作人员，而未限定为国家机关工作人员，导致刑法与其他部门法的冲突与不协调。这种不协调还表现为：刑法以主体身份划分渎职罪法条，形成普通法条与特殊法条的关系，但又没有形成完全的对应关系，在法条关系及其适用选择上衍生出争议，如刑法第 167 条、第 168 条及其修正案、第 169 条是国家工作人员渎职罪的典型条款，与刑法渎职罪条款形成普通法与特殊法的竞合关系。又如，刑法第 167 条规定的是国家工作人员签订、履行合同失职被骗罪，相应地，刑法第 406 条规定的是国家机关工作人员签订、履行合同失职被骗罪。但刑法第 168 条的规定在渎职罪法条中则没有直接对应的法条，只能对应作为渎职罪中普通法条的刑法第 397 条。出现的问题是，国家机关工作人员渎职行为造成国有公司破产的，在刑法第 397 条和第 168 条之间应作何选择？以犯罪主体为标准，第 397 条是特殊法条，以犯罪对象为标准则第 168 条为特殊法条，在法律适用的选择上出现困境。①

2. 刑事法网存在漏洞

1997 年刑法为突出打击重点，顾此失彼，对渎职罪主体的限定矫枉过正。不少学者认为，1997 年刑法第 397 条规定的滥用职权罪与玩忽职守罪，是由 1979 年刑法第 187 条修改而来。该条最大的漏洞是把犯罪主体规定为“国家机关工作人员”，加上了“机关”一词。这样一来，1997 年刑法第 397 条把滥用职权罪和玩忽职守罪的犯罪主体限定为国家机关工作人员，就把在国有企业、事业单位和人民团体中从事公务的人员，排除在滥用职权罪和玩忽职守罪之外。虽然刑法分则在危害国家安全罪、破坏社会主义市场经济秩序罪等章节中对企、事业单位的个别工作人员的滥用职权、玩忽职守行为作了规定，但有限的规定难以概括国家机关工作人员以外的其他国家工作人员所有的滥用职权、玩忽职守犯罪行为。这意味着，许多在国有企业、事业单

① 参见龚培华：《渎职罪司法适用疑难问题研究》，载《法学》2005 年第 12 期，第 98 页。

位或人民团体中从事公务的人员，由于滥用职权、玩忽职守给国家造成重大损失的，将无法追究刑事责任。然而，在司法实践中，这些人员的这类犯罪行为却是屡见不鲜的，而且过去对这类行为一直按照1979年刑法第187条追究刑事责任，但按照1997年刑法第397条却无法再追究责任。致使有些玩忽职守的案件在新刑法生效前已经起诉的，而在1997年刑法生效后又不得不撤诉，或者由法院宣判无罪。因此，建议立法机关必须尽快对1997年刑法第397条作出修改，去掉“机关”一词。①

3. 何谓“公务”概念不清

“依法从事公务”是渎职罪主体认定中的核心要素。作为其中关键词的“公务”在实践中仍存在认识上的分歧，直接影响实务中司法人员对渎职罪主体的判断。

4. 渎职罪法定主体与实际发案主体存在出入，使司法实践在遵循罪刑法定与追求实质正义之间陷入“两难”境地

虽然2002年《渎职罪主体适用解释》和2006年《立案标准》根据实践中具体情况对我国1997年刑法所规定的限定于“国家机关工作人员”的渎职罪主体作出了扩大解释，但所扩大的外延依然必须围绕“国家机关”这一圆心。由于我国行政体制改革尚在进行，人事制度复杂，机构设置不十分科学。现实中，大量掌握一定国家职权、行使国家政务管理的人在人事上并不属于国家机关工作人员的序列，这在一定程度上造成刑法对渎职罪主体认定的混乱局面。如果不属于“国家机关”这一个中心概念所辐射的圆周范围之内，那么这些人的事实上的渎职行为会因缺乏法律依据而得不到惩治。因为与渎职行为无关的体制原因而使得同样性质的行为有的按犯罪处理，有的则按无罪处理，显然有违法律的实质公正。然而，如果追究，在现有的法律框架下，因缺少法律依据，则会违背罪刑法定这一基本的定罪规则。

5. 责任主体的界限难以把握

根据1997年刑法，渎职罪是自然人犯罪，没有单位犯罪。但是，司法实践中，常见的“决策错误型”渎职犯罪往往是在单位领导支持下的集体决策所致。在这种情况下，责任归咎的范围应当追究到哪一级？从实例判决分析，各法院处理明显不一。有些案件已经明确显示是整个单位的责任，但追究刑事责任时仅限于在这一职责链条末端的责任人（如主管局长—科长—副科

① 参见侯国云、白岫云：《新刑法疑难问题解析与适用》，中国检察出版社1998年版，第381～384页。转引自周振想主编：《公务犯罪研究综述》，法律出版社2005年版，第307～308页。

长，则副科长被视为责任主体)，这样处理是否合理?[①] 还有一些案件，严重后果的出现是由于长期积累的问题所致。在这个过程中，主管人员经历了人事上的调整，如某渎职案件，2 月 10 日发生严重事故，而被告人赵某是同年 2 月 1 日上任主管该项工作的。在这种情况下，对以往责任人既往不咎，仅依职责抓“现官”是否公正？而与上述情形相反的另一种情形是，责任追溯到结果出现之前、现已离开本岗位的责任人，如被告人耿某被指控在任某市建设局主管质量监督的质监站站长期间有玩忽职守行为，导致某校教学楼存在严重质量问题，在使用 8 年后被拆除。耿某辩称，其在该校教学楼工程未竣工验收前便被调离建设局质监站，没有对教学楼的质量进行全程监督。因此，认定其构成玩忽职守罪的事实不清、证据尚不确实充分。上述两种相对应的情形比较而言，后一种情形按罪处理是妥当的，注意到了权责对应，对责任人的追究公平合理。至于被告人的辩护理由在判决中被纳入了量刑情节，酌情处理。

（三）现行法律框架内渎职罪主体的范围

根据上文分析，可将渎职罪主体分为两类，一类是典型主体；一类是准主体。“典型主体”，即根据宪法关于国家机构的有关规定，在国家机关中从事公务的人员，包括在各级国家权力机关、行政机关、司法机关和军事机关中从事公务的人员。“准主体”，即经由立法机关和司法机关扩大解释出来的主体。“准”，可以作为前缀，表示程度上虽不完全够，但可以作为某类事物看待。相当于刑法条文中的“视为”。“视为国家机关工作人员”，主要指依照法律、法规，或受委托从事公务的人员，以及在乡（镇）以上中国共产党机关、人民政协机关中从事公务的人员。以下分别从立法规定和法律解释两个层面来具体说明渎职罪主体的范围。

1. 立法上的分类

渎职罪被单列在我国刑法第九章，其侵犯的客体是国家机关的正常管理活动，损害了国家机关的形象和威信，严重损害了国家和人民的利益。[②] 我

---

① 如在一起渎职案件的判决书中，法院认定：某市煤炭局在对该市某煤矿进行安全监督管理工作中，在煤矿对职工安全教育和培训工作流于形式的情况下，未按照中华人民共和国国务院令第 446 号《国务院关于预防煤矿生产安全事故的特别规定》第 16 条和国家安全生产监督管理总局、国家煤矿安全监察局安监总培训字［2005］91 号《关于加强煤矿安全培训工作的若干意见》第 21 条的规定对职工安全教育和培训工作进行监督检查，导致……在该案中，具有安全管理职责的该市煤炭局安全监察科副科长被列为被告人。其他主管领导则相安无事。

② 王作富主编：《刑法分则实务研究（下）》（第二版），中国方正出版社 2003 年版，第 2053 页。

国刑法规定的渎职罪共有43个罪名，其中包括第九章渎职罪中的36个罪名，以及国家机关工作人员利用职权实施的侵犯公民人身权利、民主权利的渎职犯罪案件涉及的7个罪名。上述36个罪名中，有22个罪的主体限定了“机关”一词，这些罪的主体必须是国家机关工作人员，另14个罪的主体未标明“机关”一词，但他们或属于当然的国家机关工作人员，或享有国家管理公共事务的权力，有职可渎，亦属于国家机关工作人员的范畴。[①] 前文立法考察中提到，日本刑法将“针对国家法益的犯罪”分为三种：一是针对国家的存立的犯罪；二是针对国家的作用的犯罪；三是针对外国的犯罪。其中，“职权滥用的犯罪”被设置在第二类即“针对国家的作用的犯罪”中，包括了公务员滥用职权的犯罪和特别公务员滥用职权的犯罪。结合我国渎职罪的立法规定，关于主体的规定情况是类似的，即为国家机关工作人员和特别国家机关工作人员（刑法第398条泄露国家秘密罪除外），后者的主体是国家机关工作人员的职责专业性的细化。包括司法工作人员，行政执法人员，林业主管部门的工作人员，传染病防治卫生行政部门的工作人员，海关工作人员，国家商检部门、商检机构的工作人员等六类。

2. 法律解释上的分类

2002年《渎职罪主体适用解释》以及2006年《立案标准》实际上从两个角度对渎职罪的主体进行了扩大解释，一是从行为人所在单位或组织的性质的角度，明确了两种情形下，行为人所在单位或组织可为非国家机关，即“依照法律、法规规定行使国家行政管理职权”和“受国家机关委托代表国家机关行使职权”；二是从行为人身份的角度，明确行为人只要在国家机关中从事公务即可，不要求被列入国家机关人员编制。编制，仅仅是人事管理的手段，其本身并不能改变管理对象的性质。对于那些虽然在形式上未列入国家机关编制，但实际是在国家机关中工作或者行使国家机关工作人员的权力的人，在行使国家权力时，玩忽职守、滥用职权、徇私舞弊构成犯罪的，理应按照国家机关工作人员渎职罪的规定处罚。这一扩大解释意味着，对以单位性质或行为人身份等形式要件来判断渎职罪主体性质的做法的否定。这说明2002年《渎职罪主体适用解释》这一立法解释所要解决的不是这三类人的“血统”、“身份”问题，而是要解决当这些人在行使国家机关职权过程

---

① 参见钟莉、范冬明：《“公务”视角下的渎职犯罪主体之认定》，载《政法学刊》2007年10月第24卷第5期，第21页。

中，有渎职行为构成犯罪时，如何适用刑法追究刑事责任的问题。[①]

据此，笔者认为，根据2006年《立案标准》关于国家机关工作人员的解释，渎职罪的主体可以分为两种，一种是“国家机关工作人员”，另一种是“准国家机关工作人员”（即视为国家机关工作人员），其“准”的判断标准是“在行使国家行政管理职权的组织中工作”（权力来源包括法律规定和受委托）、“从事公务”以及“代表国家行使职权”三个要件。其中，第一个要件表明权力性质以及来源的合法性；第二个要件是行为人的工作性质必须是从事公务；第三个要件是时机要件，必须是代表国家行使职权时，也即这种国家机关工作人员的身份的评价是结合特定的具体条件判定的，绝非仅依据“档案式”的人事记录。

结合上述原理，可以解决司法实践中遇到的一些问题，如国家机关工作人员的解释中提到“虽未列入国家机关人员编制但在国家机关中从事公务的人员”。如果“未列入编制的人员”是在受国家机关委托代表国家行使职权的组织中从事公务，那么，这类人员是否适用上述解释，也即能否将上述受委托组织解释为“国家机关”进而认定行为人符合渎职罪的主体要件？类似的问题还有，非国家机关所设的具有国家机关性质的机构，如属于企业编制的铁路、林业、农垦、油田等系统内设立的公安机关、人民检察院、人民法院、纪检监察机关以及新疆生产建设兵团等，其中从事公务的人员如何定性？[②] 根据前述分析，“未列入编制的人员”是在受国家机关委托代表国家行使职权的组织中从事公务，具备上述三个要件，只要这些人在行使国家机关职权过程中，有渎职行为构成犯罪的，就应按渎职罪定罪处罚。

二、渎职罪主体的典型特征

（一）渎职罪主体刑事责任能力的公职属性

1．渎职罪客体对该罪主体的限定

关于渎职罪的客体，虽然在理论上我国刑法犯罪构成是四要件整合式的理论结构，即表明国家意志的犯罪客体（刑法保护的被犯罪侵害的社会关系、社会利益）与成立犯罪的本体要件（客观行为和主观心态）并列组合构成犯罪，[③] 但司法实践中证明的对象仅限于主观心态、客观行为、主体等本

---

① 参见黄太云：《立法解读：刑法修正案及刑法立法解释》，人民法院出版社2006年版，第264页。

② 参见贾济东：《渎职罪构成研究》，知识产权出版社2007年版，第222页。

③ 参见储槐植：《美国刑法》（第三版），北京大学出版社2005版，第100页。

体要件，客体在实务证明中与其说是构成要件，不如说是在其他要件得以证明后推演出的分析结论。尽管如此，客体在理论和观念上具有统摄意义，一个具体犯罪的主体、主观方面和客观行为都应是对该罪客体的某一角度的诠释，即都应从各自的立场反映该罪客体的内容。因此，可以认为，客体实际是为主体、主观、客观行为等犯罪要素划定了解释的边界。具体而言，即要从刑法设定渎职罪所要保护的法益来研究渎职罪的主体。通过前者，可以分析出渎职罪的本质元素，而该本质元素是认定渎职罪的实质基准，也是就刑法相关规定进行解释的出发点和归宿点。渎职罪侵害的客体是国家机关的正常管理活动，破坏了国家机关的形象和威信，严重损害了国家和人民的利益。日本刑法将这种职权滥用的犯罪设置在针对国家作用的犯罪中，其关于这类犯罪侵害客体的阐述更为细致：职权滥用的犯罪，是以公务员滥用其职权或者在履行其职务之时实施违法行为为内容的犯罪。其保护法益，第一层次是国家的司法、行政作用的适正，第二层次是成为职权滥用行为的对方的个人的法益……前节所述的诸犯罪都是国家机关以外的人从外部侵害国家的作用，而本罪与贿赂犯罪都是构成国家机关的公务员自身从内部侵害国家的作用。刑法之所以把职权滥用的犯罪与贿赂犯罪一起作为“污职的犯罪”规定在一章中，正是着眼于两罪具有共同的性质。①

2. 渎职罪主体刑事责任能力的特征

责任能力，是指行为人实施危害行为时，能够理解自己行为的性质、后果和社会政治意义，并能够控制自己行为，从而能够对自己所实施的行为承担刑事责任的能力。依照通说，刑事责任能力决定犯罪主体能否成立以及承担刑事责任的轻重程度。责任能力是相对意志自由的生理基础，其判断标准是辨认能力与控制能力的统一，而且相对意志自由的状况与责任能力的状况相对应。② 然而，与传统自然犯罪不同的是，判断渎职罪主体的责任能力，不仅要考察主体的年龄和精神状态等状况，更重要的是，该罪主体责任能力的一个特殊的决定因素是行为人所具有或承担的“公务职责”，即这种责任能力在渎职犯罪中表现为承担一定的公务职责，负有对这份职责的义务，同时也享有这份职责所匹配的权力。以徇私舞弊不移交刑事案件罪为例，如果行为人在配合上级机关工作中，虽然参与了具体行政案件的查处，但不具有

---

① ［日］大塚仁：《刑法概说（各论）》（第三版），冯军译，中国人民大学出版社 2003 年版，第 582 页。

② 马克昌主编：《犯罪通论》，武汉大学出版社 2000 年版，第 246 页。

是否移送案件的决定权，在此情况下，其刑事责任能力是有欠缺的，因此，不足以成立本罪主体。也就是说，是否具有移送案件的决定权，成为认定本罪主体的关键。当然，如果行为人在协助查处案件的过程中没有向有决定权的行政领导据实汇报，导致案件没有移送，其行为系没有履行工作职责，应属玩忽职守或徇私舞弊、滥用权力，而不应以本罪定罪。① 又如，徇私舞弊减刑、假释、暂予监外执行罪，从条文规定看，其主体是司法工作人员。同时，结合刑法对该罪具体内容的规定，本罪的司法工作人员必须是刑罚执行机关和审判机关中有权决定减刑、假释、暂予监外执行的司法工作人员。② 对于该罪主体内涵的分析结论源于作为该罪主体刑事责任能力的客观要求。

上述渎职罪客体的内容决定了主体必须是合法拥有一定公权力，并在履行国家公务职责的过程中违法履职而导致严重危害后果的发生。只有具备这样条件的行为人才可能实施能够侵害到上述客体的犯罪。这就是行为人在渎职罪中所特有的刑事责任能力的内涵。责任能力是一种客观事实，这一客观事实在渎职罪中即表现为一定的岗位职责。因此，在渎职罪中，对刑事责任能力的认定具有推定的性质。“推定”的事实依据便是相应的岗位职责。推定的范围不仅仅涉及刑事责任能力，而且还关系到主观罪过的认定。

（二）渎职主体认定的具体性、复杂性

渎职罪法定犯的犯罪属性及侵犯客体的特殊性，决定了该罪主体司法认定的具体性、复杂性。

渎职罪侵犯的是国家机关正常的管理活动。这种侵犯是通过具有公务职责的人以“渎职”的方式进行的。而作为整个渎职犯罪中心的“职务”、“职责”源于国家以某种合法形式的确认。犯罪客体的本质特征决定了渎职罪法定犯的犯罪属性，相应地，立法也以“违反法律规定”的基本模式，在形式上标示了这一属性。法定犯的犯罪属性决定了相对于自然犯罪而言，渎职罪

---

① 参见李晓明、陈平：《渎职罪犯罪主体内在的逻辑构成要素——从徇私舞弊不移交刑事案件罪的主体认定谈起》，载《人民司法》2003 年第 5 期，第 49 页。

② 参见周道鸾、张军主编：《刑法罪名精释——对最高人民法院最高人民检察院关于罪名司法解释的理解和适用》（第三版），人民法院出版社 2007 年版，第 879 页。相关案例：在魏某某徇私舞弊案中，公诉机关以徇私舞弊暂予监外执行对魏某某提起公诉。法院审理认为，被告人魏某某身为监管人员，在没有对在押罪犯欧某进行疾病鉴定的情况下，即向法院出具了虚假的病情反映，致使法院作出暂予监外执行的裁定，但是，魏某某没有对在押罪犯作出暂予监外执行的决定权，1979 年刑法没有徇私舞弊暂予监外执行罪的规定，故一审法院依法判决魏某某无罪，二审法院裁定维持原判是正确的。河北省高级人民法院（1999）冀刑再终字第 6 号刑事裁定书。

主体认定上的具体性、复杂性。这种复杂性主要体现在两个方面，一是行政关联性。正如有学者所总结的，“国家公务的多样性、多层次性和复杂性，具体公务执行主体的非单一性，集体负责制和首长制并存的体制以及具体公务管辖时上下级机关权属交叉现象的存在，决定了司法实践中对形形色色、复杂多变的渎职罪主体认定的复杂性。”① 二是判断过程的具体性、实质性。例如，对于农村合作基金会负责人因渎职而造成重大经济损失的案件，在审查主体资格时，需要确定基金会的性质。经国务院授权，农业部1991年《关于加强农村合作基金会规范化、制度化建设若干问题的通知》和农业部、中国人民银行1994年《关于加强农村合作基金会管理的通知》（以下简称《通知》）中规定：它是在坚持资金的所有权和利益权不变的前提下，由乡村集体组织及其成员按照自愿互利，有偿使用的原则而建立，主要从事集体资金管理和融通流动资金的合作组织。由此可见，农村合作基金会系集体经济组织，不属于国家机关。但从实际运作情况看，有的地方的基金会在组织、职能及法律责任等方面与最初《通知》的规定已经是大相径庭了，表现出了乡（镇）政府职能部门的某些特征，如机构官办，职能由互助组织的职能转向具有官方融资性质，甚至在乡（镇）政府的领导下，直接参与国有资金的管理；由会员共担风险转变为由乡（镇）政府承担等。② 正因为如此，在办理案件时必须要坚持个案分析，从实际出发，根据实际情况综合分析认定，而不能不顾变化了的实际情况，简单、机械地适用最初的文本规定作为断案的依据。当然，在诉讼证明中，对上述所言及的“实际情况”必须要收集确实充分的证据予以证实。

可见，渎职罪的主体认定，不单纯是一个刑法问题，也绝不是一个仅仅关乎年龄、性别或某种档案身份的平面判断，而是与公务职责息息相关，与国家管理体制、权力运作方式密切相连的系统判断。它要求在观念视野和审查对象上必须跳出刑法的语境，结合人事制度、机构设置、运作程序等实际情况，具体问题具体分析，综合定论。

对渎职罪主体的确定关涉到犯罪圈的划定。划定犯罪圈的标准应当是保护客体利益的需要和主体体现于公务职责之中的责任能力。运用前文所述渎职罪主体特征的有关原理，有助于正确理解刑法的有关规定。以帮助犯罪分

---

① 参见李晓明、陈平：《渎职罪犯罪主体内在的逻辑构成要素——从徇私舞弊不移交刑事案件罪的主体认定谈起》，载《人民司法》2003年第5期，第47页。

② 参见杨成：《农村合作基金会负责人渎职行为的法律适用问题》，载《人民检察》2000年第12期，第23~24页。

子逃避处罚罪为例，该罪侵犯的客体是国家对犯罪的查禁活动，主体为“有查禁犯罪活动职责”的国家机关工作人员。只要是国家安全机关、公安机关、检察机关中负有查禁犯罪活动职责的司法人员都能构成本罪。认定主体的关键在于具有“帮助犯罪分子逃避处罚”的能力和条件。因此，“查禁犯罪活动”是从行为人肩负的职责本身而言的，不能狭义理解为犯罪分子涉案的具体承办人，即该罪的构成不需要被告人在其直接职责范围内实施，可以是利用工作上的便利获悉信息并通报给犯罪分子。

三、渎职罪主体的判断标准

渎职罪主体的认定尽管复杂，但依然有规律可循。这种规律源于立足现有法律规定、立法及司法解释关于对渎职罪主体本质要素的分析。在前述“渎职罪主体的范围”的论述中，笔者从法律解释的角度，将渎职罪主体划分为“国家机关工作人员”和“准国家机关工作人员”（即视为国家机关工作人员）。两类主体相结合，得出的交集是“从事公务”。因此，是否“从事公务”是核心的判断标准，决定了基本的判断方向。围绕这一实质要素，还有两个形式要素，即“从事公务的权力来源合法”和“在代表国家机关行使职权时渎职”。三者合并构成关于主体的完整的证明体系。

（一）核心要件——从事公务的“身份”要素

“从事公务”和“身份”在理论界关于渎职罪主体的研究中是作为不同的概念范畴来讨论的。本书则是将二者统一为一体，不同的是，在这一统一体中的身份是从广义上来理解的，不同于理论争议中狭义的“身份”（国家机关工作人员）。对此，下文将有详细的分析。

这一要素体现渎职罪主体的本质特征，涉及“国家机关工作人员”及与之相关的“身份”和“从事公务”等关键概念。学术界关于“国家机关工作人员”的内涵主要有四种观点：“身份论”、“公务论”、“折中论”和“新公务论”。[①] 其中焦点主要集中在以最高法为代表的“身份论”［具有国家（机关）工作人员身份］和以最高检为代表的“公务论”（即从事公务），其他观点均是这两种观点的形式的、局部的修正。

1.“公务”与“从事公务”

刑法中的“公务”按照一般理解是指公共事务，按照其性质可以分为国家事务和集体事务。国家事务，是指为了实现国家的政治、军事、经济、文

---

① 参见缪树权：《渎职罪疑难问题研究》，中国检察出版社2006年版，第80～83页。

化等职能而进行的组织、领导、监督、管理活动。集体事务，是指集体组织内部事务的组织、领导、监督、管理活动。[①] 我国刑法和相关立法及司法解释中规定的“公务”指的是国家事务，而不包括集体事务。

关于“从事公务”的理解。最高人民法院2003年11月13日印发的《全国法院审理经济犯罪案件工作座谈会纪要》指出：“从事公务，是指代表国家机关、国有公司、企业事业单位、人民团体等履行组织、领导、监督、管理等职责。公务主要表现为与职权相联系的公共事务以及监督、管理国有财产的职务活动。例如，国家机关工作人员依法履行职责，国有公司的董事、经理、监事、会计、出纳人员等管理、监督国有财产等活动，属于从事公务。那些不具备职权内容的劳务活动、技术服务工作，如售货员、售票员等所从事的工作，一般不认为是公务。”[②]

2. “身份”

刑法中的身份，指行为人所具有的影响定罪量刑的特定资格或人身状况。以身份的来源为标准，可以分为法律身份与事实身份，前者指基于法律所赋予而形成的身份，如国家工作人员，证人等；后者指基于一定的事实情况或关系而形成的身份，如男女性别、亲属关系等。[③] 笔者认为，行为人在依法取得一定公务职权或被合法赋予一定公务职责后，即在事实上取得了一定的身份。这样，对渎职罪中的“身份”就可以有狭义和广义两种理解。

狭义上，这里的“身份”就是指“国家机关工作人员”。问题的关键在于，具有国家机关工作人员身份的人是否当然地就符合相关渎职犯罪的主体资格。结论并不必然。关键要看这一身份与涉案公职是否具有对应性。也就是说，渎职罪的主体是国家机关工作人员，但是国家机关工作人员的职责就不同的犯罪而言并非完全相同。这就决定了行为人具备国家机关工作人员的身份尚不足以确认行为人具有相关犯罪的主体资格。比如，国务院林业主管部门反映，实践中有一些地方的非林业主管机关及其工作人员也非法批准单位或者个人占用林地进行毁林开垦或者养殖等活动，造成林地大量毁坏，对于这种行为是否也应当按照刑法第410条的规定追究刑事责任，实践中存在不同认识。从刑法的规定看，刑法第410条是对依法行使土地管理职权的国家机关及其工作人员违反土地管理法规，非法批准征

---

① 郎胜主编：《走向完善的刑法——正解刑法修改的决定、刑法修正案、刑法法律解释》，中国民主法制出版社2006年版，第288页。

② 黄太云：《立法解读：刑法修正案及刑法立法解释》，人民法院出版社2006年版，第119页。

③ 马克昌主编：《犯罪通论》，武汉大学出版社2000年版，第579~580页。

用、占用土地构成犯罪的规定，对于土地管理机关以外的其他国家机关及其工作人员超越职权范围，非法批准其他单位或者个人占用土地的行为，不应当适用刑法第410条。本不具有或者不直接行使土地管理职权的国家机关及其工作人员，超越其本身所具有的职权非法批准占用土地的行为实际上属于对其本身所具有的职权的滥用。上述国家机关工作人员滥用职权，非法批准占用土地，致使公共财产、国家和人民利益遭受重大损失的，应当依照刑法第397条的规定，以滥用职权罪追究刑事责任。① 此外，以国家机关工作人员的形式身份为判断标准还会因无法应对实践中的新情况、新问题，致使有关犯罪行为虽然在实质上违法，但因欠缺形式要件而逍遥法外。因此，仅以条文显示的身份判断，只是一种形式上的判断，会出现定性错误或形成法律漏洞，只有将公务职责结合起来，从实质上判断，才能作出准确的定性结论。

广义上，可以将身份理解为附随于主体职责的一种资格。“身份”和“职责”两者之间的关系是一枚硬币的两面：“身份”意味着履行某项职责的“资格”，是一定职责的载体，是基于职责而当然形成的一种事实。“职责”则是某种固定的或临时的社会身份的象征（如聘任借调人员）。二者只有表述上的差异，事实上是同体两面。职责是认定主观和客观行为的基础事实。就主体自身而言，职责中的权限是主体刑事责任能力的表征。当法律条文没有明确主体的形式身份时，结合相关的立法和司法解释，依据实质判断的原则依然能够确认主体身份。无论从狭义还是广义，在渎职罪主体资格的认定中，发挥决定性作用的不是“国家机关工作人员”的身份，而是行为人依法担负的“公务职责”。“公务职责”是渎职罪主体的实质判断依据。

3. 从事公务的身份的判断

对于理论界以“身份论”和“公务论”为代表的争议，笔者认为，不应将“身份”与“公务”这两个概念对立起来。从广义或者实质意义理解，二者是相伴相随、互为证明的。不同的称谓只是看问题的视角不同所致，观察的对象仍然是同一的。2002年《渎职罪主体适用解释》这一立法解释从权力来源的合法性、从事公务的行为属性以及代表国家行使职权时有渎职行为的时机要件等三个方面界定了渎职罪主体的内涵。2006年《立案标准》以上述立法解释为依据，明确规定了“国家机关工作人员”的概念。这其中，狭义

① 郎胜主编：《走向完善的刑法——正解刑法修改的决定、刑法修正案、刑法法律解释》，中国民主法制出版社2006年版，第294～295页。

上的“身份”[1] 观念显然已经从认定渎职罪主体的法定判断标准中被淘汰。

（二）前提要件——从事公务的权力来源合法

依据1997年刑法和前述立法和司法解释，从事公务的权力来源是否合法，判断标准是行为人所在组织或机构的性质，即必须是“国家机关”或“依照法律、法规规定行使国家行政管理职能的组织”或“受国家机关委托代表国家行使职权的组织”。上述三种类型的组织或机构分别代表了三种不同的公务来源。权力来源的多元性，决定了主体身份表现形式的多样性。对此，“两高”于前述2002年《渎职罪主体适用解释》及2006年《立案标准》出台前，曾分别以司法解释的形式，对“合同制民警”、“属工人编制的乡（镇）工商所所长”、“企业事业单位的公安机构在机构改革过程中尚未列入公安机关建制的工作人员”、“受监管机关正式聘用或委托履行监管职务的人员”、“未被公安机关正式录用的人员、狱医”、“被监管机关聘用受委托履行监管职责的工人”等类型的人员能否构成相关渎职犯罪的主体作出解释。此外，实践中，一些国家机关中还存在“以工代干”的人员（国家机关中的工勤人员，临时受指派从事公务活动或者虽然在内部编制上属于工勤人员，但是实际上承担从事公务活动的职责），协警（被借调到公安机关，协助公安机关打击各种犯罪、维护治安秩序、参与案件侦破、治安巡逻等），“巡防队员”（国家聘用的具有查禁犯罪职责的工作人员）等，上述立法或司法解释虽未涉及但在实践中客观存在的人员，其身份在具体案件中名称各异，且均为临时性身份，之所以最终被确认为符合渎职罪主体资格，决定因素之一便在于其基于合法授权或委托而肩负一定的公务职责。

公务职责的权力来源，还必须以具体证据的形式体现在诉讼证明的证据体系中。其证据表现不仅仅是干部履历表、职务证明（证明行为人的主要职责）等，在具体法律适用中，引用相关刑法条文前，首先要注意引用表明其

---

① 笔者认为，可以将这种传统狭义上的身份称为“档案身份”。其通常的认定标准是：是否经县级以上人事管理部门审批或备案，是否在编、是否填过国家统一制定的《干部履历表》等。相对于“档案身份”而言，广义或实质意义上的身份可以称为“事实身份”，即某种身份的取得是该行为人代表其所在组织从事某项职责时的一种事实。

职责根据的相关法律。从根源上讲，这实际是渎职罪双重违法性的具体体现。①

需要说明的是，作为渎职罪的两类主体即国家机关工作人员和准国家机关工作人员，它们的交集是“从事公务”，表明是否从事公务是核心的判断标准，决定着基本的判断方向。本书中所提到的三项判断标准和实质判断标准都是针对“准国家机关工作人员”而言的，只是三项判断标准针对的是其所依据的相关的立法及司法解释，实际上是对相关法律解释的文本注释，是静态的、形式意义的判断标准，是一般情形或常规情形下的判断标准；而实质判断其核心同样是“从事公务”，其依据是渎职罪的犯罪客体，即其是在实质上侵犯渎职罪客体的前提下，对渎职罪主体法律规定的适用解释，是动态的、针对特定个案的判断。归纳而言，三项判断标准是从立法和解释角度提出的，实质判断标准则是从保护客体的角度提出的，是不同视角下的两种判断路径。

这类似于渎职罪主体法律依据体系所呈现的一般与特殊的特征，即一般为立法所规定的“国家机关工作人员”，同时，立法和司法解释又根据不断变化了的客观事实，对渎职罪主体作了扩大解释，使现实中欠缺“国家机关工作人员”的形式要件但符合渎职罪主体法律本质的人员也有可能成为渎职罪的主体。因此，正如渎职罪主体的立法规定和法律解释的关系一样，形式意义上的判断标准与实质性判断的审案思路并非矛盾而是互补，两者结合有助于严密刑事法网，在遵循法律规定的前提下同时确保适用法律的灵活性。

需要补充说明的是，立法中的“国家机关工作人员”是渎职罪主体的形式要件，作为“准国家机关工作人员”判断核心的“从事公务”是渎职罪主体的实质要件。在较为复杂的案件中，具体适用时，形式判断和实质判断往往会相互结合、递补适用。从法律效果和适用逻辑上讲，由于形式要件并不

---

① 例如，何某某等帮助犯罪分子逃避处罚案。二审法院认为，何某某作为公安分局治安支队查禁大队民警，具有查处“六害”案件及其他相关刑事案件的职责；樊某某作为浦东公安分局刑侦支队民警，具有查处刑事犯罪案件的职责。根据《人民警察法》的规定，民警具有维护社会治安秩序，预防、制止和惩处违法犯罪活动的任务，民警不得从事营利性的经营活动，不得纵容违法犯罪活动。何某某、樊某某分别作为浦东公安分局治安、刑侦民警，均具有查禁犯罪活动的职责。何某某、樊某某参与从事辖区内娱乐总汇行业的经营活动，已属违纪；明知杨某某涉嫌违法犯罪活动非但不制止，而且予以纵容，又属违法；当得知本局对涉嫌犯罪的杨某某等人进行侦查时，不仅不配合有关部门查获犯罪嫌疑人，不正确履行职责，相反，利用自己民警的身份、便利及侦查经验，向杨某某泄露秘密，替其刺探警情，出谋划策，帮助其逃避刑事追究。上述判决中的《人民警察法》即为证明职责根据的法律。见上海市第一中级人民法院（2001）沪一中刑终字第456号刑事裁定书。

必然能推理出实质符合性，因此，符合形式要件时仍需进一步证明实质要素。反之，欠缺形式要件但若可以确证实质要件符合性，则依然有主体资格成立的余地。

（三）时机要件——在代表国家机关行使职权时渎职

“在代表国家机关行使职权时，有渎职行为”是核心要素的附随条件，是对后者时空上的限制。这其中还包含了前文提及的公职身份和相应职权（责）在内容上的对应性的要求。例如，某罪犯正在疯狂地杀害妻子，警察甲接到报案后赶到现场，在完全能够履行职责时，并未积极履行救助义务。县司法局局长乙因事率众途经现场，也未组织他人救助被害妇女的，并不能认定警察甲和司法局局长乙都构成玩忽职守罪。① 因为甲基于职务上的要求，具有制止违法犯罪活动、救助被害人的职责，在其能够履行职责却未尽其职导致严重后果发生的，成立玩忽职守罪；对于乙，其作为司法局局长的职责在于司法行政事务的管理，制止犯罪、救助他人对乙而言只是道义上的责任，而非法定的职责义务。因此，尽管乙具有国家机关工作人员的身份外观，但其在案件中并未代表国家机关行使职权，也未“渎”其肩负之“职”，所以，不能认定乙构成玩忽职守罪。

从实体内容上总结渎职罪主体的判断公式：“所在组织或机构性质＋负有公务职责＋代表国家行使这一公务职责”。最后可以用“从事公务”将三项合一。

综上所述，如果我们将源于国家人事制度的狭义上的“身份”概称为“组织身份或档案身份”，将广义上的身份概称为“职责身份或事实身份”，那么，在认定渎职罪的主体时，关键不是要不要“身份”，而是要明确“身份”的决定因素是什么，是“组织”，还是“职责”。从诉讼证明的角度看，公务职责与身份是一种互证的关系。因此，在认定主体时，应当以职责定身份为原则，以身份定职责为补充。“依职责定身份”，是具体考察，指在界定主体时，首先结合本案具体情形，从实质上考察本案中行为人是否合法拥有一定的公务职责，只要在案发当时合法拥有相关职责，即便是临时的，即行为人没有这一职责在通常状态下应当具有的“组织身份”（人事组织部门通过任命程序确定的岗位身份），也应认定行为人符合本罪主体资格，在界定主体资格时具有独立的判断价值。“依身份定职责”，是指根据行为人所具有的“组织身份”确定这种身份在一般意义上所对应的岗位职责。但行为人是否真正符合主

① 张明楷、黎宏、周光权：《刑法新问题探究》，清华大学出版社2003年版，第388页。

体资格，还要考察其在本案发生时是否以该身份实际履行了该职责。因此，“依身份定职责”只能是判断主体资格的补充，不具有独立的判断价值。对主体资格的判断应采用“具体性”的实质意义的判断标准，即针对案发当时行为人是否合法拥有涉案公职，而不是看行为人是否拥有常态下的组织身份。不仅如此，还要考察行为人是否在代表国家机关行使职权时渎职。

韦伯将权力大致分为两类，一是正式的权力；① 二是非正式的权力。② 他认为，正式的权力就是权势（权威），具体有三种形式：一是传统权势（又译为传统权威）；③ 二是神格权势（又译魅力型权威）；④ 三是律法理性权势（又译为法理型权威）。⑤ 韦伯认为，神格权势不能持久，也最危险。其相信律法理性权势最为稳定，这种权势是规定在制度里，是赋予职务而非个人或传统：不管人事怎么变动，权势不受影响，所以较能持久且稳定。如果再配合科层组织的高效率系统，律法理性权势就是最理想的权势形态了。⑥ 在这个意义上，足可以认为，渎职犯罪的主体在属性上是一种享有一定公权力并承担着一定公务职责的社会角色，是掌握并运用国家权力的决策者、执行者。他们在职权范围之内，应当怎样行使职权等履职要求都有明文的规定，不因具体的人选而有所改变。因此，认定渎职罪主体的关键，在于公务职责的担负和履行而不在于具体由哪个人来担当这样的角色。

四、渎职罪主体认定中的实践问题

（一）渎职罪主体资格的界定：客体立场上的实质判断

实践中，关于主体资格的界定，有两个突出的现实问题：

---

① 正式的权力（formal power），是指人民认可的、正当的权力。政府单位是执行此种正式权力的机构。蔡文辉、李绍嵘：《社会学概要》（第3版），世界图书出版公司2007年版，第167页。

② 非正式的权力，是指正式权力以外的影响力，为社会所默许，以说服的能力来影响他人或团体。蔡文辉、李绍嵘：《社会学概要》（第3版），世界图书出版公司2007年版，第167页。

③ 传统权势，是指依传统习俗而承袭，比如日本的天皇、英国的女皇、西班牙的国王都代表国家而拥有权势。他们以世袭的方式获得权势，而且不必经过选举或审查。社会大众接受此种传统的习俗。蔡文辉、李绍嵘：《社会学概要》（第3版），世界图书出版公司2007年版，第168页。

④ 神格权势，是指正式权势可经由个人的形象或号召力而获得，变成领袖人物。所谓神格，是指一个人被认为具有超人的能力，是英雄，是领导人，是苦难者的救世主，之所以成为领袖，是因为人们相信他的人格神化了，服从他，成为他的信徒。蔡文辉、李绍嵘：《社会学概要》（第3版），世界图书出版公司2007年版，第168页。

⑤ 律法理性权势，是指由法律规章的制定所赋予的权势。蔡文辉、李绍嵘：《社会学概要》（第3版），世界图书出版公司2007年版，第168页。

⑥ 蔡文辉、李绍嵘：《社会学概要》（第3版），世界图书出版公司2007年版，第169页。

第一，与责任能力相关的一个实践问题——违规上岗但在事实上具有并实际履行相关职责的情形。这一问题涉及实质判断与形式判断的关系及对二者的具体运用。

以被告人樊某违法发放林木采伐许可证一案①为例，樊某虽系该县林业局干部，但其不具有发放林木采伐许可证的资格并没有专用名章，属无证违规上岗。在此情况下，樊某是否符合该罪的主体要件？违法发放林木采伐许可证罪侵犯的客体是国家对森林资源的管理制度。客观方面表现为违反森林法的规定发放林木采伐许可证，其主体为林业主管部门的工作人员，主要是指林业主管部门负有发放林木采伐许可证职责的工作人员。樊某虽属违规上岗，但其在具体工作中具有并实际履行着发放林木采伐许可证的职责。本案中，正是由于其在核发许可证过程中，没有认真履行审核职责，在申请理由不合法，程序违规的情况下，仍予办理了林木采伐许可证，致使国家防护林被大面积滥伐。行为人岗位职责的取得虽违法，但就职责本身而言其是真实的，而且在事实上也履行了职责并发生了现实的行政效力。行为人在事实上具有发放林木许可证的职责能力，在客观上也因其违法发放林木采伐许可证而侵害了国家对森林资源的管理制度，因此，樊某符合违法发放林木采伐许可证罪的主体要件。

需要说明的是，上述分析观点与前文前提要件的判断标准并不矛盾。作为渎职罪的两类主体，即国家机关工作人员和准国家机关工作人员，他们的交集是“从事公务”，表明是否从事公务是核心的判断标准，决定着基本的判断方向。前文中所提到的三项判断标准和实质判断标准都是针对“准国家机关工作人员”而言的，只是三项判断标准针对的是其所依据的相关的立法及司法解释，实际上是对相关法律解释的文本注释，是静态的、形式意义的判断标准，是一般情形或常规情形下的判断标准；而实质判断其核心同样是“从事公务”，其依据是渎职罪的犯罪客体，即其是在实质上侵犯渎职罪客体的前提下，对渎职罪主体法律规定的适用解释，是动态的、针对特定个案的判断。归纳而言，三项判断标准是从立法和解释角度提出的，实质判断标准则是从保护客体的角度提出的，是不同视角下的两种判断路径。

这类似于渎职罪主体法律依据体系所呈现的一般与特殊的特征，即“一般”为立法所规定的“国家机关工作人员”，同时，立法和司法解释又根据不断变化了的客观事实，对渎职罪主体作了扩大解释，使现实中欠缺“国家

① 参见河南省中牟县人民法院（2006）牟刑初字第292号刑事判决书。

机关工作人员”的形式要件但符合渎职罪主体法律本质的人员也有可能成为渎职罪的主体。因此，正如渎职罪主体的立法规定和法律解释的关系一样，形式意义上的判断标准与实质性判断的审案思路并非矛盾而是互补，两者结合有助于严密刑事法网，在遵循法律规定的前提下同时确保适用法律的灵活性。

需要强调的是，立法中的“国家机关工作人员”是渎职罪主体的形式要件，作为“准国家机关工作人员”判断核心的“从事公务”是渎职罪主体的实质要件。在较为复杂的案件中，具体适用时，形式判断和实质判断往往会相互结合、递补适用。从法律效果和适用逻辑上讲，由于形式要件并不必然能推理出实质符合性，因此，符合形式要件时仍需进一步证明实质要素。反之，欠缺形式要件但若可以确证实质要件符合性，则依然有主体资格成立的余地。

第二，徇私类渎职罪中，部门之间的分工有交叉甚至重叠，某项特定工作由多个部门共同负责时，主体资格的界定，尤其是兼具司法工作人员和行政执法人员双重身份的公安人员的主体资格的界定问题。

例如，招收公务员、学生徇私舞弊罪，根据刑法第418条和2006年《立案标准》第34条的规定，该罪是指国家机关工作人员在招收公务员、省级以上教育行政部门组织招收的学生工作中徇私舞弊，情节严重的行为。该罪的犯罪主体是负责招收工作的国家机关工作人员。招生部门的工作人员符合该罪的主体身份，但是公安人员利用职务便利帮助伪造考生户籍的行为能否成为该罪的犯罪主体呢？从司法实践来看，对该类同样犯罪事实的案件，认识不一、定性不同：有的认为招收学生徇私舞弊罪的主体只限负责招生工作的国家机关工作人员，公安民警利用职务便利帮助考生伪造户籍的行为应认定为滥用职权罪，而有的则认为，公安民警可以成为招收学生徇私舞弊罪的犯罪主体，因为公安民警在招生报名过程中负责户籍审查这一特定招生环节的工作。又如，徇私舞弊不征、少征税款罪，根据刑法第404条，该罪犯罪主体是履行征收税款职责的税务机关工作人员。税务机关工作人员具体是指各级税务局、税务分局、稽查局、税务所中代表国家依法负有向纳税人征收税款义务并行使征收税款职权的人员。那么其他征税机关工作人员能否成为犯罪主体？实践中，非税务机关工作人员不征或者少征税款的现象时有发生，如大部分地区的农业税、契税由财政部门负责征收。尽管这些部门人员实施了与税务人员相同的不征或者少征应征税款行为，但由于其不具有税务人员的特殊身份，而不符合该罪的犯罪主体特征，以致司法实践中出现了同行为不同处罚、罪责不相适应的现象。

正如自然人在现实生活中具有多重社会角色一样，当我们在分析一个人在某一个场合或事件中所扮演的角色时，我们总是要依托这个场合或事件本身来具体判断，而不是泛泛地给他贴上所有可能的角色标签。也就是说，不能脱离案件具体事实来判断构成要件的具体要素的符合性。界定渎职罪主体资格时，行为人具有涉案渎职罪所要求的一般意义上的主体身份，但在具体案件中其并不负有构成涉案渎职罪所对应的“公务职责”，此时，对判断其主体资格具有决定意义的是其是否具有涉案公务职责这一事实上身份，而非形式意义上的档案身份。因此，当行为人有双重甚至多重身份时，引起刑法效果的是其在具体案件中涉嫌所违之“公职”对应的身份。同时，由于渎职罪的前提是有“职”可渎，因此，如果没有相应的职责权限，则行为人作为该公职所对应之渎职罪的主体的责任能力是有缺陷的，即便其行为对于该案危害结果的发生发挥了积极的助推作用，也不能构成以具有该公职为必要的特定渎职罪。①

这样，对主体身份的分析和判断实际转化为对主体是否具有涉案公务职责、是否利用涉案渎职罪所对应之公职实施犯罪的证明。于是，可以得出这样的结论：公务职责是分析、判断渎职罪主体资格的逻辑起点。

（二）渎职罪责任主体的界限：责任链上的纵向考察

所谓责任链的纵向考察，即纵向来看，涉案主体为多人时，如何确定一条责任链上刑事责任主体的范围。

根据1997年刑法，渎职罪是自然人犯罪，没有单位犯罪。但是，在司法实践中，常见的“决策错误型”渎职犯罪往往是在单位领导主持下的集体决策所致。在这种情况下，责任归咎的范围应当追究到哪一级？从实例判决分

---

① 例如，刘某滥用职权案。2008年在“高考移民”专项整治工作中，阿盟反渎局在排查中发现：2008年高考前，刘某受其朋友邓某的请托，为4名河南籍考生办理了阿盟假户口的线索。2008年3月23日经检察长决定对刘某以涉嫌招收学生徇私舞弊罪立案侦查，2009年5月14日侦查终结。查明的犯罪事实是：2008年高考报名前，河南人张某找到在国家三北防护林建设局（宁夏银川）工作的邓某，请邓某帮忙办理4名河南籍考生到阿盟参加高考。之后，邓某联系在阿左旗公安局某镇派出所工作的民警刘某，让刘帮忙办理4名河南籍考生的阿盟户口，并通过银行汇给刘某3000元钱。2008年3~4月期间，刘某利用职务便利给4名河南籍考生伪造阿左旗居民户口，使4名河南籍考生在阿盟取得报名资格并参加了2008年的高考。2009年10月9日阿左旗人民法院作出一审判决，认为刘某不符合招收学生徇私舞弊罪的犯罪主体，其行为构成滥用职权罪，判处有期徒刑6个月，缓刑1年。刘某不服一审判决提出上诉，2009年12月25日阿盟中级人民法院作出终审判决，判处刘某犯滥用职权罪，免予刑事处罚。

析，各法院处理明显不一。有些案件已经明确显示是整个单位的责任，但追究刑事责任时仅限于在这一职责链条末端的责任人（如主管局长—科长—副科长，则副科长被视为责任主体），这样处理是否合理?① 还有一些案件，严重后果的出现是由于长期积累的问题所致。在这个过程中，主管人员经历了人事上的调整，如赵某渎职案，2 月 10 日发生严重事故，而被告人赵某是同年 2 月 1 日上任主管该项工作的。在这种情况下，对以往责任人既往不咎，仅依职责抓“现官”是否公正？而与上述情形相反的另一种情形是，责任追溯到结果出现之前、现已离开本岗位的责任人，如被告人耿某被指控在其担任某市建设局主管质量监督的质监站站长期间有玩忽职守行为，导致某校教学楼存在严重质量问题，在使用 8 年后被拆除。耿某辩称，其在该校教学楼工程未竣工验收前便被调离建设局质监站，没有全程对教学楼的质量进行监督。因此，认定其构成玩忽职守罪的事实不清、证据尚不确实充分。上述两种相对应的情形比较而言，后一种情形按罪处理是妥当的，注意到了权责对应，对责任人的追究公平合理。至于被告人的辩护理由在判决中被纳入量刑情节，酌情处理。

上述情况是我国行政管理体制和责任体制的复杂性在刑法适用中的具体体现。尽管这一问题是渎职罪主体认定中的难点，但依然有一定的章法可循。考虑到前文提到的渎职罪主体刑事责任能力的特殊性，在具体个案中，在一个责任链有多个责任人时，根据行为人在此链条上的位置及该岗位对应的职责范围确定刑事责任能力的范围，进而确定是否纳入追究刑事责任的范围。此外，还要从如何行使职责的角度，具体问题具体分析，来确定责任主体的范围。②

---

① 例如，在一起渎职案件的判决书中，法院认定：某市煤炭局在对该市某煤矿进行安全监督管理工作中，在煤矿对职工安全教育和培训工作流于形式的情况下，未按照中华人民共和国国务院令第 446 号《国务院关于预防煤矿生产安全事故的特别规定》第 16 条和国家安全生产监督管理总局、国家煤矿安全监察局安监总培训字［2005］91 号《关于加强煤矿安全培训工作的若干意见》第 21 条的规定对职工安全教育和培训工作进行监督检查，导致……在该案中，具有安全管理职责的该市煤炭局安全监察科副科长被列为被告人。其他主管领导则相安无事。

② 王作富教授在分析玩忽职守罪的责任问题时指出，实践中，玩忽职守案件往往涉及人数较多，准确确定划分各行为人的责任，是正确处理玩忽职守案件的关键。“责任”分为两个层次：一是刑事责任和非刑事责任；二是在同样负刑事责任的情况下，各行为人所负责任的轻重和大小。提出责任的确定应当注意四点：一是区分直接责任人和间接责任人；二是区分领导人员与具体实施人员；三是分清职责范围与直接责任的关系；四是划清集体研究和个人决定的界限。（高铭暄主编：《刑法专论》（下编），高等教育出版社 2002 年版，第 908 ~910 页。）这些研究成果在实务判断中可资借鉴。

（三）渎职罪涉及的共犯问题：共犯视角下的横向考察

所谓共犯视角下的横向考察，即横向来看，如何解决渎职罪相关的共犯问题。

1. 非国家机关工作人员能否成为渎职罪的共犯[①]

这个问题对应的相关理论是，无身份者能否与有身份者一起构成身份犯的共同犯罪，对此可分解为以下几个小问题：

（1）渎职罪中，无身份者能否构成有身份者实施的真正身份犯的教唆犯、帮助犯或共同实行犯

[2003 年 4 月 16 日（2003）高检研发第 11 号] 最高人民检察院法律政策研究室《关于非司法工作人员是否可以构成徇私枉法罪共犯问题的答复》中明确规定：非司法工作人员与司法工作人员勾结，共同实施徇私枉法行为，构成犯罪的，应当以徇私枉法罪的共犯追究刑事责任。但这里的“共犯”是否全部包括了教唆犯、帮助犯和共同实行犯？目前学界及司法界一致认为，无身份者可以构成有身份者实施的真正身份犯的教唆犯或帮助犯。但对无身份者能否与有身份者构成真正身份犯的共同实行犯，则存在“肯定说”、“否定说”等不同见解。有学者在此基础上分析认为，真正身份犯，只是具备该身份的人才能实施，而从法律规定和实际情况来看，并不完全排除无身份者实施部分实行行为，而成为某些真正身份犯的共同实行犯，[②] 如上述答复中明确规定“共同实施”。因此，得出结论：无身份者与有身份者能否构成真正身份犯的共同实行犯，应当根据具体情况，区别对待。凡无身份者能够参与真正身份犯的部分实行行为的，可以与有身份者构成共同实行犯；凡无身份者根本不能参与真正身份犯的实行行为的，即不能与有身份者构成共同实行犯。[③] 此外，依照我国 1997 年刑法对共同犯罪人的分类（主犯、从犯、胁从犯、教唆犯），结合司法实践中的实际情况，无身份者根据其实际所起作用，在共同犯罪中可能是从犯，也可能是主犯。强调这一点是要引出下一个问题：无身份者与有身份者共同实施犯罪，确定该共同实施的犯罪的性质的依据是什么？

---

① 这里所研究的共犯问题限于纯正渎职案件，至于涉及前案等与其他类型犯罪交织的渎职案件，关系到罪数问题，将在后文对渎职罪罪数的研究中讨论。

② 马克昌主编：《犯罪通论》，武汉大学出版社 2000 年版，第 582 页。

③ 马克昌主编：《犯罪通论》，武汉大学出版社 2000 年版，第 583 页。

（2）无身份者与有身份者共同实施渎职犯罪，对该共同实施的犯罪的定性依据是什么（定罪原则）

无论是单独犯罪还是共同犯罪，定罪的基本原则必须是主客观相统一，定罪的根据只能是法定的犯罪构成。2000 年《最高人民法院关于审理贪污、职务侵占案件如何认定共同犯罪几个问题的解释》第 3 条规定，公司、企业或者其他单位中，不具有国家工作人员身份的人与国家工作人员勾结，分别利用各自的职务便利，共同将本单位财物非法占为己有的，按照主犯的犯罪性质定罪。该规定代言了学界的“以谁是主犯为根据来定罪”的主张。这一主张在刑法理论上难以自圆其说，在司法实践上也存在适用上的逻辑矛盾。理论上，主犯、从犯所表明的是共犯人在共同犯罪中所起的作用，属于量刑情节，而非定罪依据。定罪的依据是各共犯人共同故意实施的犯罪行为所对应的具体犯罪的犯罪构成，这就决定了定罪客观依据的落脚点必须在“实行行为”上；实践中，如果教唆犯和实行犯在共同犯罪中都是主犯，或被教唆人没有实施所教唆的罪时，对教唆犯如何定罪将出现逻辑上的困难。因此，有学者总结认为：无身份者教唆、帮助有身份者实施或与之共同实施真正身份犯时，应依有身份者的实行犯的实行行为来定罪，即依有身份者所实施的犯罪构成要件的行为来定罪，即使无身份者是主犯，也不影响上述定罪原则。①

将上述两个问题的分析归纳合并，可以得出结论：非国家机关工作人员可以成为国家机关工作人员实施渎职罪的共犯，以所构成的相关渎职犯罪定性。

2. 渎职犯罪与关联犯罪共犯的界限

在渎职罪中涉及一些关联犯罪，② 如放纵走私罪与走私罪，私放在押人员罪与脱逃罪，徇私舞弊不征、少征税款罪与偷税罪，放行偷越国（边）境人员罪与偷越国（边）境罪，放纵制售伪劣商品犯罪行为罪与生产、销售伪劣产品罪，帮助犯罪分子逃避处罚罪与犯罪分子所实施的犯罪等。这

---

① 马克昌主编：《犯罪通论》，武汉大学出版社 2000 年版，第 584 页。

② 这不属于对合犯。对合犯，又称对应性犯罪，是指某一犯罪的实施或完成必须基于两个行为人双方之间的对应行为才能成立犯罪，缺乏其中一方的行为，这种犯罪就无法完成或无法实施。在我国刑法中，对于对合犯有的采取共同犯罪的立法形式，如重婚罪，但多数采取单独犯罪的立法形式，如受贿罪与行贿罪，拐卖妇女儿童罪与收买被拐卖的妇女儿童罪等。对合犯通常作为同案犯合并审理。正文言及的情形不是对合犯，如走私罪并不需要另一方实施放纵走私的行为方能完成。用“关联”一词表达更为贴切。

些关联犯罪在理论上被描述为“前案”、“原案”、“原罪”、“本犯”、“前罪”、“前提罪”等。在这类犯罪中，渎职者都明知其庇护对象是在实施犯罪行为，其特点可以概括为“内外勾结”。这就涉及对渎职者的定性问题。

对此，理论和司法实务界主要有三种观点：一是认定为渎职罪。理由是，刑法对渎职犯罪的规定是一种特别规定。比如说，刑法规定的放纵走私罪，本身就排除了对放纵走私者以走私罪共犯定罪的可能性。也就是说，即使海关工作人员是与走私犯共同走私，由于刑法对海关工作人员专门规定了放纵走私罪，对其就不能再定走私罪了。类似的还有私放在押人员罪。司法实践中，私放在押人员案件大多都是在司法工作人员与在押人员的相互配合下发生的，如果将司法工作人员认定为脱逃罪的共犯，私放在押人员罪就形同虚设，在实践中就几乎没有适用的可能性了。① 二是对渎职者原则上以渎职罪定罪处罚，但当以相关共犯处理更重时，应以共犯对渎职者定罪处罚。理由是，从共同犯罪和罪数理论角度进行分析，在这种情况下，渎职者的渎职行为实际上兼有渎职犯罪构成要件和共犯构成要件的双重性质，即他的同一个行为，在观念上、形式上同时符合两个犯罪构成，属于想象竞合犯形态，依照想象竞合犯的处罚原则，对行为人应当择一重罪处断。② 三是渎职者符合关联犯罪的共犯时，直接按关联犯罪定罪，不再认定渎职罪。

笔者认为，前两种观点存在一个共性的问题，认为在共生性渎职罪中，渎职者当然地构成关联犯罪的共犯。而事实上，从共同犯罪的基本原理出发，成立共同犯罪，除了客观上的共同行为之外，各共犯人还必须有主观方面的共同故意。不少渎职者对关联犯罪者仅有客观上的庇护行为，而无主观上的通谋，根据主客观相一致的基本原则和共同犯罪的原理，渎职者并不能成为关联犯罪的共犯，而只能成立其自身主客观要件所符合的相应的渎职犯罪。当然，在这种情况下，由于渎职者的行为只触犯了渎职罪一个罪名，也就不涉及想象竞合规则的运用了。因为，想象竞合犯要求行为人的一行为必须触犯数罪名。因此，上述前两种观点的理由并不周延。第三种观点认为渎职者在同时构成关联犯罪共犯时，排除渎职，仅认定关联犯罪。这种观点实践中也有颇多分歧。例如，安某某等 5 人徇私枉法案③中，公诉机关和审判机关就“铁路乘警对盗窃分子的盗窃犯罪予以包庇并收取赃款的行为”应如何

① 参见赵秉志、肖中华、左坚卫：《刑法问题对谈录》，北京大学出版社 2007 年版，第 503 ~ 504 页。

② 参见赵秉志、肖中华、左坚卫：《刑法问题对谈录》，北京大学出版社 2007 年版，第 504 页。

③ 北京铁路运输中级人民法院［2001］京铁刑终字第 44 - 1 号（2002 年 1 月 10 日）。

定性出现争议。公诉机关指控安某某犯有盗窃罪，认为，安某某作为某铁路局公安处乘警，参与犯罪预谋，收受盗窃分子的赃款，其在本案中的行为并非简单的“对盗窃者视而不见”，其以自己特殊的身份为其他案犯提供了掩护，形成了共同盗窃中一种特殊性质的分工。审判机关则判定安某某的行为构成徇私枉法罪。理由是安某某的主观故意不同于实施盗窃的丁某。安某某的目的在于贪赃，而非“非法占有公民的私有财产”。丁某事前允诺并于事后给安的赃款虽然出自被盗旅客，但其性质是贿赂，而不是共同盗窃后的分赃。因此，不能认定安某某与丁某形成了共同盗窃的主观故意。客观方面安某某允许、放任盗窃分子上车行窃而不进行抓捕；接到旅客报案后拖延侦查、瞒案不报，但在丁某等人实施盗窃时并未有任何协助，其行为属于“对明知是有罪的人故意包庇不使其受追诉”。综合其主体身份、主客观表现，认定安某某构成徇私枉法罪。笔者认为，在有事先预谋的情况下，结合事后分赃，行为人的行为同时构成徇私枉法和盗窃两罪，应按想象竞合犯从一重处断。公诉机关的理由是片面的，只看到了盗窃犯罪本身而忽略了行为人利用职责实施犯罪对特定客体的侵害；而审判机关的分析也难以立足，其将分析的着眼点放在安某某参与犯罪是为了得到盗窃赃款，目的到底是“贪赃”还是“非法占有公民私有财产”上，分析问题的方向错误。原因在于，其混淆了犯罪动机和犯罪故意两个不同的法律概念。根据我国 1997 年刑法第 14 条第 1 款规定，犯罪故意，是指“明知自己的行为会发生危害社会的结果，并且希望或者放任这种结果发生，因而构成犯罪”的罪过形式。犯罪动机，则是指驱使行为人实施犯罪行为以达到一定犯罪目的的内心起因或意识冲动。它说明的是行为人为什么要进行犯罪活动。犯罪动机是什么，对犯罪行为性质的认定没有意义。本案中，安某某利用公职协助盗窃意在贪赃，“贪赃”是其故意实施共同盗窃犯罪的“动机”，而其犯罪故意的具体内容则表现为“帮助他人实施并完成盗窃行为”。

总结而言，对渎职罪中的关联犯罪现象在认定时应采用“两段论”的判断方法。首先，判断渎职者的行为是否分别构成相关的渎职犯罪和关联犯罪的共同犯罪。判断的结果有两种可能：一是只构成其中一罪。例如，滥用职权等渎职行为没有达到立案标准，而符合关联犯罪的定罪标准，按关联犯罪共犯定罪。[①] 又如，渎职者的渎职行为对关联犯罪只有客观上的庇护，主观并无实施关联犯罪的共同故意，则只构成相应的渎职犯罪。[②] 二是构成渎职罪和关联犯罪的共同犯罪两罪。其次，根据前述判断结果分别作以下处理：只构成一罪的情况下，直接适用对应的法律规定；构成两罪的情况下，适用想象竞合犯的规则，从一重罪处断。

需要说明的是，理论和实务中，有一种类似上述案例中公诉机关的主张，即对于事前通谋，并有事中或事后行为的，直接按关联犯罪共犯处理。这种情形下，将不再涉及对想象竞合犯的适用，从而完全排除了认定渎职犯罪的可能性。如认为，在放纵走私罪中，行为人与走私犯罪分子相勾结，形成走私的共同故意，通过放纵走私为走私犯罪分子提供帮助的，构成走私罪的共犯。如果缺少走私的共同故意而放纵走私的，以放纵走私罪论处。[③] 在“不解救被拐卖、绑架妇女、儿童罪”中，行为人与拐卖妇女、儿童的犯罪分子相勾结，拒不解救被拐卖、绑架的妇女、儿童的，构成拐卖妇女、儿童罪的共犯，不以本罪论处。[④] 在“帮助犯罪分子逃避处罚罪”中，行为人与犯罪分子事前通谋，在其实施犯罪后，为其通风报信、提供便利的，构成犯罪分子所实施的犯罪的共犯，不以本罪论处。[⑤] 这种观点实际上是以“关联罪”过滤掉了“渎职罪”。尽管就很多案件的处理结论而言，适用这种观点和经过想象竞合规则筛选过的结论是相同的，但不能因此便可此可彼，模糊二者

---

① 例如，税务人员徇私舞弊少征的税款给国家税收造成的损失不足10万元，行为人又无受贿等情节，按照2005年12月29日最高人民检察院通过的《关于渎职侵权犯罪案件立案标准的规定》，没有达到徇私舞弊不征、少征税款罪的立案标准，但是，纳税人偷税的数额按照刑法第201条的规定已经达到犯罪的标准，这种情况下，对与偷税者共同实施偷税行为的税务人员，应以偷税罪的共犯论处。见赵秉志、肖中华、左坚卫：《刑法问题对谈录》，北京大学出版社2007年版，第505页。

② 例如，在于某玩忽职守上诉案中，原审法院认为公诉机关指控被告人罗某、于某犯有非法经营罪定罪不当。被告人于某没有与罗某共谋骗汇的故意和行为，认定其系非法经营罪共犯不当，于某的行为符合玩忽职守犯罪的罪状，应构成玩忽职守罪，北京市高级人民法院对上述原审判决内容予以维持，认为，上诉人于某身为国家机关工作人员负责外汇进出口核销监管职责，当罗某请托其用少量报关单核销大量对外付汇时，在其发现六张报关单可疑时不仅放弃查证监管，而且将该公司的假核销表录入计算机数据库内并加盖报审章的行为，已客观上掩盖了逃汇犯罪行为，故原判以玩忽职守罪对其定罪准确。见北京市高级人民法院（2000）高刑终字第185号刑事判决书。

③ 周道鸾、张军主编：《刑法罪名精释——对最高人民法院最高人民检察院关于罪名司法解释的理解和适用》（第三版），人民法院出版社2007年版，第901～902页。

④ 周道鸾、张军主编：《刑法罪名精释——对最高人民法院最高人民检察院关于罪名司法解释的理解和适用》（第三版），人民法院出版社2007年版，第913页。

⑤ 周道鸾、张军主编：《刑法罪名精释——对最高人民法院最高人民检察院关于罪名司法解释的理解和适用》（第三版），人民法院出版社2007年版，第916页。

的界限，因为这直接关系到法律条文适用的完整性。在想象竞合的情况下，涉及的数罪的条文在法律文书中都应引用，而不能仅引用适用从一重处断原则后确定的罪名的条文。笔者认为，渎职者在上述事前通谋①型犯罪中，一方面由于符合刑法总则规定的共犯主客观要件而构成关联犯罪的共同犯罪，另一方面，由于渎职者是利用其职务、职权或者以公务履行职责为媒介而实施犯罪，决定了其行为同时必然侵犯了国家对行使公权力的基本要求和正常的管理活动，即侵害了渎职罪所保护的客体。因此，不能因为关联的共同犯罪的成立而省略成立共同犯罪过程中必然“携带”的“渎职”。法律适用结论的相同不意味着法律适用过程的一致，而不同的法律适用过程关系到适用法律依据的完整性。

（四）主体视角下本罪与他罪的界定

1. 渎职罪主体特征在甄别此罪与彼罪中的运用

除了判断行为人是否符合主体资格外，渎职罪主体特征付诸实务的典型实践是甄别本罪与他罪。渎职罪主体的本质特征在于“从事公务”，即从事的工作性质是行使国家公权、执行国家公务。这一特征也是渎职罪的前提条件，即要有“职”可“渎”。至于是否具有干部身份、是正式人员还是借用、聘用人员的身份形式并不影响主体身份的界定。此外，在刑法分则中，渎职罪主体属特殊主体，在渎职罪内部体系中，又有一般渎职罪和特殊渎职罪之分，后者主体往往在一般渎职罪规定的基础上被进一步限定。因此，对于渎职罪中的特殊主体，除具备渎职罪一般主体资格外，还需要符合该罪主体的特别规定。

例如，李某帮助伪造证据案。

李某系某市法院执行庭法官。2000 年 9 月，李某在得知其朋友张甲因涉嫌经济犯罪被羁押在本市看守所后，便想去看望张甲。之后，李某让其承办的一起执行案中的被执行人王某打听其在看守所是否有熟人，并告诉了王其想见张甲的想法。王某便找到了其在该市公安局的朋友林某，并约定了去看守所的时间。此后，李某以办案为名，从该市法院刑庭拿了两张盖有院印的

① “事前通谋”不同于“事前知道”。对此，最高人民法院在 1985 年 12 月 28 日《关于窝藏、包庇罪中“事前通谋的，以共同犯罪论处”如何理解的电话答复》中的有关解释可作为理解参照。答复认为，“事前通谋”，是指窝藏、包庇犯与被窝藏、包庇的犯罪分子，在犯罪活动之前，就谋划或合谋，答应犯罪分子作案后给予窝藏或者包庇的，这和刑法总则规定共犯的主客观要件是一致的。如果只是知道作案人员要去实施犯罪，事后予以窝藏、包庇或者事先知道作案人员要去实施犯罪，未去报案，犯罪发生后又窝藏、包庇犯罪分子的，都不应以共同犯罪论处，而单独构成窝藏、包庇罪。

空白提审证，并与王某商定，以王某被执行案中张甲是“知情人”为由“提审”张甲。某日，李某、王某与张甲的儿子张乙三人，通过林某进入看守所，李某办理“提审”手续后，见到张甲。见面后，张甲告诉了李某等人自己挪用公款100余万元的案情以及准备翻供、辩解的理由。李某对张甲说，“挪用公款的主体是国家工作人员，你已退休，主体不合格。……即使挪用的是公款，只要是经领导同意的或者当时没有请示，事后经领导追认的，也不承担责任。现在你能不能想办法补救一下。”张甲听后即嘱托其子张乙：“你去找一下老校长，请他出来挑挑担子。”在“提审”过程中，张甲还将预先写好的一张涉及案情的纸条交给了张乙。为预防有关部门追查，李某伪造了一份“提审”张甲的笔录和对王某的谈话笔录。该案检察机关以李某犯帮助犯罪分子逃避处罚罪提起公诉，审理后，法院以帮助伪造证据罪作出判决。[①] 本案检、法对案件事实没有异议，对李某定性认识不同。依据我国刑法规定，结合渎职罪基本特征，我们认为法院的判决是正确的。首先，根据刑法第417条的规定，帮助犯罪分子逃避处罚罪，是指有查禁犯罪活动职责的国家机关工作人员，向犯罪分子通风报信、提供便利，帮助犯罪分子逃避处罚的行为。本案中，李某的行为符合该罪客观要件，关键在于李某是否具备该罪主体资格。李某是法院执行庭法官，具有国家机关工作人员的身份和从事公务的岗位职责。但是，该罪要求其主体还必须同时具备“查禁犯罪活动的职责”。而本案中，一则李某作为执行法官，其职责是承办执行案件而非查禁犯罪活动；二则李某以提审名义会见张甲并共谋翻供理由的行为，利用的是其作为执行法官的职务便利，并且假借的也是调查执行案件的名义，与查禁犯罪活动无关。因此，李某虽有“公职”，但非“帮助犯罪分子逃避处罚罪”所要求之“职”，虽利用“公职”实施犯罪，但非“帮助犯罪分子逃避处罚罪”所对应之“职”，所以，根据刑法第417条的规定，李某行为不构成帮助犯罪分子逃避处罚罪。其次，根据刑法第307条第2款的规定，帮助伪造证据罪，是指帮助当事人伪造证据，情节严重的行为。本案中，李某为帮助张甲逃避处罚，利用工作便利，以提审为名，与张甲之子等人会见张甲并与张共谋翻供理由，为张甲伪造证言、串供翻供提供帮助，严重干扰了司法诉讼活动，符合刑法第307条第2款之规定，构成帮助伪造证据罪。需要指出的是，根据刑法第307条第3款之规定，司法人员犯前两款罪（妨

---

① 参见最高人民法院刑事审判第一、二、三、四、五庭主办：《中国刑事审判指导案例（1999—2008）》，法律出版社2009年版，第575页。

害作证罪，帮助毁灭、伪造证据罪）的，从重处罚。因此，本案中李某的公职身份不是定罪要素而是量刑因素。

此外，对渎职罪主体资格的判断应当是动态的、具体的，仅仅具有公职身份尚不足以判断，还要结合案件的实际情况，考察行为人是否具有涉案公务职责、是否利用涉案渎职罪所对应之公职实施犯罪，以确定其所具有的公职与涉案公职是否具有对应性。

因此，在涉及主体的诉讼证明中，不仅要证明主体具有公职、从事公务，同时还要确认行为人具有的公职与该渎职案对应的公职是否具有同一性，行为人利用的是否是该渎职案涉及的公职。这是同样以利用职务便利为特征的贪污罪、受贿罪、挪用公款罪与渎职罪的显著区别所在。

2. 定罪分析中的“唯主体论”倾向

运用渎职罪主体特征甄别行为性质需避免“唯主体论”倾向。定罪的逻辑体系是犯罪构成。因此，区分此罪与彼罪的方法主要是比对构成要件。在客观行为和主观方面相同的情况下，不同主体身份成为定罪的关键。[①] 然而，对主体身份的应用如果走向极端就会形成“唯主体论”的定性倾向。这种倾向的错误在于，“就主体论主体”，缺乏构成要件整体观，忽视其他构成要件对主体的限定作用。“唯主体论”在司法实务中进行定性判断时，主要表现为两个误区：一是身份决定论。将身份视为定性的决定因素，忽视对主体行为是否属于公职行为的考察。二是“多重身份”的情况下，先入为主，认同一种身份而后进行演绎式的论证，无视另一种特殊身份的存在。没有比对行为人是以何种身份实施涉案行为的。第一种误区错在没有找准问题的关键；第二种误区错在分析案件的论证方法错误，在预先有倾向结论的前提下进行先入为主的演绎论证。例如，被告人闫某系某市交通规费第一征稽所副所长。

---

① 例如，在阿不来提·卡德尔等14人重大责任事故、玩忽职守案中，起诉书认定，1994年12月7日下午，新疆维吾尔自治区教委基本普及九年义务教育，基本扫除青壮年文盲评估验收团到克拉玛依市检查工作。12月8日18时由克拉玛依市教委、新疆石油管理局教育培训中心组织在文化艺术中心友谊馆举办专场文艺汇报演出。全市7所中学、8所小学的教师、学生及有关领导共796人参加。演出至18时20分左右，舞台正中偏后北侧上方倒数第二道光柱灯（1000W）烤燃纱幕起火。火灾发生后，由于电工被派出差，火情没有得到及时处理，迅速蔓延至剧厅，火势越来越猛，产生大量有毒、有害气体。而通往剧场的7个安全门，仅开1个。演出现场的组织者赵兰秀、方天录不积极组织指挥疏散，火灾现场秩序大乱。致使323人死亡，132人受伤，直接经济损失3800余万元。一、二审法院对于本案友谊馆的直接责任者以重大责任事故罪定罪量刑；对克拉玛政府机关负责迎接“两基”评估验收工作及演出现场的主要领导人以及此次演出活动的具体组织者和实施者以玩忽职守罪定罪量刑。见 http://www.fl168.com/Lawtext-View-57615。

2007年3月13日上午，被告人闫某带领该市交通规费征稽处稽查一所5名工作人员到该市中原西路与西环路交叉口设岗稽查农用车交通规费。在稽查过程中，闫某不认真执行《河南省交通行政执法人员行为规范》和《河南省人民政府关于加强交通规费稽查工作的通知》的有关规定，未在检查地点前方200米处设立“警示牌”，未指挥车辆到达指定的安全停靠位置后再检查，而是到快车道拦车检查，造成紧随被检查车辆的4辆货车追尾相撞，致使1人死亡，2人重伤。[①] 关于闫某的行为性质，有学者认为，闫某的行为涉嫌交通肇事罪，并分别从“该交通稽查人员的身份符合交通肇事罪的主体特征”、“该交通稽查人员的主观心态与交通肇事罪主观罪过内容相同”、“该交通稽查人员的行为造成了严重的后果”、“该交通稽查人员的行为违反了交通管理法规”四个方面进行了论证。[②] 笔者认为，这种分析甄别案件事实的方法即为“先设结论、再找理由、先入为主进行演绎”的典型例子，值得反思。本案的关键不在于被告人是渎职罪的“国家机关工作人员”，还是交通肇事罪的“交通运输安全的管理人员”，而在于被告人的行为是否是公职行为，案件是否发生在被告人履行公务职责的过程中。基于这样的认识，笔者认同审判机关的判决理由和结论。法院经审理认为，被告人闫某作为国家机关工作人员，在履行职务中，严重不负责任，不正确履行职责，违反有关规定，以致发生四车追尾相撞，造成一死两伤的严重后果，侵害了国家机关的正常管理活动，其行为已构成玩忽职守罪。因此，界定本罪与他罪的关键，仍在于“是否从事公务”。

（五）与程序相关的两个问题

1. 准确界定渎职罪主体的程序意义

渎职罪主体的认定不仅关系到罪与非罪、本罪与他罪的界限，而且还涉及司法机关立案管辖范围的问题。根据最高人民法院、最高人民检察院、公安部、国家安全部、司法部、全国人大常委会法制工作委员会《关于刑事诉讼法实施中若干问题的规定》（1998年1月19日起施行）第2条：“人民检察院管辖的‘渎职犯罪’，是指刑法分则第九章规定的渎职罪”。因此，有学者提出，在诉讼程序方面，我国刑事诉讼法明确规定渎职犯罪由检察机关管辖，非国家工作人员的职务犯罪由公安机关管辖，但事实上由于对渎职犯罪

---

① 该案见河南省郑州市中原区人民法院（2007）中刑初字第412号刑事判决书。

② 参见黄俊平：《拦车稽查酿成事故涉嫌交通肇事罪》，载《检察日报》2007年3月23日。

主体本身缺乏认定的标准，其最终也导致了管辖上的混乱局面。① 从程序上凸显了准确界定主体的法律意义。

2. 符合渎职罪主体身份的被告人不在案时，如何认定不具有该特定身份的帮助犯

具有特定身份的被告人不在案，能否认定其不具有特定身份的帮助犯为渎职罪？例如，2006 年 3 月 19 日，被告人张某、白某为获得公安机关的奖励，由被告人白某按照某市公安局民警李某（在逃）的要求，将李某妻子的一辆电动自行车放在本市某网吧院内作为诱饵，并在附近等候。张某则到本市劳务市场以招工为名，将外来务工人员袁某骗至该网吧院内，并以电动车车主的身份让袁某将该车推至他处，自己则以买烟为名离开现场。此时，在此等候的白某即以失主身份将袁某抓获。随后，此案由被告人李某亲自办理。为使袁某受到刑事追究，3 名被告人伪造了相关证据并据此将袁某刑事拘留、逮捕。② 在这起案件中，公安机关民警李某在逃，公诉机关指控张某和白某构成徇私枉法罪。根据最高人民检察院法律政策研究室关于非司法工作人员是否可以构成徇私枉法共犯问题的答复，非司法工作人员与司法工作人员勾结，共同实施徇私枉法行为，构成犯罪的，应当以徇私枉法罪的共犯追究刑事责任。因此，在能够证明在案的张某和白某与在逃的公安民警李某构成共犯的前提下，公诉机关的主张是有法律依据的，而且也符合刑法理论。但本案的客观情况是，民警李某在逃。这就使得认定李某与张某及白某是否构成共犯存在证据上的缺陷。正因为如此，审判机关认为，我国刑法所规定的徇私枉法罪的犯罪主体为司法工作人员，而本案的二被告人均不是司法工作人员，且现有证据亦不能证实二被告人伙同司法工作人员共同实施徇私枉法的行为，因此，二被告人不构成徇私枉法罪。法院最终以诬告陷害罪对张、白二人定罪。由此表明，该案主要问题不在于二被告人不是司法工作人员，而在于证据，在于是否有确实充分的证据能够证明在案被告人与在逃李某共同实施指控犯罪的事实。

五、对渎职罪主体的立法建言

（一）对现有观点的检视

渎职罪的主体认定是困扰司法实践的一个典型问题。无论在理论界还是

---

① 参见武小凤：《论渎职罪主体构成的统一性要求》，载《兰州大学学报》2003 年第 2 期，第 89 页。

② 参见河南省郑州市二七区人民法院（2006）二七刑初字第 802 号刑事判决书。

在司法实务部门，需要修改刑法关于渎职罪主体的规定几乎成了一种共识，但就如何修改则有不同的声音。1998 年 3 月召开的九届人大二次会议中，许多代表提出了将渎职罪的主体由“国家机关工作人员”改为“国家工作人员”，并在第 397 条中增加第 3 款：即“其他国家工作人员犯前两款罪的，依照前两款的规定酌情处罚”的建议，① 但未被采纳。在中国法学会刑法学研究会 2005 年年会上，学者们建议，将渎职罪的主体国家机关工作人员修改为国家公职人员。认为采用国家公职人员的称谓，一方面符合国际公约②及一些外国刑法典有关渎职罪的立法例，有利于与国际立法接轨；另一方面，符合渎职罪的本质特征，适应我国的国情。渎职罪主体的本质特征和内在要求是“从事公务”，是否成为渎职罪的主体，不是根据行为人是否属于国家机关工作人员来判断，而是依据行为人是否依法代表国家机关从事公务活动履行管理国家事务、社会公共事务和国有资产管理的职权为标准。如果把渎职罪的主体限定为“国家机关工作人员”，势必缩小渎职罪的主体范围，削弱刑法对渎职犯罪的打击力度。有学者主张将渎职罪主体修改为“公务人员”，即从事国家事务、公共事务和社会事务等公务管理的人员。主要理由是，该称谓能够准确反映渎职罪主体“从事公务”的本质特征，而“国家机关工作人员”更侧重于反映身份特征，没有揭示其本质；另外，“公务人员”涵盖面大，不仅包括国家机关工作人员，还囊括立法解释增加的四类人员等等。③还有学者提出将渎职罪的主体修改为“公务员”，认为这一称谓与 2006 年 1 月 1 日施行的《中华人民共和国公务员法》相适应，体现了法律之间的协调统一。④

笔者认为，上述诸观点都没有脱离概念怪圈——在否定一个概念的过程中又树立新的概念，然而，围绕新的概念的内涵和外延必然又会引起新的纷争。无论是“国家公职人员”还是“公务人员”抑或“公务员”，相对于

---

① 参见韩耀元：《渎职罪的定罪与量刑》，人民法院出版社 2000 年版，第 72 页。

② 根据《联合国反腐败公约》第 2 条“术语的使用”第（一）项规定，“公职人员”系指：(1) 无论是经任命还是经选举而在缔约国中担任立法、行政、行政管理或者司法职务的任何人员，无论长期或者临时，计酬或者不计酬，也无论该人的资历如何；(2) 依照缔约国本国法律的定义和在该缔约国相关法律领域中的适用情况，履行公共职能，包括为公共机构或者公营企业履行公共职能或者提供公共服务的任何其他人员；(3) 缔约国本国法律中界定为“公职人员”的任何其他人员。但就本公约第二章所载某些具体措施而言，“公职人员”可以指依照缔约国本国法律的定义和在该缔约国相关法律领域中的适用情况，履行公共职能或者提供公共服务的任何人员。

③ 参见贾济东：《渎职罪构成研究》，知识产权出版社 2007 年版，第 226 页。

④ 参见缪树权：《渎职罪疑难问题研究》，中国检察出版社 2006 年版，第 276 页。

1997年刑法渎职罪“国家机关工作人员”的规定，让人看到的仅仅是一种称谓上的变化，并没有从根本上解决问题。因为对于这些新概念在渎职罪中如何界定仍然依据的是倡导者的一家之言，没有在立法、理论和司法实务等任何领域形成共识。在“国家机关工作人员”替换成这些“新概念”后，渎职罪主体在法律适用中遇到的林林总总的问题依然存在，甚至过犹不及。比如，什么是“公务人员”？在历史的和现有的国内法律资料中尽管出现过这种提法，但没有关于这一概念的任何界定；又如，尽管《中华人民共和国公务员法》规定了“公务员”的概念，指“依法履行公职、纳入国家行政编制、由国家财政负担工资福利的工作人员”。显然，这一概念尤其是其中的“纳入国家编制”既完全排斥了关于渎职罪主体的立法和司法解释，又不符合渎职犯罪现实状况，因此，更不可取。实际上，各种概念的提出本意都旨在强调“从事公务”这一渎职罪主体的本质特征。观点提法虽各有不同，但在这一点上已达成共识。问题是如何表达这一共识。回顾渎职罪主体立法演进的历程，从1979年刑法的国家工作人员到1997年刑法的国家机关工作人员，又逐步通过立法和司法解释衍生出“准国家机关工作人员”。这其中既有国家根据统治需要基于政策原因突出打击重点的需要，更有从刑法上对社会发展变化中出现的新情况、新问题所作出的反应。对于主体规定的法律变化，从积极意义上体现了打击犯罪的与时俱进，但从另一个方面看，也暴露了法律的被动性，如前文所述及的“两高”分别对合同制民警、属于工人编制的乡（镇）工商所长、未被公安机关正式录用的人员等所作的一系列司法解释，以及集中反映这些司法解释的2002年《渎职罪主体适用解释》的立法解释等。实际上是在不断地通过立法和司法解释的途径对立法规定与现实犯罪状态之间的缺口“打补丁”。与其“随行就市”被动立法，不如找规律、定规则，以不变应万变，用规则“打包”变数（多变的现实情况）！规则如同数学中的公式，相对稳定。不断变化的犯罪现状如同实际数据，纳入“公式”中，即可得出法律上的评价结论。规则的核心在于规律或实质。对于具体犯罪而言，这种规律或核心的决定因素在于客体，其中包含了这样一个关键的问题，即刑法规定此类犯罪要规制的是什么、保护的又是什么、刑罚的目的是什么！这应当成为立法的方向，也是实务应用中进行法律解释的基调。渎职罪的客体决定了本罪犯罪构成要素共同的支点在于“从事公务”或“履行公务职责”。这一支点即为对渎职罪各要素的界定标准。鉴于此，笔者认为，反思现行立法，即便是国家机关工作人员，在考察其行为是否构成渎职罪时，最终的归结点仍然是其在案件中的行为是否与公务职责有必然的关联性，仍然要落实在“从事公务”上。对此，我们或许可以从下面一段论述中得到启发：“自然犯和法定犯要成为犯罪主体的特殊身份，一般需要由刑法予以明确规定。这种分类的意义，并不在于直接说明犯罪主体特殊身份与刑事责任的关系，而在于通过对犯罪主体特殊身份的了解，进而准确而深刻地把握刑法设立此项规定的原意，这有助于正确地适用法律。例如，公务人员是一种法定身份，具有公职人员身份者总是由法律赋予一定的职责即权利和义务，刑法把公职人员规定为受贿罪主体的特殊身份条件，决不是为了惩罚公职人员收受他人财物的任何行为，而是为了惩罚与其职责相联系而违反其职责的收受他人财物的行为。”① 因此，反观现有立法，限定主体具体身份弊大于利，建议只需要在行为人前加上所从事的具体的公务职责作为限定语即可。可资参考的国内的立法，如《刑法修正案（六）》第20条，枉法仲裁罪指“依法承担仲裁职责的人员，在仲裁活动中故意违背事实和法律作枉法裁决，情节严重的，处三年以下有期徒刑或者拘役；情节特别严重的，处三年以上七年以下有期徒刑”。其主体为“依法承担仲裁职责的人员”。这意味着，该罪主体不仅仅限于经仲裁委员会聘任并登记注册的仲裁员，还包括根据《劳动法》、《公务员法》、《体育法》、《著作权法》、《反兴奋剂条例》、《企业劳动争议处理条例》等法律、法规的规定，在由政府行政主管部门代表参加组成的仲裁机构中对法律、行政法规规定的特殊争议承担仲裁职责的人员。② 国外立法，如《丹麦刑法典与丹麦刑事执行法》分则第十六章“履行公共职责时所犯之罪”中，主体分别被表述为“被授予司法权力或者其他决定法律问题之公权力之人，或者其职责是行使国家刑事处罚权力之人”（第148条），“负责囚犯监禁或者刑罚执行之人”（第149条），“履行公共职务或者职责之人”（第150条）等。③ 又如，《法国新刑法典》第四卷第三编（危害国家权威罪）第二章“由履行公职的人实施的危害公共行政管理罪”一章中，主体统称为“履行公职的人”，在具体条文中被表述为“行使公安司法权力的人”或“负责公共事业服务任务的人”或“由公众选举受任职务的人”。④ 此外，前文“渎职罪立法考察”部分的研究表明，立法例中已经逐渐趋向以公务职责为本位扩张主体概念，一些即便是对主体明

---

① 高铭暄主编：《刑法学原理》（第二卷），中国人民大学出版社2005年版，第703页。

② 郎胜主编：《走向完善的刑法——正解刑法修改的决定、刑法修正案、刑法法律解释》，中国民主法制出版社2006年版，第236页。

③ 谢望原译：《丹麦刑法典与丹麦刑事执行法》，北京大学出版社2005年版，第44～48页。

④ 罗结珍译：《法国新刑法典》，中国法制出版社2003年版，第149～155页。

确了特定身份的国家的刑法典，也在法典中对这一“身份”作了以公务职责为中心的广义的界定。[①] 因此，借鉴上述立法模式，既能充分体现刑法设立此项犯罪意欲保护的目标客体，又能回避诸如“国家机关工作人员”等带有体制性色彩的表述，从而避免包括行政机构改革在内的政治体制改革的变动而导致刑法规定随时面临滞后的被动以及应对现实的适用上的困境。

（二）立法建言

前文提到，渎职罪主体在法律变动中的一个典型表现是“外延界限不确定”。笔者认为这并非立法缺陷，而恰恰是渎职罪个性使然。权力来源的多样性，以及社会职能的快速更新决定了渎职罪主体适宜的立法模式。

一方面，渎职罪比其他任何犯罪都更鲜明地体现出刑法作为国家治理的工具功能。作为渎职罪的特殊主体和其他犯罪的特殊主体，如强奸犯罪、违反军人职责的犯罪、脱逃罪等有显著不同。这种不同是由这些犯罪所触及的社会领域的不同以及设定这些犯罪在其所波及的社会领域中具有的不同功能所决定的。强奸罪等侵犯公民人身权利罪、军人违反职责罪、脱逃罪等妨害司法罪，其侵犯的是社会领域的局部。而渎职罪，其犯罪对象关涉到国家对社会管理的全局。危害行为是通过职务行为的行使来完成的。主体身份的特殊性是由这种身份所承载的职权所决定的，当这种身份不是这种职权的唯一来源时，将本罪主体限定为某种具体的身份是不周延的。在这种情况下，用行为特征或职责内容去限定主体较为妥当，既保有主体的特定内涵，同时又使之不拘泥于一定的身份形式。

另一方面，在现代社会，国家的发展将不再是一个个体的发展，而是作为全球发展的一部分。类似过去相对稳定的和绝对自我特色的社会职能越来越少，相应地，执行这些职能的被纳入国家编制的人员也不再占据主流。今后的发展特色是流动性！应运社会发展需要而不断出现新的管理职能的需求以及对过往职能的淘汰，在这个新陈代谢加速的社会，稳定的职能、固定的身份在不断地被发展需要的流动性所淡化。这样，当动用刑法

---

① 例如，《美国模范刑法典》将“公务员”定义为，政府的官员或者雇员，包括议员、法官和陪审员、顾问、咨询员或者以其他身份参与政府职能运转的人；但公务员不包括证人。由此可以认为，其所指的“公务员”即是指以某种身份参与政府职能运转的人。《俄罗斯联邦刑法典》将公职人员定义为，国家机关、地方自治机关、国家机构或地方自治机构中，以及在俄罗斯联邦武装力量、其他军队及军事组织中长期、临时或根据专门授权行使权力机关代表的职能，或行使组织指挥、行政经营职能的人员。详见本书第一章的研究。

工具进行管理时，管理对象从纯粹对人的管理，变为以对事为主，兼顾对人的管理。表现在刑法上，就是要将“事”作为定罪的依据，将“人”作为量刑的考虑。

综上所述，建议将渎职罪主体的立法规定格式表述为：“依法承担……职责的人”（省略号内为具体渎职犯罪所涉及的公务职责的内容）。这样的规定模式不会导致主体泛化。主体泛化，意味着犯罪主体成为没有任何特定身份要求的一般主体。而前述立法建议模式对主体是有限制的，只是用了一种比规定身份更显实质、更为开放的方式来限定主体而已，且能够体现国家管理秩序的客体内涵。

六、小结

第一，渎职罪的主体在本质上是承担某种公务职责的社会角色。1997 年刑法将该罪主体规定为“国家机关工作人员”，不是为了限定主体应具有某种社会身份，而是因为具有这种社会身份的人员通常是国家事务的决策者、执行者。因此，认定渎职罪主体的关键在于，其是否担负涉案公务职责，而不在于其是否具有哪种具体的社会身份。

第二，根据 1997 年刑法的规定，渎职罪的主体为自然人，但与一般自然人犯罪不同的是，该罪主体在具备法定年龄和精神健康等刑事责任能力的基础上，还必须具有“肩负公务职责”这一附加的内涵。因此，渎职罪主体资格的判断标准不单是刑法条文所显示的“国家机关工作人员”的人事身份，而且还要结合主体在具体案件中是否具有公务职责、危害行为是否是发生在代表国家行使该公职时的职务行为（包括滥作为和应作为而不作为）。判断过程是动态的、具体的，且行为人所具有的公职属性的社会身份与涉案公职必须具有对应性。如果涉案公职与行为人担负的职责无关，则行为人不构成渎职罪。

第三，国家基于社会管理的需要而适时进行的机构改革、不同性质的社会职能部门分工的不断调整、国家机关内部人员成分的多元化趋向等不断变化的社会现实，使得具有公权的机构不再限于国家机关、公权的实际行使者也不再限于国家机关工作人员。此外，法律的授权、国家机关的委托也使得虽然不属于国家机关工作人员人事编制范围的、具有多样社会身份的各种“编外”人员，在实际工作中同样担负并履行特定的公务职责。

第四，权力来源的多源性决定了主体身份表现形式的多样性。一系列立法及司法解释扩大了刑法所规定的主体范围。扩大解释是基于充分保护客体的实质需要。因此，现有的认定渎职罪主体的法律依据是刑法、立法解释、司法解释等若干规定的组合。这一组合的法律效果使得渎职罪的主体表现出“内涵不变，外延边界不确定”的典型特征，其中，“内涵”即为渎职罪客体所决定的该罪主体的本质属性，“外延”即指符合主体本质属性的人员外在的各种社会身份。

第五，上述原理决定了渎职罪主体以“从事公务”为核心的判断标准，在诉讼证明时，应立足上述主旨，具体案件具体分析。同时，渎职罪主体的本质特征凸显了现有刑法“国家机关工作人员”规定的局限性，从而明确了立法完善的方向。

第二节　渎职罪客观行为研究

一、渎职行为的特征

本书所言的渎职行为，是指1997年刑法第九章规定的渎职罪中的客观行为，即国家机关工作人员在公务活动中滥用职权、玩忽职守，破坏国家机关正常管理秩序，致使公共财产、国家和人民利益遭受重大损失的行为。

（一）渎职行为具有双重违法性

自然犯罪无须法律的规定，按照千百年来人们所熟悉的道德观念、伦理标准即可判断。法定犯罪则是基于法律的规定才成立的犯罪，其立法目的是为了维护秩序，体现国家风险控制、安全管理的需要。在形式上，二者的区别直接反映在罪状表达的方式上。渎职罪是法定犯，渎职行为具有双重违法性的特点。第一层“法”是判断行为人是否正当、合理履行职责的依据，包括法律、法规、规章、规定及其他规范性文件等；第二层“法”是刑法，是判断渎职行为是否构成渎职罪的法律依据。1997年刑法第九章关于渎职罪客观方面的表述句式：“违反法律、行政法规的规定”，“违反……的规定”，“违反国家规定”，“滥用职权或者玩忽职守”，“徇私枉法、徇情枉法”，“故意违背事实和法律”，“严重不负责任或者滥用职权，不依法……违法……”“徇私舞弊……”可将这些表达统称为“违反国家规定”。由此，从法条结构上看，渎职罪的罪状多为空白罪状或包含了空白罪状的混合罪状。空白罪状指条文不直接具体规定某一犯罪构成的特征，但指明确定该罪构成特征需要参照的其他法律、法规的规定。对空白罪状必须与其他相关法律、法规相结合，才能够正确地认定该种犯罪的特征。[①] 根据我国刑法第96条规定：“本法所称违反国家规定，是指违反全国人民代表大会及其常务委员会制定的法律和决定，国务院制定的行政法规、规定的行政措施、发布的决定和命令”，这里所言的“国家规定”较之刑法第96条的相关规定含义更为宽泛，凡是规范相关公职行为的制度性规定，无论其适用范围的大小、效力等级的高低以及表现方式如何，只要其合法、有效就属于上述认定渎职罪中的第一层“法”。

在实务应用中应当注意三方面：一是“违反国家规定”无论是否明示在罪状中，都是认定渎职罪罪与非罪的前提要素。例如，上述列举的“滥用职权或者玩忽职守”，“徇私枉法、徇情枉法”，“徇私舞弊……”这些具有评价性质的表达本身就包含了相关的评价依据，也即法律、法规、规章、规定等等。有些渎职犯罪，虽然刑法条文中未规定以违反某种法规为犯罪构成要件，实际上该种行为也总是违反某种经济、行政法规的。对于这类案件来说，行为如果是符合有关法规规定的，那就不能作为犯罪处理。在审理这类案件时，要特别注意行为是否违反有关法规，以便准确划分罪与非罪的界限。[②] 二是关于违法性判断的根据。为了保证国家机关工作人员正当、合理地行使职权，国家有关机关制定、颁布了一系列法律、法规和规章来规范、约束其工作人员的职务行为。这些规定既是国家机关工作人员行使和运用各自职权的法律依据和保障，也是其职务行为的界限、范围和行动准则，因而是每一个国家机关工作人员的法定责任和义务。[③] 是否“合法”的根据不仅仅是相关的法律、法规和规章，还包括有关的行业规范、职责性规定等。三是对“违法性”的判断必须是形式与实质的统一。“以合法形式掩盖非法目的”的行为在民法上属于无效行为，但在刑法上却不属于渎职罪范畴中的违法行为，后者必须具有形式上的违法性，即明确违反了规范职责的相关规定或制度规范，否则，即便目的非法，但如果职务行为本身没有违反相关规定，就不是刑法

---

① 高铭暄、马克昌、赵秉志主编：《刑法学》，北京大学出版社、高等教育出版社2005年版，第354页。

② 马克昌主编：《犯罪通论》，武汉大学出版社2000年版，第33页。

③ 周道鸾、张军主编：《刑法罪名精释——对最高人民法院最高人民检察院关于罪名司法解释的理解和适用》（第三版），人民法院出版社2007年版，第846页。

意义上的渎职行为。①

（二）渎职行为结构的二元性

渎职行为，无论表现为作为还是不作为，均为二元结构。储槐植教授在分析行为结构时指出，“行为素质的特点带来了行为结构方面的差异。”“作为”是一元结构，即主体行为本身构成了犯罪行为。“不作为”和“持有”是二元结构，即主体行为与外界条件（特定义务或者特定对象）相结合才构成犯罪行为。一元结构中，主体行为是独立的，无须依赖外界条件。二元结构中，主体行为有依附性，即主体行为要成为犯罪行为须依赖于外界条件的存在。② 作为这一结论的例外，渎职行为，无论表现为怎样的行为形式，均为二元结构。在渎职罪中，无论是作为还是不作为，主体行为本身都无法说明其犯罪性或刑事违法性，必须要依照能够证明主体没有正确行使权力（包含于一定的公务职责之中）的法律的、行业的标准来加以确定。这是包括渎职罪在内的整个法定犯的基本属性所决定的，也是法定犯和自然犯的一个区别。

（三）渎职行为的公职依附性

西方有句古老的法谚：“没有责任就没有法律。”随着科技的进步、经济的迅速发展以及社会结构的剧烈变动，社会风险相伴而生。基于风险控制和管理国家的需要，国家和政府出台大量的行政法律、法规对国家的管理活动以及社会经济生活的各个方面进行规范和干预。各行业领域形成符合本行业特点和工作规律的各种制度和章程，为各项职责的规范履行提供依据并形成约束。国家行政管理的日标主要是通过公职人员的职责行为来实现的，通常情况下，只要公职人员依法履行职责，就可以最大限度地避免或降低风险，提高国家管理水平和效率。因此，渎职行为与一定职责间具有不可分割的联

---

① 例如，湖南省高级人民法院原院长吴振汉受贿案中，吴振汉在当事人提交的书面报告上一般都批示“请某某主管副院长、某某同志阅，依法处理”。表面上看，“批示”没有任何问题。但根据涉案法官交代，在民事经济案件审理中有一条人人心知肚明的潜规则，即领导在哪一方当事人提交的书面报告上批示，就意味着领导倾向于保护哪一方当事人的权益。承办法官秉承吴振汉的指示，最大限度地利用“自由裁量权”这只“看不见的手”，实现非法目的，让权益受损的当事人有苦说不出。（参见李京华、董瑞丰：《吴振汉受贿案司法灰幕》，载《瞭望新闻周刊》2007 年第 23 期，第 12 ~ 13 页。）仅从案件事实看，吴振汉和涉案法官的行为无疑是一种枉法行为，但当具体到对此行为的法律评价时，既要考虑到其可能触及的刑法规定，又要考虑到适用该规定必须满足的关系定罪案件事实的可证性。综合考察吴等人行为的前因后果及其他涉案情节，可以依法认定吴构成受贿罪，但尚不能认定其构成某种具体的司法渎职罪。

② 储槐植：《刑事一体化》，法律出版社 2004 年版，第 299 页。

系。刑法关于渎职罪客观方面的表述即是以是否依法履行公务职责为中心的。

“公务[1]职责（权）”，即公务职责范围以内的权力，[2] 是渎职罪犯罪构成体系的核心概念，也是渎职罪刑法应用研究的起点。一方面，公务职责源于一定的法律、法规或规章制度、行业规则，这些在一定范围内具有普遍约束力的规定明确了行为人的职责权力和义务，是判断行为人职务行为合法性、正当性的依据，也是认定渎职罪的基本前提；另一方面，“公职”作为渎职罪的犯罪对象，揭示了渎职罪的客体性质，也决定了渎职行为的社会危害性及其程度。“公职”是渎职犯罪恒定的犯罪对象，只要发生渎职犯罪，其侵害的具体对象必然包含了一定的公务职责，这是由渎职行为与公务职责所具有的内在的、必然的联系所决定的。在此，应区分“渎职”与“利用职务上的便利”的界限。仅从语义上，二者具有一定的重合性，渎职中包含利用职务便利的方式，而利用职务上的便利在实质上可归结为渎职。但在刑法中，二者各有特定含义。这里的“渎职”限定于1997年刑法第九章的规定。渎职罪中的危害性为（渎职行为）具有寄生性，寄生、依存于职务行为，无论其表现形式是作为还是不作为，始终针对的是一定的公务职责。行为与职责之间具有直接关联的必然联系。在渎职罪中，履职行为与犯罪行为是一体的，不作为的渎职犯罪是因为担负一定公务职责的人没有履行依法应当履行的职责；作为的渎职犯罪是担负一定公务职责的人违反相关规定不正确地行使职权。“利用职务上的便利”中，利用职务的行为只是实施与职务行为无关的其他犯罪的条件，而不是犯罪行为本身。以罪状中明文规定了“利用职务上的便利”的贪污罪和受贿罪为例，贪污罪的犯罪对象主要是公共财物（在依照刑法第271条第2款规定认定贪污时，犯罪对象指公司、企业或其他单位所有的财物），受贿罪的犯罪对象是贿赂；贪污罪的犯罪手段是侵吞、窃取、骗取或以其他手段非法占有公共财物，受贿罪的犯罪手段则是索取他人财物或非法收受他人财物，为他人谋取利益，实行行为与职务行为无关。其他犯罪中也有利用职务便利的情形，如公安人员在看守犯罪嫌疑人时，借机在值班室对该犯罪嫌疑人实施强奸，在这种情况下，由于公安人员的职责权限与强奸行为并无直接关联的必然联系，因此，只构成强奸罪，不属于渎职罪。

基于渎职罪实际发案特征以及对客体有效保护的需要，对公职应作广义、

---

① 结合刑法相关规定，这里的“公务”仅指国家公务，而不包括集体公务。

② 周道鸾、张军主编：《刑法罪名精释——对最高人民法院最高人民检察院关于罪名司法解释的理解和适用》（第三版），人民法院出版社2007年版，第846页。

实质的解读。“它不一定源于法律的明文规定，但从制度意义上考察而认定行为人享有职权或拥有授权的，就是有职务权限；它不一定具有法律上的强制力，但滥用却会使相对方承受义务或不能行使权利的，也属于职权。”①

（四）渎职行为外观上的非私性

这是与渎职行为公职依附性相关联的一个特征。二者为表里关系。正是公职依附性的实质特征，使得渎职行为外观上表现为“非私性”。实施渎职行为可能出于私利，比较典型的，如徇私舞弊型渎职罪，但就渎职行为自身而言，其具有“非私性”，其总是发生在履行职务过程中，表现为某种形式的公职行为（滥作为或不作为）。明确这一点，对于准确定性意义重大。例如，河池市金城江区发展和改革局原局长覃宝崇玩忽职守、挪用公款案。检察机关指控：1996 年至 2006 年，覃宝崇在担任河池市金城江区发改局局长期间，不正确履行自己的工作职责，利用职权先后将本单位的“项目资本金”用于对外投资、出借、入股，先后向覃家隆等 8 人投资或出借 450 万元，仅收回 258.361 万元，致使国家损失共计 191.639 万元。与此同时，覃宝崇还利用其职务便利，挪用公款“项目资本金”25 万元作为其个人投资入股。② 检察机关的指控包括两部分：一是覃任河池市金城江区发改局局长期间，不正确履行自己的工作职责，利用职权将本单位的“项目资本金”用于对外投资、出借、入股，致使国家遭受重大损失的事实；二是覃利用职务便利，挪用公款用于个人投资入股的事实。在这两起事实中，覃均利用了本人职权，均使用了公款，但在第一起事实中，覃使用公款的行为属职务行为，而在第二起事实中，覃使用公款的行为是个人谋私行为，只是利用了其职务上的便利。正是这一区别，造成了刑法对二者截然不同的评价：在第一起事实中，覃的行为构成玩忽职守罪，在第二起事实中，覃的行为构成挪用公款罪。

（五）渎职行为涉及领域的专业性

以重大责任事故型渎职罪为例，此类犯罪的发生具有很大的偶然性，存在于多个部门、行业，如危险化学品爆炸，道路、桥梁、建筑物等坍塌，煤矿瓦斯爆炸，民用爆炸物品爆炸等，每一个行业、部门都有自己独特的专业

---

① 周光权：《厘清职务权限是认定渎职罪的前提》，载《检察日报》2003 年 9 月 15 日，第 3 版。

② 梁洪、杨志族、黎晓萍：《玩忽职守致国家损失 190 余万　发改局局长被判刑三年六个月》，正义网，2008 年 5 月 26 日。http://news.jcrb.com/anxun/dzaj/200806/t20080613_23881.html.

技术、工作流程、行业标准、职业规范、岗位职责等。[①] 这种专业性特点是和渎职行为的职责依附性特点紧密相连的。各个领域的规章制度都体现出本领域的专业性特点。对此，前文在关于渎职罪事实特征的研究中已有详述。

二、渎职行为的基本类型

（一）渎职行为基本类型概述

不同的划分标准提供了观察渎职行为的不同视角。标准不同，行为类别亦有不同。这里所言的渎职行为类型，是指涵括渎职罪客观方面各种法定行为表现的基本行为类型。

1997 年刑法第九章“渎职罪”的立法体例呈现出“一般与特殊相结合的总分式结构”。刑法第 397 条在总体上规定了渎职罪构成特征的一般情形，第 398 条至第 419 条，主要依据不同的职责属性将上述一般规定具体化为不同领域的渎职犯罪。这些具体的渎职罪均可以分别回溯到第 397 条规定中相应的犯罪类型，这是立法体例特征在逻辑上的当然结论。正因为如此，本书对渎职行为类型的研究，以刑法第 397 条为标本但不局限于该条本身，而是覆盖到第九章渎职罪的全部。问题主要集中在，第 397 条所涵盖的渎职行为类型是仅指滥用职权和玩忽职守两类行为，还是亦包括了徇私舞弊的行为类型，即焦点在于，“徇私舞弊”是与滥用职权、玩忽职守并列的独立的行为类型，还是对应于滥用职权、玩忽职守两种基本行为类型的加重情节？

对渎职行为基本行为类型的不同认识，源于对第 397 条所包括罪名个数的讨论。1997 年刑法生效后，最高人民法院于 1997 年 12 月 11 日颁布了《关于执行〈中华人民共和国刑法〉确定罪名的规定》，最高人民检察院也于 1997 年 12 月 25 日颁布了《关于适用刑法分则规定的犯罪的罪名的意见》。关于第 397 条包含的罪名，最高人民法院确定为滥用职权罪和玩忽职守罪两个罪名；最高人民检察院则确定为滥用职权、玩忽职守和国家机关工作人员徇私舞弊罪 3 个罪名。“两高”的上述分歧延伸到了司法界和理论界。为统一认识，有效指导实践，2002 年 3 月 15 日“两高”联合制定了《关于执行〈中华人民共和国刑法〉确定罪名的补充规定》。该规定取消了刑法第 397 条国家机关工作人员徇私舞弊罪罪名，并强调，“两高”“原有关罪名问题的规定与本规定不一致的，以本规定为准”。这一规定符合刑法理论，因为独立

---

① 杨书文：《查办重大责任事故所涉渎职罪的几个问题》，载《人民检察》2008 年第 10 期，第 18 页。

的罪名意味着齐备独立的犯罪构成。而“徇私”属于犯罪动机。犯罪动机不是一级独立的犯罪构成要素。“犯罪目的和犯罪动机不可能脱离犯罪故意而独立存在，只能是说明犯罪故意的因素，不能人为地割裂罪过心理的完整性。”[①] 因此，缺少将徇私舞弊作为独立犯罪所必需的主观要件。这样，便在法律上终结了徇私舞弊是否是独立罪名的争议。

尽管“徇私舞弊不是独立罪名”不等于“徇私舞弊不是独立的行为类型”，但后者却是前者的自然结论。徇私舞弊的罪名不能成立，徇私舞弊就失去了作为独立行为类型的载体。2006 年《立案标准》根据上述规定，相应地取消了《试行标准》“徇私舞弊，具有上述情形之一的”立案标准的规定。结合这一变化诠释刑法第 397 条第 2 款的规定，可以得出结论，即在滥用职权、玩忽职守犯罪行为中，具有徇私舞弊情形的属从重处罚情节。

综上所述，在我国刑法中，渎职罪的基本行为类型包括滥用职权和玩忽职守两类。徇私舞弊是两种基本行为类型的从重处罚情节。

（二）对渎职行为类型的解读

1. 滥用职权型与玩忽职守型渎职行为的特征

尽管滥用职权和玩忽职守共存于同一法条、对应同一法定刑、拥有同一上位概念“渎职”，但是，作为独立的两种行为类型，二者在司法实践中表现出鲜明的差异，二者的行为特征主要是通过其行为表现形式反映出来的。

（1）关于“滥用职权”

根据我国刑法理论和司法实践，“不正当履行职责”和“超越职权”是滥用职权的典型表现形式，认识分歧主要集中在“不履行自己职责”（或曰“放弃职守”）的行为是否属于滥用职权行为。也就是说，滥用职权是否可以表现为职务上的不作为？主要有肯定说和否定说两种观点。

笔者持肯定观点。认为，无论是刑法之内还是刑法之外，无论是刑法理论，还是法律根据，无论是文义解释还是发案实际，各方面分析论证可得出统一的结论，即滥用职权包括放弃职守这一不履行职责的情形，在行为表现形式上，既有作为，亦有不作为。

首先，刑法之内与刑法之外的印证。行政法学者和刑法学者分别从各自的学科视角审视滥用职权这一社会现象：前者认为，滥用职权是指行政机关行使职权背离法律、法规的目的，背离法律的基本原则。它主要有以权谋私、武断

---

① 高铭暄主编：《刑法学原理》（第二卷），中国人民大学出版社 2005 年版，第 2 页。

专横、反复无常、具体行政行为的方式方法违法和故意拖延五种表现形式。①后者认为，滥用职权，是指不法行使职务上的权限的行为，即形式上属于国家机关工作人员一般职务权限的事项，以不当目的或者以不当方法，实施违反职务行为宗旨的活动。② 主要表现为：一是擅权妄为，即不正当地行使自己职务范围内的权力，对有关事项作出不符合法律、法规规定的决定或处理；二是超越职权，即超出了职务权限，处理了其无权处理的事项；三是不履行自己的职责，即表现为职务上的不作为。③ 上述两种分析殊途同归，从不同的角度相互补强、相互印证，所揭示的滥用职权行为的内涵和外延基本一致，其中，前者“故意拖延”的行为表现对应于后者“不履行职责”的行为。

其次，理论与法律依据的一致。理论上，滥用职权罪中的职权，与民法意义上的权利不同。民法上的权利可以由权利人自由行使或者放弃；而滥用职权罪中“职权”的“权”意为“权力”，指的是行为人对国家应当履行的义务和承担的责任。所以，职权不能随意放弃。权力的正常行使和运用包括两个方面，一方面认为应当决定、批准或办理的事项，利用职权予以决定、批准或办理；另一方面认为不应当决定、批准或办理的事项，不予以决定、批准或办理。实践中，有的国家机关工作人员凭借所拥有的第二个方面的权力，在应为、当为，依法应当决定、批准或办理某项事务、作出某种决定时，出于不正当目的，故意拖延甚至不予履行，以致损害他人合法权益或使他人获得不正当利益的行为即为不作为形式的滥用职权行为。④ 此外，从立法原意上考察，长期以来只把过失的擅离职守、未尽职守行为作为玩忽职守罪处理，至于出于故意心理越权非法行使职权与放弃职权，刑法并无明文规定，而司法实践中这种行为日益增多。传统刑法理论与1979年刑法均无法对上述行为作出圆满的解释。在刑法修订的理论探讨过程中，有学者从与玩忽职守罪罪过相区分的角度建议增设滥用职权罪与放弃职守罪。1997年刑法基于上述认识确立了滥用职权罪的立法例，其行为要件理所当然地包括越权非法行使职权和放弃行使职权两种情形。⑤ 法律依据上，根据2006年《立案标准》

---

① 罗豪才、应松年主编：《行政诉讼法学》，中国政法大学出版社1990年版，第250~251页。转引自周振想主编：《公务犯罪研究综述》，法律出版社2005年版，第316页。

② ［日］大塚仁：《刑法概说》（各论），有裴阁译，1992年改订增补版，第600页。转引自周振想主编：《公务犯罪研究综述》，法律出版社2005年版，第318页。

③ 高铭暄主编：《刑法专论》（下编），高等教育出版社2002年版，第885~887页。

④ 高铭暄主编：《刑法专论》（下编），高等教育出版社2002年版，第887页。

⑤ 参见蒋熙辉：《滥用职权罪相关问题之思考》，载《中国刑事法杂志》2000年第5期（总第47期），转引自周振想主编：《公务犯罪研究综述》，法律出版社2005年版，第317页。

的规定，滥用职权罪是指国家机关工作人员超越职权，违法决定、处理其无权决定、处理的事项，或者违反规定处理公务，致使公共财产、国家和人民利益遭受重大损失的行为。这是司法解释下的定义。虽然从概念本身看，定义中未明示“不履行职责”的情形，但是，结合该《立案标准》中对滥用职权应予立案的具体情形的规定，“弄虚作假，不报、缓报、谎报或者授意、指使、强令他人不报、缓报、谎报情况，导致重特大事故危害结果继续扩大。或者致使抢救、调查、处理工作延误的”，表明该定义包含了“不履行职责”的行为。此外，1997 年刑法第 416 条第 1 款规定的“不解救被拐卖、绑架妇女、儿童罪”是客观方面表现为不作为的滥用职权型犯罪。根据 1997 年刑法第九章“渎职罪”的法条结构体系，第 397 条以滥用职权和玩忽职守的一般规定总领了第 398 条到第 419 条的特殊渎职罪的规定。这些特殊规定是一般规定的具体化，在类别上均可划入一般规定中的两种基本行为类型。从逻辑上讲，某一具体规定所具有的属性必然同时为其所属的一般规定所具有。因此，在第 398 条到第 419 条的滥用职权型渎职罪中，只要有一罪客观方面为不作为，就表明整个滥用职权罪的客观方面即包含了不作为的情形。结合前述所列举的犯罪，即可确认滥用职权罪的客观行为可以表现为不作为。而且，有些滥用职权行为客观方面表现为作为与不作为的混合状态，如第 402 条“徇私舞弊不移交刑事案件罪”、第 404 条“徇私舞弊不征、少征税款罪”、第 411 条“放纵走私罪”等。这三罪的共同特征在于，均有“徇私舞弊”的要件。“舞弊”是由作为构成的，尽管“舞弊”的目的仍是为了“不移交刑事案件”、“不征、少征税款”、“放纵走私”，但是，“舞弊”具有相对独立性，是与目的行为并列的构成相应犯罪的必备要件，因此，三罪客观方面同时存在作为和不作为两种行为形式。由此，理论分析和立法变更的脉络与法律规定和司法解释的现实状况在此问题上保持了一致。

再次，文义解释与发案实际相符。文义解释是理论分析和立法评价的最初级判断，发案实际则是对任何理论观点和法律规定的最具说服力的检验。从文义解释出发，“滥”即胡乱，“用”即使用。滥用职权既可以表现为越权非法积极行使职权，又可表现为非法消极地放弃应予行使的职权。[①] 这一解释呼应了前文的理论分析，且与实际发案情况相符。上述法律规定，尤其是 2006 年《立案标准》就具体渎职罪的规定均源于当前发案的实际情况。现有渎职案件中，存在相当数量的故意不履行职责的情况。对此，应分不同情况

① 周振想主编：《公务犯罪研究综述》，法律出版社 2005 年版，第 317 页。

分别处理。当渎职者与请托人就受益犯罪有事前或事中的沟通或合意，此时要考虑渎职者构成受益犯罪共同犯罪的情形；当渎职者与请托人并无主观上明示或默示的联络，而仅仅是在客观上帮助了受益犯罪的实施，此时，渎职者的行为仅限于渎职犯罪本身。

上述三组指标中的六个元素如同同一个圆上的六个点，共同指向同一圆心，即滥用职权行为包括作为和不作为两种表现形式。

最后，本书观点的补强。论证严密需要多角度尤其是正反两方面对接式的相向证明。前文从正面论证观点。这里，进一步从反面补强。否定说同样是从刑法和行政法两个不同的视角展开论证的。认为，从刑法上看，故意放弃职权与过失放弃职权不仅在文义上具有不同的含义，而且在法律特征尤其是客观行为表现上差别显著，不应将二者合二为一，硬性结合为一个罪名。主张，二者应同属于玩忽职守的行为；从行政法上看，在行政诉讼中，滥用职权的案件和行政不作为的案件（放弃职守）在双方当事人争议的焦点和法院相应作出的处理决定上均不同，表明将故意放弃职守的行为确认为滥用职权既不合法，也不科学。① 否定说否定故意放弃职守的行为属于滥用职权行为，却面临两难境地：一是若将故意放弃职守的行为纳入玩忽职守型渎职罪，则模糊了玩忽职守罪与滥用职权罪之间的界限，且违背理论通说。玩忽职守罪为过失犯罪在理论和实务界已是通说，这一通说不仅仅是一种理论观点，也是我国刑法对渎职罪立法历程中关于此问题认识过程的真实写照，同时，还与国外立法例一致。二是若将故意放弃职守作为与滥用职权和玩忽职守并列的独立的行为形式，则缺少法律依据，依照罪刑法定原则，不能定罪，对实践中发生的此类危害行为刑法将无能为力。

因此，滥用职权行为的客观表现形式，一是“不正当履行职责”，即对有关事项作出不符合法律、法规规定的决定或处理。② 二是“超越职权”，即超出职务权限，处理了其无权处理的事项。越权，是指本来属于行为人职务有权处理事项，但是，在实体上或程序上超越了其职务上有权处理的限度，

---

① 滥用职权案件的争议焦点是，被诉具体行政行为是否合法或适当。相应地，对于滥用职权的行为，法院应当判决撤销或者部分撤销，并可以判决被告重新作出具体行政行为；而在包含放弃职守情形的行政不作为案件中，争议焦点则是被告是否具有相应的法定职责和是否存在不履行或拖延履行法定职责的事实。相应地，对于行政不作为，法院应当判决被告在一定期限内履行。参见张兆松、李志雄、章晓民：《渎职犯罪的理论与实践》，中国检察出版社2008年版，第129~130页。

② 高铭暄主编：《刑法专论》（下编），高等教育出版社2002年版，第885页。

也即必须以本人现有职权为基础，但过度使用了职权。[①] 包括上级机关在职权体系范围内干涉下级机关依法履行职务，如原公安部副部长李纪周于1994年11月至1996年3月，利用职务之便，帮助新英豪公司设立了保税仓，并在该公司利用粤海333号、粤海335号、英豪1号等货船涉嫌走私汽车（其中3次涉案车辆总价值人民币3399万余元）被公安机关查扣之后，无视下级公安机关告知其案件已涉嫌重大走私，仍多次采取电话过问等方式，干预下级公安机关对上述案件的审查，严重影响了下级公安机关依法履行职责，致使上述涉嫌走私案件未被依法查处，其行为即属于超越职权。三是故意放弃职守，不履行职责。故意放弃职守往往包含了私利的动机。实践中，渎职罪与贿赂犯罪交织的特征主要是针对滥用职权罪而言的，尽管渎职罪在社会观念上常被视为“因公犯罪”，但在滥用职权罪中，多掺杂了私利因素。相比之下，玩忽职守罪在犯罪诱因及犯罪事实的表现上更为单一。

结论：以上以“滥用职权是否可以表现为职务上的不作为”的问题为切入点，结合已有研究成果，揭示出滥用职权行为的特征主要是：第一，自身形式包括作为和不作为，但以作为形式为主要表现形式，具体表现为“不正当履行职责”、“超越职权”、“故意放弃职守，不履行职责”三种情形；第二，外部关系复杂，多与贿赂犯罪纠葛。

（2）关于玩忽职守

与滥用职权行为是否包括不作为形式这一主要争议问题恰恰相反，玩忽职守行为的争论焦点集中在其是否包括作为形式。根据2006年《立案标准》，玩忽职守罪是指国家机关工作人员严重不负责任，不履行或者不认真履行职责，致使公共财产、国家和人民利益遭受重大损失的行为。这一概念准确揭示了此类渎职犯罪的本质在于“严重不负责任”。[②] 理论上，多用“马虎草率”、“粗心大意”、“敷衍塞责”等来描述玩忽职守；实践中，玩忽职守行为表现为两种类型，一是不履行职务型，如擅离职守、未履行职责；二是不正确履行职务型，主要表现为履行职务不尽心、不得力。[③] 具体案件审理

---

① 高铭暄主编：《刑法专论》（下编），高等教育出版社2002年版，第886页。

② 有学者认为玩忽职守行为的本质是“违反职守”，而违反职守是整个渎职犯罪的共同特征，并非玩忽职守行为所独有，因此，用违反职守来概括玩忽职守行为的本质，不足以区分玩忽职守行为和滥用职权行为，不能反映其行为特质，因此不可取。贾济东：《渎职罪构成研究》，知识产权出版社2007年版，第115页。

③ 周道鸾、张军主编：《刑法罪名精释——对最高人民法院最高人民检察院关于罪名司法解释的理解和适用》（第三版），人民法院出版社2007年版，第853页。

过程中容易引起混淆的，是第二种行为类型，其中是否包含“作为”形式的玩忽职守？对这一类型的研究实际解决的即是玩忽职守是否可以表现为作为形式的问题。

以下列两案为例展开论证：

案例1．张开科受贿、玩忽职守案。

重庆市第一中级人民法院（1999）渝一中刑初字第292号刑事判决书认定，张开科作为綦江县的主要行政领导，明知虹桥尚未竣工验收，在虹桥发生异响后，仅凭林世元、贺际慎“可以继续使用”的表态，就草率作出继续上人通行的决定，是一种严重失职行为；尽管张开科在决定继续上人通行的同时，要求找专家对异响原因进行分析检查，听取了简单的汇报，后来又签署了在全县开展建筑市场整顿活动的文件，但未再进一步检查落实，是一种不履行或者不正确履行职责的行为。

案例2．郑筱萸受贿、玩忽职守案。

北京市第一中级人民法院（2007）一中刑初字第1599号刑事判决书认定：……由于郑筱萸忽视专项工作的重要性，没有核算工作量，部署不周，致使投入的人员严重不足，无法在既定时间内完成工作。被告人郑筱萸本应意识到问题的严重性，及时向国务院汇报情况，与局领导班子研究应对措施，但其不正确履行职责，擅自同意并签发了注册司上报的582号文件。该文件将187号文件中规定的“专项小组对上报材料进行汇总与复核”改为“企业申报时可以提供的有关材料可为复印件，由省级药监部门重点审核其原生产批件和原始档案，专项小组仅对上报的资料进行形式审核，并对原始档案进行抽查核对”，削弱了国家药监局的监管力度，由此降低了对药品的审核标准，致使大量不符合国家标准的药品通过原始资料造假等方式获得了批准文号。

在专项工作中发现了一批原违规审批的药品文号，依法应予撤销，注册司在专项工作后期针对这批药品向郑筱萸书面请示，提出拟以相关企业是否已经通过或正在申请通过药品生产质量管理规范认证为标准，决定是否同意换发文号。郑筱萸明知该意见违反有关行政法规，却签批同意，致使大量依法应予撤销的药品获得了批准文号，得以继续生产、销售和使用。

根据刑法理论，危害行为表现为作为和不作为两种基本形式。“作为”，是指实施刑法禁止实施的积极行为；“不作为”，是指行为人负有刑法要求必须履行的某种特定的义务，能够履行而没有履行的行为。[①] 据此分析，可以将上述节选的两份判决书中被告人的行为分为两类：一类行为是张开科案中“未再进一步检查落实”的行为和郑筱萸案中的“忽视专项工作的重要性，没有核算工作量，部署不周”的行为；一类是张开科案中的“草率作出通行决定”的行为和郑筱萸案中的“擅自同意并签发了注册司上报的582号文件”的行为。第一类行为中，行为主体肩负相应的岗位职责，能够履行职责义务却疏于职守、未尽应尽责任，符合不作为的行为特征，表现为不作为形式；第二类行为中，行为主体未尽应尽的注意义务，草率行事、错误决策，符合作为的行为特征，表现为作为形式。

上述第二类行为，虽然形式上具有履行职责的行动，但并未严格遵循履行职责要求，以致造成严重后果。导致危害结果发生的原因是行为人违反职责义务，草率决策。该行为在性质上属于刑法禁止实施的积极行为。因此，这类由于违反注意义务所致的“决策失误”型玩忽职守行为，表现形式为作为。

综上所述，以上以“玩忽职守是否可以表现为职务上的作为”为切入点，结合已有研究成果，揭示出玩忽职守行为的特征主要是：第一，自身表现形式包括作为和不作为，主要表现为不作为。具体表现为“不履行职责”、“不正确履行职责”两种情形。第二，外部关系相对单纯，虽然存在混合贿赂犯罪的案例，但犯罪手段上表现单一，一般贿赂只是渎职的诱因，二者并非因果关系。

将两行为类型的研究结论比对，二者的区别主要表现在：一是行为表现形式上，滥用职权以作为形式为主，而玩忽职守以不作为形式为主；二是违反法律规定的表现上，滥用职权的“违法性”表现得较为具体，违反某一具体规定的权限或程序；玩忽职守的“违法性”表现得相对抽象，是对职责义务的违反，不一定指向具体的某项规定，但是根据行为人的职责义务，可以判断其行为违反了应尽的注意义务。因此，在玩忽职守案中，不仅要考察行为人的职务行为是否违法，还要根据行为细节进一步分析是否尽职尽责。

明确二者的区别，有助于区分渎职行为的类型，从而准确定性。但是，有些区别是一种现象描述，可以作为识别二者的参考，但不宜作为界定标准，比如，不能依据渎职行为的表现形式区分行为类型。因为，一方面，两种类

---

① 马克昌主编：《犯罪通论》，武汉大学出版社2000年版，第167页。

型的行为均可表现为作为和不作为；另一方面，以作为与不作为区分二者，不符合客观实际与刑法规定。因为作为与不作为只是形式不同，对法益的侵害性不存在差异。[1]

2. 对两种基本行为类型的司法判断

在客观行为表现上，滥用职权和玩忽职守呈交叉状态。二者的交集是不作为形式的滥用职权和作为形式的玩忽职守。实践中容易发生混淆的多为交集中的行为。界定滥用职权和玩忽职守，实际是界定处于交集中的这部分行为的类型。这关系到对渎职行为的准确定性。判断的关键是明确两行为类型的不同点。判断的方法是外部条件判断法。处于交集这部分的行为，其客观表现是重合的，因此，客观方面本身已无法区分二者。此时，应借用外部条件判断交集行为类型。"外部条件"即滥用职权和玩忽职守相区别的客观方面之外的条件，主要包括三点：一是对违背职责的行为是否有意为之。这虽不涉及罪过的判断，却是两类行为区分的重要标志。明知故犯的为滥用职权，疏忽大意的为玩忽职守。由此可以得出结论，徇私型渎职罪的行为类型均属滥用职权。二是与其他犯罪的关联。这在犯罪事实较为复杂、犯罪性质不单一的渎职案件中，可以作为判断的辅助标准。一般地，当渎职行为同时牵连其他犯罪行为时，该渎职行为多属于滥用职权。三是考察行为人是否"利用职务上的便利"而渎职。关于渎职罪客观方面行为类型的观点中，有一种观点认为，渎职罪在客观方面的表现大体有两种类型：一是利用职务上的便利实施的犯罪；二是虽没有利用职务上的便利，但对工作严重不负责任，致使国家和人民利益遭受了重大损失的行为。[2] 滥用职权和玩忽职守两种行为类型虽然可以分别划入上述分类，但"利用职务上的便利"外延过于宽泛，会涵盖第九章渎职罪之外的犯罪，如贪污罪、受贿罪，因此不宜用以说明渎职罪的行为类型。但是，在渎职罪的视野内，上述分类大体概括了滥用职权和玩忽职守两类行为的不同特征，因此，可以作为判断某具体行为所属行为类型的标准。后两点实际是从第一点演绎而来的。

综上所述，区分交集行为的关键在于对"行为主观心态"的考察。由于渎职行为在现象上没有实质鲜明的差异，而渎职行为类型的判断具有主观依附性，离不开对支配行为的主观内容的分析。至于上述列举的其他要点，可以作为辅助的判断因素。

---

① 张明楷：《刑法学》（第三版），法律出版社 2007 年版，第 900 页。

② 苏惠渔主编：《刑法学》（修订本），中国政法大学出版社 1999 年版，第 885 页。

三、渎职行为的证明

（一）判断“渎职性”的两项标准

渎职罪客观行为的本质属性在于“渎职”。前文提到，渎职行为的结构为二元结构，二元结构中，主体行为有依附性，即主体行为要成为犯罪行为须依赖于外界条件（特定义务或者特定对象）的存在。具体到渎职罪中，渎职行为“渎职”性质的认定具有“职责依附性”。行为是否“渎职”，需要综合两方面的评价：

1. “职责”标准

渎职行为与一定岗位职责具有不可分割的内在联系，渎职犯罪的本质是“渎职”，“职责”是渎职罪构成中的一切要素的基础前提。对于行为人在案件中的客观行为表现的判断，不能仅仅依据生活经验和非专业认识，而是必须要有合法确定的依据。这是渎职犯罪专业性特点的体现，也是渎职罪作为法定犯的犯罪属性的反映。在渎职罪的认定中尤其强调“职责法定”。在证明时，对职责的认定一定要有对应的依据，绝不能靠单纯的事实分析，必须要在规范意义上作出判断，如张开科受贿、玩忽职守一案，公诉机关的一项指控为，被告人张开科在主持召开1995～1997年城市重点建设工程现场办公会上，在未见到可行性论证报告、立项、国土规划等手续的情况下，决定修建虹桥的行为构成玩忽职守罪，对此，法院经审理认为，1995～1997年城市重点建设工程现场办公会属城市建设规划的工作会，不是虹桥工程专门会议；虹桥规划工作不需要报建手续，其后的报建手续应属城建委的职责。故公诉机关的此项指控不能成立。① 这一判例的启示是，应注意划分“领导责任”和“具体职责”的界限，张开科虽然是綦江县的主要负责人，对全县的重大安全问题负领导责任，但在认定具体失职行为时则应以具体的职责界限为依据，不能因为所任“高位”就笼而统之，将所有罪过都尽归其名下。

2. “客体”标准

犯罪客体，是指我国刑法所保护的，而被犯罪行为所侵害或者威胁的社会关系。② 某行为是否渎职，关键在于该行为是否侵害了相应渎职罪的客体。职务与相关的渎职罪必须具有直接的对应性。以徇私舞弊不移交刑事案件罪为例，如果技术监督机关的执法人员野蛮执法，导致被处理人重伤，技术监

---

① （1999）渝一中刑初字第292号重庆市第一中级人民法院刑事判决书。

② 马克昌主编：《犯罪通论》，武汉大学出版社2000年版，第113页。

督局领导发现下属的犯罪行为而隐瞒，不向司法机关报告的，是否可以构成徇私舞弊不移交刑事案件罪?① 如果从字面意义上解读该罪，就会得出肯定的结论。但是，实务工作者透过罪名看到的不应仅仅是字面含义，而应读出该罪的客体信息。本罪的客体是国家正常的行政执法活动和司法活动。构成本罪的关键在于确定技术监督局领导的行为是否侵害了本罪客体。由于上述局领导包庇下属的行为并非发生在行政执法活动中，与行政执法的职责亦无关联，因此，不涉及对本罪客体的侵害，不构成本罪。

（二）渎职行为的取证规律

渎职案件有一个重要的特征，即其立案就意味着案件的侦查任务已经基本完成。在渎职案件中，案件线索的排查过程，一定意义上就是客观方面的证明过程。证明的结论既有客观行为本身，也包含了证明客观行为的证据事实。由于渎职犯罪以职责为中心，因此，渎职犯罪总是发生在权力运行的各个环节。这些存在于不同发案领域中环环相扣的权力链实际就是取证的基本脉络。分别以破坏安全生产的职务犯罪和重大责任事故涉渎案件为例。在破坏安全生产的职务犯罪中，渎职行为可能表现为：对不符合法定安全生产条件的事项予以批准或者验收通过的；发现未依法取得批准、验收的矿山生产经营单位擅自从事生产经营活动不依法予以处理的；发现已经依法取得批准的矿山生产经营单位不再具备安全生产条件而不撤销原批准，或者发现违反安全生产法规的行为不予查处的；强令审核、验收机关及其工作人员对不符合法定安全生产条件的事项予以批准或者验收通过的，以及其他妨碍下级部门及其工作人员依法履行安全生产监督管理职责行为的；与破坏安全生产的不法分子相互勾结，进行钱权交易，充当“黑后台”、“保护伞”的；重大安全生产事故发生后，弄虚作假，不报、谎报、瞒报的。② 在重大责任事故涉渎案件中，有研究将侦（审）查脉络概括为以下几个方面：一是事故报告情况。分析是否存在不报、瞒报、谎报的行为。二是发案单位资质和证照、许可情况。分析施工单位主体资格是否合法，证照、许可是否在有效期内，证照、许可的内容与实际情况是否一致，获得证照、许可的程序是否合法等。不具备条件的单位获得相关资质，不具备资质的单位承揽到建设工程项目，安全生产设施和条件不符合要求的单位获得相关证照，往往是重大安全生产

---

① 周光权：《依“职权论”也不能任意扩大渎职罪主体范围》，载《检察日报》2006 年 4 月 28 日。

② 王新友：《突出重点 严查事故背后职务犯罪》，载《检察日报》2007 年 4 月 16 日。

事故发生的重要原因，其背后往往隐藏着国家机关工作人员玩忽职守、滥用职权和权钱交易等腐败犯罪问题。三是执法监管情况。分析是否存在应当责令停产整顿而没有责令停产整顿的情况，是否存在应当关闭、吊销而没有关闭、吊销的情况，是否存在多次执法不到位、以罚代刑等不正常的情况。发案单位不具备安全生产条件而进行非法生产，屡次检查验收屡次通过；豢养黑恶势力，长期得不到查处；发案单位消息灵通，总能逃避检查，检查组来时处于停产状态，检查组一走马上恢复生产，从这些不正常现象中往往能够发现国家机关工作人员渎职犯罪线索。四是特殊、专项安全监管情况。分析是否存在违法批准、超量供应爆炸物品，开工建设、竣工验收、特种设备年检等是否存在弄虚作假、不认真负责等问题。①

无论案件事实怎样变化，渎职罪的取证活动始终以职责为主线，指向履行职责过程中权力运行的各个环节，此即规律所在。

（三）渎职行为的证明内容

实践中，渎职行为表现得复杂多样，前文关于渎职行为特征的分析，从原理上为明确渎职行为中的证明要点提供了理论参考，如对超越职权的证明。证明的关键是行为人过度使用职权。围绕这一中心，要证明：涉案事项与职务的关联性，即其属于行为人职务权限的范围；行为人在实体或程序上超越了职务上有权处理的限度，过度地使用了职权等。“越权”的实质在于“过度”，必须要以本人现有职权为基础。如果仅从字面理解“越权”的含义，就会忽略涉案事项与职务关联性的证明，导致本应对“越权”的证明变成了“与职权无关”的证明，偏离了证明方向。这里则是从诉讼证明的角度来研究渎职行为的证明内容，无论渎职行为在具体案件中表现为何种形式，其证明内容大体包括以下四个方面：

1. 行为具有“渎职性”的证明

首先，对“行为”的证明。客观行为仅限于职务行为。根据前文判断“渎职性”的两项标准，主体证明的核心是“职责”，其确立了案件事实的诸多行为中哪些是职务行为，进而框定了渎职行为的范围。这是证明的基础。

其次，对行为“违法性”的证明。比对与主体职责有相关的规章制度、操作规程和各类规范性文件，这些规范职责的相关规定是考察行为是否渎职的判断依据。根据实务反馈，在此过程中需要关注三点：第一，规范职责的

---

① 杨书文：《查办重大责任事故所涉渎职罪的几个问题》，载《人民检察》2008 年第 10 期，第 18～19 页。

相关规定是认定行为是否违反职责的唯一根据。不能脱离这一根据而凭经验分析。在一些案件的审理中，存在经验分析代替规范分析的情况，主要表现在，某些职务行为，从表面上看违背情理、未尽职责义务、应受谴责，但事实上，这种“职责义务”只是经验上的认识，基于情理的推断，更无相应依据，也即从规范角度考察，这种职责义务并不存在，所谓“违法”也就无从谈起了。第二，行为是否违反相关规定，在证明时，应比对相关规定将行为事实具体化，以体现其违法性。笔者在一些判决书中看到过类似这样的判决理由，“……采取措施不力，监督、检查不到位”，这种概括性的论断过于笼统而缺乏说服力，应在证明中将之具体化，如“该责令停产的作罚款处理，该提请政府关闭的作罚款处理”[①] 之类的表述。第三，在法律规范的引用上，应避免遗漏对规范职责的相关规定的引用。这与第一点息息相关。如果凭经验分析推定“违法”（即违反职责规定），则在适用法律时，所引出的大前提会仅仅局限于刑法的相关规定，而缺乏对“违法”根据的引用。比如，某派出所民警玩忽职守案，在适用法律时，不仅仅涉及刑法第 397 条的规定，还应包括对《人民警察法》相关规定的引用等。

2. 危害结果的证明

渎职行为不等于渎职犯罪。根据刑法第 397 条，构成滥用职权罪和玩忽职守罪必须“致使公共财产、国家和人民利益遭受重大损失”。因此，危害结果是以法定结果为要件的渎职行为成立犯罪的必要条件。相对于主观方面证据难以收集的状况，渎职犯罪的客观证据作为既定事实，较易收集和固定，如证明人身伤亡、财产损失、社会及政治影响等。在此环节中，鉴定结论是重要的证据项目。

3. 刑法因果关系的证明

当结果是一种犯罪要素时，正如因果关系原理所界定的，对犯罪行为的证明需要证明行为人的行为与结果有必然的联系。[②] 对因果关系的证明需要的不仅仅是证据，而且还包括了分析和判断。行为和结果之间能否建立因果连接，关键是确定原因行为和客观行为具有同一性，避免客观归罪。在渎职罪中，因果连接具有价值判断的性质，是一种价值判断而非自然意义上的物理性质的连接。对此，将在后文中进行专题研究。

---

① 杨书文：《查办重大责任事故所涉渎职罪的几个问题》，载《人民检察》2008 年第 10 期，第 18 页。

② ［美］保罗·H. 罗宾逊：《刑法的结构与功能》，何秉松、王桂萍译，中国民主法制出版社 2005 年版，第 20 页。

4．犯罪情节的证明

刑法第九章“渎职罪”中第398条（故意、过失泄露国家秘密罪），第399条第2款（民事、行政枉法裁判罪），第399条之一（《刑法修正案(六)》增枉法仲裁罪），第402条（徇私舞弊不移交刑事案件罪），第407条（违法发放林木采伐许可证罪），第409条（传染病防治失职罪），第410条（非法批准征用、占有土地罪，非法低价出让国有土地使用权罪），第411条（放纵走私罪），第414条（放纵制售伪劣商品犯罪行为罪），第418条（招收公务员、学生徇私舞弊罪）等均属情节犯，对于涉嫌上述罪名的渎职行为，对“情节是否严重”的证明直接关系到犯罪成立与否。

四、渎职罪客观方面的两种特殊情形

（一）舞弊行为

1．舞弊的性质

从刑法规定看，徇私和舞弊是作为固定搭配的术语表述于罪状中的，但二者的性质截然不同。根据2006年《立案标准》，徇私舞弊，是指国家机关工作人员为徇私情、私利，故意违背事实和法律，伪造材料，隐瞒情况，弄虚作假的行为。由此可见，徇私是主观要素，舞弊则是在为徇私情、私利，故意违背事实和法律的罪过心理支配下的客观行为。“伪造材料”、“隐瞒情况”、“弄虚作假”是对舞弊行为的特征、表现形式的概括性的描述，具体内容取决于相应的渎职犯罪。

2．舞弊的罪状表述方式

在刑法第九章规定的13个徇私舞弊条（款）中，除第397条第2款的“徇私舞弊”是作为第1款犯罪（滥用职权罪、玩忽职守罪）的加重处罚情节外，其他条文都将“舞弊”规定为成立犯罪的客观要素。依照刑法规定，舞弊类渎职罪客观方面罪状的表述有两种情形：一是分则条文明确规定了渎职行为的具体行为表现，如徇私舞弊不移交刑事案件罪中的“对依法应当移交司法机关追究刑事责任的不移交”，徇私舞弊不征、少征税款罪中“不征或者少征应征税款”，这些明文规定的具体行为表现即为舞弊行为。换言之，罪状中的“舞弊”即指规定在同一条文中的具体渎职行为，舞弊行为的内容直接体现在罪状中。对此，有学者将“舞弊”解释为该条文中“具体渎职行为”的“同位语”,[1] 二者在内涵和外延上完全重合。二是分则条文的罪状客观方面的表述中仅规定了徇私舞弊，而没有规定对应的具体渎职行为，如第405条第1款徇私舞弊发售发票、抵扣税款、出口退税罪的客观方面的表述为“违反法律、行政法规的规定，在办理发售发票、抵扣税款、出口退税工作中，徇私舞弊，致使……”第2款“违法提供出口退税凭证罪”的客观方面的表述为“违反国家规定，在提供出口货物报关单、出口收汇核销单等出口退税凭证的工作中，徇私舞弊，致使……”第418条招收公务员、学生徇私舞弊罪的客观方面的表述为“在招收公务员、学生工作中徇私舞弊，情节严重的，处……”等，在此情况下，“舞弊”即是具体的渎职行为，只是其行为内容并不直接体现在罪状中，需要根据案件的实际情况而定。

3. 对舞弊的认定

根据舞弊类渎职罪客观方面罪状的表述特征作出上述分类，其意义在于明确对客观行为的证明范围，同时，也关系到罪数的认定。存在不同理解和争议的主要是上述第一种情形。依照前文观点，只要证明了罪状中的渎职行为，就证明了“舞弊”，也即完成了对客观要件的证明。但有学者认为，既然客观要件同时规定了舞弊和具体的渎职行为，就意味着，对客观要件的证明既包括具体的渎职行为，同时还要证明有舞弊行为，即“故意违背事实和法律，伪造材料，隐瞒情况，弄虚作假的行为”。从法律意义上解读，这种观点只是看到了舞弊在条文中的文字形式，而没有读出其法律意义。刑法规定舞弊是为了呼应徇私。舞弊是滥用职权的手段，任何故意违背事实和法律而弄虚作假的行为都属于舞弊行为，“伪造材料，隐瞒情况，弄虚作假”是对“舞弊”内涵的描述性解释，并非指三种具体的行为。舞弊的具体行为内容随犯罪类型的不同而表现各异。当刑法在舞弊型渎职罪的罪状中同时规定了该罪具体的渎职行为时，这些行为既是客观行为（构成要件事实），同时也是证明舞弊的证据事实；当舞弊型渎职罪的罪状中仅仅规定了舞弊，而没有其他具体行为表现的规定时，具体的舞弊行为仍然存在，只不过其仅仅是证明舞弊的证据事实而非构成要件事实。从法律效果上考察，正如有学者所指出的，要求行为人除实施具体的渎职行为之外，另实施其他舞弊行为的观点，不仅会不当缩小渎职罪的处罚范围，而且会导致将数罪认定为一罪、将

---

① 参见张明楷：《渎职罪中“徇私”、“舞弊”的性质和认定》，载《人民检察》2005年第23期，第8页。

处断上的一罪认定为单纯一罪。[1]

4. 反观舞弊

立法规定舞弊是否科学，在理论上有不同的反映。多数认为，和徇私一样，对舞弊的规定也是多余的。笔者有同样的认识。“舞弊”是实施渎职犯罪的手段行为，这种行为是从个人利益出发，置国家利益于不顾，主观恶性较大，在渎职罪法定刑范围应当受到最严厉的处罚。因此，在理论上，舞弊属量刑层面的问题，与定罪本无关联。只要行为人滥用职权，不正确履行职责，无论客观是否有舞弊行为，均侵害了本罪客体，即应构成本罪。这与同样规定了特定行为手段的抢劫罪、强奸罪等犯罪不同，这些犯罪的罪状中同时还规定了目的行为，但目的行为本身并不能完全表明行为对客体的侵害。是否侵害客体是通过这些法定手段行为反映出来的，如客观上没有使用暴力、胁迫等手段便不能反映违背妇女意志这一强奸罪的本质特征。而滥用职权罪不同，只要行为人故意违背事实和法律，不正确履行职责，无论以何种方式、采用何种手段都足以构成对客体的侵害，没有必要在罪状中限定必须具备舞弊的要件。因此，笔者认为，规定舞弊“多余”的原因在于，立法将本属于量刑的元素移植到了定罪的范畴中去，徒增了定罪要素，这在实体上的影响是，提高了入罪的门槛，缩小了处罚范围，在程序上的影响是，扩大了诉讼证明的范围，增加了举证的责任和难度。

（二）“故重故轻”追诉行为

“故重故轻”追诉是徇私枉法案件中的特有现象。

根据刑法第 399 条第 1 款规定，徇私枉法罪，是指司法工作人员徇私枉法、徇情枉法，对明知是无罪的人而使他受追诉、对明知是有罪的人而故意包庇不使他受追诉，或者在刑事审判活动中故意违背事实和法律作出枉法裁判的行为。[2] 据此，徇私枉法罪的客观方面具体表现为三种行为：一是对明知是无罪的人而使他受追诉；二是明知是有罪的人而故意包庇不使他受追诉；三是在刑事审判活动中故意违背事实和法律作出枉法裁判。这三种行为可以

---

① 张明楷：《渎职罪中“徇私”、“舞弊”的性质和认定》，载《人民检察》2005 年第 23 期，第 8 页。

② 1979 年刑法第 188 条对徇私枉法罪作了规定，但罪名为徇私舞弊罪。根据 1997 年刑法第 399 条第 1 款规定，最高人民法院将本罪的罪名改为“徇私枉法罪”；最高人民检察院将本罪的罪名确定为“枉法追诉、裁判罪”。2002 年 3 月 15 日，最高人民法院、最高人民检察院发布的《关于执行〈中华人民共和国刑法〉确定罪名的补充规定》明确规定本罪的罪名为“徇私枉法罪”，并取消了“枉法追诉、裁判罪”这一罪名。见周道鸾、张军主编：《刑法罪名精释——对最高人民法院最高人民检察院关于罪名司法解释的理解和适用》（第三版），人民法院出版社 2007 年版，第 861 页。

概括为两种类型，一是枉法追诉；二是枉法裁判。可以肯定，在枉法裁判行为中，既包括枉法定罪，也包括枉法量刑。问题在于，在枉法追诉的情形中，是否包括侦查、起诉人员故意加重追诉或者故意减轻追诉的行为（即故重故轻追诉行为）。这直接关系到徇私枉法罪的处罚范围。对此，理论上有两种对立观点：

肯定观点认为，故重故轻追诉行为属于刑法第399条第1款规定的徇私枉法行为。主要理由如下：

（1）解释论上的依据

从刑法第399条第1款规定的字面含义看，在刑事审判活动中，符合“对明知是无罪的人而使他受追诉”及“对明知是有罪的人而故意包庇不使他受追诉”情形，构成徇私枉法罪犯罪主体的，应包含侦查人员、检察人员、审判人员及其他负有查禁职责的司法工作人员，而符合“故意违背事实和法律作枉法裁判”情形的，应只有刑事审判人员。依此理解，审判人员在刑事审判活动中构成本罪的，不仅包含对出、入罪事实的歪曲，也包含对罪轻、罪重等情节事实的歪曲，而审判人员以外的其他司法工作只有在对出、入罪事实歪曲后才构成本罪。据此，对同属司法工作人员身份，仅因承担具体工作职责不同的审判人员，在构成相同罪名时却适用与其他司法工作人员不同定罪标准的做法，不符合系统解释论及刑法适用平等的基本原则，因此，将“追诉”含义的理解局限在追究刑事责任是片面的，对于刑法第399条第1款的理解，应落脚于司法工作人员在处理刑事案件的过程中，是否实施了故意违背事实或法律，引起或足以引起枉法裁判的行为，而不仅仅在于其行为是否能够引起出、入罪的问题。①

（2）社会危害性比较上的依据

量刑情节有时比定罪情节的社会危害性更大，如果强调审判人员以外的其他司法工作人员，只有在实施导致他人出、入罪的行为后才构成本罪的话，那么，在实践中往往会出现，虽然实施了因歪曲他人出、入罪的事实，社会危害性相对较小，构成本罪，而实施歪曲他人犯罪情节方面的事实，但社会危害性相对大，反而不构成本罪的现象，据此有悖犯罪的社会危害性理论。例如，司法工作人员故意违背事实，虚构被告人重大立功及自首的情节事实，可以起到减轻处罚的结果，可以在实质上将被告人从死刑减为无期徒刑，甚

---

① 参见王洪青：《舒伟庆等徇私枉法案》，北大法律信息网－《中国法律检索系统》，http://vip.chinalawinfo.com/case/displaycontent.asp? gid=117527234。

至10年以上有期徒刑；也可以将本应判处较长期徒刑的被告人，减轻判处宣告缓刑，司法工作人员实施的歪曲情节方面的事实所起的作用，或称徇私枉法行为的社会危害性，与故意制造相关事实，使一名本来只会判处拘役、管制或单处附加刑的罪犯免受刑事责任追究的行为相比，前者的危害性明显大于后者。

机械地理解和适用法条，势必让实施相对严重社会危害性行为的司法工作人员钻了法律的空子，逃避了刑事制裁，不利于维护司法机关的形象。因此，司法工作人员对明知是有罪的人，故意捏造减轻他人刑事处罚等情节事实的，应一并以“明知是有罪的人而故意包庇不使他受追诉”论处。[①] 肯定观点得到了现有司法解释的支持。根据2006年《立案标准》对徇私枉法案的规定，“采取伪造、隐匿、毁灭证据或者其他隐瞒事实、违反法律的手段，故意使罪重的人受较轻的追诉，或者使罪轻的人受较重的追诉的”，属于应予立案情形之一。

否定观点认为，故重故轻追诉行为不属于刑法第399条第1款规定的徇私枉法行为。主要理由是，根据刑法第399条第1款对徇私枉法罪状的表述，其中关于有罪的人追诉仅规定了“故意包庇不使其受追诉”的枉法不追诉行为，根本未涉及对有罪的人进行故重故轻追诉的行为。尽管故重故轻的枉法行为与刑法规定的徇私枉法罪的三种具体的枉法行为并无本质的区别，都是对司法工作人员职务的严重亵渎，其社会危害也较大，且司法实践中时有发生，但囿于刑法没有将其犯罪化，不能仅因为其社会危害性严重就将其解释为刑法的明文规定，以便为将其作为犯罪处理寻找法律依据。[②]

笔者认为，从理论研究的角度来看，否定说的观点是合理的。主要理由：

第一，理论上，上述争议问题涉及刑法解释方式的选择。刑法解释方式有形式解释和实质解释之分。前者是依法条文字揭示刑法规范的含义，后者重在有无处罚必要。刑法适用解释的基本规则是，入罪案件以形式解释为主；出罪或从轻发落的案件则以实质解释为主。[③] 个中根源在于刑法兼顾保障人权和社会防卫的需要。故重故轻是否属于徇私枉法三种法定行为之一，关系

---

① 王洪青：《舒伟庆等徇私枉法案》，北大法律信息网－《中国法律检索系统》，http://vip.chinalawinfo.com/case/displaycontent.asp？gid＝117527234。

② 马松建：《徇私枉法罪客观方面疑难问题探讨》，载《河北法学》2004年7月第22卷第7期，第41页。

③ 储槐植：《真善美：司法官刑法适用解释的标准》，载《检察日报》2008年6月30日，第3版。

到这种行为类型能否入罪的问题。是否符合法定形式应当成为判断的底线。从法条文字的外观上考察，刑法规定的三种徇私枉法行为不包括故重故轻的情形，因此，站在形式解释的立场上，故重故轻行为不是徇私枉法行为。持肯定观点的学者注意到了这个问题，在分析问题时，在理论上作了一些技术性的处理，力求在形式上将故重故轻行为解释成法定的三种枉法行为之一，认为可以将“明知有罪的人而故意包庇不使他受追诉”解释为“明知是有罪的人而故意包庇不使他受应有的追诉”，故侦查人员、起诉人员弄虚作假使法官将重罪定为轻罪的情形，属于这一类。对于使法官将轻罪定为重罪的行为，尽管难以将之解释为“明知是无罪的人而使他受追诉”，但将之认定为利用缺乏故意的行为（法官无犯罪故意的审判行为）的间接正犯，即第三种法定情形的间接正犯。[①] 对此，笔者认为有三点值得商榷之处：首先，在形式上，上述分析在解读法律规定时，在原有规定的“追诉”之前加上了“应有”一词作为限定，实际上增加了原有表达的内涵，该解释在逻辑上与法条原文是不对等的。其次，在法律规定上，依据刑法第399条第1款的规定，徇私枉法罪是行为犯，三种法定行为类型是定罪要素中的选择要件，系并列关系，相互之间没有条件或其他牵连关系，无论枉法行为在实质上能否起到使无罪的人被追诉或有罪的人得以逃避刑事处罚的作用，都不能否定行为本身所具有的“枉法”性质。而上述主张将故重故轻追诉行为以间接正犯的名义串联到了枉法裁判行为（即第三种行为类型），既不符合刑法规定，同时又在司法操作中增加了理论上的复杂性，并连锁导致法律适用上的困难。再次，从文义解释的角度看，文字内涵具有多义性和扩展性，文字表达具有一定的局限性，内涵与形式之间总有空隙，这是客观事实。这使得对同一表达可以由于立场不同而形成不同的认识结论。上述主张是根据立场需要去解释法条，而不是基于前述“入罪以形式解释为主”的原理，依照文字形式进行中立判断，有先入为主之嫌，降低了观点的说服力。

第二，在实务操作上，故重故轻追诉涉及的不是有罪无罪的定罪问题，而是从重从轻的量刑问题。定罪条件是刚性的，严格受到法律规定、证据规格以及法律适用原则的限制；量刑则具有较大的弹性空间，主要原因在于影响量刑的因素非常复杂，这些因素有些是法定情节，有些是酌定情节，后者要依据案件的实际情况，具体问题具体分析，很难周延地抽象出具体的情节类型。在这种情况下，将故重故轻追诉这一量刑问题作为犯罪处理必须要有

---

① 参见张明楷：《刑法学》（第三版），法律出版社2007年版，第905页。

充分的理由和证据，证明结论是否客观、全面、公正，是否准确，在很大程度上受制于司法人员的专业水平，不同专业素养的司法人员对同一法律事件包含情节的观察、分析，对法律原则的理解和驾驭都存在不同程度的差别，这种差别会导致不同的判断，因此，在目前法律水平参差不齐、高水平的法律执业者数量极为有限的总体司法现状下，将故重故轻追诉行为作为犯罪处理不利于执法的统一和公正。

第三，在分析方法上，肯定论混淆了立法论和解释论两个不同层面的分析视角，把“应该是什么”等同于“是什么”，如同拿治 A 病的药方去医 B 病。肯定论的理由实质上揭示了相关立法规定存在的问题或不合理因素，是完善立法应予考虑的因素，强调的是“应该是什么”，属于立法论的内容。问题在于肯定论却是以“应该是什么”的立场去解释现行法的规定，即将“应该是什么”混同于“是什么”。将实质上属于立法论的观点用于分析、解释现行法的规定，就可能会出现不合理地扩大解释的危险。立法论和解释论虽针对的都是现行法规定，但解释论限于现有法律框架之内，而立法论则不再此限，它是对现行法的检讨或展望，但这种应然的建议毕竟仍属假定或求证的状态，不能将之视为“实然”的现实状态，否则，将会在实质上背离罪刑法定的基本原则。

五、立法建议

（一）应当删去相关罪状中关于“舞弊”的规定

笔者认为，现行立法关于“舞弊”的规定是多余的。1997 年刑法在部分渎职罪的罪状中规定了“舞弊”，使得“舞弊”成为这类渎职罪的成立要件。其法律效果在实体上表现为，由于定罪要素中增加了对舞弊的证明要求，以致提高了入罪门槛，略去了舞弊本身构成犯罪从而与渎职罪形成数罪的可能情形，缩小了处罚范围，不利于严密刑事法网；在程序上表现为，扩大了诉讼证明的范围，增加了举证的责任和难度。就渎职罪的本质而言，是否存在“舞弊”并不影响渎职罪的成立。如果舞弊行为本身构成犯罪，则涉及该罪与渎职罪在一案中的数罪问题；如果舞弊行为不构成犯罪，则作为具体的犯罪情节，其仅关系到渎职罪的量刑。

（二）解决徇私枉法案中故重故轻追诉行为的法律空当

关于故重故轻追诉行为的性质，前述研究表明，理论上对刑法规定的解读与相关司法解释的规定是矛盾的。2006 年《立案标准》的相关规定有扩大解释之嫌，以其为据的合理性本身即存在质疑。但同时，从社会功能的角度看，司法解释不仅仅是对已有立法规定的阐释（法律功能），在一定程度上还反映了社会的现实需要。因此，上述矛盾可以认为是立法规定和现实需要的矛盾，这种矛盾反映了立法的不足，标示了立法完善的方向。徇私枉法案中故重故轻追诉行为客观存在且时有发生，行为性质与法定三种行为相同，且社会危害性较大，但从理论上分析，现有刑法规定不应包括此类行为，据此适用法律时会形成疏漏。笔者建议，在徇私枉法罪罪状表述中，以规定枉法行为的实质特征取代列举具体行为类型，后者会因客观上不能也不可能穷尽所有可能的行为类型，因而不可避免地会形成立法疏漏。而采纳前者，无论客观上表现为何种行为类型，只要有证据证明司法工作人员出于私情，故意违背事实和法律，在追诉或者刑事审判活动中作枉法决定或者裁判的行为，均可认定为徇私枉法罪。这样修改，一方面可以在保持行为法律本质和性质不变的前提下，避免因法律无法及时跟进现实需要而“自然”形成的疏漏；另一方面，从证明必要性上看，由于以何种方式实施枉法行为不影响行为的实质和性质，因此，对行为方式的证明是不必要的。在原有的列举行为类型的立法模式下，行为方式属于构成要件的事实，必须有相应的证据予以证明。而采用规定实质特征的模式，可以合理减少诉讼证明中对客观行为表现形式的证明责任，即将原有的构成要件的事实转化为证据事实，从而减轻了不必要的证明责任。

六、小结

（一）“公务职责”的核心地位在渎职罪客观方面具体表现：

一方面，渎职行为以公职为介质，具有公职依附性。有“职”的前提，才有“渎”的可能。也正因为如此，涉案公职才成为渎职罪恒定不变的犯罪对象。这一事实特征意味着，司法实务中既要确认涉案职务行为是否侵害了相应渎职罪的客体，同时，对“职责”本身的认定也必须有相应的依据。另一方面，依附公务职责的渎职行为具有双重违法性。这一法律特征决定了职务行为违法性判断依据的复合性。刑法之外设置、规范涉案公职的法律、法规、规章、规定等规范性文件是判断违法性的基本依据。在此基础上，依据刑法规范确定违职行为是否达到严重危害社会的程度而构成犯罪。上述渎职行为表现于事实、反映于法律之上的特征，决定了对渎职行为的证明应始终以公务职责为主线，并指向发生在履行职责过程中权力运行的各个环节。

（二）渎职行为具体表现为滥用职权和玩忽职守两种法定类型

二者均可表现为作为和不作为两种行为方式。其中，不作为的滥用职权和作为的玩忽职守成为实务中辨析两种行为类型的焦点。这一问题直接关系到罪名的确认。“滥用”在文义上被解释为“胡乱地或过度地使用”，其行为特征主要表现为“不正当履行职责”、“超越职权”和“故意放弃职守”三种情形。而玩忽职守罪的典型特征则为“严重不负责任”。依据上述典型特征的差异，本书提出，以主体对行为的主观心态是故意还是过失，作为区分两种行为类型的判断标准。这里的“故意”和“过失”与刑法中的罪过无关，其核心在于，对违背职责的行为是否有意为之。其基本依据源于文义解释的结论。

第三节 渎职罪主观方面研究

一、渎职罪罪过形式的学说概况①

1997年刑法第九章“渎职罪”在罪名的规定上采取了原则规定和具体规定相结合的立法体例。刑法第397条以类似“总则”的方式规定了渎职犯罪，包括滥用职权罪和玩忽职守罪。这两种犯罪既是类罪名又是独立犯罪。至于该章在第397条之外规定的其他犯罪均为这两罪的具体化。因此，这两罪的罪过形式在刑法第九章中具有“类型”意义。考察两罪的立法背景，滥用职权罪是1997年刑法修订时新增设的罪名，在1979年刑法中仅规定了玩忽职守罪。但同样是玩忽职守，1979年刑法与1997年刑法相比，二者含义差异较大。根据1987年8月31日最高人民检察院出台的《关于正确认定和处理玩忽职守罪若干意见（试行）》，一些国家工作人员的滥用职权行为被作为玩忽职守犯罪的具体表现形式加以规定。一直到1997年刑法将滥用职权行为分列出来，与玩忽职守行为并列，滥用职权罪才脱离玩忽职守罪成为一个独立犯罪。考察渎职罪主观方面，无论1979年刑法还是1997年刑法，在条文中对两种渎职犯罪类型的罪过都没有明示的规定，这不仅成了实务应用的难题，也成为理论研究的热点。

（一）滥用职权罪罪过学说概况

归纳起来，学界关于滥用职权罪的罪过形式主要有八种观点：② 一是

---

① 主要针对的是1997年刑法修订后的学说概况。

② 周振想主编：《公务犯罪研究综述》，法律出版社2005年版，第308~314页。

"只能是过失";[①] 二是"间接故意和过失";[②] 三是"间接故意或者自信过失";四是"既可以是故意,也可以是过失";五是"故意和过于自信的过失";六是"故意";七是"间接故意";八是"只能是直接故意"。其中,颇具代表性的观点分别是"故意说"、"一般过失说"和"复合罪过说"。

1. 故意说

故意说认为,从滥用职权的行为及其所产生的危害后果来看,滥用职权罪的罪过形式只能是故意。主要理由有两点:一是从现行刑法增设滥用职权罪的立法背景来看,滥用职权罪是从玩忽职守罪中分离出来的。1979年刑法没有规定滥用职权罪,而仅仅规定了玩忽职守罪,其主观方面只能是出于过失。随着滥用职权现象的日趋严重,立法机关在一些附属刑法中将玩忽职守罪的主观方面扩大规定为故意,以解决司法实践中惩治滥用职权行为于法无据的难题。1997年刑法修订时,立法机关之所以将滥用职权罪从玩忽职守罪中分离出来,目的就是为了恢复玩忽职守罪的本来面目,弥补刑法中没有滥用职权罪的不足和缺陷。也就是说,现行刑法规定滥用职权罪,是为了与玩忽职守罪相区别,因而两罪在犯罪构成主观特征上有差异是情理之中的事。二是犯罪故意的成立,要求行为人对危害结果的发生有认识,而不是对危害结果的程度有认识。对于滥用职权来说,行为人明知自己是违反法律、法规或规章的规定,逾越职权或者不正当地行使权力,也不可能不知道会由此产生什么后果。至于实际损失的大小是否超出其预料,并不能改变其犯罪的故意性质。如果行为人确实不知自己的行为会造成危害结果,如因不明确自己的职权范围而逾越了职权,以致造成重大损失,显然缺乏犯罪的故意,当然不能构成滥用职权罪。[③]

---

① 主要理由:从滥用职权概念应有的内涵看,含有故意的成分,但这只是对行为本身的故意,而刑法立法确定罪过形式的依据,是对结果的认识和意志,因此,这样的用语并不妨碍将此罪认定为过失犯罪。参见李洁:《论滥用职权罪的罪过形式》,载《法学家》1998年第4期。

② 主要理由:滥用职权罪是由1979年刑法第187条修改而来。1979年刑法规定的玩忽职守罪一直有"口袋罪"之嫌,把玩忽职守行为与滥用职权行为区分开来,是刑事立法的迫切需要。滥用职权行为本身是明知滥用而为之的故意行为,但对法定的危害结果的发生,行为人主观上一般表现为过失。然而,本罪的规定并不能排除行为人对危害结果持放任即间接故意的心理态度的情况,而且,这种情况在实践中时有发生,这时定其他的罪名又没有法律依据。如果行为人是积极追求危害结果的发生,则应当以其他故意犯罪论处。认为,结果犯不仅限于过失犯罪,法定刑也不能说明主观罪过,规定滥用职权罪不仅是对玩忽职守行为方式的补充,而且更是对玩忽职守行为的重要完善,这并不能决定其主观罪过的性质。参见金泽刚:《若干个罪的罪过性质问题研究——兼论犯罪故意的含义》,载《中国刑事法杂志》1998年第6期。

③ 高铭暄主编:《刑法专论》(下编),高等教育出版社2002年版,第892~893页。

在故意说的立场上，还有两种颇具特色的学说：

一是“故意说之下的主要罪过说”。该说认为，对于滥用职权罪，可以认为行为人对于任意行使职权、超越职权行事是故意的，对于特定危害结果的发生是过失的。但是，在滥用职权和造成损害后果之间，滥用职权行为是具有决定性意义的行为，危害结果是滥用职权必然产生的结果，与滥用职权相关联的罪过属于“主要罪过”或者“罪过的主要方面”，对于结果发生有认识的过失心态具有从属性。也就是说，在对行为人的罪过进行具体的、最终的评价时，将有意滥用职权的意思评价为“基础罪过”，将对结果发生的心态评价为过失，同时认为由于滥用职权的意思实质地支配了结果的发生，从而将滥用职权罪总体上定性为故意犯罪。换言之，行为人故意犯罪，但只是过失地造成危害结果的，由于故意属于多个罪过中的“主要罪过”，该犯罪总体上被认为是故意犯罪。① 这一学说将“故意”分为对行为的故意和对结果的故意，即“对于任意行使职权、超越职权行事是故意的，对于特定危害结果的发生是过失的”。

二是“广义危害社会结果认识说”。② 该说认为，渎职罪的故意内容，一般只要求对侵害国家机关公务的合法、公正、有效执行以及国民对此的信赖的认识与希望、放任，而不要求对为了限制处罚范围所规定的有形的侵害结果的认识与希望、放任。③ 滥用职权罪主观构成要件为故意（包括直接故意与间接故意），行为人明知自己滥用职权行为会发生侵害国家机关公务的合法、公正、有效执行以及国民对此的信赖的结果，并且希望或者放任这种结果发生。“致使公共财产、国家和人民利益遭受重大损失”的结果，虽然是本罪的客观构成要件要素，但宜作为客观的超过要素，不要求行为人希望或者放任这种结果发生。④ 这种观点是站在广义危害结果的立场上分析渎职罪的罪过的，将危害结果解释为更为广泛、抽象意义上的法益。

2. 一般过失说

该说认为，滥用职权罪主观方面一般由过失构成，即行为人应当预见自

---

① 周光权：《滥用职权罪的罪过形式辨析》，载《检察日报》2006年4月11日。

② 学说名称为笔者加注。有学者称这种学说为“行为故意说”，认为这种学说虽然表面上看也是将行为对结果的态度作为判断故意的标准，但是其认为滥用职权所造成的结果并不是刑法第397条所明确列举的结果，而是行为对国家机关的正常活动与公众对国家机关工作人员职务活动的合法性、客观公正性的信赖，实际是用较为抽象的法益概念取代危害结果。参见周光权：《滥用职权罪的罪过形式辨析》，载《检察日报》2006年4月11日。

③ 张明楷：《刑法学》（第三版），法律出版社2007年版，第893页。

④ 张明楷：《刑法学》（第三版），法律出版社2007年版，第897页。

己滥用职权的行为可能致使公共财产、国家和人民利益遭受重大损失，因为疏忽大意而没有预见，或者已经预见而轻信能够避免。但也不排除故意的存在。理由有三：一是根据我国刑法第14条、第15条的规定，判断故意还是过失，应当以行为人对其所实施行为的危害结果所持的心理态度为标准，而不是以行为人对行为本身的心理态度为标准。行为人对滥用职权的行为本身，如同酒后开车、闯红灯一样往往是故意的，但对由此发生的损害结果则是过失的。二是在我国的刑事立法中，结果犯一般都是过失犯罪（有的故意犯罪也是结果犯）。而按照刑法第397条第1款的规定，不论行为人是滥用职权还是玩忽职守，均以“致使公共财产、国家和人民利益遭受重大损失”为构成犯罪的要件。三是滥用职权和玩忽职守的处刑（包括情节加重犯）均一样。如果一个罪为故意，一个罪为过失，前者的主观恶性要大于后者，而处刑却相同，显然违背了罪刑相适应的原则。这主要是由于立法不严谨造成的。立法部门的专家曾强调，滥用职权行为和玩忽职守行为是渎职犯罪中最典型的两种行为。“两种行为的构成要件，除客观方面不一样以外，其他均相同。”但是，从刑法第九章关于渎职罪的体例看，除规定滥用职权罪外，还对若干特殊的滥用职权行为规定为犯罪。对于特殊条款不能涵盖的滥用职权行为，只能按照刑法第397条定罪处罚，其他滥用职权行为不排除可以由故意构成。而且从刑法第397条第2款“国家机关工作人员徇私舞弊，犯前款罪的”规定看，从逻辑上分析，也不能完全排除故意的存在。[①]

3. 复合罪过说

复合罪过说，是指同一罪名的犯罪案件的犯罪心态既有故意（仅为间接故意）也有过失的罪过形式。该观点认为第397条第1款突破了传统格式，同一法条的同一罪名实际上包含了跨种的罪过形式，既有故意，又有过失，这是现行刑法内含的一种新的法律现象。由于我国刑法既没有英美刑法中“轻率”[②]的犯罪心态模式、法国刑法理论中的“中间类型”，也没有德国刑法学界的“第三种罪过形式”，因此，为了解读这一法律现象，提出“复合罪过”的概念，以与通行一个罪名只能有一种罪过形式的“单一罪过形式”相对应。[③]以滥用职权罪为例，判断行为人对其滥用职权行为所造成的结果

---

① 周道鸾、张军主编：《刑法罪名精释——对最高人民法院最高人民检察院关于罪名司法解释的理解和适用》（第三版），人民法院出版社2007年版，第848~849页。

② 《肯尼刑法原理》将轻率定义为已经预见到特定类型的危害可能发生，但继续冒危害结果出现的风险。Andrew Halpin, Definition in the Criminal Law, Oxford: Hart Publishing, 2004, p. 78.

③ 储槐植：《刑事一体化论要》，北京大学出版社2007年版，第134页。

持何种心态，是判断本罪主观方面的根本标准。对此，需分析行为人主观心态的构成要素，即认识因素与意志因素。从认识因素上分析，假如行为人逾越职权或不正当行使职权不是明知故犯，而是由于草率马虎、疏忽大意而不了解情况，进行了错误的判断，进而错误地行使了职权。则该行为属于没有正确履行职责的玩忽职守行为，而不属于滥用职权。由此可排除本罪中行为人主观方面是疏忽过失的可能性；从意志因素上分析，可以排除希望发生的可能性。因为如果行为人滥用职权的目的是积极追求该行为所造成的危害后果的发生，则行为人具有实施某种犯罪的直接故意，应当以刑法分则条文规定的其他故意犯罪定罪处罚，而不应以滥用职权罪论处。由此得出结论，本罪中行为人对其滥用职权的行为所造成的危害后果所持心态有两种可能性：放任或轻信能够避免。联系对认识因素的分析，本罪主观方面既可能是间接故意，又可能是轻信过失。究竟是两种心态中的哪一种，无论在理论上还是司法实践中，都难以清晰而准确地界定。为便于理论分析和司法操作，将二者合二为一，作为一种特殊的罪过形式，即同一种具体犯罪的犯罪心态同时具有间接故意与轻信过失两种形式。提出“复合罪过形式”的新概念来解释这种现象。①

（二）玩忽职守罪罪过学说概况

玩忽职守罪在新中国的刑事立法资料上最早见于1954年9月30日由中央人民政府法制委员会起草的《中华人民共和国刑法指导原则草案》（初稿）（以下简称《草案》）。② 关于玩忽职守罪的罪过形式，在理论和实务中主要存在“过失说”和“一般过失与间接故意并存”的不同立场。

1. 过失说

这是通说观点。玩忽职守罪的主观罪过只能是过失，即行为人作为国家机关工作人员理应恪尽职守，尽心尽力，在履行公职中时刻保持必要注意。但行为人却持一种疏忽大意或过于自信的心态，对自己玩忽职守的行为可能导致的公共财产、国家和人民利益的重大损失应当预见而没有预见，或者已经预见而轻信能够避免。③ 通说的依据主要源于对立法原意的解读。认为，尽管刑法没有明确规定，但是，从立法参与者的观点中，可以间接推出玩忽职守罪罪过形式应有的立法原意：“玩忽职守罪是一种过失犯罪。这种犯罪

① 储槐植、杨书文：《滥用职权罪的行为结构——兼论复合罪过形式》，载《法学杂志》1999年第3期。

② 高铭暄主编：《刑法专论》（上编），高等教育出版社2002年版，第901页。

③ 高铭暄、马克昌主编：《刑法学》（下编），中国法制出版社1999年版，第1165页。

在客观上表现为不执行或者不正确执行自己的职责，致使公共财产、国家和人民利益遭受重大损失。如果没有造成重大损失，那是属于工作上的错误，不应该当作犯罪追究刑事责任。这种犯罪在主观上是出于过失，也就是说，上述重大损失是由于行为人的严重官僚主义或对工作极端不负责任造成的。如果有意造成重大损失，那就不是玩忽职守罪的问题，而是构成其他犯罪了。”①

2. 一般过失与间接故意并存

此观点认为，玩忽职守罪主观方面一般表现为过失，包括疏忽大意的过失和过于自信的过失。但是，在特殊情况下也可能表现为放任的间接故意，这种情形一般存在于行为人故意不履行职责或者放弃职守的情况。②

二、渎职罪罪过形式的判断依据

对渎职罪罪过形式应然的理论探索可以超越法律的现行规定，但是，对罪过形式的具体判断则应当在现有的刑法框架内进行。

（一）1997年刑法关于犯罪故意和犯罪过失的规定

立足现有法律规定，以罪过概念为分析起点，罪过，是指行为人对自己的行为将引起的危害社会的结果所持的一种故意或者过失的心理态度。包括故意和过失两种表现形式。③ 关于罪过的内容被明确规定在刑法总则中，即1997年刑法第14条至第16条。这一法律地位意味着，在刑法中，不论何种具有类别特征的、特殊的犯罪类型，无论其与其他犯罪类型在主观上有何不同，都应以总论中的罪过含义及罪过类型所统领。根据我国1997年刑法第14条、第15条之规定，明知自己的行为会发生危害社会的结果，并且希望或者放任这种结果发生，因而构成犯罪的，是故意犯罪。应当预见自己的行为可能发生危害社会的结果，因为疏忽大意而没有预见，或者已经预见而轻信能够避免，以致发生这种结果的，是过失犯罪。因此，依照1997年刑法的规定，故意与过失的判断标准，应当是行为人对其所实施行为的“危害结果”所持的心理态度，而不是行为人对行为本身的心理态度，即我国刑法上的故意与过失是针对的是“危害结果”而非“行为”。

---

① 高铭暄：《中华人民共和国刑法的孕育和诞生》，法律出版社1981年版，第254页。转引自高铭暄主编：《刑法专论》（下编），高等教育出版社2002年版，第903页。

② 张穹主编：《贪污贿赂渎职“侵权”犯罪案件立案标准精释》，中国检察出版社2000年版，第136页。

③ 马克昌主编：《犯罪通论》，武汉大学出版社2000年版，第314、316页。

（二）关于危害结果

危害结果，是指危害行为对刑法所保护的社会关系所造成的实际损害和现实危险。实际损害包括危害行为造成的直接结果和后果。[①] 在刑法理论上，对危害结果的理解主要有五种观点[②]：一是“客体侵害说”，即认为危害结果的本质特征在于对客体的侵害；二是“实害说”，认为犯罪结果就是犯罪行为已经造成实际损害结果或者具体的物质性的损害结果；三是“法定现象事实说”，认为“犯罪结果是指犯罪行为引起的具有社会危害性的法定现象事实”；四是“客体+法定现象事实说”，认为“犯罪结果是指犯罪行为通过影响犯罪对象而对犯罪客体造成的法定现实损害及具体危险的事实”；五是“最后状态说”，认为从哲学角度看，所谓结果，是指某一原因所引起的现象，它是“在一定行为阶段事物发展所达到的最后状态”。通说认为，危害结果是不包括主观评价因素在内的客观结果，刑法研究危害结果在于为定罪量刑提供依据。广义的危害结果指危害行为所引起的具有刑法意义的对社会的损害，包括作为定罪依据的结果和作为量刑依据的结果；狭义的危害结果专指广义危害结果中作为定罪依据的结果。就广义而言，一切犯罪都存在危害结果，因为任何犯罪都会给社会带来一定的损害，只是大小程度不同而已；而狭义上，只有刑法规定以某种危害结果为构成要件的犯罪（即结果犯），且只有这些犯罪的完成形态才存在危害结果，即构成结果。从而，危害结果作为犯罪的选择要件，其具有构成结果和非构成结果之分，对危害结果的概念应当在广义和狭义这两种意义上予以界定。[③]

（三）1997 年刑法第 397 条的规定

1997 年刑法第 397 条第 1 款规定：“国家机关工作人员滥用职权或者玩忽职守，致使公共财产、国家和人民利益遭受重大损失的，处……本法另有规定的，依照规定。”这表明，渎职罪原则上为结果犯。结果犯是以法定的危害结果作为犯罪构成客观方面必要条件的犯罪。包括过失的结果犯、间接故意的结果犯和直接故意的结果犯。在过失的结果犯中，法定的危害结果是构成过失犯罪的必要条件，如果没有发生该种结果，犯罪即不成立。[④] 对于以危害结果为构成要件的渎职罪而言，对“致使公共财产、国家和人民利益遭受重大损失”这一结果所持的心理态度，是其罪过类型的判断标准。

---

① 马克昌主编：《犯罪通论》，武汉大学出版社 2000 年版，第 191 页。
② 高铭暄主编：《刑法专论》（上编），高等教育出版社 2002 年版，第 171～172 页。
③ 高铭暄主编：《刑法专论》（上编），高等教育出版社 2002 年版，第 173～175 页。
④ 马克昌主编：《犯罪通论》，武汉大学出版社 2000 年版，第 495～496 页。

三、渎职罪罪过形式分析暨对相关学说的评述

罪过形式的判断依据确立了分析的标准，已有学术研究为分析提供了解读的视角。

(一) 刑法第397条是结果犯，作为犯罪构成要件的结果是“致使公共财产、国家和人民利益遭受重大损失”

1. 理论上，将渎职罪解释为“行为犯”不符合刑法第397条的规定

“广义危害社会结果认识说”基于滥用职权罪主观构成要件为故意（包括直接故意与间接故意）、玩忽职守罪的构成要件为过失的立场，提出，在具体证明时，应当以责任形式区分滥用职权罪与玩忽职守罪，即故意实施的违背职责的行为，是滥用职权罪；过失实施的违背职责的行为，是玩忽职守罪。至于行为人是出于故意还是过失，则应通过违背职责的行为内容进行判断。[①] 这一观点显然是将渎职罪视为“行为犯”。行为犯指的是以实行法定的犯罪行为作为犯罪构成必要条件的犯罪，与结果犯的不同之处在于，行为犯不以发生实际的危害结果作为犯罪构成的必要条件。根据刑法第397条的规定，渎职罪原则上应为“结果犯”，该说所言的证明途径是对其关于渎职罪罪过观点的延续和补强，但以行为犯的规则去分析结果犯，结论难以成立。

2. 理论上，将渎职罪侵犯的法益解释为危害结果，混淆了“危害结果”与“犯罪客体”两个不同的概念

有学者提出，刑法第14条规定中所谓的“结果”，并非指具体的犯罪结果或者构成要件结果，而是指抽象意义上的法益侵害后果。否则，不以具体结果作为构成要件要素的行为犯便不可能成立故意犯了。这意味着，只要承认存在故意类型的行为犯，刑法第14条规定的“结果”便必然要作抽象化的理解。[②] 这种观点无疑是将危害结果等同于犯罪客体。根据通说，刑法第14条中的危害结果是指行为对犯罪客体造成的损害，是广义的危害结果，既包括具体的危害结果，也包括抽象的危害结果；既包括有形的危害结果，也包括无形的危害结果；既包括已经发生的危害结果，也包括尚未发生但可能发生的危害结果。[③] 因此，将危害结果仅理解为“抽象意义上的法益侵害后果”与将之仅限定为“具体的犯罪结果或者构成要件结果”一样，都有失偏

---

① 张明楷：《刑法学》（第三版），法律出版社2007年版，第900～901页。

② 劳东燕：《犯罪故意理论的反思与重构》，载《政法论坛》2009年第1期，第87页。

③ 马克昌主编：《犯罪通论》，武汉大学出版社2000年版，第331～332页。

颇。“任何犯罪都有危害社会的结果，否则便不能认为是犯罪。但是，并不是所有的犯罪都以危害结果作为犯罪构成的要件。”① 这其中，前一个“危害结果”是在广义上（即客体意义上）使用的，而后一个危害结果则是在狭义上（即具体意义的构成要件结果上）使用的。因此，对于犯罪成立不以具体结果为要件的行为犯而言，危害结果是在广义上使用的；而对于以法定的危害结果作为犯罪构成客观方面的必要条件的结果犯而言，没有此具体结果犯罪即不能成立，如果将认识的内容界定为抽象意义上的法益侵害结果，当没有具体结果发生时，犯罪即不成立，那么，这种认识的意义何在？所以，对于结果犯而言，危害结果是在狭义上使用的，即指具体的犯罪结果。

“广义危害社会结果认识说”将刑法第 397 条规定的“致使公共财产、国家和人民利益遭受重大损失”的“结果”，置换为“行为人明知自己滥用职权行为会发生侵害国家机关公务的合法、公正、有效执行以及国民对此的信赖”的“结果”。这一结果并非刑法第 397 条所规定的结果，将之理解为犯罪客体更为合适。

犯罪客体是刑法所保护的而为危害行为所指向或作用的社会关系。危害结果，是指危害行为对刑法所保护的社会关系所造成的实际损害和现实危险。二者关系密切但非完全等同。以交通肇事罪为例，该罪犯罪客体为公路、水上和城市交通运输安全，法定结果为“发生重大事故，致人重伤、死亡或者使公私财产遭受重大损失”。该罪中，行为人对犯罪客体的心态可以说是“故意”，但对法定结果则是“过失”，根据刑法规定，结论只能是过失犯罪。

（二）渎职罪的罪过应指行为人对“致使公共财产、国家和人民利益遭受重大损失”这一结果的心理态度

1. 认识因素——行为人对“违背职责的行为”的心理态度

在渎职罪中，“行为”非一般意义上的自然行为，而是对应有相关规定或规范的职务行为。这些规定或规范是针对一定的职责领域可能存在或发生的各种风险所作的预测、评估和防范，它确定了公务执行者的行为规则和底线，违背这一规则或突破底线，将意味着规则意欲防范风险发生的可能性。作为“内行”的公务执行者，其担当的角色本身决定了其对这一角色规则的明知，包括对违背规则后果的明知。因此，行为人对“违背职责的行为”的心理态度往往是“明知故犯”。正因为如此，渎职行为的可罚性不仅体现在“结果”上，而且，更昭然于“行为”上。有一部分被社会公众评价为“好

---

① 马克昌主编：《犯罪通论》，武汉大学出版社 2000 年版，第 332 页。

心办坏事型”的渎职罪，其主观恶性在于：身为“内行”，对违背职责所构成风险的明知，包括知道和应当知道，而有意或疏忽地违背。渎职罪中的主观恶性不能用故意杀人等犯罪的主观恶性来理解，它与伦理道德上的善恶无关，它强调的是一种职业伦理、一种代表国家的重大责任和国家对主体履职的底线要求。

行为人对“违背职责的行为”的心理态度，属于罪过中的认识因素。上述分析表明，客观上，行为人对自己的行为以及该行为可能导致危害结果发生的可能性应当有所认识。对行为的故意构成其承担刑事责任的主观基础。

2. 意志因素——行为人对因渎职而可能造成的危害结果的心理态度

从行为人的角度看，渎职罪的主体是国家公职人员，他们是国家权力的拥有者、国家职能的执行者。对于国家而言，这类特殊的群体是国家机器正常运转的支柱，是社会阶层中具有较高社会地位和综合素养的精英人群，与社会之间没有引起强烈对抗的矛盾和冲突；对于渎职者个人而言，作为国家利益的代言人，他们的个人利益与国家利益、社会利益休戚相关。现实生活中，出于种种原因或动机，他们会有意地违背职责，滥用权力，但对最终危害结果的发生，尤其是具有波及面广、财产损失巨大、人员伤亡严重等的危害结果的发生，心理上往往是排斥的。当然，这是一般情况，也有个别渎职犯罪，如徇私枉法罪、私放在押人员罪等系出于故意。复合罪过说在肯定滥用职权罪和玩忽职守罪的主观要件均非单一罪过形式（即只为过失或者仅为故意）时，认为玩忽职守罪以过失为主，滥用职权罪以故意为主，① 对此结论应予修正。两罪原则上应均以过失为主，同时，滥用职权罪还包括故意的情形。

综上所述，罪过所包含的两个因素，即认识因素和意志因素都是针对行为危害社会的结果而言的，其中决定罪过形式的是意志因素。结合前文所述，渎职罪的罪过形式原则上应为过失，但对滥用职权罪而言，也存在故意的情形。罪过形式的可选性是渎职罪主观方面的典型特征。

（三）罪过形式可选性是否会模糊罪过的界限

复合罪过说尽管内容应予修正，但它打开了限制过往研究思维视阈的封闭的理论框架，对事实的关注多于对通说的盲从！它将一般过失说颇显暧昧的观点明朗化，立场鲜明地提出“第 397 条第 1 款突破了传统格式，同一法

---

① 储槐植：《刑事一体化论要》，北京大学出版社 2007 年版，第 129 页。

条的同一罪名实际上包含了跨种的罪过形式，即既有故意，又有过失，这是现行刑法内含的一种新的法律现象”。这一观点的提出，引起我们对刑法罪过形式判断依据的思考——在今天，故意与过失能否完整涵盖生活中的法律现象？是否应依据事实进一步总结、细化出与故意、过失并列的其他心态模式，从而为实践中多样的犯罪行为提供更为精确的、可以与之匹配的主观心态的法律描述？国外立法例对此问题早有关注，尤其是英美刑法“轻率”犯罪心态模式的启发让我们形成更多对未来立法完善的建设性观点。

对于某种法律现象，在法律没有明确规定的情况下，其中所包含的包括主观罪过形式在内的犯罪元素在理论和实务上都有解读的空间。当我们从现象之门进入这个分析空间，可以看到有多种基于不同观念的选择，正如复合罪过说对渎职犯罪所描述的，犯罪心态既有故意也有过失。但是，当从这个空间走出进行定论评价时，其结论应当是唯一确定的——如果存在罪过的话，则要么是故意、要么是过失，——这是刑法的规定使然。针对客观实际，在适用解释法律时，使之包容多种可能，成为逻辑上的大前提。在此前提下，结合案件具体情况（小前提），进而可以得出唯一确定的罪过结论。因此，罪过形式可选性并不会模糊罪过的界限，基于具体案情最终形成的结论仍然是唯一、确定的，如滥用职权罪之A案为故意，滥用职权罪之B案为过失。

（四）对相关学说将渎职罪（主要指滥用职权罪）罪过解读为“故意”原因的剖析

1. 理论上的原因

“故意说之下的主要罪过说”，将对罪过的判断分解在“行为”和“结果”两个方面，将“故意”分为对行为的故意和对结果的故意，即“对于任意行使职权、超越职权行事是故意的，对于特定危害结果的发生是过失的”，并以行为故意的决定意义排除仅有从属意义的对结果发生的过失心态，将滥用职权罪的罪过定位为“故意”。行为故意和结果故意界限分明，符合渎职罪尤其是滥用职权罪的表象特征。但是，作为对罪过形式的判断，对“故意”的解读必须在刑法的框架内进行。同样是“故意”，但行为故意和结果故意法律意义不同。我国刑法上的“故意”仅指对“结果”的故意。

2. 事实表象上的原因

渎职罪客观存在的一些现象常常会直接影响对罪过的判断。

（1）常规语义与术语的冲突现象

在渎职罪中，存在事实或语义上“故意”的判断与法条“故意”判断的矛盾现象。从语义上看，“滥用”是一种主动的行为，表现了一种积极的行为倾向，符合生活经验中对“故意”的理解和认识。这类行为如果视为“过失”，而无视“滥用”本身所具有的主动为之、故意为之的含义，不仅“罪不达意”，而且有悖于生活经验和文义认识。正如故意说在反驳过失说时所言的，“滥用必须理解为明知是错误行使、任意使用权力，仍然有意为之，将其解释为过失实在有些牵强”。

但是，在刑法语境下，“故意”一词有特定的含义和指向。如果在滥用职权案中，行为人是“故意”违规，同时，对于危害结果的发生却是“疏忽大意而没有预见”或“已经预见而轻信能够避免”，那么，依据刑法对罪过的认定标准，则对其主观仍应认定为过失。故意和过失是刑法中的重要术语。作为术语，其内涵必然附加了其所属领域专业性的限定，使之区别于自身在一般生活中的常规含义。

（2）行为与结果在心态意志上表现出“分离”的特点

站在狭义危害结果的立场上，渎职罪清晰地表现出“行为与结果分离”的特征。这一特征既反映在客观事实上，也存在于主观心态上。客观事实上，渎职犯罪的许多危害结果是在行为实施后相当长一段时间之后才出现的，常常是渎职行为持续长久累积的结果，并在某个时间点上以突发事件的形式爆发。对于主观心态，前文已有论述，往往表现为对行为故意、对结果过失。这种“分离现象”引起了学者高度关注，前述“故意说之下的主要罪过说”就是要通过“行为故意”与“结果故意”的分离判断来反映这种现象。

但是，犯罪现象不能取代法律判断标准。为了强调对“行为”故意，在承认对“结果”过失的基础上，将对行为的故意也列为罪过的判断标准，显然已经改写了刑法的规则。

（五）方法论上的延展思考：事实与规范之间以谁为本

事实迁就法律，还是法律迁就事实？我国传统刑法理论认为，犯罪的故意和过失，是犯罪构成主观方面的必备要件。犯罪除了客观上要有危害社会的行为外，主观方面必须是出于故意或者过失。既非故意，又非过失的，为不可抗力或者意外事件。[①] 也就是说，传统理论对主观方面可能的样态采用

---

① 高铭暄主编：《刑法学原理》（第二卷），中国人民大学出版社2005年版，第426页。

的是三分法，即要么故意、要么过失、要么不可抗力或意外事件。在实际案件中，故意和过失的判断并不像理论上那么界限清晰。由于受证据条件的约束，许多情况下，行为人的主观表现看上去比较模糊，有时不仅是证据原因，可能最应清楚心理真相的行为人本人在行为时就懵懵懂懂。这就使得法律现象表现得复杂多样。为了和法律现象有精确对照，在英美刑法上确立有“轻率”的犯罪心态模式、法国刑法理论中有“中间类型”的心态模式、德国刑法学界有“第三种罪过”的心态类型。① 我国刑法对罪过类型虽然明确规定为故意和过失，但理论上已提出“复合罪过”的概念，以诠释主观罪过有时表现为故意，有时表现为过失的法律现象。②

上述分析会产生这样的疑问：是事实迁就法律？还是法律迁就事实？如果法律是全部模型化的固定框框——即便仅限于渎职犯罪——用法律切割事实，是否有削足适履之嫌？将两个问号放在一起，显然是对立的，但将它们分别置于不同的场合，则都有成立的余地。笔者认为，站在不同的立场，两种结论均成立。站在法律更新完善的立场，笔者主张法律迁就事实；站在法律适用的立场上，尤其对法定犯而言，笔者主张事实迁就法律！

实际上，一般过失说和复合罪过说的基本立场是一致的，都是对“一个罪名只能有一种罪过形式”这一通说的突破，均认为在刑法没有明确规定的情况下，同一犯罪对应的罪过形式包含了故意和过失两种可能。二者在避免绝对化倾向，从而为实践可能性留有余地的学术研究观念上是一致的。学术研究成果表达的是某种倾向，而不应是绝对确定的结论，这是社会科学和自然科学的不同之处。这种不同源于研究对象的性质和研究目的不同。社会科学的研究受制于不断变化了的社会实际，不断调整的社会政策、不断更新社会观念，其研究成果的科学性体现为与社会现实情况的“适应性”、对国家治国方略的“推动性”、对社会发展的“有利性”。自然科学的研究受制于研究对象本身的客观属性，目的是对客观存在的自然规律的“发现”，并将这种发现应用于各种技术以服务人类社会。因此，自然科学是“自由流通”于国际社会的科学，而社会科学则具有鲜明的国别性。

---

① 储槐植：《刑事一体化论要》，北京大学出版社2007年版，第134页。

② 储槐植：《刑事一体化论要》，北京大学出版社2007年版，第134页。

四、渎职罪主观方面的证明

（一）渎职案件中主观方面的证据特征

1. 主观方面的证据具有隐蔽性、迷惑性，查证难度高

前文关于渎职罪特征的研究中曾分析，相比该罪客观证据“直观、易查”的特征，其主观证据却表现得复杂、难辨。实践中，有的渎职犯罪嫌疑人承认失职行为，但不承认主观过错。渎职案件主观方面的证据具有隐蔽性、迷惑性，难以收集，是侦查工作中的难点，如证明犯罪嫌疑人不履行、不认真履行职责是出于故意或者过失方面的证据，证明徇私、徇情情节的证据等。这决定了在查证主观方面时，必须要针对此类犯罪的特征，选择适宜的证明方法。

2. 行为人主观认识能力的判断具有法律拟制的特征

我国刑法关于认识能力的要求表现在“应当预见”中。“应当预见”有两层含义：一是主体的预见可能；二是主体的预见义务。[①] 行为人的认识能力是解决行为人“应当预见”的关键之一。[②]

（1）主体的预见可能性

在渎职罪客观方面的研究中提到，渎职行为具有双重违法性，既违反相关的职业（责）规范，又触犯了刑律。在具体的定罪条文中明确或隐含了特定领域的相关规范，是基于对这一行业领域一定风险的预测和防范，通过对相关规范的遵守可以极大程度地避免、减少相应风险。和行业领域的专业性相适应，渎职犯罪的主体也具有“职业性”特征，他是一定范围公权力的享有者、决策者、执行者。特殊的角色决定了其当然具有在其职责领域的专业能力。这种专业能力包括了其对相关职责的知晓和恪守，也包括了违背职责规定可能带来风险或严重后果的预知。就像一个内科医生，他掌握基本的内科病理知识、熟知常见处方和用药规则，以及不当或错误用药可致的风险，对于医生而言，这一切都是理所当然的。因此，当发生内科诊疗事故时，我们没有必要去证明这名医生是否学习过内科诊疗、懂不懂处方要求。这些都无须证明，“角色”本身就是答案！

从渎职罪主体的刑事责任能力看，渎职罪的特殊性在于其犯罪构成要素在刑法总则的框架内结合自身特性具有附加的内涵。渎职罪主体的行为能力

---

① 高铭暄主编：《刑法学原理》（第二卷），中国人民大学出版社2005年版，第86~87页。

② 高铭暄主编：《刑法学原理》（第二卷），中国人民大学出版社2005年版，第90页。

包含两个方面，即符合渎职犯罪主体资格的人，除具有自然属性的行为能力（达到刑事责任年龄、精神健康）外，还必须合法拥有一定的公务职责或权能。合法履行公务职责的能力与自然属性的能力共同构成主体承担责任的前提。因此，在审查判断行为人符合主体资格时，意味着对这两种能力的确认。在渎职罪中，刑法上认识能力指向的内容应是与行为人岗位职责相关的履责要求及行业规范。具有这样的认识能力是获得该项公务职责的前提。因此，获得某项公务权能意味着行为人拥有与此职能相关的知识、经验、能力。在此意义上，渎职罪中，行为人的认识能力不因主体自身能力不足或专业知识的欠缺而被否定。这是由法定犯"立法规定的犯罪"的特点所决定的。至于不具备岗位职责要求的专业知识或工作能力而上岗的，属于制度问题，非刑法考察范围。这与我们在一般自然犯罪中对认识能力的界定不同。在自然犯中，认识能力是行为人本人的能力，确定认识能力的标准，不能脱离行为人的自身情况。[①] 当然，法律拟制并不意味着绝对、孤立、不分具体情况、没有任何减责和免责余地的绝对判断。这种法律拟制的能力仍然需要在当时的具体情形下进行考证，因此，不排除特殊情况下责任的减轻或豁免。比如，船艇在近岸航行时，是靠航标灯行使的。借助各种灯光信号，具有专门知识的船长在这样的条件下应当能够辨清航道、暗礁、浅滩。但是，如果航标灯发生故障，即使船长有丰富的经验，也不能正确判断航道，从而丧失了认识航道的能力。[②] 因此，对于根据一般原则进行的推定并非毫无限制。这里对认识能力的考察思路借鉴了美国刑法双层次犯罪构成的定罪思路。这一定罪模式的第一层次为犯罪本体要件，包括犯罪行为和犯罪心态；第二层次为责任充足要件，即诸种合法辩护的排除。[③] 笔者认为，美国的双层学说不仅在操作方法上简便易行，而且判断方法也是科学的：一方面，先是基于一般原则的基本判断；另一方面，在基本判断的基础上，具体问题具体分析，对一般原则判断结论进行微观的修正，使最终的结论趋近公正、合理。

（2）主体的注意义务

在刑法理论中，注意义务存在于过失犯罪的判断中，但对渎职罪而言，注意义务同时关系到对故意犯罪的认定。注意义务源于行为人所肩负的职责，也即这种职责决定了它的执行者负有此种注意义务。注意义务的渊源：一是

---

① 高铭暄主编：《刑法学原理》（第二卷），中国人民大学出版社 2005 年版，第 88 页。

② 高铭暄主编：《刑法学原理》（第二卷），中国人民大学出版社 2005 年版，第 89 页。

③ 储槐植：《美国刑法》（第三版），北京大学出版社 2005 年版，第 5 页。

由法律（包括法令、法规、制度、命令、合同等形式）规定明示的注意义务。法律一般预想定型的或常见的危险，要求行为人实施各种避免危害结果的行为。二是常识和习惯要求的注意义务。三是基于先行行为产生的注意义务。[①] 注意义务分一般注意义务和特别注意义务。渎职罪中的注意义务属于特别注意义务。一般说来，特别注意义务主要采取法律规定的方式，而一般注意义务则可以通过各种形式表现出来。特别注意义务只适用于特殊主体、特定区域、特定行业的业务活动。为了突出特别注意义务的重要性，往往通过法律规定的方式明确化、具体化、定型化，便于理解与执行。[②] 特别注意义务与特定的职业、职务、业务活动联系在一起，随着业务活动的存在与否而产生或消失，如搭乘他人汽车的驾驶员因未驾驶汽车，不具有司机的注意义务。行为人只履行与自己的实际活动有关的注意义务，不履行与自己的实际活动无关的注意义务。这与主体研究中提到的时机要件是一致的。

渎职犯罪与业务过失犯罪是一种交叉关系。业务过失是在近代社会的工业化进程中产生的一种有别于传统过失的新型过失。渎职犯罪中的过失犯罪在广义上属于业务过失。业务过失是纯粹的过失犯罪，而渎职犯罪中，除了过失之外还有故意犯罪。但这种差别并不影响借助业务过失理论对渎职罪罪过中部分原理的说明。渎职罪主体的本质特征为“依法承担并履行公务职责”，行为人在其职责范围内具有特别的注意义务。业务过失中“职业或业务上具有特定要求”，因此“业务人员负有较普通人更多的注意义务”，而“该类注意义务的法律化、规范化使其更能为业务人员所熟知”、“注意义务范围与业务活动中权、责、利、罚的原理相适应、与刑事责任相适应”以及“违反注意义务行为常表现为违反规章制度的行为”等原理，均可用于对渎职罪主体注意义务的说明，而且，正如业务过失理论所表明的，“法律等行为规范要求业务人员履行的注意义务就是避免危害结果的必要措施。如果业务人员切实履行了注意义务，一般不会发生危害结果，即便发生了危害结果，也不属于犯罪过失，业务人员也不负责任。”[③] 这同样也是某些涉渎案件中，承担相应公务职责的人得以被认定为无罪的情形之一。

---

① 高铭暄主编：《刑法学原理》（第二卷），中国人民大学出版社 2005 年版，第 93 ~ 95 页。

② 高铭暄主编：《刑法学原理》（第二卷），中国人民大学出版社 2005 年版，第 95 页。

③ 高铭暄主编：《刑法学原理》（第二卷），中国人民大学出版社 2005 年版，第 108 ~ 110 页。

（3）行为人主观认识能力的判断具有法律拟制[①]的特征

前文对主体预见能力的分析，显示了对这些具有某种特别注意义务的行为人的认识能力进行判断时，所表现的“法律拟制”性。这种拟制性是主体符合法定要件下的对主体认识能力的自然推论。法律拟制的前提在于行为人符合一般犯罪主体要件的基础上，具有一定的公务职责。当这一点得到证明后，法律拟制成立。法律拟制意味着法律拟制的内容无须证明在法律上视为成立。因此，事实上，对法律拟制内容的证明实际上转化为法律拟制前提的证明。前提得到证明，拟制得以成立，拟定的内容自然成立。同时，这种认识能力意味着当行为人故意或过失地违背相关的履职规则或法律规范时，其对由此可能造成危害后果的明知或预见。

（二）渎职罪罪过的证明

1. 证明内容

渎职罪主观方面的内容主要包括：一是对自己负有某种职责的明知和应知；二是对行使职权、履行职责的方式、方法、程序的明知和应知；三是对犯罪对象的明知和应知，如明知或应知某人是无罪的人、有罪的人，明知或应知某人是企图跨越国（边）境的人员；四是对自己行为可能造成的结果的明知和应知；五是徇私舞弊型渎职罪，如徇私舞弊不征、少征税款罪，徇私舞弊帮助犯罪分子逃避处罚罪，徇私舞弊不移交刑事案件罪等，徇私情、私利则是必要的证明对象。[②]

2. 证明方法和路径

所谓主观内容，只是一种具体心理活动的描述。至于其事实上是否如此，必须要将主观外化（行为或结果），以客观的具体表现加以证明。因此，在主观方面的证明中，就要树立“置换思维”，考察以客观形式表现出的外在事实能否置换为相应的主观要件。置换的方法即是“推定”。这种方法作为一项技术在立法和司法解释时得到应用。例如，2006 年《立案标准》制定过程中，在故意泄露国家秘密案规定中，曾规定“以颠覆国家政权、危害社会稳定、经济发展和国防安全为目的，向非境外机构、组织、人员泄露国家秘密的”。考虑到实践中“以颠覆国家政权、危害社会稳定、经济发展和国防

---

① 法律拟制是将不同的法律事实、法律行为等赋予相同的法律意义（法律效果）。典型的法律拟制，是指法律明文规定的拟制，即法律有意识地将两个不同的事实构成等同，以期待取得预期的法律后果。这种拟制通常都是以“视为”为标志。参见孔祥俊：《法律方法论（第三卷）——裁判模式、自由裁量与漏洞填补》，人民法院出版社 2006 年版，第 1463～1464 页。

② 陈为钢、张少林：《刑事证明方法与技巧》，中国检察出版社 2008 年版，第 232 页。

安全为目的”的主观故意不好认定，将该项修改为“向非境外机构、组织、人员泄露国家秘密，危害社会稳定、经济发展和国防安全”，这样就把主观目的改为客观结果，并与第6项“泄露国家秘密已经造成或者可能造成严重危害后果的”合并为一项，即“向非境外机构、组织、人员泄露国家秘密，危害社会稳定、经济发展、国防安全或者已经造成或者可能造成其他严重危害后果的”。[①] 这种方法同样可应于具体案件中对行为人主观方面的审查。这是人类认识问题的基本规律使然——即便人们没有意识到这种方法的存在，但事实上却在不自觉地运用着它，总是以某种具体的事实来作为主观定论的依据。

实际上，不仅仅是主观证明时必然要用到推定，而且，从一开始如何理解刑法总则关于故意定义的规定时，就涉及了推定问题。例如，刑法规定“明知自己的行为会发生危害社会的结果”中，关于“明知”的含义法律未予阐明，这就给理论上如何理解“明知”提供了解释的空间，通说认为，“明知”包括知道和应当知道。后者即是一种推定。对渎职罪而言，主观推定的一个先在因素在于主体的特殊职能。主体所肩负的公务职能决定了其具有或应当具有与职能相关的事实的知识，而具有这种知识的人实施违背属于该知识范围之内的规范时，主观罪过应可确定。也就是说，在渎职罪的认定中，存在一个推定的链条，这个链条的初段是主体，主体的特殊属性将沿着这根链条依次推演到客观行为、主观、因果关系的认定等等，使渎职罪的构成要件呈现相互交织的局面。在前文主体部分的研究中曾经提到，对渎职罪主体刑事责任能力的认定具有推定的性质。“推定”的事实依据是相应的岗位职责。推定的范围不仅仅涉及刑事责任能力，而且还关系到主观罪过的认定。一定的岗位职责是相应刑事责任能力的标志，包含了对行为人就涉案公务事项应有认识能力和判断能力（以下笔者将之合并简称为“职业能力”）的确认。当这种对具体案件事实的职业能力和基于这种能力而在客观上的行为表现相结合时，就可以以此来判断行为人主观上有无以及有何罪过。这其中的推理路线是：一定的岗位职责—刑事责任能力—相应的客观行为—主观

---

① 陈国庆、韩耀元：《关于渎职侵权犯罪案件立案标准的规定的理解与适用》，载《人民检察》2006年第16期，第16页。

罪过。① 当然，不同类型的渎职案件，要根据案件特点、证据情况，设计不同的证明方案。例如，有研究将证明重大责任事故涉渎案件主观过错的证据归纳为以下三个方面：一是犯罪嫌疑人与发案单位及主要负责人之间有无经济往来及其他利益关系；二是关于犯罪嫌疑人履职情况的证言、会议记录，研究意见等；三是犯罪嫌疑人从事本职工作的时间、阅历、专业技能以及其

① 司法案例1：郑筱萸受贿、玩忽职守案（北京市第一中级人民法院［2007］一中刑初字第1599号）刑事判决书认定，“郑筱萸作为长期从事国家药品监管工作的主要领导，明知专项工作涉及对全国范围内药品标准的审查，与人民群众生命健康关系密切、关乎民生和社会稳定及政府管理能力，应当将专项工作列为国家药监局的一项重要工作，应当预见一旦专项工作处置失当将会造成严重后果，但其将这一重要工作当做该局注册司的一项常规工作来对待，严重违反国家药监局《国家药品监督管理局工作规则（试行）》中关于‘国家药监局工作中的重大问题，须经局党组会议，局务会议研究讨论决定’，‘工作中的重要情况或重大问题，及时向党中央、国务院请示、报告，对重要工作和重大问题，必须在深入调查研究、认真听取和充分尊重有关部门和地方意见的基础上，提出切实可行的意见和建议，经国务院批准后部署实施，并加强监督检查’的规定，没有向国务院请示，没有召开局党组会议、局务会议研究，没有调研，没有听取有关部门和地方的意见，草率签发了187号文件，启动了专项工作，并将这一全局性的重要工作交由注册司一个部门来承担……由于郑筱萸忽视专项工作的重要性，没有核算工作量，部署不周，致使投入的人员严重不足，无法在既定时间内完成工作。被告人郑筱萸本应意识到问题的严重性，及时向国务院汇报情况，与局领导班子研究应对措施，但其不正确履行职责，擅自同意并签发了注册司上报的582号文件。该文件将187号文件中规定的‘专项小组对上报材料进行汇总与复核’改为‘企业申报时可以提供的有关材料可为复印件，由省级药监部门重点审核其原生产批件和原始档案，专项小组仅对上报的资料进行形式审核，并对原始档案进行抽查核对’，削弱了国家药监局的监管力度，由此降低了对药品的审核标准，致使大量不符合国家标准的药品通过原始资料造假等方式获得了批准文号。”上述判决内容，即是以岗位职责为出发点，推定行为人主观方面对相关事项的明知（不管行为人事实上对相关职责事项是否关注到，岗位职责本身要求行为人对该事项应为明知），而后，将基于这种明知在履行公务职责时应为的行为与被告人的实际作为相比对后，进而认定主观方面的罪过形式。

司法案例2：犯罪嫌疑人张某，男，汉族，山东济南市人，系某县物资局分管业务的副局长。1997年7月，犯罪嫌疑人张某经人介绍，认识了黑龙江省大庆市某石化产品经销公司经理陈某。陈谎称能提供低价原油及油质品，张某在没有调查陈某及其公司的资信、经营状况下，盲目轻信对方，未请示局长也未经集体研究，擅自决定与陈某签订了“原油加工联营合同”。合同签订后第10天，在陈某的催促下，张某将180万元购买原油的款项打入对方指定账户。陈某收到钱后，携款逃匿，将180万元挥霍一空，后被抓获。本案中，张某作为物资局分管业务的副局长，应通晓业务活动的规范、程序和风险，但其一是事先没有调查陈某及其公司的资信、经营状况；二是在事先既未请示局长，也未经集体研究的情况下，擅自具体签订合同；三是该合同未经上级主管部门鉴证和公证机关公证；四是对对方公章未认真审查，对方公章是一个没有地名的不规范公章；五是拟定合同时严重失职，没有在合同中约定违约制裁条款。将张某的岗位职责和基于这种职责推定的行为人对其职务行为应有的明知和相关的注意义务，与本案中张某履职的具体行为表现比对，应当认定张某在签订合同中主观上存在过失。该案例引自陈为钢、张少林：《刑事证明方法与技巧》，中国检察出版社2008年版，第243页。

他人员对犯罪嫌疑人的提醒、告诫等。①

（三）渎职罪主观方面罪与非罪的认定

渎职罪的主观认定中，一方面，入罪时需重点关注避免客观归罪的情况。其中有此类犯罪“由结果倒查责任”侦查特点的客观原因，亦有对过失渎职还是工作失误或意外事件的错误分析。另一方面，出罪时应重点关注证据链条是否完整，证明结论是否是证据体系整体运作所得判断结论。

1. 关于客观归罪的两种典型情形

一是“工作失误”被视为“过失型渎职”的情形。两者区别的关键在于主观心理态度不同。过失型渎职主观方面表现为一种消极的、漫不经心的心理态度；而工作失误的行为人主观上虽有一定的过错，却是一种积极的履行职务的心理态度。对此，应视情况给予党纪、政纪处理，不能作为犯罪追究刑事责任。② 以一起无罪案件为例，根据新疆维吾尔自治区高级人民法院（1998）新审刑再终字第 9 号刑事判决书，原一、二审判决认定：被告人王某 1993 年任阿克苏地区边境地方贸易进出口公司经理期间，以借款及向银行贷款的方式筹集资金。在经营活动中，被告人决策无方，经营不善，财务制度不健全，致使财务管理混乱。经审计：公司亏损 5413701.40 元，给国家金融行业及集体造成无法挽回的巨大损失。一审认定王某犯玩忽职守罪，判处有期徒刑 5 年，二审维持原判，驳回上诉。经再审查明，阿克苏地区边境地方贸易进出口公司（以下简称地边贸公司）于 1993 年 1 月 7 日正式成立，当时申请注册时注明，该公司资金来源为：上级拨款 6 万元，银行定额借款 212 万元，全部为流动资金，共 218 万元，但实际分文未到。王某上任后，为了开展业务，先后多次贷款和借款，在经营过程中，王某发现公司存在的一些问题后，制定了一系列规章制度，但由于王某长期出差在外，公司职员的素质又较低，业务能力差，加之公司领导之间不够团结，致使王某的决定常常无人贯彻落实，对公司失去了控制，造成公司亏损，对此王某负有不可推卸的领导责任，但一、二审认定其犯有玩忽职守罪缺乏充分的证据，应予纠正。终审判决宣告王某无罪。③ 工作失误往往是由于工作能力欠缺所致，

① 杨书文：《查办重大责任事故所涉渎职罪的几个问题》，载《人民检察》2008 年第 10 期，第 20 页。

② 王作富主编：《刑法分则实务研究（下）》（第二版），中国方正出版社 2003 年版，第 2067 页。

③ 新疆维吾尔自治区高级人民法院（1998）新审刑再终字第 9 号刑事判决书，http://www.lawyerhotline.com.cn/cases/1/56458.htm。

而刑事归责的主观原因是“责任心的缺失”而不是“工作能力的欠缺或工作水平的问题”。我国刑法关于在职务上负有特定义务的人能否进行紧急避险的规定，对于阐释此问题具有一定的启发。依据我国1997年刑法第21条第3款的规定，“第一款中关于避免本人危险的规定，不适用职务上、业务上负有特定责任的人。”这一规定并不意味着这些职务上负有特定责任的人在任何时候、任何情况下都不能实施紧急避险行为，而是仅仅限于他们不能借口避免本身危险而不履行国家赋予他们的职责。如果他们在履行职务时，为了保护重大的公共利益或其他合法利益免受危险损害，而不得不去损害较小的第三者的利益，应当肯定其行为成立紧急避险，不负法律责任。① 同样的行为方式依然出现严重的后果，但基于不同的目的和动机，最终的法律评价截然不同。由此而引发的思考是，刑法规定渎职罪惩罚的是什么？是肩负并履行特定公务职责的行为人的“责任心”还是“工作能力”？笔者认为，渎职罪针对的是“责任心”而不是“工作能力”。刑事责任是基于实施犯罪行为而产生，这一犯罪行为是主客观要件的统一，与行为人的“工作能力”无关。“责任心”是行为人是否具有罪过的主观事实表现，是一种社会评价，而工作能力是个人素质问题，与罪过无关。至于为什么欠缺工作能力却获得公务职权并非认定行为人存在主观罪过的理由，它属于社会问题、体制问题，已经超出刑法所关注的范围。

二是意外事件而归罪的情形。根据我国1997年刑法第16条规定，行为在客观上虽然造成了损害结果，但是不是出于故意或者过失，而是由于不能抗拒或者不能预见的原因所引起的，不是犯罪。意外事件最本质的特征是“不能预见”，即出乎行为人的意料之外，行为人不可能预见损害结果的发生。判断的标准是存在“不能预见的原因”，即行为人在其行为引起危害结果发生的当时，根据客观环境和主观条件，他根本没有也不可能预见这种损害结果。在这种情况下，行为人的行为虽然造成了损害结果，但是由于这种结果是在行为人不能预见的情况下造成的，对于这种结果，行为人主观上没有罪过，故不负刑事责任。② 以一起无罪案件为例。③

2000年9月15日21时30分左右，平顶山车站工作人员在该站进站口，

① 马克昌主编：《犯罪通论》，武汉大学出版社2000年版，第796页。

② 马克昌主编：《犯罪通论》，武汉大学出版社2000年版，第367～369页。

③ 《黄玉祥因被留置人自杀而涉嫌玩忽职守案》，北大法律信息网，http://vip.chinalawinfo.com/newlaw2002/slc/slc.asp? db=fnl&gid=117464662。

查获旅客胡传明持567次旅客列车车票，携带121枚雷管欲进站乘车，当即将胡传明交给在该站值班的公安人员、被告人黄某。黄某将胡传明带到公安室进行调查询问，并向有关领导进行了汇报。按领导要求，要由专人对胡进行看管。此前，被告人黄某已连续带班工作了三天三夜，很疲劳。车站当天警力不足，身为副所长的黄某一面向领导汇报，一面主动承担了对胡的看管工作。按照惯例，黄某对胡进行了防范检查，收掉胡的裤带等不安全物品，办理了留置手续，将胡送进留置室锁好门。此时已是16日凌晨1时许，被告人黄某搬来椅子坐在留置室门口看守。凌晨4时许，黄某感到头晕眼发黑，再也坐不下去了，见胡已熟睡，叫其不应，便扶墙到隔壁值班室打了盹。5时许，黄再回留置室，发现胡传明已用自己身上的白衬衣绞成绳索系在钢筋护栏上自缢身亡。法医检验证实：胡传明为自缢死亡。案发后，武汉铁路运输检察院以被告人黄某犯玩忽职守罪向武汉铁路运输法院提起公诉。武汉铁路运输法院经公开审理认为：被告人黄某身为公安人员，在执行看守工作中，由于疏忽和过于自信，离开留置室，造成被留置人员胡传明自缢身亡，其行为构成玩忽职守罪，但情节轻微不需要判处刑罚。该院依照《中华人民共和国刑法》第397条第1款，第37条的规定，于2001年7月10日判决被告人黄某犯玩忽职守罪，免予刑事处罚。宣判后，被告人黄某不服判决，提出上诉，称其不负有对被留置人寸步不离的职责；自己已扣押了被留置人的裤带等物，已尽了职。对于胡传明的自杀，由于其方式及手段的特殊性，不可预见，自己主观上无过错，胡的死亡属于意外事件。

本案审理过程中，形成两种意见，一种意见是被告人黄某擅离岗位，造成被留置人死亡的严重后果，其行为构成玩忽职守罪。另一种意见是被告人黄某没有离开值班区域，没有违反看守规定，被留置人的自杀方式特殊，看守人员不能预见，本案属于意外事件。

对上述两种意见的分析过程，实际就是罪与非罪的判断过程。结合本案事实及证据，两种意见分歧的焦点集中在行为人的“主观方面”，即行为人主观方面到底是“疏忽大意的过失”还是“无罪过的意外事件”。根据刑法理论，疏忽大意的过失包含了三大要素：一是没有预见；二是应当预见；三是应当预见而没有预见的原因是行为人的疏忽大意。其中，“应当预见”包括“有责任预见”和“能够预见”两层含义。如果行为人对危害结果的发生没有责任预见，即使在当时实际情况下他能够预见，也不能认定为是应当预见。[①] 关于预见责任的范围，其中，来自法律或规章制度的预见责任只应限于法律或规章制度的规定。对于超越行为人的合法或符合规章制度要求的行为可能产生的危害结果，行为人不负有预见的义务；来自职务要求的预见义务，只限于行为人所从事的职业或所担负的职务而产生的预见义务。在职权范围内的正常活动可能产生的危害社会的结果，行为人不负有预见的义务。[②] 据此，针对本案，可以将判断过程分解为四个层次：一是主体的身份，以此确定行为人是否具有预见责任及预见责任的范围。本案中，被告人黄某，系武汉铁路公安处平顶山东车站公安派出所副所长。案发当时，其承担着看管犯罪嫌疑人胡传明的任务。二是明确本案涉及的相关的规章制度及职责规定，这是判断行为人职务行为是否具有合法性的根据。本案中，被告人的职务行为对应的职责规范是《中华人民共和国看守所条例》。三是对照上述规定，判断本案中行为人的职务行为是否属于职责范围内的正常活动、是否违反上述规章制度或职责规定，这是认定是否有罪过的客观前提。根据刑法理论，业务上的犯罪过失是指从事某项业务的人因疏于业务上的必要注意，导致发生了自己不希望的危害结果的犯罪过失。业务上的过失犯罪同违反规章制度或行为人自己的职责紧密地联系在一起。行为人有意或无意违反规章制度和自己的职责，是构成业务上过失的前提，否则，业务上的过失便不存在，而是属于意外事件。[③] 本案中，被告人黄玉祥在接到车站移交的犯罪嫌疑人胡传明后，依法对其进行了调查询问，并向有关领导进行了汇报。此后，根据领导指示，其承担了当晚对胡的临时看管工作。其例行了对胡的安全防范检查，收走胡的裤带等不安全物品，依法办理了留置手续后，将胡送进留置室。其间，其先是在留置室门口看守，后到隔壁值班室睡觉约1小时。根据《中华人民共和国看守所条例》第16条规定，看守所实行24小时值班制度。值班人员应当坚守岗位，随时巡视监房。可见，该条例要求值班人员坚守岗位，并不要求值班人员必须一直留守监房。因此，黄离开留置室来到值班室，依然在岗，并未离开值班区域。因此，本案中黄的职务行为并未违反相关的职责规定，不能认定黄擅离岗位。四是预见可能的判断，即根据行为当时的实际情况，行为人是否能够预见。法律不会强求公民做他们做不到的事情。[④]

---

① 马克昌主编：《犯罪通论》，武汉大学出版社2000年版，第352~357页。

② 马克昌主编：《犯罪通论》，武汉大学出版社2000年版，第354页。

③ 马克昌主编：《犯罪通论》，武汉大学出版社2000年版，第360~361页。

④ 马克昌主编：《犯罪通论》，武汉大学出版社2000年版，第354页。

本案中，胡被公安机关留置系因携带危险物品，被留置后其随身使用的裤带等通常被认为是不安全的物品已被没收，最终其采用将自己身上的白衬衣绞成绳索系在钢筋护栏上的方式自缢身亡。其涉嫌罪行在通常观念上不足以致其选择自杀，一般经验认为的危险情形也被排除，且其自杀方式颇为特殊，将这三个方面的因素结合起来，本案胡自杀结果非黄所能预见。综上分析，本案被告人黄某的行为不构成玩忽职守罪，本案发生应属意外事件。无可否认，对于危害结果的发生，黄仍负有不可推卸的责任，但属于行政责任而非刑事责任。

郑州铁路运输中级法院经过二审审理认为，上诉人黄玉祥在执行看守被留置人员胡传明的临时任务时已经尽职尽责，胡传明自杀的方式特殊，是黄玉祥不能预料的。黄玉祥所诉其在看守胡传明时尽职尽责，此事的发生不可预见，主观上无过错，胡传明的死亡属于意外事件的理由成立，应予采纳。该院依照《中华人民共和国刑事诉讼法》第189条第（二）项的规定，于2001年9月25日作出刑事判决如下：撤销原判被告人黄玉祥犯玩忽职守罪、免予刑事处罚的刑事判决，宣告上诉人黄玉祥无罪。

2. 相反相成的证据现象——“有无履职行为”与“是否正确履职”的辨析

在渎职案件的审理中，有一种有趣的证据现象，这些证据单独看是证明犯罪嫌疑人无罪的证据，但联系起来形成证据链后则恰恰是证明犯罪嫌疑人有罪的证据，如有的行业主管部门、行政执法部门工作人员经常到事故单位进行安全检查和执法，对事故单位也进行过多次罚款或下达整改意见书，表面上看已经尽到了安全监管职责，但进一步调查取证会发现，该工作人员每次执法、监管都不到位，如该责令停产的作罚款处理，该提请政府关闭的作罚款处理，或者口头上对事故单位讲一套，下达执法文书是另一套。[①] 这种现象实际是“有无履职行为”与“是否正确履行职责”所具有的不同刑法意义的体现。定罪中，作为渎职罪客观方面关注的要素是“是否正确履行职责”而非“有无履职行为”，混淆二者会导致罪与非罪根本性的判断错误。实践中，行为人的正确履行职务并非都是通过单一的一个行为或一次行动即可完成，而是需要若干关联的履职行为接续完成的。这就需要针对涉案事件，明确正确履行职责应有哪些作为，对职责链上的各个职务行为都应作对应调

---

① 参见杨书文：《查办重大责任事故所涉渎职罪的几个问题》，载《人民检察》2008年第10期，第18页。

查取证。只有深入调查、全面收集证据，才能确保证据体系的客观性、完整性，才能由此得出正确的证明结论。前述证据现象实际是取证不完整所致。不完整的原因在于没有明确正确履职应有的职务行为，将部分履职行为视同全面履职，以偏赅全。

（四）渎职罪主观方面对定性的影响

渎职罪主观方面对定性的影响主要是针对渎职罪涉及共犯类型的案件而言的。渎职犯罪的相对方通常是渎职行为的受益者，其常常涉嫌其他犯罪，如放纵走私罪中的走私犯罪。在这种情况下，根据主客观相一致的定罪原则以及我国刑法关于共同犯罪的规定，渎职者的行为性质是渎职还是相对方涉嫌犯罪（以下简称“关联犯罪”）的共犯关键取决于渎职者的主观方面。如果不存在或没有证据证明渎职者与相对方之间有实施关联犯罪的犯意沟通或共谋，渎职行为仅仅是在客观上帮助或掩盖了关联犯罪，则只应构成渎职犯罪，不成立关联犯罪的共犯。

五、渎职罪中的“徇私”问题

在刑法中，“徇私”是渎职罪主观方面的标志性要素，类同于“非法占有为目的”在侵财犯罪中的地位。其在立法上经历了从零散到整合又到分立的历程。刑法修订前，徇私舞弊罪的内容被零散地规定在单行刑法和附属刑法中，为此，最高人民检察院曾于1996年6月4日颁布了《关于办理徇私舞弊犯罪案件适用法律若干问题的解释》，将上述分散的规定加以整合。1997年刑法则取消了徇私舞弊罪罪名，将因徇私舞弊而发生的各种渎职犯罪行为分别规定为不同的罪名。[①] 目前，在1997年刑法中，“徇私”的法律地位分为两种，一是量刑要素，即刑法第397条第2款的规定，其将“徇私舞弊”作为加重处罚情节；[②] 二是定罪要素，即除前述情况外，刑法第九章关于徇私的罪名均是将“徇私”作为犯罪构成要件加以规定的。刑法第九章24个条文中，有13个条文涉及“徇私”规定，其中，1条为量刑要素（即加重处罚情节），12条为定罪要素（即必要构成要件），可见徇私型渎职罪在整个第九章犯罪中占有相当大的比重。因此，准确把握“徇私”要素，是正确适用渎职类刑法、准确定罪量刑的重要一环。

---

① 参见黄明儒：《论我国刑法中“徇私”的含义》，载《法学家》2006年第5期，第73页。

② 此外，刑法第168条第3款也是将徇私舞弊作为加重处罚情节予以规定的，鉴于本书的研究范围限定于刑法第九章规定，对此不再赘述。

（一）实践反馈与立法质疑

刑法第九章半数以上的条文涉及徇私型渎职罪，一是表明我国立法者已经充分意识到，现实社会中对公权力的滥用常与徇私存在密切关系，而且具有相当的社会危害性；[①] 二是为了将国家机关工作人员因为法律素质、政策水平、技术能力不高而出现差错的情形排除在渎职罪之外，换言之，当国家机关工作人员不是因为上述因素导致差错，而是基于徇私的内心起因违背职责时，即应以渎职罪论处。[②] 但实践证明，渎职罪中的徇私要素在法律适用中具有相当的复杂性。这种复杂性源于一系列客观存在、亟须解决而尚无定论的问题，其中既有实践反馈引发的思考，又有对立法合理性产生的质疑。

1．实践反馈

（1）概念模糊，侦、诉、审各阶段适用法律分歧大

徇私以及类似的徇情等表述，严格讲实际上是一种民间用语，而非规范的法律概念。刑法对上述用语的含义无明确的概念界定，理论上对其内涵外延理解各异、未达共识，侦查、起诉、审判各个诉讼环节认识不一、适用法律分歧大。因此，实践中难以将“徇私”或“徇情”作为操作依据。[③]

（2）诉讼可行性差

对于在罪状中列明“徇私”的渎职罪，在认定时，“徇私”成了定罪的必要要素。由于渎职犯罪涉及多种行业领域，具有相当的专业性，既然是“徇私”，行为当然就相当隐蔽。有意的隐蔽和职能专业的遮掩，使得这类犯罪难以被发觉。因此，把徇私作为犯罪构成要件，实践中存在三难：发现难、取证难、固定证据难。证明“徇私”的困难严重制约了对渎职犯罪的打击，同时，也成了因徇私而渎职者逃脱法网的庇护。

2．立法质疑

（1）将“徇私”作为构成要件甚至规定在罪名中欠缺立法规定的科学性

在罪状中没有规定徇私的犯罪中，也有“徇私”情况的存在。以刑法第

---

① 参见黄明儒：《论我国刑法中“徇私”的含义》，载《法学家》2006 年第 5 期，第 74 页。

② 张明楷：《渎职罪中“徇私”、“舞弊”的性质和认定》，载《人民检察》2005 年第 23 期，第 6、7 页。

③ 据广东省人民检察院反渎职侵权局统计，2003 年以来，该省以徇私舞弊类罪名判决的案件有 37 人，其中徇私枉法罪 19 人、徇私舞弊不移交刑事案件 3 人，共涉及 8 个罪名，而非法批准征用占用土地罪，滥用管理公司、证券职权罪，民事行政枉法裁判罪，放纵制售伪劣商品犯罪行为罪等没有成功判决的案例。有部分案件以徇私舞弊类渎职罪名立案侦查并起诉，但最后以受贿罪判决。广东省人民检察院反渎职侵权局：《徇私舞弊类渎职犯罪司法认定共性问题调查与研究》，载《人民检察》2008 年第 8 期，第 48 页。

399 条第 1 款、第 2 款的规定为例。该条第 1 款徇私枉法罪罪名本身即突出了“徇私”，但第 2 款民事、行政枉法裁判罪也不排除因“徇私”而构成的情形。[①] 这样，一方面使得某些徇私类个罪，如徇私枉法罪在事实上成了能够包容其他相关犯罪的类罪（如民事、行政枉法裁判罪就属于徇私枉法罪[②]）；另一方面，同样存在徇私情形，有的犯罪在罪状乃至罪名中规定徇私，有的则表述为“故意违背事实和法律”而无“徇私”的字样，以致立法对徇私的规定颇显随意而欠缺科学性。

（2）“徇私”是“犯罪动机”在理论界已基本形成共识

将“徇私”规定在罪状中以至于需要将之作为犯罪构成要件之一的定罪要素加以证明，有违刑法犯罪构成的相关理论。根据通说，犯罪动机不是犯罪构成要件。因为犯罪动机只能说明行为人为什么要进行犯罪活动，但它不能决定行为的具体形式，对决定犯罪行为的性质没有意义。[③] 立法规定和刑法理论形成冲突，使司法适用陷入两难困境。

（二）问题反思

上述实践反馈和立法质疑，引起对“徇私”系列问题的反思，主要包括：“徇私”的含义如何界定。这是关涉徇私各种问题的渊源，也是解决徇私系列问题的起点和归宿。“徇私”是否为定罪要素。“徇私”属于主观要素还是客观要素。实务中如何认定“徇私”。对上述问题分述如下：

1.“徇私”的含义

这一问题主要包括徇私的对象、徇私和徇情的关系以及徇私含义本身的界定

（1）徇私的对象

关于徇私的对象，有以下两种观点：

观点一：徇私仅指徇个人之私，不包括徇单位之私。

法律参照是，2003 年 11 月 13 日印发的《全国法院审理经济犯罪案件工作座谈会纪要》（以下简称《纪要》）。根据该《纪要》关于渎职犯罪中“徇私舞弊”的理解与适用问题的解释，徇私舞弊型渎职犯罪的“徇私”应理解为徇个人私情、私利，国家机关工作人员为了本单位的利益，实施滥用职权、

---

① 参见武小凤：《关于徇私枉法罪罪名存在的问题》，载《云南大学学报》2006 年 3 月第 2 期，第 19 页。

② 参见武小凤：《关于徇私枉法罪罪名存在的问题》，载《云南大学学报》2006 年 3 月第 2 期，第 19 页。

③ 马克昌主编：《犯罪通论》，武汉大学出版社 2000 年版，第 384 页。

玩忽职守行为，构成犯罪的，依照刑法第397条第1款的规定定罪处罚。

理论依据主要有：

①从文义解释的角度界定，“徇私”应是指徇个人私情、私利。刑法中的“单位”是与自然人个人相对应的词语。据《新华字典》的释义，“私”有三层含义：“个人的，跟‘公’相反”，“为自己的”；“秘密而不公开，不合法；暗地里，偷偷地。”因此，将“私”与单位相关联称为“单位之私”，应该说不符合刑法用语的逻辑性。[①]

②从体系解释的角度出发，“徇私”不应包括“徇单位之私”。我国刑法除了第397条第2款和根据《中华人民共和国刑法修正案》修正的第168条第3款将“徇私”舞弊规定为加重处罚的情节外，其他条文都将“徇私”规定为成立犯罪的必要构成要件。关于“徇私”如何理解，是刑法中所有“徇私”类渎职犯罪的共性问题。可见，对徇私枉法罪中“徇私”的理解，必须放在整个刑法体系中通盘考虑。如果“徇私”可以理解为“徇单位之私”，那么刑法第169条规定的徇私舞弊低价折股、出售国有资产罪，逻辑上将无法说通（为国有公司、企业谋取单位利益与将国有资产低价折股和出售是矛盾的）。因此，从追求概念用语统一性的体系解释出发，“徇私”也不应包括“徇单位之私”。[②]

③国家机关工作人员为了本单位的利益，实施渎职行为，情节严重，造成严重后果的，可以依照刑法第397条第1款的规定定罪处罚，不影响追究其刑事责任。没有造成严重后果的，则可以通过追究责任人的行政责任实现社会正义，没有必要为片面追求刑法的严厉性而追究责任人徇私类渎职犯罪的刑事责任。[③]

观点二：徇私不仅指个人的私情私利，也可包括单位和集体之私。

法律参照是，1996年6月4日最高人民检察院《关于办理徇私舞弊犯罪案件适用法律若干问题的解释》（以下简称1996年《解释》）。该《解释》规定，“徇私”是指贪图钱财、袒护亲友、泄愤报复或者其他私情私利；为牟取单位或者小集体不正当利益而实施徇私舞弊行为构成犯罪的，依法追究

---

① 牛克乾、阎芳：《试论徇私枉法罪中的“徇私”的理解与认定》，载《政治与法律》2003年第3期，第128页。

② 牛克乾、阎芳：《试论徇私枉法罪中的“徇私”的理解与认定》，载《政治与法律》2003年第3期，第128～129页。

③ 施晓生、陆健辉：《从宽严相济解读渎职罪的“徇私”要件》，载《检察日报》2007年4月3日第3版。

直接负责的主管人员和其他直接责任人员的刑事责任。[①] 1999 年 9 月 16 日最高人民检察院《关于人民检察院直接受理立案侦查案件立案标准的规定（试行）》规定，直接负责的主管人员和其他直接责任人员为牟取本单位私利而不移交刑事案件，情节严重的，应予立案。2006 年 7 月 26 日最高人民检察院颁布的《关于渎职侵权犯罪案件立案标准的规定》规定，“徇私舞弊”，是指国家机关工作人员为徇私情、私利，故意违背事实和法律，伪造材料，隐瞒情况，弄虚作假的行为。其中，将“直接负责的主管人员和其他直接责任人员为牟取本单位私利而不移交刑事案件，情节严重”的情形列为刑法第 402 条徇私舞弊不移交刑事案件罪的立案标准之一。这是根据实践中许多不移交刑事案件行为都是由单位有关领导集体研究决定的实际情况而作出的规定。[②]

理论依据主要有：

①将徇单位、集体之私排除在徇私之外，不利于保护法益。渎职罪侵犯的法益是国家机关工作人员职务行为的客观公正性，以及国民对该客观公正性的信赖。国家机关工作人员无论是徇个人之私实施渎职行为，还是徇单位、集体之私实施渎职行为，对上述法益的侵害并无区别。不仅如此，徇单位、集体之私对法益的危害往往更为严重。[③]

②徇单位、集体之私也可以成为推动行为人实施渎职行为的内心起因，无论于理论还是于实践都没有理由排除这种情形客观存在的可能性。

③在解释论上，徇私可以包含徇单位之私。公与私总是相对的，在以徇私为要件的犯罪中，国家机关工作人员正当履行职责所实现的利益、刑法所要保护的法益就是“公”；非出于实现公的利益与保护公的法益的意图，便应评价为“私”。此外，司法实践中，绝大部分所谓徇单位、集体之私的，最终的受益者都是个人。如果将徇单位、集体之私排除在徇私之外，必然导

---

① 虽然最高人民检察院于 2002 年 2 月 22 日通过的《关于废除部分司法解释和规范性文件的决定》中明确指出，因徇私舞弊不是一个独立的罪名，且该规范中的相关内容已经在刑法中有明确规定，故将该规定予以废止。但是，现行刑法对徇私舞弊罪的修改主要是对徇私舞弊的行为方式作了细化，徇私的内涵并没有发生变化，其含义仍然可以按照 1996 年《解释》中的规定理解。见黎宏：《论徇私枉法罪的若干问题》，京师刑事法治网，http://www.criminallawbnu.cn/criminal/Info/showpage.asp? pkID = 10330。

② 《人民检察》学习问答组：《如何正确理解渎职犯罪中“徇私”的含义》，载《人民检察》2006 年第 20 期，第 63 页。

③ 张明楷：《渎职罪中“徇私”、“舞弊”的性质和认定》，载《人民检察》2005 年第 23 期，第 7 页。

致处罚范围不当缩小。[①]

④在法律适用上，由于徇单位、集体之私与徇个人之私的界限并不明确，如果对徇单位、集体之私的行为适用普通条款（认定为滥用职权罪或玩忽职守罪），对徇个人之私的行为适用特别条款（认定为特殊的滥用职权罪），便会导致此罪与彼罪之间的界限模糊不清。[②]

⑤将徇“单位或者小团体”之私的枉法行为作为滥用职权罪处理，会导致刑罚之间的不平衡。徇私枉法虽属滥用职权行为，但其不同于一般的滥用职权的行为，而是一种严重的司法腐败行为，因此，其法定刑远高于滥用职权罪。如果对徇“单位或者小团体”之私的徇私枉法行为按照滥用职权罪处理，只有在造成严重后果的场合才构成犯罪，处以3年以下有期徒刑或者拘役的话，显然是“同罪异罚”，有违罪刑相适应原则。[③]

⑥实践判例的佐证。

上述两种观点均有相关的法律参考依据和理论根据，从法律依据上看，“两高”对此问题显然有不同意见，其所作出的相关司法解释又效力相当，相互冲突的司法解释不能给问题的解决提供现成的方案。因此，对两种观点的选择依据将集中在各自的理论根据上。比对之下，本书选择观点二的立场，即徇私不仅指个人的私情私利，也可包括单位和集体之私。核心理由在于，这一立场体现渎职罪的客体利益，符合渎职罪的本质特征。

首先，“客体中心论”判断标准之提倡。犯罪的本质特征在于其严重的社会危害性。渎职的本质特征在于，担任国家公职的人员从内部侵害国家管理秩序、危害国家的执政能力。犯罪客体是犯罪本质特征的集中体现，在整个构成要素中具有统摄意义，为包括主体、主观、客观行为等在内的各个定罪要素划定了解释的边界。这意味着，对刑法第九章规定的各个渎职罪及其所包含的各个具体要素的界定都要以客体为中心，应将客体作为一

---

① 张明楷：《渎职罪中“徇私”、“舞弊”的性质和认定》，载《人民检察》2005年第23期，第7页。

② 张明楷：《渎职罪中“徇私”、“舞弊”的性质和认定》，载《人民检察》2005年第23期，第8页。

③ 徇私枉法罪是行为犯，只要行为具有徇私枉法、徇情枉法的行为，就要处5年以下有期徒刑；情节严重的，处5年以上10年以下有期徒刑；情节特别严重的，处10年以上有期徒刑。而滥用职权罪是结果犯，在国家机关工作人员滥用职权，致使公共财产、国家和人民利益遭受重大损失的场合，处3年以下有期徒刑或者拘役；情节特别严重的，处3年以上7年以下有期徒刑。见黎宏：《论徇私枉法罪的若干问题》，京师刑事法治网，http://www.criminallawbnu.cn/criminal/Info/showpage.asp?pkID=10330。

切判断的核心标准。在分析具体问题时，以客体为研究的起点，在客体的平台上去探讨相对独立的个体问题，并使研究结论最终回归客体。因此，是否徇私的关键不在于是“徇谁的私”，而在于徇私行为是否侵害了渎职罪的客体利益。

其次，实质合理性之价值判断的选择。无论何种角度的解释，公与私的界定都是在刑法意义上、在刑法所规定的渎职犯罪的范畴中进行的，凡是依法正当履行职责所实现的利益即为“公”，反之为“私”。因此，刑法意义上，公与私的辨析与其说是解释的结果，不如说是价值判断的选择，即依据客体所进行的、反映客体利益的价值取向的评价结论。具体而言，徇私型渎职罪的“私”是针对该类犯罪所保护的法益而言的，正确履行其应该履行的职责才是真正的“公”。行为人不管是为了徇个人私情、私利，还是为了本单位、本部门利益，其因此而不正确履行职责的行为，在本质上都是渎职行为，侵犯了本类犯罪所保护的法益，都是因“徇私”而“废公”。①

再次，实践可行性的要求。即便是主张徇私仅指徇个人之私，不包括徇单位之私的学者也承认，由于个人是单位中的一员，所以个人利益与单位利益总是存在直接或间接的联系，实践中有时很难对个人之私和单位之私作出明确的区分。② 这样，如果认为徇单位之私不属于“徇私”，因而不构成徇私型渎职罪的话，且不谈在同样侵犯渎职罪客体的情况下，以单位之私还是个人之私作为此罪与彼罪划分标准是否具有实质合理性，仅仅在诉讼证明中就增加了“徇单位之私还是徇个人之私”的证明环节。例如，对表面上属于为单位利益而徇私的情况，还需要排除借单位之名徇个人之私的情形（如利用自己的特殊身份，通过集体研究的形式，将个人意志转化为单位意志）。此外，还涉及单位利益和“小集体”、“小团体”利益的辨别。主张徇私仅指徇个人之私的学者针对1996年《解释》的规定提出“非为行为人单纯的私利、私情，而是为牟取‘小集体’、‘小团体’利益的，能否认定为‘徇私’”的问题。主张，“小集体”、“小团体”利益如何看待，就是要认定“小集体”、“小团体”利益究竟是单位利益，还是多个个人利益的结合。司法实践中，要注意结合具体案情，区别对待，准确认定是单位利益还是私情、私利。如果行为人并非为了单位利益，而是为了所谓“小集体”、“小团体”的不特定

---

① 苏彩霞：《徇私舞弊型犯罪共性问题研究》，载《云南大学学报》2004年第2期，第30页。

② 参见施晓生、陆健辉：《从宽严相济解读渎职罪的“徇私”要件》，载《检察日报》2007年4月3日第3版。

单位成员的私情、私利的，可以认定为“徇私”。[①] 笔者认为，在“徇私仅指徇个人之私”的观点支配下，对徇私的证明离渎职犯罪实质内涵越来越远。就渎职罪的实质而言，单位、个人、小集体等诸多概念的区分仅具有形式意义，不仅如此，其徒增证明环节，将简单问题复杂化，且证明方向脱离渎职罪客体轨道、偏离刑法惩戒渎职罪的目的。

最后，严密法网的需要。与前一问题密切相关的问题是，基于“徇私仅指徇个人之私”的观点，同时，由于公与私在事实上并非如概念表达一样泾渭分明，且假公济私的情况大量存在，因此，如果将徇私限定为“个人”，无异于给不法分子提供了一条打着“公”的旗号迂回“徇私”的安全通道，规制行为的法律反倒成了为犯罪遮掩的工具。因此，这种观点会形成明显的法律漏洞，弱化对此类犯罪的惩治。

（2）徇私与徇情

基于和以上论证观念相似的理由，笔者认为，刑法第399条徇私枉法罪的规定中，“徇情枉法”与“徇私枉法”并列表述在罪状中，二者仅仅是表达形式有别，但含义相同。在刑法意义上，尤其在渎职犯罪中，区分二者没有任何实质意义。

（3）对徇私含义的界定

法律概念是法律规范的细胞。法律规范的构成要素、适用条件都是通过法律概念表达的。无论“徇私”是否适宜作为规范概念，既然其被明确规定在罪状中，就应认为在现行刑法中，“徇私”和国家机关工作人员一样，是一个法律概念。对这个概念缺少立法或司法解释的明文规定，形成实务及理论界对徇私系列问题的争论空间。这是立法的缺憾。目前，在理论上对“徇私”含义的解说林林总总，笔者认为，仅仅就事论事地去解释“徇私”，只会形成“公说公有理、婆说婆有理”的局面，难以形成具有普遍说服力的结论并达成观念和适用上的共识。因此，单纯在理论上解说何为“徇私”没有实际意义。应当将理论中的合理因素转化为具有普遍约束力的法律形式，即对“徇私”含义的界定，应由立法机关或“两高”统一对其作出明确的概念表述。在此之前，可以通过上述关于徇私系列问题的研究，把握徇私的特征，作为界定徇私的标准。

综上所述，渎职罪中的徇私应以“是否依法正当履行职责”为判断标

---

① 牛克乾、徐薇：《徇私类渎职犯罪中的“徇私”如何理解》，中国法院网，http://www.chinacourt.org/html/article/200210/21/14638.shtml。

准。无论是“单位、集体之私”还是“个人之私”，只要故意背离依法正当履行职责的要求、有意违反客观公正的公职准则，就属于“徇私”。“徇私”与“徇情”在渎职罪中，无论是文义解释，还是立法实质、社会普遍认识及经验，均表明二者实质内涵无异，且无区分的理论意义和实践价值。二者属“同义词”，“徇情”为“徇私”所涵括。在法律没有对徇私的概念作出界定以前，可经由对徇私特征的把握来界定何谓“徇私”。

2. “徇私”是否为定罪要素

刑法第九章的24个条文中，有13个条文涉及“徇私”规定，其中，除了第397条第2款将“徇私舞弊”作为加重处罚情节外，其余12条中的“徇私”是作为定罪要素（即必要构成要件）加以规定的。其中，学术界对上述12条中所规定的“徇私”是否为定罪要素有不同观点：

观点一：否定论。主要理由：①“徇私”，是指引起犯罪的内心冲动和起因，是犯罪的动机，而犯罪动机不属于犯罪的构成要件；②徇私是一个具有隐蔽性的不确定的概念，以此作为确定行为人罪与非罪、此罪与彼罪的标准，难以做到法律适用的客观公正。且渎职犯罪的专业性、徇私的隐蔽性又使得司法机关难以收集、查实确实、充分的客观证据对徇私加以固定和证明，无益于对徇私型渎职罪的惩治。

观点二：肯定论。主要理由：①刑法分则条文明确将“徇私”规定在罪状中作为徇私类渎职犯罪构成之一，而犯罪构成反映了刑事法律的实质规定，因此渎职罪中所包含的“徇私”动机应当作为定罪的基本依据；②徇私能够反映渎职行为的社会危害性的严重程度，是判断行为人主观恶性的重要指标，国家机关工作人员由于工作水平低下或者对法律的错误理解与因徇私情、私利而实施渎职行为的主观恶性应当有所区别，前者不应该构成“徇私”类渎职犯罪，因此虽然“徇私”只是刺激行为人实施犯罪的内心冲动，但能够说明该类渎职行为具有更大的社会危害性，是影响刑事责任“宽”与“严”的重要因素，应当作为犯罪构成要件之一。①

笔者认为，就目前的立法规定来看，徇私（除刑法第397条第2款外）应当为定罪要素。只是上述肯定论的观点仍需完善：

第一，犯罪动机不属于构成要件是原则，但有例外，例外的依据是法律的明文规定。通说认为，犯罪动机不是犯罪构成要件。因此，一般说来，

---

① 施晓生、陆健辉：《从宽严相济解读渎职罪的“徇私”要件》，载《检察日报》2007年4月3日第3版。

认定某种故意犯罪，不需要查明行为人的具体目的和动机。然而，当刑法分则有明文规定时，特定的犯罪目的或犯罪动机便是构成某种犯罪的必备要件。①

第二，徇私是否为定罪要素和应否为定罪要素，分别属于解释论和立法论两个不同视角中的问题。不同的视角对应不同的立场，这些立场在不同的视角下包含不同的潜在结论，即在解释论的视角下，由于是针对现行法所作的解释，其潜含的立场是对现行法规定的认同；在立法论的视角下，由于是对法律将来的修改所作的建议，其潜在的观点是对此立法规定的某种程度的异议。所以，如果无视研究视角的不同，脱离研究对象所处的“环境因素”（即观察研究对象的条件或视角），单纯观察两种潜在立场，就会将二者对立起来，以非此即彼的二元思维点评是非。思路错误、方法错误就难以得出科学的结论。具体而言，尽管对徇私作为定罪要件在立法合理性和司法可行性等方面存有诸多质疑，但从现行法律规定来看，徇私是被明确规定在具体条文的罪状中的，“基本罪状是对具体犯罪的特有构成要件的描述，查明是否徇私是罪刑法定原则的基本要求，而且，否认徇私，意味着减少犯罪的构成要件要素，是对行为人不利的解释，需慎重对待。”② 根据刑法适用解释规则，解释必须严格，从而排除刑法适用上的随意性，体现罪刑法定原则的必然要求；如遇法律含义不明确，不作不利于被告人的解释……③如果基于立法论的立场，混淆徇私“是否为定罪要素”和“应否为定罪要素”两个不同层面的问题，而将现行法明文规定的要素以某种方式虚无化，④ 则显然有悖上述刑法适用解释规则。

综上所述，依据现行法律规定，立足解释论的立场，“徇私”应为徇私型渎职罪的定罪要素。

---

① 高铭暄主编：《刑法学原理》（第二卷），中国人民大学出版社 2005 年版，第 120 页。对此，有学者分析认为，一方面，依据我国刑法学通说，通常情况下，犯罪动机不影响定罪，只对量刑具有影响，但是，在以“情节严重”、“情节恶劣”为构成要件的犯罪中可能影响定罪，因为，情节之中包含了“动机”的因素。另一方面，动机不应当成为判断客观的社会危害性的要素，也即将“徇私、徇情”作为徇私枉法罪的构成要件要素看待，并非将其作为影响行为社会危害性有无、大小的因素看待，而是视其为责任因素。见黎宏：《论徇私枉法罪的若干问题》，京师刑事法治网，http://www.criminallawbnu.cn/criminal/Info/showpage.asp? pkID = 10330。

② 张明楷：《渎职罪中“徇私”、“舞弊”的性质和认定》，载《人民检察》2005 年第 23 期，第 5 页。

③ 储槐植：《刑事一体化论要》，北京大学出版社 2007 年版，第 74 页。

④ 如认为徇私只具有语感意义而非构成要件的内容，或认为是立法上的注意规定，仅有提示功能，是对相关内容的重申或强调，但不改变基本规定。

3．“徇私”属于主观要素还是客观要素

（1）关于“徇私”性质的两种学说

对此，理论界有目的说、行为说、动机说、动机与行为说等诸多观点。大体上可以将这些学说立场分为客观说和主观说两类。客观说认为徇私属于客观要素，即构成徇私类渎职罪客观上必须有徇私行为。主观说认为，徇私属于主观动机的范畴。这是多数学者持有的观点。

（2）“徇私”是主观要素

概念是科学思维的工具。因此，概念性是文义解释的根据，解释法律，必须先从文义解释入手。[①] 根据《现代汉语词典》的解释，“徇私”指“为了私情而做不合法的事”。[②] 有学者认为，根据汉语的通常含义，徇私是一种主观内容而非客观事实。当根据文字含义得出的结论具有合理性时，就不能推翻这一合理结论。[③] 还有学者提出，从字面含义讲，徇私即为了“私”。汉语语词学告诉我们，“为了”都属于人的主观心理活动，应属于主观要件。[④] 笔者同意徇私是主观要素的结论，认为上述学者的观点都有一定的道理，但论说带有明显的观点倾向性，是先有观点再依观点进行论证。而且，根据《现代汉语词典》的解释，徇私既可以理解为主观要素，也可以解释成客观要素。因此，单单依文义尚不足以论证徇私的属性。基于此，笔者认为至少可以从以下三个方面来分析“徇私”的属性：

①从客观要素的属性上看，客观要素是表明行为的法益侵害性的要素，[⑤] 而徇私不具有这一属性。只要行为人主观上为了私情、私利而不正确履行其职责，不管其客观上是否有谋求私情私利行为，也不管是否牟取了私利，都侵犯了本类犯罪所保护的法益，就应追究。[⑥]

②将徇私视为客观要素，会引起罪数认定上的混乱。实践中，徇私的

---

① 梁慧星：《法学学位论文写作方法》，法律出版社2006年版，第143页。

② 《现代汉语词典》（第5版），中国社会科学院语言研究所词典编辑室编，商务印书馆2005年版，第1555页。

③ 参见张明楷：《渎职罪中“徇私”、“舞弊”的性质和认定》，载《人民检察》2005年第23期，第6页。

④ 参见苏彩霞：《徇私舞弊型犯罪共性问题研究》，载《云南大学学报》2004年第2期，第29页。

⑤ 参见张明楷：《渎职罪中“徇私”、“舞弊”的性质和认定》，载《人民检察》2005年第23期，第6页。

⑥ 广东省人民检察院反渎职侵权局：《徇私舞弊类渎职犯罪司法认定共性问题调查与研究》，载《人民检察》2008年第8期，第49页。

“私”往往包含了收受或索取了徇私对象的财物或财产性利益的情形。如果将徇私视为客观要素的，就会陷入两难境地：分别评价渎职和受贿则有违禁止一行为重复评价的原则；基于徇私包括受贿而只评价渎职，就会出现轻罪包含重罪的局面，① 显然不合常理，也违背法理。

③基于诉讼可行性标准的判断。将徇私视为主观要素时，其对应的事实（即可以证明是出于“徇私”的事实）不限于案件事实，还可以是与案件本身无关的其他事实，其在法律意义上属于证据事实，仅具有证明定罪要素和量刑要素的工具价值，表现形式可以是案件之内或之外的诸多细节。因此，在应用时，对这类事实可以进行符合逻辑的推定，以证明徇私动机的存在；将徇私视为客观要素时，其对应的事实仅限于案件事实本身，且为定罪要素，是证明对象，需要用相关证据加以确证。由此，徇私是主观要素还是客观要素，直接关系到诉讼证明的范围、方式及标准等诸多问题。由于证据资源和证明标准不同，相比之下，证明“徇私动机”比证明“徇私行为”要容易得多。证明“徇私动机”，可以利用的资源可以延及案件之外，如徇私者和徇私对象之间的特殊关系等，而且，对证据的应用可以采用推定方式，只要符合推定规则。“徇私行为”的证明范围则仅限于案件事实，且必须达到确实、充分的证明程度。证明难度远大于前者。由此就可能出现这样的局面：同样的案件事实，由于对徇私性质的认识不同，进而形成不同的证明格局，导致截然不同的法律效果。前文已经论及，徇私本身在客观上的可证度较差，在现行的立法条件下，如果再将徇私解释为证明难度更高的客观要素，无疑放大了上述立法缺陷。实践中，大量徇私型渎职行为得以出罪不是因为在实质上不构成犯罪，而是因为诉讼可行性差而在形式上无法入罪。诉讼可行性差源于立法的规定，这种技术上的缺陷将会在实体上阻碍刑法对法益的保护和对犯罪的惩戒。只有实现实体与程序的融通，兼顾实质的合理性与诉讼的可行性，才能充分、有效地发挥刑法功能，实现刑法目的。在目前的立法条件下，将徇私解释为主观要素，可以相对弥补立法缺陷。

综上所述，基于上述理由，渎职罪中的徇私是主观要素，属于犯罪动机。徇私情、私利是行为人实施渎职犯罪的一种内心起因，在立法和理论上构成徇私型的渎职犯罪。

---

① 张明楷：《渎职罪中“徇私”、“舞弊”的性质和认定》，载《人民检察》2005 年第 23 期，第 6 页。

4．实务中如何证明“徇私”

对上述诸问题的研究在广义上都属于对徇私的认定，是实务中证明徇私的基础和根据。

现有研究资料和司法实践表明，无论各界对上述有关徇私的系列问题有何争论，但在证明徇私的方法上基本形成共识，即采用推定的方法。例如，有学者提出，只要行为人故意实施了刑法规定的渎职行为，而且该行为不是由于法律素质、政策水平、技术能力低所致，就应认定或推定行为人出于徇私动机。① 还有学者指出，采用司法推定的方法证明徇私动机，即只要证明行为人明知是应正确履行职责的场合而舞弊不正确履行的，如明知是依法应当移交的刑事案件而故意不移交的，就可由此推定行为人主观上是出于徇私动机。② 对这些具有代表性的观点，笔者提出以下两点分析意见：

分析意见之一是，关于应用推定方法证明徇私，推定的逻辑结构模式实际借鉴了美国刑法犯罪构成双层次模式的思路，采用肯定故意、排除无罪过情形双向证明的证明思路，并依此推导出结论，或根据徇私型渎职罪属于故意犯罪，结合证据条件，运用排除法，证明其不是故意来否定该故意型渎职罪的成立，如招收公务员、学生徇私舞弊罪，如果有证据证明行为人在审查过程中履行了相关程序，尽到了注意义务，学生又有弄虚作假、蒙蔽欺诈行为的，则这两方面证据结合足以排除行为人故意的罪过，进而排除行为人成立此故意型渎职罪的可能。

分析意见之二是，从逻辑上考察，这种双向证明并非“无缝对接”，因此而得出“徇私”的证明结论在逻辑上并不周延。上述代表观点的推定链条基本上是由客观事实推定主观故意，又由主观故意推定“徇私”动机。故意实施渎职犯罪的动机多为徇私，但不限于徇私，不排除其他动机导致故意犯罪的可能性。然而，从实质意义上考察，从定罪角度看，徇私作为犯罪动机表明此类犯罪为故意犯罪，证明主观故意即可确定罪过类型。具体犯罪动机是否精确为“徇私”并不影响定罪。上述推理链条及其结论虽然在逻辑上有失周延，但不影响定罪结论。上述证明徇私中的逻辑问题有其存在的客观原因，一是法律对“徇私”含义未加界定，使各界对徇私的理解有相当大的空间，许多故意渎职的动机在广义上都可以被解释到“徇私”的概念中，进而

---

① 张明楷：《渎职罪中“徇私”、“舞弊”的性质和认定》，载《人民检察》2005 年第 23 期，第 9 页。

② 苏彩霞：《徇私舞弊型犯罪共性问题研究》，载《云南大学学报》2004 年第 2 期，第 30 页。

形成证明故意即证明徇私的认识；二是这一逻辑问题实际反映了对将徇私明文规定在罪状中的必要性和合理性的质疑，以及该规定带来的理论困扰和司法困境。

综上所述，对徇私的证明通常采用推定的方法，推定模式借鉴美国双层次犯罪构成模式，推定思路为肯定故意、排除无罪过情形的双向证明思路。这种证明模式尽管在逻辑上有欠周延，但由于其不影响定罪结论，因此，在目前的立法条件下，这种逻辑上的瑕疵不影响证明是否“徇私”时对这种方法和思路的应用，但个中不足则提供了立法完善的参考。

（三）立法检讨与建议

1. 刑法第397条第2款规定的科学性

刑法第九章涉及“徇私”规定的13个条文，仅有1条为量刑要素（即加重处罚情节），即刑法第397条第2款，根据该款规定，国家机关工作人员徇私舞弊，犯前款罪的，处……“前款”即指第1款滥用职权罪和玩忽职守罪的规定。也就是说，这一量刑情节对应的是滥用职权和玩忽职守两个罪。徇私舞弊对应滥用职权没有法律及理论障碍，但徇私舞弊能否对应玩忽职守值得反思。根据理论通说，犯罪的目的和动机只存在于直接故意犯罪之中。[①] 因此，徇私型渎职罪属于故意型渎职罪的范畴。在逻辑上，故意的动机外延涵盖徇私但不限于徇私。这是理论依据。根据2006年《立案标准》的规定，“徇私舞弊”，是指国家机关工作人员为徇私情、私利，故意违背事实和法律，伪造材料，隐瞒情况，弄虚作假的行为。这是法律依据。也就是说，凡涉及徇私而为的渎职犯罪，罪过形式均应为故意犯罪。前文对渎职罪罪过形式内涵的研究结论表明，玩忽职守罪是过失犯罪。一个过失犯罪搭配一个只有故意犯罪才有的犯罪情节，显然是矛盾冲突的。

2. 规定“徇私”、“徇情”的必要性与合理性

前文已经肯定，在现行的立法条件下，“徇私”是定罪要素。然而，从立法论的角度，对于规定徇私的必要性则有检讨必要。

（1）规定徇私的立法缘由

一是从罪过的角度过滤非罪情形，即将国家机关工作人员因为法律素质、政策水平、技术能力不高而出现差错的情形排除在渎职罪之外。如果国家机关工作人员不是因为上述因素导致差错，而是基于徇私的内心起因违背职责

---

① 马克昌主编：《犯罪通论》，武汉大学出版社2000年版，第388页。

时，即应以渎职罪论处。[①]

二是从社会危害性的角度突出徇私，即我国立法者已经充分意识到，在现实社会中对公权力某种程度的滥用与徇私存在密切的关系，而且具有相当的社会危害性。[②]

（2）规定徇私的必要性与合理性分析

“必要性与合理性”是要考察上述有关规定徇私的立法意图是否必须通过徇私来反映，徇私的刑法功能是否具有不可替代性。以下分别针对上述两种主要的立法缘由来考察规定徇私的必要性：一是徇私型渎职罪中罪与非罪的界定，只需要证明其实施此行为是否为故意。罪过是从主观方面衡量罪与非罪的标准。“徇私”作为故意罪过类型中的一种犯罪动机，对罪与非罪情形的过滤并非由于徇私的动机，而是徇私动机所体现的犯罪故意。徇私型渎职罪属于故意型渎职罪的范畴。在逻辑上，故意的外延涵盖徇私但不限于徇私。定罪要素必须是对行为性质具有实质意义的要素。而徇私作为犯罪动机，只能说明行为人为什么要进行犯罪活动，但它不能决定行为的具体形式，对决定犯罪行为的性质没有意义。[③] 徇私主要强调的是故意，表明的是故意型渎职罪中的一类犯罪动机，其对定性并无实质影响，只是能够更为真实、清楚、完整地再现案件事实。当行为人出于徇私之外的其他动机故意实施渎职犯罪时，对于行为性质而言没有根本差异。因此，单单将徇私这种动机列为罪状，缺乏理论依据，更无必要。二是查明是否徇私，一方面有助于查清行为人实施渎职犯罪的来龙去脉，另一方面是要查明“私”中是否包含其他犯罪线索，渎职之外是否另有关联犯罪。因此，“徇私”是证据要素，证明渎职行为是否出于故意、故意渎职是否另有“隐情”。此外，在排除“徇私”涉嫌其他犯罪的情况下，徇私影响量刑。这是因为犯罪动机包含在犯罪情节内容中，反映行为人主观恶性程度的深浅。[④] 徇私作为故意型渎职罪中的犯罪动机，体现了较为严重的主观恶性。因此，徇私具有对渎职案件的证明功能和量刑价值，但非确定渎职罪成立与否的构成要素。三是从诉讼可行性的角度，徇私的客观可证性差。前文的司法反馈表明，由于渎职犯罪涉及多种行业领域，具有相当的专业性，加之犯罪动机属于错误思想，是一种比犯罪

---

① 张明楷：《渎职罪中“徇私”、“舞弊”的性质和认定》，载《人民检察》2005 年第 23 期，第 6、7 页。

② 黄明儒：《论我国刑法中“徇私”的含义》，载《法学家》2006 年第 5 期，第 74 页。

③ 马克昌主编：《犯罪通论》，武汉大学出版社 2000 年版，第 384 页。

④ 马克昌主编：《犯罪通论》，武汉大学出版社 2000 年版，第 400 页。

目的更内在、内容更抽象、埋藏得更深的心理现象。①

综上所述，在罪状中规定徇私，使得徇私成为此类罪的定罪要素，既不具实质合理性，又欠缺诉讼可行性。在理论上，“徇私”的规定是“多余”的。法律条文中的“多余”元素，不是简单技术意义上的文字问题。因为法律具有规范的属性，其中的内容都是引起法律效果的因素。“多余”元素将徒增诉讼证明的环节。而是否“徇私”在实践中又难以证明。证明“徇私”的困难严重制约了对故意型渎职罪的惩戒，同时，也成了因徇私而渎职者的逃脱法网的庇护。

六、小结

依次梳理本节观点：

渎职罪主观方面理论研究及实务适用中的焦点问题是，滥用职权罪的罪过形式是故意抑或是过失？作为渎职罪的两个基本犯罪类型，滥用职权罪和玩忽职守罪成为研究渎职罪构成要素的标本。就主观方面而言，对玩忽职守罪一般为过失的结论尽管仍有微弱的非议，但基本形成共识；而对滥用职权罪罪过形式的争论，无论在理论上还是在实务中都存在较大分歧。滥用职权罪的罪过形式成为渎职罪罪过理论中敏感的神经，是主观方面研究的重心。

关于罪过形式的判断标准，根据1997年刑法的规定，故意与过失的判断标准，应当是行为人对其所实施行为的“危害结果”所持的心理态度，而不是行为人对行为本身的心理态度，即我国刑法上的故意与过失针对的是“结果”而非“行为”。

对“危害结果”的理解是罪过形式判断的关键。前述所列学说分歧之源，在于对危害结果的不同认识。由于将“故意”解释为“对行为的故意”有违刑法规定。这样，对于在实质上持行为故意说的学者，权宜之计便是将危害结果作广义解释，使行为故意立场中的实质内容能够解释到刑法框架内。理论上，危害结果有广义和狭义之分。“一切犯罪都存在危害结果”是就广义而言的，狭义的危害结果仅指专就结果犯而言的具体的危害结果，即构成要件结果。对于危害结果，如果仅在狭义上解读，就无法说明不以具体结果为构成要素的故意类型的行为犯；如果仅在广义上解读，则实际上是将犯罪客体等同于危害结果。但事实上，二者虽有交叉但绝非全同。因此，较为折中的方案是，对危害结果分别情况在广义和狭义两种意义上界定，即对结果

---

① 马克昌主编：《犯罪通论》，武汉大学出版社2000年版，第392页。

犯在狭义上解读危害结果，而对行为犯则在广义上将危害结果诠释为抽象的法益侵害后果。

依据刑法第九章规定，尽管位于该章“总则”地位的第397条将滥用职权、玩忽职守规定为结果犯，但从第398条至第419条的规定来看，渎职罪还包括了行为犯（如徇私枉法罪、私放在押人员罪等），只不过结果犯居多而已。因此，在对滥用职权罪罪过形式的判断中，应当区别结果犯、行为犯两种不同类型的犯罪。“危害结果”之于二者的内涵有别，意味着罪过形式判断标准有异，最终的结论将是滥用职权罪的罪过形式存在故意和过失两种可能。这一结论与刑法规定并不冲突，第397条第1款并未限定滥用职权罪、玩忽职守罪的罪过形式，从而提供了对故意或过失两种罪过类型选择的空间。

如果从政策角度分析，会得出滥用职权罪罪过形式一般为过失的结论。这一结论不仅仅是与部分渎职案“好心办坏事”的发案实际相符，而且，刑法规定渎职罪，还包含了国家实现有效社会治理而在刑事政策上的考虑。现代社会高速发展，社会关系更为复杂，各种新生事物冲击着传统社会的各个领域，新科技、新领域、新信息在推动社会进步的同时，也带来了各种风险。不断增加的危险源、不断变化的社会关系、不断更新或变异的发展模式、不断加深的国家间于各领域的相互影响，无疑使国家的执政能力、管理能力面临更多挑战。新的社会现实，对以公职人员为代表的国家权力的具体执行者的管理能力、工作水平提出了更高的要求。人们将渎职犯罪比作“好心办坏事”形象地表明了现代管理工作所具有的风险性。如果将渎职犯罪定位为故意犯罪，则必将抑制执政者的主观能动性和工作积极性，进而必将束缚国家管理下的社会的发展，这对政治大局无疑将是极具有害的。因此，一般情况下将渎职罪规定为过失犯罪，使刑法的作用严格限定在滥用职权或玩忽职守并造成严重后果的范围内，既有利于实现国家通过刑法“治官”的初衷，也能缩小打击面，维护政局的稳定和社会的发展。当然，依据刑法规定，有些渎职罪，尤其是徇私舞弊型渎职罪，显然是故意犯罪。由此，将政策考虑和刑法规定结合，可以再次得出滥用职权罪主观可能是故意，也可能是过失的结论。

用行为故意的观点来论证滥用职权为故意犯罪与我国刑法规定不符，但这一思路可借鉴于对滥用职权和玩忽职守两种渎职行为类型的辨析，对此，前文已有详述。

渎职罪作为一类法定犯，与刑法规定反映人性层面的伦理道德观念的自然犯对报应的追求不同，其刑法功能重在预防，社会功能重在风险控制，相应地，其关注的重心表现为对违背社会既有秩序规范的意志行为而非既成事实的外在的危害结果。因此，滥用职权罪过形式的学说争议触及刑法总则犯罪故意与过失判断标准这一更深层次的理论问题，是个别法律现象对传统理论规则的挑战。这种客观存在的非典型的个别现象可能成为某一领域理论规则在特定社会发展环境下进行适应性更新的契机。因此，滥用职权犯罪过形式的学说争议，尽管源于个罪，但其理论价值将辐射整个刑法的罪过理论。这也意味着，渎职罪中的罪过问题不可能通过该罪自身内部的研究从根本上得到解决。因此，严格地讲，本部分的研究仅仅是立足实然立场，在现有法律框架内，对渎职罪罪过形式所作的适用解释。在此基础上，围绕本书应用主题，笔者认为，归纳而言，对渎职罪主观罪过的判断可分为两个层次：

一是罪过有无的判断。途径主要是排除无罪情形。原因在于，在对渎职罪罪过问题的研究中，不应忽视渎职罪法定犯的基本属性。法定犯的本质特征在于，它是被法律规定的犯罪。因此，在犯罪是主客观相统一的观念之下，法定犯本身就被印刻了罪过的烙印。与自然犯罪不同的是，它不是至少不仅仅是证明罪过的客观依据，而是罪过的有形载体。对于自然犯而言，有行为可能无罪过，但对法定犯来讲，一般情况下，有行为即有罪过，除非存在无罪情形。结合前文研究成果，对渎职罪罪过有无的判断，实际上是通过对主体和客观行为的证明来完成的，理论上存有争议、实务中亟待解决的实际上是对罪过类型的界定。

二是对罪过类型的界定。对此又可分为两个层次：一是认识能力的判断。对此，可依据主体的证明结论直接推定。二是对意志因素的判断。对此，除非刑法对具体犯罪的罪过形式作了明确、唯一的排他性规定（如第 398 条故意泄露国家秘密罪、过失泄露国家秘密罪），否则，不宜站在所持理论立场上，在适用依据中将罪过类型事先定型，如认为滥用职权就是故意。而应结合案件证据条件，依据客观行为，具体问题具体分析。而且，在刑法对罪过类型没有限定的情况下，只是罪过的有无关系定罪。也就是说，罪名的界定依据客观行为，而罪过类型的结论则是作为量刑依据予以考虑的。

第四节　渎职罪因果关系问题研究①

渎职罪是危害行政管理的犯罪，被明文规定在我国 1997 年刑法分则第九

---

① 参见储槐植、魏颖华：《渎职罪因果关系的判断》，载《江苏警官学院学报》2008 年第 1 期，第 1 页。

章。在这一章所规定的36个罪名中（含刑法修正案对本章所补充的犯罪），有15个罪为结果犯，占渎职罪总数的41%。对结果犯而言，追究其刑事责任的客观基础在于危害行为与结果之间在刑法上的因果关系的成立。由此，对于结果犯占据了近半数的渎职犯罪而言，刑法因果关系的认定成为此类犯罪在司法实务适用中的典型问题。

一、刑法因果关系的基本立场

刑法上的因果关系，是马克思主义辩证唯物主义的因果性原理在刑法学层面的具体应用，构成刑法因果关系理论金字塔中的塔基。作为哲学上的一对重要范畴，原因和结果是揭示事物的前后相继、彼此制约的关系范畴。一种现象引起另一种现象或者一个过程引发另一个过程，这种引起和被引起的关系就是因果关系。引起一定现象的现象是原因，被引起的现象就是结果。①马克思主义认为，因果关系是客观事物普遍联系的一部分，是不以人的意志为转移的客观现象。因此，作为对因果关系在具体学科中的应用，客观性是刑法因果关系的基本属性，相应地，因果判断为客观判断。研究刑法因果关系的目的主要在于为解决结果犯刑事责任提供客观依据，这是探讨因果问题的初衷，也是解决因果问题的归宿。同时，解决刑法因果关系问题，也是贯彻罪责自负这一刑法基本原则的必要条件。进行刑法上的因果判断时，一方面，必须以马克思主义辩证唯物主义理论为指导；另一方面又要注意刑法因果关系研究对象和研究目的的特殊性，在实际判断中，避免将哲学因果关系一般原理简单套用到刑法领域。正如有学者总结德日和英美刑法因果关系研究的相似之处时所提出的："他们都认识到刑法与哲学研究因果关系具有很大的不同……从刑事责任的特征和要求这一基本点出发，从公正、合理这些基本法律价值方面入手，寻找解决因果关系的途径。因而，这种研究带有明显的法学色彩。"② 从研究对象上看，刑法因果关系呈现出"两点一线"的判断结构。"两点"即危害行为和危害结果，"一线"即危害行为与危害结果之间的因果连接。在这组关系中，"两点"是刑法因果关系的基本元素，必须要在这两点中去界定刑法因果关系，缺少其中任何一点属性的因果关系都应排除在刑法考察的视野之外。司法实践中，在因果关系的认定中出现困惑的

---

① 教育部社会科学研究与思想政治工作司组编：《马克思主义哲学原理》，高等教育出版社2004年版，第84页。

② 张绍谦：《刑法因果关系研究》，中国检察出版社2004年版，第41页。

多为复杂因果关系，也即在原因（先在原因）和结果之间有其他因素介入（介入因素）的情形，这种介入因素是否会在根本上（而非程度上）改变先在原因本来的发展趋势？在经过了介入因素的作用后，先在原因对结果是否仍具有全部或部分的原因力？这使得因果关系的判断变得复杂。各种因果关系的理论也主要针对的是这种复杂情形下的因果判断。对于从此到彼的直接因果关系而言，其判断需要的主要是证据。因此，以下关于因果关系的阐述主要是以存在介入因素的复杂因果关系为标本展开的。

（一）刑法因果关系的范围包括必然因果关系和高概率的偶然因果关系[①]

在哲学上，必然性和偶然性是揭示客观事物发生、发展和灭亡的不同趋势的一对范畴。必然性是客观事物发展中合乎规律的不可避免的趋势。偶然性则是事物发展中并非必定如此，可以出现也可以不出现，可以这样出现也可以那样出现的不确定的趋势。[②] 尽管“研究刑法因果关系的任务，在于确认危害结果是某人的危害行为引起的，从而提供刑事责任的客观依据，至于因果联系的必然性和偶然性的问题，不是因果关系是否存在的决定因素”，[③] 但是，基于客观存在的实际情况和人们认识因果关系的需要，仍有必要在刑法因果关系中研究这对范畴。如果将刑法因果关系等同于必然因果关系，将会大大缩小刑事责任客观基础的范围，会使得一些利用偶发事件达到犯罪目的的犯罪分子因此而逍遥法外，如甲欲杀害乙，甲先用酒将乙灌醉，而后将乙背到附近铁路段的铁轨上，希望火车将乙轧死。其间，一辆汽车在穿越铁轨时，由于司机丙疏忽，恰巧从乙身上轧过，致乙死亡。在这起案件中，甲利用交通事故发生的可能性来达到杀害乙的目的。客观上，甲的行为并不必然导致乙死亡，乙可能被人救起，也可能被火车或过往汽车轧过后致残，因此，甲杀害乙利用的只是一种可能性。这种可能性就是偶然性。否定偶然因果关系，将会因为缺少认定刑事责任的客观基础而无法追究甲的刑事责任。但是，如果完全肯定偶然因果关系，又会走向另外一个极端，即使得刑事责任的客观基础显得过于宽泛。作为一对对立统一的范畴，没有脱离偶然性的纯粹的必然性，必然性总是通过偶然性表现出来的。[④] 必然性代表了一种规

① 储槐植：《刑事一体化》，法律出版社 2004 年版，第 162 页。

② 教育部社会科学研究与思想政治工作司组编：《马克思主义哲学原理》，高等教育出版社 2004 年版，第 80 页。

③ 马克昌主编：《犯罪通论》，武汉大学出版社 2000 年版，第 221～222 页。

④ 教育部社会科学研究与思想政治工作司组编：《马克思主义哲学原理》，高等教育出版社 2004 年版，第 80 页。

律性。“规律”指事物之间的内在的本质联系。这种联系不断重复出现，在一定条件下经常起作用，并且决定着事物必然向着某种趋向发展。规律是客观存在的，是不以人的意志为转移的，但人们能够通过实践认识它，利用它，也叫法则。[①] 高概率的偶然因果关系，即很可能发生的偶然因果关系，由于其发生的几率很高，也会不断地重复出现，因此在总体上体现出事物发展的一定规律性。在上例中，在当时的特定条件下（乙被甲灌醉放在有火车经过和汽车穿行的铁轨上），不省人事的乙很可能被火车或汽车撞到，很可能会出现被撞死亡或受伤的结果。“很可能”即是“高概率”。判断的标准和依据即是生活经验、社会实践。[②] 以“很可能”或“高概率”作为因果趋势判断的底线，既严密法网，也能避免刑事责任的认定过于宽泛，从而体现公平、公正的处罚原则。

（二）刑法因果关系的判断应在特定情境下进行

刑法因果关系一般具有客观性、顺序性、条件性、复杂性等特征。“特定情境”指的是因果关系的“条件性”，其在刑法因果关系的判断中表现得非常典型。在刑法因果关系中，这种“条件”或“情境”不仅指案发当时的特定环境，还包括被害人特殊体质的情况。前者，如上例中乙的状态和被甲放置的环境。后者，如胡某与林某是邻居，因生活琐事多次发生口角。胡怀恨在心，潜入林家厨房向锅内投放农药。林吃饭后中毒被送往医院抢救。林因甲胺磷农药中毒引发糖尿病高渗性昏迷低钾血症，医院对此诊断不当，而仅以糖尿病和高血压症进行救治，林因抢救无效于次日死亡。有观点认为，被害人的死亡并非被告人投放甲胺磷必然导致的结果。被害人自身患有高血压和糖尿病，引起高渗性昏迷低钾血症，加之医院诊断不准，贻误救治时机，故被告人的投毒行为与被害人的死亡结果之间不存在刑法上的因果关系。这种观点即忽略了因果关系“条件性”的特征。本案中，被害人的特质特征即是一种特定条件，在这样的条件下，被告人的投毒行为很可能使被害人中毒后诱发其相关病症致死亡结果发生。死亡结果的发生是被告人的投毒行为和因此而诱发的被害人自身疾病两种因素的共同作用下而导致。因此，胡某的行为与被害人死亡结果之间具有刑法上的因果关系。至于被害人原有疾病这一本案的特定条件和医院误诊等介入因素，可以在量

① 中国社会科学院语言研究所词典编辑室编：《现代汉语词典》（第5版），商务印书馆2005年版，第514页。

② 储槐植：《刑事一体化》，法律出版社2004年版，第160页。

刑时酌情考虑。

“特定情景”在渎职罪因果关系判断中，主要是针对职务行为而言的。伴随职务行为的渎职行为必须发生在行为人任职有效期限内。对此，后文将作详述。

二、刑法因果关系判断模式——事实原因和法律原因的双层次因果判断模式

（一）刑法因果关系判断模式的选择

由于在司法实践中因果关系呈现出形态各异的复杂情形，以何种标准来判断因果关系的成立便成为理论上争鸣的主要问题。无论是大陆法系的条件说、原因说、相当因果关系说，还是美国刑法理论中的近因说、预见说、刑罚功能说，都是对这一问题的理论探索。上述学说在刑法因果关系的判断模式上基本形成共识，即应分两个层次解决，第一层次确定事实原因。在此基础上确定第二层次法律原因，即法律上认可的原因。

对事实原因的判断标准基本形成共识：事实原因这一观念建立在直观基础上，由“but－for”公式来表达，即“如果没有A（B、C...）就没有Z”，则A（B、C...）就是Z发生的事实原因。这一公式可以直接用来解决简单、直接的因果关系问题，而且也是因果关系理论的客观基础。[①] 界定事实原因的功能在于“筛选”，即把客观上不存在因果联系的事实排除在考察范围之外，确定可能成为原因的基本事实的范围，是纯粹的事实认识过程。“事实原因”其实就是德日因果关系理论中的“条件说”。按照条件说，只要存在着“没有前者就没有后者”这种条件关系，就认为有刑法上的因果关系。[②] 条件说勾勒出了因果关系的最大边界的轮廓，虽然它使得刑事责任客观基础的范围过于宽泛，但它不会把应该追究刑事责任的行为排斥在刑事责任的客观基础之外。

对法律原因的判断，即在事实原因中哪些是法律所关注的原因，其判断标准存在多种理论观点。其中，在德日学界占通说地位的“相当说”和英美刑法中的“近因说”，二者理论要义极为相似。“相当说”认为，在引起结果的诸条件中，从经验法则上判断能够引起这种结果发生的条件，即

---

① 储槐植：《美国刑法》（第三版），北京大学出版社2005年版，第45页。

② 张明楷：《外国刑法纲要》，清华大学出版社1999年版，第118页。

对于结果的发生具有相当的条件才能确定因果关系。[①] 美国的主流学说是近因说。其价值在于解决前因与后果之间存在介入因素情况下的因果关系。一般认为，近因就是没有被介入因素打破因果链的，当然地或者盖然地引起危害结果的事实原因，[②] 实质上是一系列相当关系，环环相扣，结论便是先在行为即为最后结果之近因（法律原因）。二者的理论共性在于，认同法的评价因素以及生活经验、社会实践在确定法律原因中的作用。界定法律因果关系的功能在于“评价”，即对客观上有因果联系的事实，再从法律层面进行选择，最终确定此行为与彼结果之间是否具有法律上的因果关系，这种判断结论中融合了法的价值判断。“法律原因必须是具有重要性的，而不仅仅是对结果起了微弱的作用。此外，它们告诉陪审团，必须进行价值判断，需要由它们决定行为与结果联系的密切程度是否足以达到可公正地将责难归咎于被告人。”[③] 所谓法律层面的选择，是指法律基于实现其调整和控制功能的目的，在事实判断的基础上，对原因所作的进一步限定。这是法律因果关系和哲学因果关系的不同之处。在具体判断时，应包括两个方面，一是在性质上，将原因限定在违法（规）行为的范围内；二是在发生机制上，将原因范围限定在必然因果关系和高概率因果关系的范围内，从而体现责任追究的客观性、公正性、合理性。以证明 A［违法（规）行为］和 D（危害结果）之间是否存在因果关系为例，来说明前述规则的具体应用模式。在从 A 到 D 的发展过程中，依次出现介入因素 B 和 C。如果 B 从属于 A 则说明 A 很可能引起 B；如果 C 从属于 B 则说明 B 很可能引起 C；如果 D 从属于 C 则说明 C 很可能引起 D，所以，A 是 D 的近因而非远因。尽管二者在空间、时间上隔离较远，但 A 是 D 的法律原因，先在行为与最终结果存在刑法上的因果关系。上述一系列的从属关系，实际就是不间断的一系列之相当原因说。如果在这个发展链条中的前后因素之间没有“很可能引起”这种高概率的从属关系的话，则中断因果链。（在这一基点上，近因说与相当说是一致的。）苏俄和我国刑法学中，关于因果关系理论的主要缺陷是将哲学因果关系一般原理简单套用到刑法领域。须知，自然界多为机械论因果关系，而社会生活中只存在统计规律的因果关系。统计规律以概率为基础。概率即很可能。概率有高有低，可能性有

---

① 赵秉志主编：《外国刑法原理（大陆法系）》，中国人民大学出版社 2000 年版，第 111 页。

② 储槐植：《美国刑法》（第三版），北京大学出版社 2005 版，第 46 页。

③ ［英］迈里斯·科里蒙纳：《刑法》（英文版），麦克米兰教育出版有限公司 1989 年版，第 44 页。

大有小。可能性大即为很可能（或称相当性）。例如，很可能引起发生，则具有高概率（相当性）因果关系。高概率（相当性）因果关系通常不会超出一般人的认知范围。

在事实原因和法律原因两个阶段的判断中，事实原因的判断运用的是条件说的理论；在法律原因的判断中，则引入了概率的方法。作为统计学上的一种重要方法，它以“很可能”或“高概率”、“高频率”等基于生活常识、社会经验的多次反复而形成的概念，作为原因认定的一个指标。作为一种价值中立的工具，它不对任何现实问题采取特定的、先入性的立场，而这正符合了因果判断是客观判断的基本属性。此外，事实判断和法律判断尽管是因果关系判断的两个阶段，但对二者的理解应当相互融通而不是彼此孤立。其中，在法律判断阶段，要注意从社会意义上解读条件说“无 A 即无 B”的公式，而不能单纯从现象或逻辑上去理解。否则，在法定犯类型的刑事案件中就难以得出符合正义与秩序法律理念的结论。例如，火车司机在驾驶火车通过一无人看管的公路铁路交叉口时疏于瞭望，没有发现因突然熄火而停在轨道中央的一辆汽车，导致两车相撞。但是，如果从当时汽车熄火发生的时间看，距火车开到的时间已非常接近，即使当时火车司机正常操作，及时发现这一情况，也已来不及采取有效措施避免这种结果的发生。也就是说，客观上不存在避免结果的可能性。① 在此案中，从现象或逻辑上看，无司机的失职行为也可能有两车相撞的结果，似乎条件公式不能成立，但一方面这只是一种事后的假设和分析而非事实；另一方面，从社会层面考察，从规定渎职罪所要实现的社会控制目的来解读，就应得出司机的失职行为与结果存在刑法上的因果关系的结论。

（二）价值判断属于刑法对因果关系评价的范畴，是确定法定犯因果关系的必经环节

事实因果关系也可称为自然因果关系，其体现的是技术性的判断，为确定因果关系提供了最基础的判断。法律因果关系则是更高层次的政策性的、法的价值判断。其在对事实判断的结论作进一步法律上的筛选的同时，也是从法律上对事实判断的结论进行检验，使得判断结论在法律上具有说服力。这也正是刑法因果关系与哲学因果关系相比所具有的特殊性所在。价值判断是否属于因果范畴的判断，在理论上是有不同声音的。有观点认

---

① 该例引自张绍谦：《刑法因果关系研究》，中国检察出版社 2004 年版，第 199 页。

为，刑法对因果关系的评价仅仅是事实的评价，而不应与价值判断相混淆。① 然而，如果没有价值上的判断，又如何让刑法上的事实评价区分于自然科学上的事实评价呢？我们认为，价值判断应属因果范畴的判断。为了佐证这一观点，有三点是必须说明的：第一，作为刑法学上的因果关系的研究对象，危害行为与危害结果是因果关系问题中的两个核心元素。刑法学上的行为不是简单的物理存在，而是从社会意义上被把握的存在。核心元素的这种特质决定了刑法因果关系的判断并不仅仅限于事实判断；第二，在有些类型的犯罪中，事实因果关系和法律因果的界限并非泾渭分明，而是相互交融的，即法的判断或价值判断在有些情况下当然存在于事实判断之中。价值判断所起的作用在实质上并不仅仅是进一步的筛选，而且还有对事实判断的法律意义和论理性质的评价，从而使得价值判断和事实判断不可分离。以不作为犯罪的因果关系为例：在不作为的情形下，仅仅考察不作为自身与结果的因果关系是没有意义的，还必须确定是谁的不作为，即需要确定谁应该实施作为。②“在理解不作为的因果性时必须明确：不作为是具有社会意义的存在，它不是无，不是什么也不做，而是没有做什么。即不作为是没有做法所期待的一定行为，它在法律上当然包含一种规范意义。刑法中的因果关系应该根据刑法的目的来处理，因此，在可以认为如果行为人按照作为义务实施被预期的行为，其犯罪结果就不会发生时，就不妨承认存在因果关系”；③ 第三，价值判断不改变因果关系的客观属性。价值判断在实质上是具有社会意义和法律性质的判断，其中必然包含了法理的应用，在具体应用中，与主观因素有一定的联系。④ 但是，这种联系并不改变因果判断的客观性。在这里，应当注意“因果关系的客观属性”、

---

① 参见高铭暄主编：《刑法专论》，高等教育出版社2002年版，第183页。

② 参见张明楷：《外国刑法纲要》，清华大学出版社1999年版，第129页。

③ ［日］大塚仁：《刑法概说》，冯军译，中国人民大学出版社2003年版，第176页。

④ 例如，从属性上看，因果关系是客观的判断，但在认定其中作为原因的危害行为时，则包含了对主观因素的考察。如交通肇事案件中，对“因逃逸致人死亡”中对“逃逸”行为的判断。最高人民法院法释［2000］33号《关于审理交通肇事刑事案件具体应用法律若干问题的解释》第5条规定，“因逃逸致人死亡”，是指行为人在交通肇事后为逃避法律追究而逃跑，致使被害人因得不到救助而死亡的情形。此解释明确了认定“因逃逸致人死亡”的主客观条件，即行为人逃逸的目的是逃避法律追究，客观上造成“被害人因得不到救助而死亡”的结果。据此，江苏省常州市中级人民法院在审理被告人钱竹平交通肇事上诉案时认为：“上诉人钱竹平交通肇事后驾车离开现场的行为，虽然没有履行法定义务，但其主观上没有为逃避法律追究而逃跑的故意，上诉人的行为不属于交通肇事后逃逸。”在这个量刑层面涉及的因果链上，如果法定的危害行为不能成立的话，自然就无法谈及因果关系的问题了。

“行为人主观认识”和“价值判断”三者之间的关系。因果关系的判断是一个客观存在的判断。价值判断并不改变因果关系的客观属性。价值判断是裁判者的选择，这种选择是以事实判断为基础的，是在后者所划定的原因范围内按照法律的标准（法的原理、理念、政策及法文化等）所作的进一步的筛选。正因为如此，价值判断必须要在事实判断的基础上进行。同时，在价值判断中应予考虑的具有评价性质的因素，仅存在于价值判断中，而不能应用于事实判断。

事实判断与法律判断二者层次分明且要有序进行，先筛选，再判断。不过，在处理具体案件时，并不总是要截然分成事实判断和法律判断两个阶段来进行。对于情节简单的案件（危害行为与危害结果之间没有明显的介入因素的存在），只需要一次判断即可同时完成事实判断和法律判断。在事实判断的基础上，进行法的判断，通过了法律判断的这种事实原因就是刑法上的危害结果的原因。

三、渎职罪因果关系的判断

（一）渎职罪因果关系的特点

1. 原因力表现复杂，构成界定渎职罪罪与非罪的难点

渎职案件中，渎职犯罪因果关系中的原因力往往不是单一的，而是呈现出“系统性”特征，是多重属性、多个层次、多个环节原因事实的合力效应。危害结果的发生往往是多种原因混杂的结果。在渎职犯罪中，渎职行为与损害结果的发生之间往往有一定的时间间距，这并不影响因果关系的认定，其涉及的主要问题是犯罪追诉时效的认定。但从一个侧面，它反映出因果关系在渎职罪认定中具有一定的难度。在这个时间差所形成的隔离带中，可能会介入各种各样的新的因素，包括时间本身。它们不同程度地对结果发生着影响，这种影响可能是非实质的，也可能会使结果发生质的改变。渎职行为可能仅仅是形成最终结果的进程中的一环。这使得渎职罪的因果形式表现为间接性、多因性。“多因”有的表现为刑法上的原因和其他属性原因，如自然原因的组合，有的则表现为刑法上的多个同种属性原因的组合，如在一个程序管道经过的几个审批环节中，各环节经办人均有玩忽职守行为的情形。正是由于外部各种介入因素的渗入、内部自身多环节的权力运作机制，使得渎职案件中的“原因现象”表现出多环节性、多层次性、直接原因与间接原因的接续性、互动性以及结果发生的随机性等特征。

当然，还存在这样的情况：相当一部分渎职行为并没有发生严重后果，因此，没有纳入刑法视野，作为社会管理手段之一的刑罚的触角还无法延及这些行为。而个别渎职行为，因为有自然因素或其他偶发的诱因，发生了严重后果，使得渎职行为的潜在的危害性变成了现实，并成为刑法评价的对象。这种表面上的不合理现象根源在于制度问题。在许多渎职案件中，尤其是玩忽职守型犯罪，行为人对没有按规定履行职责的行为多辩解为，“省略有关的工作程序在本部门已经是一种习惯做法”。这反映了预防体制的缺陷。但习惯不能替代法律。表象上的偶发性中蕴涵了必然性，不能成为否定因果性的理由。

2. 渎职罪因果关系具有法律拟制的特征

从社会属性上看，渎职犯罪是社会制度的产物。渎职行为与危害结果之间因果关系的成立，是制度通过法律对社会发挥作用的体现。实务案例中因果关系的类型大致可分为两类：一类是物理意义或自然意义上的因果关系，它依据的是事实，如甲持刀将乙捅伤。这个事实表明，甲的行为与乙的被伤害之间具有因果关系。另一类是社会意义或法律意义上的因果关系，它依据的是法律的规定，同时还必须具备一定的事实基础，如侦查员甲擅离职守，致使其看押的犯罪嫌疑人意图逃脱时失足坠楼而死。渎职犯罪的因果关系是在第二类中探讨的。渎职案件中，危害结果发生的直接原因通常是发案单位或相对人自己行为或某种突发事件所致。渎职行为之所以也是原因的组成部分，是因为渎职犯罪的核心是“职务”，而职务行为是一种管理行为，其本身不会直接导致相对方发生危害结果，但正确履行职责却是避免危害结果发生的重要屏障。因此，在法律意义上，渎职因为使职务行为丧失了这种秩序维护、防范危险的功能而被视为危害结果发生的“原因”。《法国新刑法典》在“刑事责任一般规定”的条文中清晰地阐述了渎职行为与危害结果得以建立因果连接的个中原理：“如经认定行为人依据其负担的使命或者职责的性质、其享有的权限及掌握的权力与手段，没有尽到正常谨慎之责，在法律有规定时，轻率不慎、疏忽大意，或者违反法律或条例所规定的谨慎或安全义务，亦构成轻罪。……在前款所指情况下，自然人，虽未直接造成损害，但成就了致使损害得以实现之状态或有助于成就此种状态，或者没有采取可以避免损害发生之措施，如经认定其明显故意违反了法律或条例所规定的谨慎或安全义务，或者其有过错，从而使他人面临其不可能不知道之特别严重的危险，应负刑事责任。”①

因此，作为刑法的具体规定，渎职罪因果关系的判断方法应立足于前述基本立场和基本模式，同时，由刑法设定渎职罪欲保护的法益所决定，其因果关系的认定具有法律拟制的特点，显现出不同于其他类型案件的特征，从中也在因果关系认定层面折射出法定犯与自然犯的差异。

（二）渎职罪因果关系的证明

前文提到，从研究对象上看，刑法因果关系呈现出“两点一线”的判断结构。“两点”即危害行为和危害结果，“一线”即危害行为与危害结果之间的因果连接。这一结构确立了因果关系的证明步骤。

1. 对“两点”的证明

（1）对危害结果和渎职行为的证明

关于渎职行为的证明，在前一节“渎职罪客观方面研究”中已有论述。需要强调的是，作为原因部分的渎职行为，无论其行为方式表现为作为还是不作为，必然与特定的职责密切相连，“职责”始终是认定渎职罪危害行为的“圆心”。渎职行为以一定的公务职责（可以是基于国家机关工作人员的身份或授权或委托而拥有）为前提和参照，且与正确履行职责的行为具有“正反”对应性。这是渎职犯罪因果关系成立的法理基础。只有拥有一定的职责，才能让行为人对因不履行或不正确履行职责的行为所造成的后果承担责任。这种“职责”使行为人在法律上具有了类似于不作为的“先前义务”。在这种情况下，尽管行为人不履行或不正确履行职责的行为本身不具有引起结果发生的现实性，但正是由于有了这种“先前义务”的存在，使得行为人的行为因没有在本应并本能正确履行职责的情况下而与危害结果的发生具有了因果联系。因此，在收集证据进行诉讼证明时，渎职犯罪必须要证明“特定义务”的存在，这种特定义务即为行为人的职责。没有这种职责或职责有无得不到充分证据予以证明，则否定因果关系的成立。

关于危害结果的证明。根据通说，作为刑法因果关系研究对象的危害结果，是指对定罪量刑有价值的危害结果，即指现实发生的损害和危险状态。②根据刑法第397条的规定，其在渎职罪中系指“致使公共财产、国家和人民

① 罗结珍译：《法国新刑法典》，中国法制出版社2003年版，第8页。

② 马克昌主编：《犯罪通论》，武汉大学出版社2000年版，第211页。

利益遭受重大损失”。[①] 以下本书从两个视角着重论述危害结果的证明中涉及的一类重要的证据“鉴定”。一是渎职案件中“鉴定”类的证据在因果关系的判断中具有筛选功能。渎职行为涉及领域专业性的特点在1997年刑法“渎职罪”一章中主要表现为，空白罪状所指明的确定该罪构成特征的其他法律、法规多数具有很强的专业性，如税收、环保、林管、商检、检疫等。例如，在责任事故型渎职案中，对于发生的重大事故需要由专门的机构对事故原因和性质作出分析报告，确定事故原因，因此往往包含了专业部门的鉴定确认程序。通过“鉴定”甄别事故性质，进而确定该事故是否“涉渎”。其中，自然事故，是指由于不能预见和不能控制的自然条件发生变化而引起的事故。技术事故，是指由于技术条件限制或设备条件不良造成的事故。这两种事故都是不以人的主观意志为转移的，不具有犯罪的特征，因而不构成犯罪。[②]“涉渎”案件中的事故性质应为责任事故。在此意义上，渎职罪因果关系虽为制度产物，但因果关系的成立并非纯属观念层面的价值分析，而是有相应的客观事实及证据的支撑。二是渎职案件中作为证据的“鉴定”，在性

---

① 根据2006年《立案标准》的规定，滥用职权罪的重大损失，是指具有下列情形之一：(1) 造成死亡1人以上，或者重伤2人以上，或者重伤1人、轻伤3人以上，或者轻伤5人以上的；(2) 导致10人以上严重中毒的；(3) 造成个人财产直接经济损失10万元以上，或者直接经济损失不满10万元，但间接经济损失50万元以上的；(4) 造成公共财产或者法人、其他组织财产直接经济损失20万元以上，或者直接经济损失不满20万元，但间接经济损失100万元以上的；(5) 虽未达到(3)、(4) 两项数额标准，但 (3)、(4) 两项合计直接经济损失20万元以上，或者合计直接经济损失不满20万元，但合计间接经济损失100万元以上的；(6) 造成公司、企业等单位停业、停产6个月以上，或者破产的；(7) 弄虚作假，不报、缓报、谎报或者授意、指使、强令他人不报、缓报、谎报情况，导致重特大事故危害结果继续、扩大，或者致使抢救、调查、处理工作延误的；(8) 严重损害国家声誉，或者造成恶劣社会影响的；(9) 其他致使公共财产、国家和人民利益遭受重大损失的情形。玩忽职守罪的重大损失，是指具有下列情形之一：(1) 造成死亡1人以上，或者重伤3人以上，或者重伤2人、轻伤4人以上，或者重伤1人、轻伤7人以上，或者轻伤10人以上的；(2) 导致20人以上严重中毒的；(3) 造成个人财产直接经济损失15万元以上，或者直接经济损失不满15万元，但间接经济损失75万元以上的；(4) 造成公共财产或者法人、其他组织财产直接经济损失30万元以上，或者直接经济损失不满30万元，但间接经济损失150万元以上的；(5) 虽未达到(3)、(4) 两项数额标准，但 (3)、(4) 两项合计直接经济损失30万元以上，或者合计直接经济损失不满30万元，但合计间接经济损失150万元以上的；(6) 造成公司、企业等单位停业、停产1年以上，或者破产的；(7) 海关、外汇管理部门的工作人员严重不负责任，造成100万美元以上外汇被骗购或者逃汇1000万美元以上的；(8) 严重损害国家声誉，或者造成恶劣社会影响的；(9) 其他致使公共财产、国家和人民利益遭受重大损失的情形。学者们将上述构成结果分为人身伤亡、财产损失和政治影响三类。高铭暄主编：《刑法专论》(上编)，高等教育出版社2002年版，第901页。

② 周道鸾、张军主编：《刑法罪名精释——对最高人民法院最高人民检察院关于罪名司法解释的理解和适用》(第三版)，人民法院出版社2007年版，第123页。

质和效力方面均有别于传统的自然犯罪。形式上，自然犯罪中的鉴定结论认定的是事实上的因果关系。而对渎职罪等法定犯罪通常是依据相关的职责规定，通过责任的划分来确定因果联系的。性质上，对自然犯罪危害结果原因的鉴定多为司法鉴定，在刑事诉讼中作为鉴定结论使用；而法定犯罪中的责任鉴定在诉讼中多是作为书证使用。在司法实践中必须明确哪些是司法鉴定、哪些是部门行业内部鉴定而在司法程序中只能作为书证使用。

（2）实务应用中应予注意的问题

在对“两点”的证明中，应注意理清法律关系，准确界定“原因”。由于渎职案件因果关系原因力表现复杂，常为多因一果，因此，在对“原因”的证明中，应注意理清不同法律关系，准确界定“原因”的范围。在涉及因果关系的刑事案件中，有些确属一果多因，有些表面上看似“多因”，实质上是混淆了不同的法律关系。例如，郑筱萸受贿、玩忽职守案中，辩护人提出“对于专项工作中出现大量通过造假方式获取文号的现象，应查明并追究造假者的相关责任，与郑筱萸的行为无关”的辩护意见即为适例。他人的造假行为与郑筱萸的玩忽职守行为虽系同一案件的组成部分，但它们分别侵害了不同性质的法益，分属于不同的法律关系，对应不同的法律评价体系，他人造假不应影响郑筱萸承担玩忽职守的责任。辩护人的观点实质上是将上述诸多“不同”混杂在一起，模糊了“原因”的范围。

2. 对“一线”的证明

（1）对渎职行为与危害结果之间是否存在因果关系的判断

前文渎职罪因果关系法律拟制性特点，包含了“一线”证明的法理分析。“一线”证明的切入点为“公务职责”。本书拟尝试以“职责功能覆盖法”来完成这一环节的证明。

步骤1 “定位”，即首先对行为人进行“职责定位”，确定其岗位职责的权限范围。

步骤2 “功能”，指“职责功能”，根据相关的行政法律、法规或其他规范性文件确定该岗位及其对应职责的设立目的、预设功能。

步骤3 “评估”，即评估实际发生的危害结果是否属于设定该职责时所欲防范的风险范围。前文曾经提到，渎职罪中的“行为”是对应有相关规定或规范的职务行为。这些规定或规范是针对一定的职责领域可能存在或发生的各种风险所作的预测、评估和防范，它确定了公务执行者的行为规则和底线，违背这一规则或突破底线，就意味着规则意欲防范风险发生的可能性。

当实际发生的危害结果能够为行为人所承担的公务职责的风险防范范围

所覆盖时，“一线”的证明完成。其中，前两个步骤在主体证明中即已完成。

（2）实务应用中应予注意的三种情形

第一种情形是注意遵循“由因导果”的逻辑法则。无论采用何种方法都不能背离认识因果关系所需遵循的基本的逻辑法则，即“因果关系应当是由因导果，看发展趋势；而不是由果追因，查逆反事实”。① A与B内在因果联系的外在表现形式为“时间上的继起关系”，反映在证明中，表现为造成严重后果的若干证据与危害结果在时间上的先后顺序。在莫某玩忽职守案中，莫某系某市法院一民事案件的主审法官。该案判决作出后，被告方当事人张氏夫妇不服判决结果而服毒自杀。事情发生后，该市政法委与被告家属签订了协议书，补偿被告家属23万元。同时，检察机关以玩忽职守罪对莫某提起公诉。一审法院经审理作出判决，宣告被告人莫某的行为不构成犯罪。检察机关提出抗诉，其中的一项抗诉理由是：被告人莫某的行为致使公共财产、国家和人民利益遭受重大损失。张氏夫妇的自杀造成了恶劣的社会影响，23万元的赔偿本身不能弥补上述影响，而且无论出于何种性质、通过什么程序支付、由谁支付，国家均因此而付出了23万元。因此，被告人莫某的渎职行为与上述严重后果存在因果联系。这一抗诉理由将“事后赔偿”等案后情节作为因果关系成立的证据，即属于“由果追因，查逆反事实”。事实上，终审法院在分析论证了莫某所作民事判决不属错案，作出该判决的法院也无须承担国家赔偿义务的基础上，认为，“在张氏夫妇自杀后出现的23万元赔偿，实际上是当地有关单位在事实真相和责任没有完全查明之前出于抚慰给予死者家属的安抚性的补偿；该款名义上是由政法机关赔偿却没有加盖任何单位公章，而垫付的却是该市法院，其程序很不规范。可见，这23万元无论是依据上、标准上还是程序上都不是基于错案而按照国家赔偿的程序、标准予以赔偿的，不能认为是错判所造成的损失。检察机关的抗诉理由混淆了该不该赔、该如何赔、由谁来赔等关键问题，不能成立”。②

第二种情形是注意渎职罪因果关系较之哲学因果关系、一般刑法因果关系的特殊性。

一方面，在实际判断中，应当避免将哲学因果关系的一般原理简单套用到刑法领域。在哲学意义上，自然犯罪中原因的属性多是“内因或根据”，而渎职犯罪等法定犯罪的原因属性多是“外因或条件”。毛泽东同志曾经形

---

① 储槐植：《刑事一体化》，法律出版社2004年版，第161页。

② 广东省高级人民法院（2004）粤高法刑二终字第24号刑事裁定书。

象地说："唯物辩证法认为外因是变化的条件，内因是变化的根据，外因通过内因而起作用。鸡蛋因得适当的温度而变化为鸡子，但温度不能使石头变为鸡子，因为二者的根据是不同的。"① 因此，在因果关系的判断中，既要重视作为内因或根据的作用，又不能无视外因或条件的作用。在渎职犯罪案件中，原因力的条件性表现得尤为典型。例如，在玩忽职守型的案件中，有的领导人的行为并不是造成某一事件的根据，而是由于他们严重不负责，疏于职守，以致为某种危害结果的发生提供了条件。② 如果只将刑法因果关系中原因的内涵界定为"根据"，对于许多渎职犯罪的因果判断就很难作出符合逻辑的解释。在刑法因果关系的判断中，既有将客观上不存在因果联系的事实排除出去的事实原因的判断，又有在此基础上，对法律原因的进一步界定，即基于实现法律调整和控制目的，以及公正、合理等基本法律价值、生活经验、社会实践等因素，在事实原因判断结论的基础上，进一步筛选出事实原因中为法律所关注的原因。

另一方面，渎职罪的因果关系判断以刑法因果关系的判断规则为基础，同时，这类犯罪本身的特殊性使其具有与一般刑法因果关系不同的特点。渎职犯罪因果关系判断不似杀人、伤害等自然犯罪的因果关系那样直观。后者体现的是自然性或物理性，而渎职罪中行为与结果的因果性是在社会意义层面讨论的。在自然犯罪中，因果判断主要是事实判断，并且多是通过技术手段（如司法鉴定）来完成；对于渎职犯罪，基于其法定犯罪的属性，其因果判断除了技术手段外，更多地要注意从法律意义上判断，即从法律意义上考察产生结果的实质原因是否是该渎职行为。行为人基于特定身份或基于授权、委托而在履行一定的公务职责，违反了相关的法律规定，因此而发生严重后果时，行为人没有或不正确履行职责的行为即被确定是渎职。在这样一个入罪链条中，包含了一种类似于推定的法律规则。这一法律规则的前提是，渎职行为对危害结果必须具有法律上的实质的原因力，这是因果判断的客观属性在法律判断环节的体现，也是渎职犯罪因果判断不同于自然犯因果判断的复杂之处。对此，应当注意从两个方面来把握，一是要明确法律因果关系是以事实因果关系的判断为前提和基础的；二是事实因果关系是对已然发生事实的说明；法律因果关系判断则以已然事实为前提同时又独立于已然事实。

---

① 《毛泽东选集》（第一卷），人民出版社 1968 年版，第 277 ~ 278 页。

② 陈宝树、袁作喜、冯锐：《刑法中的若干理论问题》，辽宁大学出版社 1986 年版，第 45 ~ 46 页。

在存在事实因果关系的前提下，进入到法律因果关系的判断阶段时，需要屏蔽已然发生的事实，从应然的角度对待定行为进行客观的、独立的、法律意义上的分析，论证其对于结果的发生在法律上是否具有决定意义，如果有，则行为与结果之间具有法律上的因果关系，如果没有，尽管事实上发生了种种与结果有千丝万缕联系的事件，也仍然不能认定因果关系的成立。例如，包某受贿、滥用职权案中，包某系某市劳动局局长，对于包某行为的不法性和因果关系的问题，一审法院认为，包某明知国家机关不能提供担保，且企业间不允许相互拆借资金，仍擅自同意出具具有担保意义的所谓“鉴证书”，为有关企业以联营名义相互拆借资金提供条件，其行为具有不法性；正因为包某以劳动局名义出具了“鉴证书”，使得相关企业间非法拆借资金行为得以实行，也同时产生了巨大的资金使用风险，且造成有关企业实际损失人民币3400余万元的客观后果，该后果与包某的不法行为间具有因果关系。① 一审法院的上述观点，即是单一适用条件说的反映。其陈述的理由只是对已然发生事实的回顾性认识，并没有法律意义上的选择。然而，对于本案这样“条件事实”情况复杂的案件而言，这样的判断等于没有判断，因为它没有揭示出诸条件之间的关系和相互作用的效果，只是简单地认为：因为在结果出现之前事情发展的过程中有这样的行为，所以这样的行为就是原因，与结果之间就有因果关系。要确定包某的行为与危害结果之间是否成立法律上的因果关系，还要考察包某的行为对结果的发生是否具有法律上的影响力，需要对包某的行为作相对独立的价值判断。在本案中，A公司是包某所在劳动局下属企业控股的公司，为解决资金运转困难，经与B、C、D三家企业协商，拟从三家企业借用资金3700万元。借贷双方均明知企业间相互拆借资金违反了财经纪律，为规避财经管理制度，采取以假联营的形式拆借。出借方为了保证资金的安全，要求A公司出具劳动局鉴证的鉴证书，包某为了帮助下属公司解决资金困难而擅自决定以其所在劳动局名义出具了鉴证书。然而，在法律意义上，鉴证书不是借款合同成立的必经程序，对合同的履行也不具有法律上的保证作用。三家企业将资金拆借给A公司是三家企业决策机构作出的一种企业行为，因此，造成经济损失的实质原因是三企业的“非法拆借”行为，而非包某的滥用职权行为。基于上述观点，二审法院否定了包某滥用职权行为与本案重大损失之间的因果关系，认为包某违反规定同意鉴证

① 《包智安受贿、滥用职权案》，载《刑事审判参考》总第41集，法律出版社2004年版，第63～71页。

的行为是一种超越职权行为，但尚不构成犯罪。二审法院对包某行为的判断就是一个法律判断的过程。尽管本案中，包某的行为与最终发生的重大损失之间有密切的事实上的联系，但当独立于已然发生的事实，单独考察包某的行为与结果之间在法律上是否存在引起与被引起的关系时，结论却是否定的。在笔者所考察的渎职案件的判决书中，不少判决显示的断案思路是，只要发生了严重后果且与行为人的职务具有关联性，就认定行为人构成某种渎职罪，而在判决理由部分的阐述又非常笼统，多是“监管不力，严重不负责任”等措辞，缺乏对案件事实尤其是因果关系部分的法理分析，这很容易让人产生类似到底是工作失误还是渎职犯罪，行为人应当承担行政责任还是刑事责任等的罪与非罪的困惑。这在玩忽职守罪、滥用职权罪等类型的渎职犯罪中表现得尤为突出。

第三种情形是注意因果关系判断的具体性。这是前文刑法因果关系基本立场中“应在特定情形下判断因果关系”规则在渎职罪中的具体运用，即在渎职罪因果判断中，应注意职务行为存续的时效。渎职犯罪是以行为人具有一定的职务和职责为前提的。而职务和职责是有期限的，也即在渎职罪中，危害行为以职务行为为载体，当该行为效力在危害结果出现之前已经终结，且与后来引起危害结果的事实没有关联时，则此危害行为应排除在因果关系的考察范围之外，而不属于该危害结果的先在行为，与危害结果真正具有因果关系的后来发生的事实也非介入因素。进行这种区分的目的，在于用排除的方法，简化因果关系的判断环节，合理界定因果关系的考察范围。例如，龚某玩忽职守案中，被告人龚某系某地区公安处交通警察支队车辆管理所警察。1998 年该地区车管所下辖某县村民蒋某在其所持驾驶证有效期届满后（蒋于 1994 年申请办理准驾 B 型车辆的正式驾驶证），向该县公安局交警大队申请换证，该交警大队对蒋某的申请初审后，将其报送地区车辆管理所审验换证。1999 年，在该车管所负责驾驶员体检工作的被告人龚某收到蒋某的《机动车驾驶证申请表》后，在既未对蒋进行体检，也未要求蒋到指定的医院体检的情况下，违反规定自行在上述申请表的“视力”栏中填写上“5. 2”，在“有无妨碍驾驶疾病及生理缺陷”栏中填上“无”，致使自 1995 年左眼视力即已失明的蒋某换领了准驾 B 型车辆的驾驶证。此后，在 2000 年、2001 年及 2002 年的年度审验中，蒋某都通过了该县公安局交警大队的年度审验。2002 年蒋某违章超载驾驶造成乘客 30 人死亡、5 人受伤和车辆报废的特大交通事故，蒋本人也在此事故中死亡。[①] 本案中，龚某的失职行为客观存在，但由于体检或审验的效力只及于当年，因此，龚某在1999年为蒋出具的虚假体检结论的效力只及于2000年度审验以前。在此之后的各年度审验中，该体检结论便不具有效力。至于此后，蒋某在2000年、2001年及2002年的年度审验中，仍多次通过审验，只能说明在上述年度审验中，负责体检的有关工作人员未按规定履行职责，同样存在失职行为。对于龚某而言，由于其行为的效力早在事故发生前的2000年即已终结，因此，其行为对结果的发生已不具有法律上的影响力。故龚某的失职行为与交通事故结果之间不存在刑法上的因果关系，不能认定其行为构成玩忽职守罪。对其失职行为可以运用行政手段予以惩戒。

3．司法实践中的具体运用

基于渎职罪因果性的法律特性及证明要点，具体到司法实践中，关系到如何选择切入点。作为控方，其切入点应当立足锁定行为人“履行职务不合法、不合规或应为而不为”的事实。因此，行为人的职责要求，行为人是否履行了职责以及如何履行职责，行使职务行为的根据以及这些行为对结果的发生是否具有法律上的决定意义等应当成为侦查部门取证和公诉部门审查的重点；而作为辩方，则应将辩护重点放在行为人的职务行为的合法性或职务行为对结果的发生不具有法律意义上，进而切断因果链等，并将其作为辩护方向。

四、小结

依次梳理本节观点：

确立刑法因果关系的目的在于为结果犯承担刑事责任提供客观依据，并贯彻罪责自负的基本原则。与自然犯物理意义或者自然意义上的作用与被作用的事实上的因果联系不同，渎职犯罪中渎职行为与危害结果的因果关系的成立源于法律的规定，是建立在严重违背公职的客观事实基础之上的社会意义或者法律意义上的因果关系，其根源在于渎职罪法定犯的犯罪属性。

渎职罪因果关系的复杂性突出表现为“多因一果”。在审查案件的原因时：一是“原因”的范围。应注意理清法律关系，准确界定“原因”的范围。构成渎职罪的“原因”限于对危害结果负有公务责任的渎职行为。二是“原因力”的属性。与自然犯罪中原因多为“内因或根据”不同，渎职罪中

---

① 《龚晓玩忽职守案》，载《刑事审判参考》总第37集，法律出版社2004年版，第78～83页。

的原因多为“外因或条件”。三是应注意因果关系判断的具体性，在渎职罪中主要表现为职务行为存续的时效。在审查案件的结果时，鉴于渎职案件“事故提供线索”（即通常是发生了严重后果后，在事故调查中牵出渎职案）的发案特征，在确认危害结果时，不能仅仅依据2006年《立案标准》比对损失的内容和程度，而是应首先由专门机构对事故原因进行鉴定，甄别事故性质，从而确定该事故是否涉渎。

刑法因果关系“两点一线”的判断结构确立了因果关系的证明步骤。本书根据渎职罪的本质特征，提出“职责功能覆盖法”的证明方法，依次通过“定位”、“功能”和“评估”三个步骤完成渎职行为与危害结果之间是否存在因果关系的判断。

第五节 渎职罪罪数问题研究

实践中，渎职罪发案的典型样态主要有两种：一种是发生了重大事故，造成了严重后果，责任倒查形成的渎职案；另一种是前文渎职罪特点一节中提到的“窝案串案”，渎职案常常出现在这组串案的端口——要么是作为突破口，进而在查处渎职犯罪的过程中，发现受贿等犯罪；要么是作为“后续”，在查处某类刑事案件（如生产销售假药案）的过程中，逐步暴露案件背后的渎职犯罪。后一种情况涉及对罪数的认定。

一、罪数问题的一般原理

罪数，是指行为人危害社会的行为构成犯罪的单、复。简而言之，即一罪与数罪的犯罪个数。[①] 罪数理论是对刑法所规定的犯罪现象所作的理论总结和概括。罪数论的根本问题在于，在犯罪行为事实的评价上，犯罪成立的个数应如何判别，以及对应一罪或数罪的法律效果应如何处断等问题。[②] 对应前者，即区分一罪与数罪的标准，我国学界目前的通说是以犯罪构成作为决定罪数的标准。犯罪构成在决定罪数上的含义表现为：①犯罪的成立。必须具备犯罪构成，没有犯罪构成，谈不上罪数问题。②符合一个犯罪构成的为一罪。③多罪概念中的每一行为都应具有独立的犯罪构成。[③] 对应后者，

---

① 马克昌主编：《犯罪通论》，武汉大学出版社2000年版，第608页。

② 甘添贵：《罪数理论之研究》，台湾元照出版公司2006年版，第4页。

③ 马克昌主编：《犯罪通论》，武汉大学出版社2000年版，第616页。

即裁判上或科刑上罪数的判断，其抽象意义上的标准应着眼于刑罚的本质和目的，应用层面的标准则首先是立法的明文规定，其次是理论规则（在无立法依据时的选择）。对犯罪事实的法律评价，即确定犯罪成立的个数，是进行裁判或科刑罪数判断的当然的逻辑前提。“罪的合并”是刑法中罪数问题研究的中心，即指数罪不并罚的情形。对此，我国刑法理论上一般将罪数问题中的“一罪”分为三类：一是单纯的一罪；二是实质的一罪；三是裁判上的一罪。渎职罪中较为典型的罪数问题是与受贿犯罪交织的贪赃型渎职罪（含徇私类型）和舞弊型渎职罪。当然，在司法实践中，除了与受贿犯罪交织外，渎职犯罪还会与其他性质的犯罪发生交叉，如不报、谎报安全事故罪等。本节着重研究司法实践中发案频率较高、刑法第九章虽有明文规定但理论上仍争议颇多的贪赃型渎职罪罪数的认定规则。

二、贪赃型渎职罪罪数的认定

前文关于渎职罪事实特征的研究中提到，渎职罪多与其他犯罪尤其是贿赂等犯罪交织在一起，窝案串案现象突出。相应地，对此类渎职案的法律评价也必然涉及罪数问题。刑法第九章“渎职罪”的规定中，对罪数评价规则作出明确规定的，仅有第399条第4款。因此，对这一款规定的剖析，成为研究贪赃型渎职罪罪数问题的起点。

（一）刑法第399条第4款罪数规则的适用范围

考察我国刑法第九章关于渎职罪的规定，从条文表述上看，国家机关工作人员违反职责的原因主要有三种：一是严重不负责任；[①] 二是徇私舞弊（包括徇私、徇情）；[②] 三是收受贿赂。[③] 实践远比理论丰富和复杂。[④] 这三种情形在立法规定中界限清晰，但在现实案件中，三种情形往往相互交织，在徇私舞弊所徇的私情、私利中可能包含包括受贿在内的其他犯罪线索。对渎职罪罪数问题作出明文规定的，除刑法第399条第4款外，2002年8月29日，第九届全国人民代表大会常务委员会第29次会议通过的《关于〈中华人民共和国刑法〉第三百一十三条的解释》明确规定：“……国家机关工作

---

① 刑法第399条第3款、第400条第2款、第406条、第408条、第409条、第412条第2款、第413条第2款、第419条等。

② 刑法第399条第1款、第401条、第402条、第403条第1款、第404条、第405条、第410条、第411条、第412条第1款、第413条第1款、第414条、第418条等。

③ 刑法第399条第4款。

④ ［英］尼尔·麦考密克：《法律推理与法律理论》，姜峰译，法律出版社2005年版，第53页。

人员有上述第四项行为的，以拒不执行判决、裁定罪的共犯追究刑事责任。国家机关工作人员收受贿赂或者滥用职权，有上述第四项行为的，同时又构成刑法第三百八十五条、第三百九十七条规定之罪的，依照处罚较重的规定定罪处罚。"① 这一立法解释关于罪数问题的处理原则与第399条第4款规定的罪数评价规则是一致的。刑法第399条第4款［原系1997年刑法第399条第3款，因《刑法修正案（四）》而形成第4款］将收受贿赂指向了三种行为（徇私枉法罪，民事、行政枉法裁判罪和执行判决、裁定滥用职权罪）。但事实上，与受贿犯罪交织的渎职罪绝不限于这三种行为，其理论上可以、现实中也可能同所有的故意型渎职罪发生牵连，成为渎职的动因，其本身在达到法定立案标准的情况下，即构成受贿罪，从而与其所关联的渎职罪构成数罪。正因为如此，解决此类型渎职罪的罪数适用规则，不仅包括准确理解和适用第399条第4款，还涉及明确该款在渎职罪其他法条中的适用性问题，即其适用范围仅限于自身，还是在第九章中具有示范性而普遍适用于该章其他渎职罪涉及的罪数问题。依据上文罪数问题的基本原理，本书以对该款的研究为标本和切入点，以期为渎职罪罪数问题的解决提供合理方案。

1．对刑法第399条第4款的解析

刑法第399条第4款规定："司法工作人员收受贿赂，有前三款行为的，同时又构成本法第三百八十五条规定之罪的，依照处罚较重的规定定罪处罚。"可以将该规定解析为两个层次：

一是关于受贿与枉法的关系。首先，"收受贿赂"意味着不包括索取贿赂的情形，因为第385条第1款分别用"索取"和"收受"两种表达来界分不同的受贿情形。基于用语的同一性，应排除"索取"情形对本款的适用。其次，"司法工作人员收受贿赂，有前三款行为的"，意味着"收受贿赂"和"枉法"行为二者之间必然有关联且具有内在的因果关系，即枉法是因为事前收受了贿赂或收受贿赂是因为事前的枉法。如果二者没有这种直接对应的关系，依据犯罪构成的原理，对被告人的受贿行为和枉法行为应当分别定罪量刑，实行数罪并罚。这种关联性需要用证据锁定。依据严格解释的刑法适用解释规则，应当将这种关联性理解为"像咬合紧密的齿轮"②，即必须是具有内在因果连接的对应关系，而不仅仅是"相关"或"包含"。

---

① "第四项行为"，即"被执行人、担保人、协助执行义务人与国家机关工作人员通谋，利用国家机关工作人员的职权妨害执行，致使判决、裁定无法执行的。"

② ［英］尼尔·麦考密克：《法律推理与法律理论》，姜峰译，法律出版社2005年版，第85页。

二是在受贿与枉法具备上述对应关联关系的前提下，具体处理时应区分两种情况：一是审判人员受贿又枉法，但只有一种行为构成犯罪而另一种行为虽违法但尚未构成犯罪的，按照构成犯罪的行为定罪量刑，尚未构成犯罪的违法行为则作为量刑情节予以考虑；二是既受贿又枉法，并且两种行为均已构成犯罪的，依照处罚较重的规定处罚。我国刑法第 399 条第 4 款的规定即针对的是第二种情形。

依据上述对该规范的阐释，以下将列出不适用该款规定的两则典型情形，以这种排除方式和这种方式中所使用的源于实际发生的案例模型来帮助进行原理上的讨论。

第一，受贿与枉法彼此无关联关系的情形。

例如，在一起案件中，被告人赵某系某法院法官，2000 年，其在担任某一土地纠纷案件的审判长时，认为一方当事人（某置业公司）的法定代表人吴某社会关系较广，意欲与吴某结交，从而使吴某能够帮助其子找工作。于是便在随后的审理活动中，违反法律程序，调取证据，并在对方当事人对证据提出异议且未经双方当事人庭审质证的情况下，直接在判决中采信异议证据，使得判决结果明显偏袒该置业公司。该案一审审结后，另一方当事人提出上诉，经上级法院审理，对一审判决结果作出了部分改判。2002 年至 2004 年，被告人又担任审判长审理吴某公司与某公司（与前述另一方当事人无关）合同纠纷案件。其间，被告人先后收受吴某人民币 20 余万元。

该案在审理过程中，控辩双方对本案被告人赵某的行为已构成民事枉法裁判罪和受贿罪没有分歧。争议的焦点在于，对赵某所犯两罪能否适用刑法第 399 条第 4 款的规定。控方认为，被告人所犯的民事枉法裁判罪及受贿罪分别发生在其审理的不同案件之中，受贿行为发生在本案民事枉法裁判罪所涉及的土地侵权纠纷案之后，不适用刑法第 399 条第 4 款所规定的情形，应对被告人所犯两罪实行数罪并罚。辩方则认为，赵某办理多起置业公司的案件，赵的受贿行为与其所审理的置业公司几起案件的关联性是无法分清的，公诉机关也未分清赵的受贿行为是基于哪一个案件。因此，应适用刑法第 399 条第 4 款之规定，对赵某所犯民事枉法裁判罪和受贿罪应择一重罪处罚。

这一分歧产生的事实根源在于，赵某涉案的两起犯罪事实之间是否具有关联性？第一起即民事枉法裁判犯罪事实与第二起即受贿的犯罪事实是否有因果联系？其所犯两罪是否具有直接对应的关联关系？

笔者认为，控方观点是成立的。首先，被告人所犯两罪不具有直接对应的关联关系，不符合刑法第 399 条第 4 款所规定的适用条件。两起犯罪事实尽管涉及同一当事人（吴某所在置业公司）且事件相似（被告人审理吴某所在公司有关的民事案件），但两起犯罪事实之间不具有法律意义上的连接或交叉，枉法与受贿之间没有直接对应的关联关系，不符合刑法第399条第4款的规定。判断两起犯罪事实之间是否具有关联性，犯罪事实之间是否存在时间上的分割并非主要依据，关键是要重点考察每起犯罪事实发生的缘起，即在第一起事实中被告人为什么枉法，在第二起事实中吴某为什么行贿。有果必有因！找到两起犯罪事实的原因，再分析两个原因之间是否具有因果联系。现有证据表明，被告人枉法的动机在于，希望利用自己担任审判长的职务便利，通过在诉讼中偏袒吴某所在公司，从而使吴某能够帮助其子找工作。而在受贿犯罪事实中，吴某是在其公司又有纠纷由赵某负责审理的情况下行贿，行贿发生在本起犯罪事实涉及的有关民事诉讼案件立案以后；而被告人则是在明知吴某有求于自己的情况下受贿，这与被告人前期的枉法动机没有交叉，也没有证据能够证明，赵某在第一起犯罪事实中枉法时对这场交易的贿赂就有所期待或得到吴某的任何形式的允诺，因此，第二起犯罪事实是一次独立的权钱交易，而不是期权腐败意义上的事后受贿。尽管案发时，被告人尚未审结第二起犯罪事实中涉及的民事案件，在其审理此合同纠纷案中尚不涉及枉法问题，但根据2003年11月23日最高人民法院《全国法院审理经济犯罪案件工作座谈会纪要》三（二）“为他人谋取利益”的认定：为他人谋取利益包括承诺、实施和实现三个阶段的行为……明知他人有具体请托事项而收受其财物的，视为承诺为他人谋取利益。因此，案发时，尽管赵某在这次受贿犯罪中尚未有枉法行为，但这并不影响受贿罪的成立。其次，从社会危害性的视角分析，被告人作为国家公职人员，其在第一起事实中的枉法裁判行为和第二起事实中的明知他人有求于己而收受贿赂的行为都严重亵渎了国家工作人员的职务廉洁性，破坏了国家机关的正常工作秩序，损害了国家机关的声誉和形象，其社会危害性是相当的，都应在最终的法律评价中得到体现。再次，从罪刑相适应原则的要求看，正因为两起犯罪事实中被告人均有独立的犯罪构成，且两罪又具有相当的社会危害性，因此，只有对两罪实行数罪并罚，才能使罪名的认定真实地反映犯罪状况，进而才能使之连接对应的刑罚，实现罪与刑的均衡，从而有利于实现刑罚公正和一般预防的目的。同时，也减轻了控方的证明责任，有利于指控犯罪。① 因此，在确定本

① 在从一重罪处断的情况下，除了要证明分别成立受贿罪和相应的渎职罪外，还要证明两罪之间的对应关联关系的成立。而在数罪并罚的情况下，只需要分别证明两罪成立即可。

案不符合刑法第 399 条第 4 款适用条件的前提下，对被告人所犯两罪实行数罪并罚，使得枉法行为能够和受贿行为一样在罪名中得到对应评价，符合罪刑相适应原则。

第二，在整个犯罪过程中，被告人受贿行为存在于其与行贿人交往的整个过程中，权钱交易出于一种概括的意向，而非仅针对交往中某一事件的情形。将上述案例的证据情况加以改编，设定现有证据可以证明被告人收受了贿赂，但每次受贿的具体时间无法确定，行贿人与受贿人对贿赂的用途各执一词，且没有其他证据可佐证并固定其中任何一人的供述，基于被告人供述易变，故不足以作为定案的根据。对受贿人而言，主观上对贿赂是一种概括的故意，即明知或应知该贿赂是基于自己能够利用或已经利用本人职务上的便利，为行贿人谋取利益而做的一种交易。至于是与行贿人交往过程中的哪一笔交易，对受贿罪的认定没有影响。现有证据可以确定的是，受贿行为并非一次完成而是分成多次，陆续贯穿于二者交往的整个过程之中，很难分清每笔贿赂的具体意图。这使得贿赂更加缺乏明确指向，可能是对第一次裁判中的关照的回报，也可能是对此后诉讼中能够继续得到关照的期待，还可能是二者兼而有之。无论哪种可能，有一点是可以确定的，行贿人的行贿与被告人的受贿皆是由于被告人法官的身份和职责。依据上述拟定的证据，本案被告人的受贿行为并非仅由于第一起犯罪事实中的枉法行为，受贿行为贯穿于被告人第一次审理行贿人所在公司涉诉案件和第二次再次受理该公司涉讼系列案件的整个过程中，并非单纯针对第一次枉法审案的事后受贿。在这种情况下，能否适用刑法第 399 条第 4 款的规定？笔者认为，在上述证据模式下，依然不能适用刑法 399 条第 4 款的规定。在该规定中，受贿行为与枉法行为必须具有单一的对应性，这是适用罪数处理原则方便诉讼的前提，毕竟，公正全面地评价犯罪是首要的，立法技术和诉讼便利是第二位的。如果权钱交易指向的范围大于而非等于某一具体的枉法行为，那么，如果仅针对后者对受贿行为适用第 399 条第 4 款规定的罪数规则，则在事实上只是评价了权钱交易犯罪的一部分，而使其他部分漏评，从而违反了罪数判断的“穷尽判断原则”，[①] 使得犯罪行为得不到应有的公正全面的评价。总之，必须是此案

---

① 在犯罪成立阶段，被告人所犯之罪究属一罪抑或数罪，其判断原则有二，即穷尽判断原则与禁止重复评价原则。其中，穷尽判断原则，是指司法者对于立法者所设的各种犯罪类型，以及处罚效果的规定，均须毫无遗漏地全部加以评价，以检验具体行为事实是否合于各该规定的构成要件。在犯罪成立的初步阶段，某罪所应具备的主观及客观要素既均已具备，则在认识上或形式上，即无理由否定该罪的成立。甘添贵：《罪数理论之研究》，台湾元照出版公司 2006 年版，第 9、10 页。

（受贿）与彼案（枉法）的直接对接，而不应有所超出，否则从一重罪处罚，所处罚的实际上是两罪的交集，而不是全部的两罪，这样就不能完整评价被告人的全部犯罪行为。①

2. 刑法第399条第4款之罪数规则的适用范围

对于刑法第399条第4款的规定在渎职罪其他法条中的适用性，即该款规定对处理法无明文规定的其他同类渎职犯罪罪数问题是否具有示范力，学界有不同声音，主要围绕该款性质展开。

刑法学界对于刑法第399条第4款的性质有“注意规定”与“特别规定”之争。主张注意规定的观点认为，该款可以在渎职罪中推而广之；主张特别规定的观点认为，该款只是规定因受贿而犯徇私枉法等罪的，才能依照处罚较重的规定定罪处罚。如果事先犯徇私枉法等罪，事后收受财物的，应当数罪并罚。② 上述争议实际上是要明确，对于与刑法第399条第4款同类情形的渎职罪，在法律没有明文规定的情况下，能否适用该款规定的罪数规则。

刑法分则条文通常包含对犯罪现象常规样态的规范描述及对应的法律评价。分析这些法律评价，有的是单一的（一次评价），有的是复合的（二次评价）。所谓“复合”，即是在第一次评价的基础上，以系统的视角，在刑法的大环境中，将本法条相关问题与本法条之外的相关规定联系起来再度进行的综合评价。这种联系的事实基础在于，被联系的规定各自所反映的犯罪现象之间相互交织或密切关联。在二次评价中，包含了提高诉讼效率的意图及为此所作的立法技术性的处理。刑法第399条第4款属于“法律的二次评价”。其价值取向在于，在全面公正评价犯罪的前提下，通过立法技术的处理，兼顾诉讼便利。在罪刑法定原则下，对这种立法规定在适用时应遵循严格解释的规则——仅限于该法律规定本身。正如有学者总结，遵循严格解释规则的精神，如果该款规定可以在渎职罪中推而广之，从立法技术上考虑，应当在渎职罪法条的最后作出统一的注意规定。立法未作出统一的注意规定，在排除立法疏漏的前提下，只能理解为立法的有意安排与特别规定。③

（二）两种视角下对渎职罪罪数适用规则的探析

这里主要研究的是，除刑法第399条第4款规定的情形外，其他类型的渎职犯罪与受贿犯罪混合所涉及的罪数认定。司法实践中，是因为渎职而受

---

① 参见尚清霞、高长有、魏颖华：《贪赃枉法型渎职案件如何适用刑法》，载《检察日报》2008年3月2日第3版。

② 龚培华：《渎职罪司法适用疑难问题研究》，载《法学》2005年第12期，第97页。

③ 龚培华：《渎职罪司法适用疑难问题研究》，载《法学》2005年第12期，第97页。

贿还是因为受贿而渎职，在许多案件中这种因果关系从证据的角度看并不清楚。从案件的整个过程考察，渎职与受贿互为因果比纯粹界定谁是因、谁是果更为客观。因此，从因果上分析问题无助于罪数的认定。但是，渎职与受贿之间的密切联系可以为渎职罪罪数的适用规则提供两种分析视角。

1. 以受贿罪为视角，受贿罪中“为他人谋取利益”的要件是否涵盖渎职行为

(1) 一起典型案例与两种代表观点

以上海市黄浦区人民法院（2001）黄浦刑初字第 33 号殷某放纵走私、受贿案为例，上海市黄浦区人民检察院指控称，被告人殷某于 1998 年 4 月至 8 月在担任上海吴淞海关出口科审单组关员期间，明知走私罪犯李某、张某（均另案处理）利用来料加工贸易方式搞假冒出口进行走私，仍利用其负责审单工作的职务之便，对李某提供的出口货物报关单证所列明的来料加工化工产品不予抽查，即在出口货物报关单上加盖其本人的工号章，在登记手册上加盖“沪关保验讫”章，全部予以空审通过，使李某、张某等人利用假出口走私化工原料 3000 余吨，偷逃关税、增值税合计人民币 1200 万余元。在此期间，殷某收受李某给予的贿赂人民币 7 万元。依照法律，其行为已构成放纵走私罪、受贿罪。对此，上海市黄浦区人民法院根据上述事实和证据认为：被告人殷某利用其担任海关关员的职务便利，收受他人贿赂，采用放纵他人走私的方式为他人谋取利益，其行为已构成受贿罪，应予处罚。对检察院指控被告人殷某的行为构成放纵走私罪、受贿罪，一审法院认为被告人殷某收受他人贿赂，为他人谋利益的行为表现在利用职务便利放纵他人走私。放纵他人走私行为既是受贿罪的必备条件，又是放纵走私罪的客观要件，殷某的一个行为触犯了两个罪名，是一种想象竞合，不符合法律规定的数罪并罚原则，应根据从一重罪原则处断，即按其中法定刑最重的一个罪处罚。本案可适用的放纵走私罪的法定刑幅度是“五年以下有期徒刑或者拘役”；而涉及的受贿罪的法定刑幅度是“五年以上有期徒刑，可以并处没收财产”。可见本案被告人定受贿罪所受处罚要重于定放纵走私罪。据此，一审定案结论为被告人殷某构成受贿罪。

该案经历二审后，二审确认的事实和证据与一审相同。但改变了原审定案结论。上海市第二中级人民法院认为：原审法院认定被告人殷某于 1998 年 4 月至 8 月间，放纵李某、张某等人走私，造成 1200 万余元税收损失，收受李某贿赂的人民币 7 万元的事实清楚，证据确实、充分，应予确认。在本案中，被告人殷某既有放纵走私的故意，又有获取非法利益的故意；客观上，

有利用职权对报关单空审放纵走私的行为，又有从走私分子处获得贿赂款的行为。其出于两个故意，实施两个行为，同时侵害了国家海关正常活动和国家工作人员职务行为的廉洁性，应构成两个罪名，即前者构成放纵走私罪，后者构成受贿罪，依法应数罪并罚。被告人殷某身为海关工作人员，违反法律规定，明知走私货物而予以放纵，且给国家造成了特别巨大的经济损失，其行为已构成放纵走私罪。殷某在放纵走私的过程中，又收受走私分子贿赂人民币7万元，构成受贿罪，依法应予数罪并罚。上海市黄浦区人民法院以受贿罪一罪对殷某定罪不当。

本案两审法院在对案件事实和证据没有异议的前提下，得出不同的定案结论。其判决理由分别代表了渎职型受贿案或受贿型渎职案罪数适用规则的两种观点。以受贿罪为观察视角，这两种观点争议的焦点在于，在受贿罪的构成要素中，“为他人谋取利益”的要素属性是什么？是属于客观要件，还是属于主观要件？在以渎职行为为他人谋取利益时，该渎职行为能否被“为他人谋取利益”所吸收而成为受贿罪的一部分？

现行刑法对此表述模糊，而根据1989年11月6日最高人民法院、最高人民检察院《关于执行〈关于惩治贪污罪贿赂罪的补充规定〉若干问题的解答》中指出：“非法收受他人财物，同时具备‘为他人谋取利益’的，才能构成受贿罪。为他人谋取的利益是否正当，为他人谋取的利益是否实现，不影响受贿罪的成立”。至于“为他人谋取利益”是指必须有谋取利益的实际行为，还是只要有该意图，并不明确。理论界对上述问题的观点主要有客观要件说和主观要件说。客观要件说认为，为他人谋取利益的行为，属于客观要件的内容，因此，行为人虽然收受了他人的财物，但没有为他人谋取利益，不构成受贿罪。[①] 主观要件说认为，如果一个国家工作人员收受了他人的财物，意图为他人谋取利益，只是尚未实施谋取利益的行为就认为其不构成受贿罪，不利于反贿赂罪的斗争。从有利于打击受贿罪出发，应把“为他人谋取利益”理解为主观要件的内容，即只要是行为人收受了他人财物，并且证实其具有利用职务之便为他人谋取利益的意图，就应当认定为受贿罪既遂。[②] 客观要件说针对自身观点存在诸如不符合受贿罪的本质、不符合罪刑相适应原则等问题，进行了观点完善，在原有立场上采用了更为开放的解释。例如，

---

① 张瑞幸主编：《经济犯罪新论》，陕西人民教育出版社1991年版，第305页。转引自高铭暄主编：《刑法专论》（下编），高等教育出版社2002年版，第824页。

② 高铭暄主编：《刑法专论》（下编），高等教育出版社2002年版，第824～825页。

有的学者总结认为，为他人谋取利益包括四种情况：其一，已经许诺为他人谋取利益，但尚未实际进行；其二，已经着手为他人谋取利益，但尚未谋取到利益；其三，已经着手为他人谋取利益，但尚未完全实现；其四，为他人谋取利益，已经完全实现。许诺包括明示和默许。[①] 有的学者提出，“为他人谋取利益”仍然是受贿罪的客观构成要件要素，其内容的最低要求是许诺为他人谋取利益。[②] 2002 年 6 月 6 日《全国法院审理经济犯罪案件工作座谈会纪要》提出，为他人谋取利益包括承诺、实施和实现三个阶段的行为。只要具有其中一个阶段的行为，如国家工作人员收受他人财物时，根据他人提出的具体请托事项，承诺为他人谋取利益的，就具备了为他人谋取利益的要件。明知他人有具体请托事项而收受其财物的，视为承诺为他人谋取利益。至于行为人出于种种考虑，最终没有实施为行贿人谋取利益的行为，不影响受贿罪的成立。[③]

（2）受贿罪“为他人谋取利益”之罪状合理性分析

在评价上述两种观点之前，有必要在受贿罪的构成框架内，从应然的角度分析引发争议的“为他人谋取利益”这一要件本身的合理性问题。对这一要件在理论上有质疑立法应予废除的声音。以下从四个方面展开分析：

受贿罪侵犯的客体，是国家机关和国有公司、企业、事业单位、人民团体的正常工作秩序和国家的廉政建设制度。受贿罪的本质在于权钱交易。行为人没有相应职务，或者没有利用职务上的便利收受财物的，不构成受贿罪。[④] 受贿罪的客体包含了其犯罪性质的实质内容，是全部分析的起点。

首先，“为他人谋取利益”的要件对受贿罪的认定没有实质意义，在适用解释时还会使刑法规定处于两难境地。根据刑法条文的表述，“为他人谋取利益”既包括合法利益，也包括非法利益。在合法利益的情况下，也即利用职务便利为他人谋取合法利益，这一行为本身是没有犯罪性可言的，认定受贿的关键在于行为人因此而收受了他人的财物。如果刑法将“合法利益”排除，就会得出“只要国家工作人员利用职务上的便利为他人谋取合法利

---

① 高铭暄、马克昌、赵秉志主编：《刑法学》，北京大学出版社、高等教育出版社 2000 年版，第 701 页。

② 张明楷：《刑法学》（第三版），法律出版社 2007 年版，第 878 页。

③ 周道鸾、张军主编：《刑法罪名精释——对最高人民法院最高人民检察院关于罪名司法解释的理解和适用》（第三版），人民法院出版社 2007 年版，第 822 页。

④ 周道鸾、张军主编：《刑法罪名精释——对最高人民法院最高人民检察院关于罪名司法解释的理解和适用》（第三版），人民法院出版社 2007 年版，第 822 页。

益，即便收受了他人的财物也不构成犯罪”的结论，人民赋予的公权力成了个人谋利的工具，这显然也是为国家、社会和民众所不能接受的。更何况，利益的“合法”和“非法”的标准本身又是一个饱受争议的问题，在司法实务中的操作非常混乱。从犯罪的本质考量立法，作为具体犯罪的构成要件，其应以某种角度体现该罪的社会危害性。对受贿罪而言，只要行为人的职务行为与收受贿赂有因果联系，即侵犯了该罪客体，足以构成该罪，是否“为他人谋取利益”无法体现受贿罪的社会危害性及其程度。

其次，尽管规定“为他人谋取利益”目的在于突出“权钱交易”这一受贿罪的本质，但“权钱交易”强调的是受贿与职务的关系，与是否为他人谋取利益没有必然联系。只要国家工作人员利用职务上的便利收受贿赂，无论客观上是否为他人谋取利益，在实质上都侵犯了本罪的客体。有学者提出，在索取财物的情况下，财物与职务行为之间的对价关系非常清楚，但在他人主动向国家工作人员交付财物时，该财物是否与国家工作人员的职务行为之间具有对价关系，便不明了。因此，“为他人谋取利益”这一要件旨在说明国家工作人员收受的财物与其职务行为之间具有对价关系。① 笔者认为，这一关于立法原意的解释是基于受贿罪权钱交易本质的考虑，应予肯定。同时，想要说明的是，体现受贿罪权钱交易是否必须规定“为他人谋取利益”？罪状中表述的“利用职务上的便利”是否会使得该要件显得多余？一方面，利用职务上的便利而收受贿赂，这一因果关系足以体现“权钱交易”；另一方面，正如有学者所认为的，“利用职务便利和为他人谋取利益在很多情况下是重合的。因为为他人谋取利益是需要利用职务便利的，而通过履行职务行为为他人谋取利益本身是交织在一起的，人为将这一个行为要件拆成两个要件，容易造成司法认定上的困惑。”②

再次，“为他人谋取利益”会引起罪状理解上的混乱。刑法条文的表述是“非法收受他人财物，为他人谋取利益”。根据这一表述，收受财物与为他人谋取利益是否有时间上的先后顺序，即“只有先收受财物，后谋利益”的行为才构成受贿罪？对此，实践中的理解不一。典型的表现是对事后受贿

---

① 张明楷：《刑法学》（第三版），法律出版社 2007 年版，第 877 页。

② 赵秉志主编：《改革开放 30 年刑法学研究精品集锦》，中国法制出版社 2008 年版，第 169 页。

问题的争议。[①] 这是立法规定衍生出的司法难题。

最后，“为他人谋取利益”的要件在事实上为刑法对受贿罪的惩治打开了一个缺口，使受贿者“安全”地接受贿赂有了法律上的口实。具体表现在实体和诉讼两个方面。实体上，一些具备权钱交易本质、侵害了受贿罪客体的行为因欠缺该要件被作无罪处理。诉讼上，从证明的内容上提高了受贿罪的入罪门槛。尤其是那些承诺谋利，乃至心照不宣的受贿案，常常难以证明是否具备该要件。这等于放宽了刑事法网，不符合严而不厉的政策取向。

综上所述，刑法第385条第1款“为他人谋取利益”的规定缺少必要性和合理性。“为他人谋取利益”，可以是利用职务便利行为的证据事实，也可以被视为在利用职务便利行为与受贿行为具有因果联系的情形下，对行为人职务行为的法律评价。例如，在一个具体案件中，行为人的职务行为是正当的，为相对人谋取的利益也是合法的，但如果行为人为此而收受了获益相对人的财物时，前述行为人的职务行为就是刑法规定的受贿罪中“为他人谋取利益”的行为。同时，对“为他人谋取利益”必要性、合理性的分析并非只是立法反思，更重要的是，这种反思在完善立法之前，在现有的法律框架下提供了适用解释的方向，即在现有法律规定存在解释空间的情况下，如何解释该要件，以使其在受贿罪的定罪体系中的作用更趋合理。

（3）在现有立法条件下，对“为他人谋取利益”的适用解释

尽管前文从应然角度分析认为，受贿罪“为他人谋取利益”既无必要又欠缺合理性，但依据现有的法律规定，其仍然是收受财物型受贿罪定罪的必备要素。因此，问题转变为，如何解读该要件，如何适用该要件？

在构成要件的分析框架内，“为他人谋取利益”在构成要件中的定位要么属于客观要件，要么属于主观要件。无论“为他人谋取利益”是主观要

---

① 典型案例是陈晓受贿案。在该案中，客观上，行为人实施的是正当的职务行为，且该职务行为为对方获取了巨额财物，行为人于事后收取了对方的钱财；主观上，无充分证据证明行为人实施职务行为时就意在以后收受对方的钱财，但事后行为人收受对方钱财时，却明知对方送的财物是因为自己的行为使对方获取了利益。对此，一审法院认为，现有证据无法证实被告人主观上具有权钱交易的受贿故意。被告人事后接受表示感谢财物的行为是一种事后受财行为。认定被告人构成受贿罪的证据不足，宣告其无罪。该案被发回重审后，经重审认为，被告人陈晓身为国家工作人员，利用职务便利，根据下属部门承包经营人李某建议，制定新的承包经营政策，协调、帮助李某承包经营，在李某获取巨额利润后，非法收受李某所送33万元人民币、15万元港币，其行为侵害了国家工作人员公务活动的廉洁性，已构成受贿罪。（参见王亚锦：《陈晓受贿案——“事后受财”是否构成受贿》，载《国家法官学院学报》2000年第6期，第31～34页。）鉴于“事后受贿”问题已超出本书主题范围，这里不再赘述。

件，还是客观要件，作为受贿罪的罪状，它是收受他人财物型受贿罪成立的必要条件。无论其被诠释为何种内涵、被归类为何种概念范畴，若要定罪，就必须能够从案件的事实证据中得出“为他人谋取利益”的结论。“为他人谋取利益”在收受贿赂型受贿罪构成要件中的定位分别涉及程序和实体两方面的问题。程序上，主要是证据问题，如果其被视为客观要件，客观上就必须有此行为，否则，即因该要件的缺失而不构成犯罪；若其被视为主观要件，客观上则并不要求有对应的谋利行为，只要有证据证明主观上有该意图，从而体现权钱交易的受贿本质即可。显然，作为客观要件的证据条件要严于主观要件。实体上涉及的问题便是罪数问题。在同一案件中，依照客观要件说的主张，“为他人谋取利益”的行为，即便按客观要件说将之扩大解释为承诺，它在性质上也是“行为”，这意味着，作为这种行为的具体内容，即便其本身又包含其他性质的犯罪行为，也不再单独评价，而是被吸纳到受贿罪中进行评价，否则，就涉嫌“重复评价”。而在主观要件的主张下，“为他人谋取利益”所包含的具体行为，对受贿罪而言，其只是证明其主观要件成立的证据事实，这一事实对于受贿罪的成立不是必需的，自然也不在受贿罪的评价范围之内，换言之，如果这种行为涉嫌其他性质的犯罪，就应当根据刑法规定给予相应评价，从而在同一案件中，与受贿罪并列形成数罪。

上述改良的客观要件说，尽管对“为他人谋取利益”作了扩大解释，以弥补自身主张的缺陷，但在笔者看来，在实体上，扩大解释的内容已经超出客观要素的基本范畴，内容已蔓延到主观领域；从诉讼的角度看，扩大解释得出的这些内容更适合作为主观要件说中证明“为他人谋取利益”的证明思路；从适用效果上看，主观说更有利于打击受贿罪，有助于反贿赂罪的斗争。

从适用的角度看，刑法关于“为他人谋取利益”的规定含义模糊，因此，存在适用解释的空间。笔者认为，选择前述主观要件说，即将此要件解释为受贿罪的主观构成要素，将之从客观说所主张的作为构成要素的要件事实，转化为主观说主张下的证明主观要件，即具有权钱交易意图的证据事实，从而弱化其对整个犯罪构成体系的影响，通过适用解释，弥补立法不足。

综上所述，依现有刑法规定，将“为他人谋取利益”解释为受贿罪的主观要素更符合该罪的本质。作为主观要件时，为他人谋取利益的事实便不再是受贿罪的构成要件，而是证明主观要件的证据事实。由于证据事实只是为了证明主观要素，其本身所包含的行为不在受贿罪的评价范围之内，因此，当证据事实中的行为触及刑法规定的其他犯罪时，应另行评价。具体到渎职罪的研究中，当“为他人谋取利益”主要表现为渎职行为时，若该渎职行为触及刑律，应单独评价，并与该案中的受贿罪组成数罪形态。

2. 以渎职罪为视角，渎职罪中的“徇私”要件是否吸纳受贿行为

根据前文对主观部分的研究成果，一是依据现行法律规定，立足解释论的立场，“徇私”是徇私型渎职罪的定罪要素；二是渎职罪中的“徇私”是主观要素，属于犯罪动机；三是对徇私的证明采用司法推定的方法，推定思路为肯定故意、排除无罪过情形的双向证明。主观上对应当正确履行职责明知，客观上在明知的情况下违背职责，即可推定故意，对徇私型渎职罪而言，这种“故意”即可视为“徇私”。法律对“徇私”的规定含义模糊，对具体案件事实而言，其有着开放性的解释空间，只要这种解释不背离其表明“故意”的核心属性即可。作为渎职罪的主观要件，徇私不要求有与之对应的客观行为，如果“徇私”的主观动机被具体化而具有了一定的行为内容，则这一行为对于渎职罪而言，其法律意义仅在证明“徇私”，对该案渎职部分的犯罪行为仅具有诉讼证明的意义。其本身并不属于渎职罪的评价对象，不影响渎职罪的定罪。如果其构成其他犯罪，应当以其他犯罪定罪处刑。具体到因受贿而徇私的情形，如果受贿行为构成犯罪，应当以受贿罪对其独立评价，从而在该案中与渎职罪并列形成数罪。

上述观点的前提是将“徇私”作为徇私型渎职罪的主观要素。有学者从行为论的立场，将“徇私”作为客观的构成要件要素，反向论证了受贿作为渎职所徇之“私”情形下数罪并罚的合理性。指出，“如果认为徇私是客观行为，获取财物或财产性利益又是徇私的重要内容，那么，凡是将徇私规定为构成要件要素的渎职罪，都可能包含了受贿罪，于是必然出现轻罪包含重罪内容的局面。换言之，按照行为说，受贿行为完全包含在徇私舞弊的渎职罪中。这是不能令人接受的。”①

3. 补充说明——渎职罪数罪并罚罪数适用原则与禁止重复评价规则

渎职罪除刑法第399条第4款规定外，受贿型渎职罪罪数适用数罪并罚原则是否有对一行为重复评价之嫌？产生这一疑问的原因在于，在分析案件事实时，混淆了作为犯罪构成客观要件的行为和作为证明主观方面的证据中的行为。前者作为定罪的评价指标，而后者是作为证据来证明定罪中的主观要素，其本身并不是认定该罪时所要评价的对象。只有在将一罪评价为数罪时，才涉及实质上的双重处罚。其前提必须是“一罪”。如果依据构成要件

---

① 张明楷：《渎职罪中“徇私”、“舞弊”的性质和认定》，载《人民检察》2005年第23期，第6页。

的原理原本就构成数罪，则不存在双重处罚的危险。依照罪数的理论规则，犯罪构成是区分罪数的标准，行为人实施的行为超出原罪名的犯罪构成，如果该行为符合刑法其他有关犯罪的构成要件而构成该罪时，应被独立评价为该罪；如果该行为不符合具体犯罪构成要件而不能被刑法作为具体犯罪评价时，应将其视为原罪的组成部分，作为量刑情节予以酌情考虑。因此，如果证明某罪的证据事实中的行为，基于其他的犯罪故意且侵犯了刑法保护的某一客体，从而齐备了另一罪的犯罪构成，而对其做另一罪的定罪评价时，并不违反禁止重复评价的原则。具体到贪赃型渎职案件中，受贿罪的实行行为是利用职务上的便利索取或非法收受他人财物。收受型受贿罪中的“为他人谋取利益”是主观要件，只需要证明其有“利用职务上的便利为他人谋取利益的意图”即可，不要求一定要在客观上实施了为他人实际谋取利益的行为。因为，是否在实际上谋取利益以及谋取到利益与否并不影响权钱交易这一受贿罪本质特征的成立。也就是说，为他人谋取利益的行为只是该主观要件的证据，而非受贿罪的构成要件。因此，如果谋利行为本身又构成另一犯罪时，如枉法渎职，虽然目的是要受财，但故意内容是枉法，是独立于受贿故意的另一犯罪故意。依据犯罪构成要件的原理，应单独评价，再与受贿合并按数罪并罚处理。① 此外，禁止重复评价原则的评价基础在于法益侵害性。某行为事实所侵害的法益，如具有侵害法益的同一性，亦即刑法对于该法益，已尽其必要及充分的保护时，即应禁止重复评价，否则，即为评价过剩；反之，如所侵害之法益未具有同一性，而系侵害数个法益时，因刑法尚未对于该数个法益完全尽其必要及充分之保护，此时即应重复评价，否则，即属评价不足。贪赃且渎职的行为，侵害了两个不同性质、相互间亦不存在包含关系的法益——侵犯了国家机关工作人员职务行为的廉洁性，同时，也妨碍了国家机关的正常管理活动，严重损害了国家和人民的利益以及国家机关的公信力。对该两行为，仅以一罪论处无法对行为人实行的行为的不法内涵作出

① 这与“行为人为了劫取财物，故意将他人杀死后当场抢走财物”的情形有质的区别，后者的杀人行为已经作为抢劫罪客观方面的具体手段行为（暴力）而在认定该罪时予以评价，因此，如果再以故意杀人罪评价该行为，则重复评价。受贿罪的实行行为是利用职务上的便利索取或非法收受他人财物。收受型受贿罪中的“为他人谋取利益”是主观要件，只需要证明其有“利用职务上的便利为他人谋取利益的意图”即可，不要求一定要在客观上实施为他人实际谋取利益的行为。因为，是否在实际上谋取利益以及谋取到利益与否并不影响权钱交易这一受贿罪本质特征的成立。因此，贪赃枉法犯罪并非想象竞合。鉴于此，“谋取利益的行为”构成犯罪时，如枉法渎职，虽然目的是要受财，但故意内容是枉法，是独立于受贿故意的另一犯罪故意。依据犯罪构成要件的原理，应单独评价，再与受贿合并按数罪并罚处理。

全面评价，故以数罪论处不违反禁止重复评价的原则。

三、小结

罪数适用规则的判断标准包括形式和实质两个方面。形式标准即犯罪构成的个数，实质标准就是侵害的法益，即犯罪客体的个数。这两个标准是一体的。在具体运用时，应当考虑当数罪并罚时是否违背禁止重复评价原则；当从一重罪处断时，最终认定的犯罪能否合理地包含对另一犯罪行为的法律评价。[①] 以上对渎职与受贿交织的犯罪类型在两种视角下进行的分析得出了一致的结论，除刑法第 399 条第 4 款规定的情形外，当渎职案件中，行为人既有渎职行为，又有受贿行为，且均符合相应的定罪标准时，应当以受贿罪和相应的渎职罪分别定罪，对之予以数罪并罚。同时，鉴于惩治渎职罪具有典型的一般预防功能，一个渎职罪个案的判决，相当于一个国家“治官”的“反面管理案例”，应当通过判决让掌握国家权力的执行者慎重对待权力，并知道何样的行为将会导致何样的后果。因此，依照上述结论，使认定的罪名真实反映犯罪状况，完整评价被告人的犯罪行为，从而有助于惩治渎职罪上述功能的实现。

从完善立法的角度，建议取消刑法第 399 条第 4 款罪数适用规则的规定。实质意义上，与受贿交织的渎职犯罪广泛分布于各个社会领域而非司法领域，后者已不具有典型性。单独对三种枉法行为规定涉及受贿的罪数适用规则没有实质意义，反而会引起实务界对其他受贿型渎职罪的罪数是否适用该规则的争议并导致适用上的混乱。从立法论的角度讲，其所规定的“依照处罚较重的规定定罪处罚”本身的合理性也广受质疑；诉讼证明上，在从一重罪处断的情况下，除了要证明分别成立受贿罪和相应的渎职罪外，还要证明两者之间的对应关联关系的成立。如果行为人在实施徇私枉法等行为过程中因为其他原因而收受了他人贿赂，则不能从一重罪论处，而应该数罪并罚。而在数罪并罚主张下，只需要分别证明两罪成立即可。现有规定等于增加了控方的证明责任，在诉讼环节抬高了定罪门槛。

---

① 参见苏彩霞：《徇私舞弊型犯罪共性问题研究》，载《云南大学学报》2004 年第 2 期，第 32 页。

第四章　渎职罪刑法应用方法研究

在定罪研究的视角下，如果说渎职罪定罪要素研究是以主体、客观行为、主观心理态度等构成要件为基本框架的话，那么，渎职罪应用方法部分的研究则是以司法活动中审理案件的逻辑程式为基本构造的。根据我国刑事诉讼法第6条规定，“人民法院、人民检察院和公安机关进行刑事诉讼……必须以事实为根据，以法律为准绳……”“以事实为根据，以法律为准绳”这一司法原则精练地概括了司法人员审理案件的“两步走”的从事实到法律的“找法”历程。本章即是以该“两步走”为介质，在刑事司法实践的场景中，研究渎职罪的刑法应用方法。为此，本章由“渎职罪案件事实的分析方法”、“认定渎职罪的司法框架”以及从“两步走”中凝练、总结出的“渎职罪刑法应用实践对刑法应用观念的启示”等三部分组成。

第一节　渎职罪案件事实的分析方法

一、案件事实分析方法的一般原理

明确案件事实是适用法律的必要前提。研究案件事实的分析方法，目的是如何高效处理案件信息，进而准确界定法律适用的对象。

一般地，判断行为人是否构成犯罪涉及两个基本问题：一是事实认定问题；二是法律适用问题。正确适用法律必然包含了准确认定案件事实的前提。否则，依据一个错误的前提所作的任何精确的论证都不可能得出总体上的正确结论。美国法律现实主义者杰罗米·弗兰克宣称，初审法院的事实调查是司法中的弱点之所在，亦即“阿喀琉斯之踵”（比喻唯一致命的弱点）。他指出，法官那种不可预测的独特个性会使任何提出相互冲突证据的诉讼变成一件高度主观的事情。在司法事实调查中永远会存在大量非理性的、偶然性的、推测性的因素，而这些因素的存在，会使人们根本不可能对诉讼结果作出预见。他承认，许多法律规则是确定的和肯定的，而且先例制度也具有相当的价值。他也认识到了法律规则作为判决的一般指导的必要性，并宣称规则中包含有重要的政策和道德思想。但是他仍然强调说，在许多情况下，初审法官或陪审员在确定事实的过程所适用的“隐蔽的、无意识的、私下的、带有个人特性的规范”，仍会使客观的法律规范变得无甚效力可言。他得出结论说，由于法官常常严重地破坏先例制度，因此那些规则原本似乎可以提供的一致性和稳定性，也就往往会在实践中变成一种虚幻的空想。正是基于上述认识，其将注意力从法律的规则方面转到了研究初审法院的事实调查过程的方面，即从“对规则的怀疑”转向了“对事实的怀疑”。① 我国台湾学者提出：就方法论的观点而言，适用法律的重点，实在落于法律认识活动之上，更有一项实践上的问题，如何将一件生活中的犯罪事实透过一种法律规则的评价标准，加予推断，使产生一定的法律效果，始能符合法治国家的原则？换言之，审判者如何确认具有定型性的生活行为事实，而对此寻找出具体妥当的标准法则，公平公正地去确定其应该产生的法律效果？②

相应地，法院裁判的案件涉及事实争议和法律争议两个方面，但两者的裁判规则是不同的。事实争议主要是运用证据规则解决，而法律争议是通过法律适用规则解决。③

司法实践中，我们遇到的许多疑难案件、出现的许多错案，问题的症结往往不在适用法律上，而是在认定事实，即证据问题上。例如，在具体案件中，对于主观罪过的有无及类型、因果关系成立与否等涉及定罪量刑关键环节的审查，如果相关事实情节清楚、证据确实充分，无须援引理论说理，仅客观事实便足以作出判断。在此意义上，我们甚至可以认为，某些理论与其说是解决一些实体难题，不如说是为一些事实情节模糊、缺乏足够证据使之清晰明朗，但又必须通过司法程序给出定论的案件，提供一种“证据或事实困境”下的解决方案，是以实体法为素材的理论对诉讼证据证明不足的补充。

---

① ［美］E. 博登海默：《法理学：法律哲学与法律方法》，邓正来译，中国政法大学出版社2004年修订版，第167页。

② 参见苏俊雄：《刑法推理方法及案例研究》，台北台湾大学1999年版，第11～12页。转引自梁根林主编：《刑法方法论》，北京大学出版社2006年版，第7～8页。

③ 孔祥俊：《法律方法论（第三卷）——裁判模式、自由裁量与漏洞填补》，人民法院出版社2006年版，第1164页。

(一) 本书对“案件事实”的界定

1. 几组概念的比较

本书所指“案件事实”的含义主要是通过与相关概念的比较来揭示的。

(1) 案件事实与证据事实

证据是案件事实的“生命载体”。离开证据的案件事实是“裸”的事实，在得到有效证据证明之前，只能称之为案件材料，不能引起法律适用。证据也表现为一定的事实，但证据事实不同于案件事实。

案件事实是法律规定的事实要件，即证明对象；证据事实是用来证明特定案件事实的事实。事实要件由法律规定，凡同类案件的事实要件均相同，具有普遍性；而证据事实是公安司法机关在办理案件过程中调查收集和审查判断的事实，因个案而异，具有特殊性。[①] 从证据到事实包含了涉及逻辑判断、经验判断等复杂的推理过程，这一过程的严密性、科学性也关系到事实最终能否得到确认。司法实践中存在一种认识误区，即认为证据认定了，案件事实也就认定了。但是，在刑事诉讼活动中，认定证据应该与认定案件事实区分开，因为它们是法官“决策”过程中两个相互衔接又相互区别的认识阶段。一方面，认定证据不等于认定案件事实，即使确认了案件中所有证据的效力，也不等于就完成了对案件事实的认定。另一方面，认定案件事实也不等于认定证据，司法人员不能用认定案件事实的活动笼统地代替或吞没对案件中各种证据的认定活动，后者应该在程序和方法上具有相对的独立性。[②]

(2) 案件事实与法律事实

考夫曼关于“法律事实”的描述是：①将生活事实类型化后的法律构成要件事实。其具有法律观点意义（但并非纯粹的经验事实），一如真实事件及人类行为般的法律事实（例如，购物、杀人）。法律事实是法律的素材，立法时的实存物。其数量无限。②最重要的法律事实，是法律意义下的行为。可以将之定义为：“由意志控制（可归责于行为人），因果形成（在最广义意义下）之负责的、具有意义的实际事实”。这个行为概念，不仅包括合法与违法、故意与过失、既遂与未遂、正犯与共犯的行止，并且除积极的作为之外，也包括不作为，亦即不为法律秩序为避免与法律相关的结果而有所期待的作为。[③] 这表明，法律事实是依照一定的法律标准而被纳入法律评价体系

---

① 樊崇义主编：《证据法学》（第三版），法律出版社 2004 年版，第 358 页。

② 何家弘主编：《刑事审判认证指南》，法律出版社 2002 年版，第 2 ~ 3 页。

③ ［德］考夫曼：《法律哲学》，刘幸义等译，法律出版社 2004 年版，第 156 ~ 157 页。

中的案件事实。

此外，法律事实是通过诉讼程序最终认定的事实，因此被描述为“法律程序创造了事实”（凯尔森）。其不仅要达到刑事实体法规定的构成要件，而且还必须符合刑事程序法的规定，即符合刑事程序所规定的双重标准，即实体性的证明标准和程序性的发现、质证和认定标准。[①] 相应地，法官在审判活动中对证据的认定，主要解决两个方面的问题：一是确认某个证据能否获准进入诉讼的“大门”；二是确认某个或某组证据能否作为定案的根据。[②]

由此可见，法律事实是经过诉讼程序证明的、关系案件定罪量刑的那部分案件事实。正如学者所描述的，“诉讼中所呈现的并最终为法院所认定的事实，乃是经过证据法、程序法和实体法调整过的、重塑了的新的事实。”[③]

（3）案件事实与法律规范及评价

从三者的关系看，案件事实能引起法律规范的适用，适用的结果构成对案件事实在法律上的评价，反映了审理案件的思维过程。正如我国台湾学者所言，一方面须依案件事实去探寻法律规范，另一方面须将法律规范适用于案件事实，因而产生所谓“上位规范与生活事实间来回穿梭的观察”或“事实认定行为与其法律定性之间的相互渗透”，在这里所涉及的是一种相互阐明的思考过程，将据以判断案例事实的法律规范，在经认定的事实上予以具体化。[④]

“事实”、“规范”、“评价”本是分属不同范畴、泾渭分明的概念。但在司法实践中仍存在应用上的混淆。在笔者考察的渎职案件的生效判决中，有不少判决书事实部分经常会看到这样的表述：“……采取措施不力，监督、检查不到位”等。严格来讲，这不是“事实”，而是在事实基础上的“评价”。作为法律适用对象的案件事实必须客观、具体、言之有物，而不能是类似于上述表述的空洞的概括。

2. 本书对“案件事实”的界定

本书言及的案件事实是建立在整个刑事诉讼过程中的概念，而非特指诉讼中某个特定环节之上的“事实”。它源于原始的案件材料，是在法律框架

---

① 樊崇义主编：《刑事诉讼法实施问题与对策研究》，中国人民公安大学出版社 2001 年版，第 233、224 页。

② 何家弘主编：《刑事审判认证指南》，法律出版社 2002 年版，第 3 页。

③ 江伟主编：《证据法学》，法律出版社 1999 年版，第 117 页。

④ 王泽鉴：《法律思维与民法实例》，中国政法大学出版社 2001 年版，第 36～39 页。转引自方金刚：《案件事实认定论》，中国人民公安大学出版社 2005 年版，第 37 页。

下从后者中析出的、为法律所关注的、与定罪量刑有关的事实。同时，它包含了法律事实的内容，后者是其经历实体法和程序法进一步过滤的结果。法律适用环节所指的事实即为法律事实。我们将上述过程梳理一下，即是：原始案件材料—案件事实—法律事实（适用法律的对象）。去除原始案件材料，后两个环节的事实均属本部分研究对象的“案件事实”。

（二）关于案件事实的证明要求

根据刑事诉讼法第162条第1项的规定，我国现行法律规定的有罪证明标准是“案件事实清楚，证据确实、充分”。这一标准在理论上的范畴是属于客观标准还是法律标准众说不一，并在刑事诉讼理论上形成关于案件事实“真实性”是“客观真实”还是“法律真实”的两种不同标准。客观真实对应的价值观是“实质合理”，即人们对事物的认识所追求的是事物在实质层面上的公正与合理。法律真实对应的价值观是“形式合理”（又称为程序正义或诉讼正义），其所追求的是人们处理事情在形式上的公正标准。[①]

分析上述两种不同价值观下的判断案件事实“真实性”的标准，首先，根据马克思主义关于认识论基本原理，认识在具体的现实条件下只能达到相对的真理性。其次，从诉讼目的上看，查明案件事实的目的是为了正确适用法律。这意味着，需要用证据予以证明的案件事实，只需是已经发生的案件事实中为法律所关注的那部分事实，即为实体法事实，其对定罪量刑具有决定意义，包括：①犯罪事实是否发生；②犯罪行为是否嫌疑人、被告人所为；③实施犯罪行为的时间、地点、手段、后果以及其他情节；④行为的动机、目的；⑤影响量刑轻重的情节（包括从重、加重、从轻、减轻和免除刑罚情节）；⑥被告人的个人情况。实现法律真实，诉讼证明活动在某种程度上只需紧紧围绕上述实体法事实的有无进行就可以了。[②] 这表明，案件事实的真实性仅仅是相对真实，是法律框架内的真实，即诉讼中的证明达到法定的要求即可。法定的要求包括两个方面，即实体法（如刑法）关于犯罪构成要件的规定和程序法关于证明标准的规定。再次，从刑事诉讼的实际情况看，审判案件所认定的案件事实是在具体条件下仅具有相对真实性的事实，这样相对真实的案件事实之所以可以作为审判的事实依据，在于其满足两个条件：①它是根据充足的证据合理地推理出来的，具有高度的真实性；②它是通过

---

① 樊崇义主编：《刑事诉讼法实施问题与对策研究》，中国人民公安大学出版社2001年版，第42页。

② 樊崇义主编：《刑事诉讼法实施问题与对策研究》，中国人民公安大学出版社2001年版，第232页。

合法的程序得出来的，具有正当性或合法性。[①] 所以，案件事实的“真实性”具有“相对性”，是法律上的真实而非客观真实情况。以此结论为原点，可将之分解为如下观念上和操作标准上的两点结论：

1. 观念上

刑事诉讼中，运用证据证明案件事实追求的是法律真实，而非客观真实。“法律真实”，是指公安、司法机关在刑事证明过程中，运用证据对案件事实的认定，应当符合刑事实体法和程序法的规定，即以我国刑法和刑事诉讼法规定的犯罪构成要件和收集运用证据的规则、程序、标准来认定案件事实，从而达到从法律的角度认识真实的程度。我国刑事诉讼法的价值与功能，包括外在的工具价值、内在的程序正义价值和效益价值。法律真实是“程序正义”的要求，是刑事诉讼法内在价值的集中体现。它强调，在发现和认定案件事实过程中，必须尊重体现一定价值的刑事程序的要求，在对案件事实的认识达到法律要求的标准时，即可定罪量刑，否则，应当宣布被追诉人无罪。在刑事诉讼中，不存在超越于法律之外的客观事实，所有的事实必须在进入刑事诉讼程序之中的证据的基础上，并且依照法定的程序推论出来，即通过法律规定的机制和标准得出关于事实的结论。法律上的真实包含了价值判断的因素，其既包含了与客观事实相一致的极大可能性，也包含了通过程序而获得的正当性，还包含了国家为定分止争所表现出来的强制性，并不是单纯地发现案件的客观真实情况。我国刑法第3条规定：“法律明文规定为犯罪行为的，依法律定罪处刑；法律没有明文规定为犯罪行为的，不得定罪处刑。”该条所确立的罪刑法定原则，其精神实质就是在刑法中确立法治精神。[②]

2. 具体标准上

在刑事诉讼中，证据的采信标准可以表述为“确实充分”，而案件事实的证明标准可以表述为“排除合理怀疑”。对此，学界有多种表述，如所谓“有合理怀疑”，是在一切证据经过全部比较与认真考虑以后，审理事实的人本着道义和良知，对于所述的事实，不能信以为真；又如，“所谓怀疑，当然只是一种可以说出理由的怀疑，而不是无故置疑。否则，对于任何纷纭的人事，都可以发生想象的或幻想的怀疑。因此，所谓合理之怀疑，必非以下各种的怀疑：非任意妄想的怀疑，非过于敏感技巧的怀疑，非仅凭臆测的怀

① 樊崇义主编：《刑事诉讼法实施问题与对策研究》，中国人民公安大学出版社2001年版，第220、224页。

② 樊崇义主编：《刑事诉讼法实施问题与对策研究》，中国人民公安大学出版社2001年版，第231～236、233、43～46页。

疑，非吹毛求疵、强词夺理的怀疑，非与证言无关的怀疑，非故违背告诫说以逃避刑责的怀疑。如果属于以上各种的怀疑，即非通常有理性的人，所谓合理的、公正诚实的怀疑。”① 日本学者认为，判断所谓合理的怀疑，可以考虑以下因素：一是即使事实的某些部分或细节尚未弄清，只要对这些部分疑问不致影响要证事实本身已达到的证明度，则这种疑问就不属于“合理的怀疑”；反之，如果局部或细节的不明足以动摇要证事实本身的证明度，则存在“合理的怀疑”，不得认定有罪。二是合理的怀疑或反论的余地应该是具体的、有一定根据的。抽象的、纯理论上的怀疑或缺乏一定事实根据的怀疑不能称为合理怀疑。② 上述关于“排除合理怀疑”的表述尽管表达方式有别，但实质内涵一致，尤其是日本学者的研究，使司法操作中对这一概念的判断有了更为明确的标准，对于公诉方、辩护方和审判机关都具有重要的实务价值。

在我国，“排除合理怀疑”是有罪证明的标准，具有两层含义：第一，就每个证据而言，其证明内容中有没有值得怀疑之处；第二，就整个案件的证据组合而言，其证明的结论中有没有值得怀疑之处。前者主要是对证据真实性的怀疑；后者主要是对证据充分性的怀疑。“合理怀疑”，是有根据的怀疑，是符合逻辑的怀疑。③

（三）认定案件事实的方法

确定案件事实主要通过两种方法，一是获取证据；二是借助先验的推定。④ 其实质即是对案件事实的司法认识过程，更深层次地涉及案件事实的认定机制。对此，鉴于已超研究主题，本书不作系统分析，仅对应用中的常用方法和注意事项分述如下：

1. 运用证据直接证明待证对象

根据前文分析，需要收集证据加以证明的对象，是刑事诉讼过程中，在实体法规定的以构成要件为中心的框架内与定罪量刑有关的案件事实。从事实层面看，这一环节的关键在于，对案件事实与法律规定符合性的判断。

（1）梳理明晰证明对象

这是一个甄别案件信息、整理案件材料的过程。

---

① 转引自樊崇义：《客观真实管见》，载《中国法学》2000 年第 1 期。

② 樊崇义主编：《刑事诉讼法实施问题与对策研究》，中国人民公安大学出版社 2001 年版，第 237 ~ 238 页。

③ 何家弘主编：《刑事审判认证指南》，法律出版社 2002 年版，第 13 ~ 14 页。

④ 樊崇义主编：《证据法学》（第三版），法律出版社 2004 年版，第 338 页。

证据是贯穿诉讼始终的主线，在此意义上，刑事诉讼过程实际是一个不断收集、固定、保全、审查判断和运用证据认定案件事实的过程。确定证明对象的依据主要是刑事实体法的规定。案件事实的具体性使其表现出相当的复杂性、多样性、模糊性。有些犯罪在法律上的区别显而易见，但具体到实际的犯罪案件时，错综、繁杂的事实情节让行为性质表现得非常模糊。需要对案件事实进行细致的梳理、分析、甄别，才能对案件行为的法律性质作出准确判断。一起具体的犯罪案件包含了诸多事实情节。以定罪为视角，案件事实的认定实际就是从案件所包含的诸多事实情节中筛选、界定出影响定罪的那部分事实。筛选的依据从总体上分为两大类：一是犯罪构成要件；二是犯罪的概念。犯罪构成要件包括表明犯罪行为的事实、犯罪主体的事实、犯罪主观方面的事实以及反映犯罪客体的犯罪对象的事实。犯罪概念的依据，实际上是依据犯罪的本质特征（即行为的严重社会危害性）而对涉案行为所作的总体评价。其法律依据即是1997年刑法第13条但书的规定，判断的对象主要是那些处于罪与非罪临界线上的犯罪。以犯罪构成为框架而组成的事实集合是定罪的核心。这些对应某一犯罪构成要件的事实中，有些是直接对应，事实本身即可“翻译”成法律评价上的要件表述；有些则是由若干事实形成的证据链组合证明而推定的事实，即对应于某一犯罪构成要件的“事实”不能直接从案件中找出，但通过案件中包含的若干其他事实可以得出相关的证明结论，进而表明该构成要件事实的存在。这里的“犯罪构成”指的是甄别案件事实的框架，至于具体为何种犯罪的犯罪构成则是在筛选、甄别案件事实的基础上，进一步适用法律时所要进行的判断，即在认定案件事实阶段，正确的定罪逻辑为先确定事实，再适用法律，应避免先入为主，以估计的定性去选择事实。

（2）案件事实证明必要性的判断

这是在案件事实的基础上，对待证对象进一步筛选的过程。筛选的工具是刑事司法三段论。

案件材料经过初步整理后形成案件事实。基于该事实及相关专业知识和经验的判断，可确定该事实可能触及的法律规范。并非任何案件事实都要经过诉讼证明才能对案件作出最终定论。根据贝卡里亚提出的刑事司法三段论，“法官对任何案件都应进行三段论式的逻辑推理。大前提是一般法律，小前提是行为是否符合法律，结论是自由或者刑罚。”① 在假定小前提（案件事

① ［意］贝卡里亚：《论犯罪与刑罚》，黄风译，中国大百科全书出版社1993年版，第12页。

实）成立（得到证据的确证）的前提下，其与大前提（法律规范）的关系包含两种可能性，要么符合大前提，并引起一定的法律后果，要么不符合大前提，从而得出无罪的结论。在第一种可能性下，需要依据一定的程序规则对小前提加以证明，确证之后方可适用三段论推理公式对案件性质作出定论；在第二种可能性下，由于小前提即便成立，但因与大前提不符，在其与大前提共同构成的三段论结构中，不能引起法律适用效果，因此，无须证明小前提即可作出无罪判断。值得注意的是，上述判断是在大前提和小前提所组成的特定的三段论结构中进行的，结论的正确性取决于大前提必须周延（穷尽可能的适时、有效的法律规范），小前提即案件事实必须客观、全面（即避免漏罪）。

(3) 从实质或本质意义上解读案件事实

为了在法律层面上确保小前提与大前提符合性与否判断的准确性，必须揭开现象的面纱，从本质上解读小前提即案件事实，避免形式意义上的直观对照而作出背离法律本意的错误判断。

刑法适用中，司法人员需要进行两项重要的“解读”工作，一是解释法律（即“找法”），二是解读事实（即“界定案件事实”）。两者对接所完成的在法律层面和事实层面对具体案件的梳理，构成刑法适用的中心环节。面对同样的事实，基于不同的法律知识素养、法律方法理念和观察视角，人们关注的内容会有差别，关注之外的信息可能会成为认识上的盲区。因此，对同一案件，人们观念上实际接受到的信息可能不同，得出的结论亦会存在差异。同时，案件事实本身的客观性、人类认识规律及逻辑规则等因素又决定了在实质上形成对案件事实一致认识的可能性。排除差异性、实现从可能性到现实性的必要条件，是从实质或本质意义上解读案件事实。

司法实践中，我们经常遇到的是案件事实和法律规定不吻合。因此，需要对案件事实进行法律上的分析和置换之后，才能比对适用法律。其中，有些案件事实的面目颇有“诱惑”，其看上去非常“标准”地符合法律规定。在这种情况下，不要急于轻松地对号入座，而是要分析这种“符合”是表面上的符合，还是“另有文章”。比如，国有公司出资设立的集体企业注册为企业法人后，该集体企业在法律层面上便是独立的，应以自己的全部财产独立承担民事责任。一般情况下，国有公司对其债务不再承担责任。但是，在事实层面上，如果一个名为独立的集体企业实质上是一个国有公司的内设机构，那么，尽管该集体企业在法律上是独立的，但设立人仍然可能为其所设立的企业承担民事责任。判断是否为内设机构，可以从以下几个角度考虑：

①下设企业经营活动受设立企业监管的程度；②下设企业与设立企业在业务资金上是否真正彻底分开；③下设企业经营所得的赢利是否为设立企业取得等等。[①] 类似的还有“戴红帽子”现象，一些实质上是私营性质的企业为了获得国有企业的身份而挂靠国有企业，甚至直接注册为国有企业。如果只看形式，则这种企业的工作人员就可能构成贪污罪的主体；但如果看实质，同一个行为则完全具有了不同的性质，不可能构成贪污罪。看形式还是看实质的层次不同会得出完全不同的结论。[②] 上文所提到的“事实层面”便是一种实质考察，而且，实质判断结论一定要有具体的事实根据。

在从案件材料置换为案件事实的过程中，应避免“偷换概念”的逻辑错误。在李某滥用职权案中，李某系某煤矿瓦斯爆炸事故矿难指挥部副总指挥、入井人员清查核对组长。事故调查期间，有关责任人员在一房间商议策划如何瞒报事故死亡人数时，李某因找厕所曾进入该房间，随后离开。期间，李某曾问“30 个是什么概念”，并听到“二十大几三十个”、“若死亡 30 个中央调查组就下来调查”的话。暂不论这些情节是否足以形成一个逻辑周延的有罪推定，仅仅从一审判决来看，其将“曾经去过现场”视为“具体参与策划瞒报”。这是性质完全不同的两类事实，显然在从“材料”到“事实”的置换过程中违背了同一律的要求。

2. 刑事推定

(1) 本书所界定的“推定”

广义上，应用于司法实践中的推定包括两种情形，一是解读法律依据时，基于逻辑的包含关系而作的推定理解；二是作为证明案件事实的证明方法意义上的推定，如具体案件中，由客观到主观的推定分析等。此外，推定还被作为立法技术应用于立法领域，如推定犯罪构成，即指法律规定的以已知事实为基础推导出新的犯罪构成要件。作为一项刑事立法技术，推定犯罪构成是从实体法上来严密刑事法网的。[③] 本书所言的推定，是指由法律规定或者由司法人员按照经验法则，从已知的前提事实推断未知的结果事实存在，并允许当事人举证推翻的一种证据法则，因而是对案件事实的一种特殊的证明

---

① 李和仁、顾永忠、刘仁文、刘慧玲：《国有公司人员骗盖公章签订担保合同造成损失如何定性》，载《人民检察》2008 年第 5 期，第 30 页。

② 李和仁、顾永忠、刘仁文、刘慧玲：《国有公司人员骗盖公章签订担保合同造成损失如何定性》，载《人民检察》2008 年第 5 期，第 30 页。

③ 储槐植：《美国刑法》（第三版），北京大学出版社 2005 年版，第 13 页。

方法。[1]

推定本身并非证据，而是一种证明方法或证据法则。其可以依法律规定进行，即法律上的推定，也可以按经验法则进行，即事实上的推定。[2] 在推定中，事实分为基础事实和推定事实。基础事实是作为推定根据的事实，必须真实；推定事实是作为推定结论的事实，只是法律上的假定，未必真实。[3]

推定的应用价值主要表现为，其有助于司法机关对某些案件事实的认定。司法实践中，对推定的应用已经成为常态，如刑事案件中，对判断刑事责任能力的精神状态的认定，一般推定被告人精神正常，控方无须就此向法庭举证。只有在被告人或辩护人向法庭提出精神不正常的辩护理由，或者公安司法机关在办理案件过程中，发现有明显迹象显示被告人可能存在精神异常等影响其刑事责任能力的特殊情况时，才有必要通过司法鉴定具体证明。当然，推定并非纯粹是只有技术含量的方法，其中包含了立法者的价值取向。在何种情况下，法律会借助推定的方法减轻控方举证责任必然是有所选择的。以巨额财产来源不明罪为例，该罪侵犯的客体是公私财产的所有权和国家的廉政建设制度。司法实践中，这些涉案的来源不明的巨额财产常常与国家工作人员的贪污、贿赂、走私或者挪用公款行为相关。只是由于种种原因，有关证据难以被司法机关收集获取，不能直接以相关犯罪认定。但是，通过国家工作人员及与其共同生活的家庭成员的合法收入总数与超出这部分收入的财产的计算可以证明这部分财产不属于其合法收入，即应推定为非法所得。国家工作人员的非法所得侵犯了该财产的合法拥有者——国家、集体或者个人的合法财产所有权。同时，作为国家工作人员，拥有不能说明并证明其合法来源的巨额财产，本身就是不廉洁的证明，破坏了国家的廉政建设制度，应当依法追究其刑事责任。[4] 上述“非法所得”即是一种事实推定。

（2）推定的应用规则

应用推定的过程中，从证据链的各个环节到结论，均应符合排除合理怀疑的标准。证据链条的周密不等于证明结论的周延。司法实践中，各种证据材料指证的方向并非完全一致，有的甚至背道而驰。常常会出现这样的现象，

---

① 樊崇义主编：《证据法学》（第三版），法律出版社 2004 年版，第 338 页。

② 参见樊崇义主编：《证据法学》（第三版），法律出版社 2004 年版，第 338 页。

③ 樊崇义主编：《证据法学》（第三版），法律出版社 2004 年版，第 358 ~ 359 页。

④ 周道鸾、张军主编：《刑法罪名精释——对最高人民法院最高人民检察院关于罪名司法解释的理解和适用》（第三版），人民法院出版社 2007 年版，第 837 ~ 838 页。

依据现有证据材料，既可以形成得出有罪结论的证据链条，又可以组成得出无罪结论的证据链条。这其中需要在实体法框架内，遵循诉讼规律和证据采信规则等事实认定的程序机制，对各种证据材料进行全面、系统的综合考察，比对、分析、甄别、判断，作出具有充分根据的取舍。如果司法人员先入为主，凭主观印象和认识形成断案结论，就会主动寻找支持其内心定向结论的证据。单单顺其断案思路来看，有完整的证据链条支持其定案结论，理由似乎充足。但如果将视野扩展到整个案件，就会发现还有一些由于不能支持内心定论而被排除在证据链之外的证据材料，正是这些材料往往构成对上述证据链导出的证明结论的质疑。这些质疑不容忽视，否则将形成错误的定案结论。因为，形成质疑的证据材料被排除于证据链之外的原因，不是由于证据材料本身不符合证据要素的内在要求，而是由于司法人员先入为主的内心指向而被有选择地、人为地排除，违背了客观事实和诉讼规律。这正是司法实践中，形成错案的方法或机制或思路上的“病因”所在。

刑事案件中，应用推定方法应极为慎重，宁失之稍宽，不能失之过严。美国制定法的解释规则之一便是，“制定法除明示外，不得作有利于公诉人的假定”。[①] 运用推定方法认定案件事实时亦应秉承此原则。同时，推定毕竟是一种间接证明，通过推定方法认定的事实与客观真相相符合的盖然性虽高，但仍存在错误风险。为了最大限度地降低这种风险，一方面在推定过程中要严格遵守逻辑规律和诉讼程序，另一方面，鉴于推定“暂定真实”[②] 的本性决定了其必然具有可反驳的属性，即要给推定不利方足够的反驳机会进行反证。当然，“如果推定出的命题成为疑问的焦点，对此加以论证可以强化它的说服力量”。[③] 如此，才能从正反两方面克服推定的局限性。

相比用证据直接证明的案件事实，用推定方法导出的案件事实在法庭上会面临更多的质证，其中不乏新的事实反证，使得推定事实面临被推翻的风险。因此，作为推定前提的证据事实必须得到有效证明，推定过程在法理上、逻辑上必须缜密、周延。

（四）审查分析案件事实中的“整体性思维”

“一个人需学会超出近在咫尺的东西去视看——不是为了离开它去视看，而是为了在一更大的整体中按照更真实的比例更清楚地看它。”（德国哲学家

---

① M. Cherif Bassiouni, Substantive Criminal Law (1978), pp. 63 – 64.

② 樊崇义主编：《证据法学》（第三版），法律出版社2004年版，第347页。

③ Chaim Perelman, The New Rhetoric: a Theory of Practical Reasoning, The New Rhetoric and the Humanities: Essays on Rhetoric and its Applications, D. Reidel Publishing Company, 1979, p. 15.

伽达默尔）只有将事情还原在整体中，才能把握其真相。因此，如同对单个证据的判断要置于证据体系中一样，对案件事实个别的、具体的情节的认识，也应当建立在对事实整体把握的基础之上。

审查分析案件事实时，整体性思维意味着要对事实进行实质判断而非形式审查。“实质”存在于具体事实所处的案件整体，而非该事实本身。各个具体事实如同零散的碎片，但事物发展的时空有序性仍可让我们遵循事物的发展规律将这些碎片拼接起来，还原其本来面目。只有在还原的整体中，我们才能看清每一个事实碎片所诉说的真相。在刑事案件事实的审查中，割裂案件事实整体“就事论事”，断开的不仅仅是事实包含的完整含义，而且在法律意义上，还意味着对刑事责任的分割。这就是在法庭上，辩方往往对控方构筑的指控体系分而治之的原因。从纯粹技巧的层面，这不失为一种司法策略，但会让真相失真。

二、渎职罪定罪过程中认定案件事实的方法

（一）渎职罪案件事实的审查要点

1. 渎职罪的定罪事实（构成要件事实）与证据事实的辨析

前文对罪数问题的研究中提到，产生“除刑法第 399 条第 4 款规定外，受贿型渎职罪罪数适用数罪并罚是否违背对一行为重复评价的规则”这一疑问的原因在于，在分析案件事实时，混淆了作为犯罪构成客观要件的行为和作为证明主观方面的证据事实中的行为。前者属定罪事实，后者为证据事实。二者的关键差别在于是否受罪状表述的限制：构成要件的事实必须符合条文罪状的描述，形式上受罪状表述的约束。而证据事实则不存在这种限制，无论其在案件中表现为何种形式，只要能证明待证要素即可，不受罪状表述内容的约束。例如，证明“徇私”，只要现有证据所确认的事实能够表明行为人主观上有徇私情、私利的动机，即可确定这一构成要素的成立，至于这种事实的内容表现为何种形式不受罪状表述的限制。构成要件事实与证据事实对应不同的证明范围。罪状中规定具体行为的舞弊型渎职罪中，该具体行为不仅是舞弊的内容，而且也是舞弊的法定形式。此时，证明行为的案件事实不仅是证明舞弊的证据事实，而且也必须是构成要件事实，其行为表现必须符合罪状中规定的具体行为形式。对于罪状中没有规定具体行为的舞弊型渎职罪，在证明客观行为时则没有限制，只要有证明“舞弊”的行为事实，无论这种事实表现为何种形式，都不影响客观行为的成立，因为此时的行为事实仅仅是证据事实，而非构成要件事实。

2．渎职罪案件事实的审查要点

对案件事实的审查不是面面俱到、千篇一律。案件事实的审查要点取决于该案涉嫌犯罪构成要素所对应的证明要求。而这些证明要求则源于各定罪要素自身的典型特征。这是把握案件事实审查要点的规律所在。关于具体内容，鉴于笔者在第三章渎职罪定罪要素的研究中已作阐述，这里不再赘述。

3．从实质或本质意义上解读案件事实

渎职罪的一个“职”字，使得该罪与公职工作密切相连。无论是主体的认定、主观的判断，还是客观行为的界定，都要符合现实工作所呈现的特点和规律。以主体资格的认定为例，从理论上考察1997年刑法对渎职罪主体的规定是不存在任何问题的。但在实际工作中，履行公务职责的并不仅仅限于这些“出身纯正”的国家机关工作人员，而且还包括了临时聘用的人员、借调的人员等多种人员成分。显然，如果对渎职罪的主体只作一种形式上的理解，那么，从事公务的合同制民警、工商所长、受监管机关正式聘用或委托履行监管职务的人员等等，一样地从事公务、一样地玩忽职守、一样地滥用职权、一样地破坏国家机关的威信和正常的管理活动，却可以因为不是“国家机关工作人员”而逍遥法外；而诸如主体研究举例中的司法局长却因为有“国家机关工作人员”的身份而随时面临渎职犯罪的危险，这显然是荒谬的。归根结底，法律不能脱离生活、不能脱离社会、不能脱离时代。它是现实生活在规范文本中的写照，是其所处社会、所处时代真实样态的活化石。因此，应当用社会事实来阐释法律，透过现象揭示事实内在的法律本质。

刑法及相关司法解释关于渎职罪主体的规定，使该罪主体呈现“外延边界不确定”的特征，这是由设定此类犯罪所意欲保护的客体所决定的。这与传统的自然犯罪有显著不同。以强奸罪为例，主体是男性，在个案中，将行为人与法律规定直接比对即可确定。但在渎职案件中，多数情况下，我们只能用一个概括、笼统的标准去分析、判断个案中主体是否成立，而很少可以直接用比对的方式确认主体资格，除非是刑法第397条规定的标准的国家机关工作人员实施的渎职案件。因此，针对渎职罪主体“外延边界不确定”的特点，我们在审查案件时，应注意从实质或本质意义上解读涉案事实，遵循的逻辑规则应是内涵不变，外延扩张。（内涵指渎职罪客体所决定的该罪主体应具有的本质属性，外延指符合主体本质属性的人员外在的各种社会身份。）它是对形式规定的纵向深度上的拓展，而不是横向广度上的超越。通过合理的解释，使结论仍然能够归属到形式规定的范畴内。在具体应用时，一是实质解释，即对单位，看“职权和权限”，不看“性质”；对行为人不看

“身份”，看从事工作的性质是否是“公务”。二是动态判断，即不是纯粹身份认证意义上的静态考察，而是根据案发时的具体情形所进行的动态判断，确定渎职行为是否发生在“在代表国家机关行使职权时”。关于后者，一个辅助说明的例子是，最高人民法院研究室《关于对行为人通过伪造国家机关公文、证件担任国家工作人员职务并利用职务上的便利侵占本单位财物、收受贿赂、挪用本单位资金等行为如何适用法律问题的答复》（2004 年 3 月 30 日）规定：“行为人通过伪造国家机关公文、证件担任国家工作人员职务以后，又利用职务上的便利实施侵占本单位财物、收受贿赂、挪用本单位资金等行为，构成犯罪的，应当分别以伪造国家机关公文、证件罪和相应的贪污罪、受贿罪、挪用公款罪等追究刑事责任，实行数罪并罚。”尽管是用欺骗的手段获取公务职权，但权力本身是客观存在的，利用这一权力实施犯罪同样破坏了此类职务犯罪所保护的客体。骗取身份获得职务和利用公职实施犯罪，虽然是紧密联系的一个完整事实，但在法律上，这是触犯不同法益的两个犯罪事实，分别对应不同的法律评价。因此，动态判断实际关注的是，在特定时空内是否实质上侵害了某一客体利益。

（二）渎职罪案件事实的认定方法

1. 推定方法在渎职罪定罪过程中的具体应用

前文已经提到，推定是从已发现或确定的 A 事实中，合理地且合乎逻辑地得出 B 事实的推断，它是借助逻辑规则和经验常识间接认定案件事实的方法。推定方法在渎职罪定罪过程中的应用贯通始终。关系定罪的各要素，包括主体资格的认定、行为性质的界定、主观罪过中认识能力的推定以及因果关系的判断等，在诉讼证明时均不同程度地涉及对推定方法的运用。这是由渎职罪构成特征所决定的。渎职罪构成要件表现出与其他类型犯罪不同的环环相接的序列特征。其他类型的犯罪，如故意杀人罪，虽然定罪结论也是各构成要件综合的结果，但对各构成要件的证明表现出相对的独立性特征。对主观的证明不需要依赖对主体的证明结论，反之亦然。同时，主观要件与客观行为要件虽不可分离、相互佐证，但根据案件具体情况的不同，证明的先后顺序并不确定。然而，在渎职罪中，各构成要件表现出有序衔接、层层递进的序列特征。对渎职罪各要件的诉讼证明需遵循一定的顺序，对后一要件的证明建立在前一要件证明结论的基础上。要件证明顺序依次为：主体、客观行为、主观方面。这一排列顺序的确定取决于渎职罪自身的特性。首先需要确定主体。因为证明主体才能确定“是否具有公务职责”这一整个渎职犯罪的核心问题，它是渎职罪定罪链条适用推定方法的基础事实，是推定的前提，位于证据链的开端口。其次要证明的是客观行为。之所以将客观行为置于主观方面之前，原因在于，由渎职罪的特性所决定，对渎职罪的主观方面证明通常是间接证明。无须依赖被告人供述，仅凭主体符合性及客观行为即可推定主观方面是否具有罪过、是过失还是故意。在此意义上，与其说对渎职罪主观的证明是间接证明，不如说是渎职罪主体和客观行为得到确证后将二者综合得出的推论。相比之下，其他类型刑事案件中，在主体具备刑事责任能力要件的前提下，主观证明对主体特征的依附性较弱，而与包括客观行为在内的客观方面的各证据细节密切关联，是全案相关证据综合认定的结果。将上述渎职罪定罪环节依次串联起来的逻辑线索便是推定方法的应用，这种方法形成独具特色的渎职罪定罪证明机制。

2. “一票否决”的排除式证明机制

渎职罪的各构成要素之间具有密切的关联性，与其他类型的刑事案件不同的是，渎职罪构成要素中，不仅是主客观要素的彼此印证，而且，主体要素也与主客观要素之间形成有序的串联关系。各构成要素分别位列不同的证明层次，逐层构成金字塔式的体系结构。

利用上述特征，在渎职罪的论证中可以应用“一票否决”的方法终止证明，也即在渎职罪定罪链条上只要前一节点的构成要素得不到确证，证明活动即告终止，没有必要再继续证明位于其后的其他构成要素。这是由渎职类罪定罪要素之间的关系决定的。渎职罪的各要素之间不是平面并行的关系，而是环环相扣的串联关系。正因为对渎职犯罪各要素的证明存在先后的位序，相应地，对案件事实的证明范围，随着依序展开的对各个要素的证明而逐步推进。只有前一位序的构成要素得到证明，才有必要继续下一要素涉及案件事实的证明。反之，如果前一位序的要素无法得到确证而被否决，则证明即告终结，同时宣告行为人不构成相应渎职罪。这就是认定渎职罪案件事实的“一票否决”的排除式证明机制。一票，即前一位序的构成要素；否决，指构成相应渎职罪可能的否决。

（三）涉嫌两起或多起案件事实的整合和分离

在前文罪数问题的研究中，有一案涉及两起或多起案件事实的情况。准确定性，首先要在事实层面能够对案件中的多起犯罪事实之间的联系或多重法律关系作出准确的界定。仍以罪数一章中所举案例为例，审理案件时，我们强调对案件事实要注意从整体上把握，但并非所有的案件都可以作法律上的整合。能否整合或综合评价，要看各个具体事实之间是否具有刑法意义上的内在逻辑联系，既要从零散的事实中发现其因具有贯通始终的、使得这些表面上零散的事实具有不可分割性的线索，因而应予以整体评价的情况；又要注意虽然在时间上、事情的发展上有一定的延续和相似，但在整个过程中又分别具有相对独立的法律意义，需要给予单独评价的情况。一个包括了若干犯罪事实的案件，当各犯罪事实基于同一或者概括的犯罪目的时，彼此之间因此而连接成为一个同一的犯罪过程，在此基础上，对各起犯罪事实作法律上的整合，将各犯罪构成视同整体的一部分，对数行为进行合并评价，而不实行数罪并罚。一段时间内发生的事情虽然具有时间意义上的延续关系，然而，是否具有法律意义的联系还要结合法律规定具体判断，也即“整合功能是将数个犯罪构成组合成一个整体，即数行为因相同或相近的犯罪动机而组合成同一行为过程，原先各犯罪构成便成为整体的组成部分，从而失去独立性，这是数行为不实行并罚的犯罪论根据。如果不存在这种内在的整合性，各犯罪构成彼此独立，即为典型数罪，实行并罚”。[①] 上述所举案例即为后一情况的适例。

三、小结

依次梳理本节观点：

本书所指“案件事实”，是指在刑事诉讼过程中，在实体法规定的以构成要件为中心的框架内与定罪量刑有关的事实。这些事实在得到有效证据的确证后即成为法律适用的对象。在此意义上，作为刑法适用对象的案件事实，准确地讲，不是客观发生的案件事实本身，而是司法人员根据一定的客观证据，对已经发生案件基于客观依据在主观上形成的一种认识上的“复原”。案件事实“真实性”的标准是法律真实而非客观真实。

司法机关要准确判定某一刑事案件的性质，需要正确适用法律。正确适用法律的前提是准确认定案件事实。准确认定案件事实的客观且精确的方法是以确实、充分的证据对之加以证明。而有效证明的基础是明晰证明对象。原始的案件材料并不能当然地成为证明对象。在司法实践中，出现在我们面前的真实案例是各种信息无序地交汇。司法工作人员的基本功之一，便在于敏锐地从法律视角解读社会现象，在错综复杂的案情中辨析出具有法律价值或法律意义的主干情节。因此，证明对象应当是在法律框架内对案件信息进行有效处理，从原始材料中析出与定罪量刑有关的、属于刑法评价对象的那部分事实，即案件事实。案件事实将作为诉讼证明的对象。经历刑事

① 储槐植：《刑事一体化》，法律出版社2004年版，第322页。

程序法和证据法正当化后被有效证据证实了的案件事实才能成为法律的适用对象。

法律适用对象包含价值判断的因素。从案件发生到法院最终确认犯罪事实并适用法律作出裁决，其间，对事实的认定经过多个环节，从案发当时形成的客观事实，到与案件有关的一定的时空环境中留下的证据事实，再到案件进入诉讼程序后，侦查机关依法收集的证据材料、公诉机关经审查后确认并作为起诉依据在法庭上出示的证据，直至法院经庭审调查并合议后最终采信的证据，上述各个环节的证据条件、证明要求各不相同。同时，证据材料被各环节不同的法定证据标准所筛选，这样，“从最初的客观案件事实到最终法庭认定的证据证明的案件事实将会存在较大差异，最终认定的证据证明的案件事实可能只能粗略地反映案件的客观真实，或作出有利于犯罪嫌疑人、被告人处罚的事实。”① 符合客观实际的结论是，无论案件事实对应有何等确凿、充分的证据，作为法律适用对象的案件事实与客观发生的案件实际情况只是基本内容的一致乃至无限接近，但不可能完全重合。其中，既有人的认识能力有限性的客观因素，同时，更在于前者包含了价值判断的因素。

逻辑规则在案件事实审查中的重要地位。从案件事实到作为行为性质认定依据的法律事实之间需要进行“等值等量”的换算。如果换算过程出现偏差，无疑将导致随后所进行的法律判断的颠覆性的错误。因为任何法律判断都是建立在事实基础之上的。

定罪的过程应是以犯罪构成要件为纲，梳理、分析、甄别案件事实，筛选确定影响定罪的事实（以下简称“定罪”事实）—根据案件资料提供的证据材料或线索证明、固定“定罪”事实（法律事实）—根据得到确证的事实确定适用的法律—依据法律规定得出相应的定性结论。其中，在法律事实环节中包含了刑事程序对于案件事实的正当化过程，即：①证据应当合法，具有可采性，不具有可采性的证据材料不得在诉讼过程中使用；②证据调查过程应当合法，没有经过法庭调查的证据材料不得作为定案根据；③通过证据认定案件事实的程序合法。刑事程序对于案件事实的正当化作用表明刑事程序价值对于事实认识活动的优先性。这种优先性表明国家的司法活动是一种

① 陈为钢、张少林：《刑事证明方法与技巧》，中国检察出版社 2008 年版，第 5 页。

维护法律效力的活动。①

案件事实的内容千差万别，但万变不离其宗。就渎职罪而言，“宗”即指渎职罪的犯罪规律和其各定罪要素的本质特征，二者的核心即为“公务职责”。渎职罪的犯罪规律在于其与公务职责密不可分，总是发生在权力运行的各个环节。针对某项具体公务，由这些环节依次衔接构成的责任链即为案件事实的主线。实践中，有些渎职案件单人单事，案情简单易断。较为复杂的主要是一案涉及多个部门、多项职能、多名责任人的情形。尽管这些部门、职能相对独立，责任人分属不同单位，但在一案中它们因某项公权的行使而依职责分工依次串联在一起。当这根责任链的终端发生严重后果时，则这一结果关联的责任链上的各个环节即是确定该结果的法定原因力的事实线索。此外，在主观方面的研究中曾经提到，正确履行职务有时需要若干关联的职务行为接续完成，因此，对职务行为的审查，不能仅仅审查行为本身，而是要审查行为人是否在整个履职过程中尽到应尽之职。犯罪规律明确了审查思路，在此基础上，渎职罪各定罪要素的本质特征则突出了审查重点，并使审查工作条理化。无论主体资格的审查，客观行为的界定，还是主观罪过的辨析、因果关系的判断，都必须围绕“公务职责”这一中心，依据前述思路，梳理出涉案责任链，并针对组成这根责任链的各个环节，以构成要件为纲，逐一审查各要素对应的案件事实。

司法工作者立场上的一点延伸思考。办理刑事案件需要注重培养强化五大能力：一是审查事实的能力，需要在从细节到整体的往复切换中，既关注细节，又要跳出细节从宏观上、整体上来审读案情。二是分析证据以及将证据与事实进行对接的能力。三是发现问题的能力，发现事实中的问题，证据中的问题。具有强烈的问题意识是提高这一能力的前提。四是应用法律的能力，其核心是要有强烈的法律意识和理念，从法律的视角去观察、思考问题。只有不断提高法律理论水平，吸纳最新法律信息，才能保持开放的法律思维状态，也才能够在吐故纳新的过程中，持续地提高对法律和法律现象的观察能力、认识能力、理解能力和应用能力。五是组织证据的能力，这是司法实务技术性操作能力的体现，是对逻辑思维能力的挑战。同样的资源不同的利用方式会出现截然不同的效果。只有合理的、符合逻辑规则和认识规律的“排兵布阵”，才可能使对“事实资源”、“证据资源”的利用最优化。

---

① 樊崇义主编：《刑事诉讼法实施问题与对策研究》，中国人民公安大学出版社2001年版，第233～234页。

第二节 认定渎职罪的司法框架

一、渎职罪定罪的法律依据

在前文渎职罪客观方面的研究中曾经提到，渎职行为具有双重违法性。第一层“法”是判断行为人是否正当、合理履行职责的依据，包括法律、法规、规章、规定及其他规范性文件等；第二层“法”是刑法，是判断渎职行为是否构成渎职罪的法律依据。不同性质的渎职罪，其“第一层法”的内容各不相同，在司法认定中，除了与刑法规范共同作为判定渎职罪的法律依据外，其本身还是证据体系中证明职责的书证。以下主要在刑法规范的层面研究渎职罪定罪的法律依据。

（一）解读“定罪标准”

以下通过比较“定罪标准”与“立案标准”以明确本书对“定罪标准”的界定。

在法律依据层面上，从二者在法律应用中的地位看，“定罪标准”与“立案标准”分属两个不同的范畴。定罪标准为实体法意义上的标准，立案标准为程序法意义上的标准。定罪标准的法律依据是刑法，理论依据是犯罪构成；立案标准是“诉讼门槛”。在刑事诉讼中，任何一个刑事案件都必须经过立案程序。只有经过立案，进行侦查和审判活动才有了合法的依据，否则便是违法。[①] 立案标准即是立案的依据。立案标准的实体法依据与定罪标准相同，同时，在具体内容上又不完全等同于定罪标准。其以定罪标准为底线，在此基础上，基于一些政策因素而在不同地区或不同时期呈现一定的差异。定罪标准和立案标准的上述差异决定了应用二者的逻辑顺序，即首先依据定罪标准，在符合定罪标准的基础上，参照这一时期相关的司法解释确立的立案标准。同时，由于定罪标准的规定往往较为抽象、概括，而立案标准是对立案条件的具体化，具有便于操作的技术性功能，因此，立案标准对定罪标准具有解释功能，即当法律规定不明确且无相关司法解释时，可将立案标准作为划分罪与非罪界限的参考。

在犯罪事实层面上，从二者的证据标准看，立案时的证据标准低于定罪时的证据标准。根据刑事诉讼法第86条规定，刑事立案标准是“认为有犯罪

---

① 樊崇义主编：《刑事诉讼法学》，中国政法大学出版社2002年修订版，第202页。

事实，需要追究刑事责任”。“有犯罪事实”，是指有一定证据证明犯罪事实确实存在。由于立案只是刑事诉讼的开始阶段，是启动侦查程序的环节，不可能查明犯罪全部情况。所以，这些证据只要能够证明犯罪事件已经存在即可，无须证明犯罪人是谁，作案动机、目的、具体手段、方法等，后者是侦查阶段所要查明的事实。[①] 根据刑事诉讼法第162条规定，定罪标准是案件事实清楚，证据确实、充分。显然，定罪标准（即判刑标准）的证据规格要高于立案时的证据规格。

（二）对认定渎职罪法律依据的梳理

现行（1997年刑法以后）适用于渎职罪的法律规定大体可分为立法规定、立法解释、司法解释及其他规范性文件三类：

1. 立法规定

立法规定主要包括以下内容：

（1）1997年刑法第九章关于渎职罪的规定

（2）单行刑法中关于渎职罪的规定

具体指全国人民代表大会常务委员会《关于惩治骗购外汇、逃汇和非法买卖外汇犯罪的决定》（1998年12月29日）第6条：“海关、外汇管理部门的工作人员严重不负责任，造成大量外汇被骗购或者逃汇，致使国家利益遭受重大损失的，依照刑法第三百九十七条的规定定罪处罚。”

（3）刑法修正案中关于渎职罪的规定

包括《刑法修正案（四）》第8条（该条对司法工作人员在执行工作中严重不负责、滥用职权的犯罪行为应如何适用法律，在第399条中作了明确规定）、《刑法修正案（六）》第20条（该条将枉法仲裁行为增加规定为犯罪）。

（4）附属刑法中关于渎职罪的规定

《中华人民共和国招标投标法》第五章法律责任部分第63条规定，对招标投标活动依法负有行政监督职责的国家机关工作人员徇私舞弊、滥用职权或者玩忽职守，构成犯罪的，依法追究刑事责任；不构成犯罪的，依法给予行政处分。渎职罪附属刑法的规定主要涉及刑事责任和行政责任的衔接，关系到罪与非罪的判断。

2. 立法解释

立法解释主要包括以下内容：

---

① 樊崇义主编：《刑事诉讼法学》，中国政法大学出版社2002年修订版，第205页。

（1）全国人民代表大会常务委员会关于《中华人民共和国刑法》第二百二十八条、第三百四十二条、第四百一十条的解释（2001 年 8 月 31 日）①

（2）全国人民代表大会常务委员会关于《中华人民共和国刑法》第三百一十三条的解释（2002 年 8 月 29 日）②

（3）全国人民代表大会常务委员会关于《中华人民共和国刑法》第九章渎职罪主体适用问题的解释（2002 年 12 月 28 日）

3. 司法解释及规范性文件，主要包括以下内容：

（1）最高人民检察院关于渎职侵权犯罪案件立案标准的规定（2006 年 7 月 26 日施行）

（2）最高人民检察院关于认真贯彻执行《中华人民共和国刑法修正案（四）》和《全国人大常委会关于〈中华人民共和国刑法〉第九章渎职罪主体适用问题的解释》的通知（2003 年 1 月 14 日）

（3）人民检察院直接受理立案侦查的渎职侵权重特大案件标准（试行）（2002 年 1 月 1 日施行）

（4）最高人民检察院、邮电部关于查处邮电工作人员渎职案件的暂行规定（1990 年 6 月 20 日）

（5）司法部、最高人民检察院关于认真办理公证人员玩忽职守案件的通知（1992 年 3 月 21 日）

（6）最高人民检察院关于受监管机关正式聘用或委托履行监管职务的人员能否成为体罚虐待人犯罪和私放罪犯罪主体的批复（1994 年 1 月 10 日）

（7）最高人民检察院对《关于中国证监会主体认定的请示》的答复函（2000 年 4 月 30 日）

（8）最高人民检察院关于镇财政所所长是否适用国家机关工作人员的批

---

① 针对刑法第 228 条、第 342 条、第 410 条规定的“违反土地管理法规”和第 410 条规定的“非法批准征用、占用土地”的含义作出解释。周道鸾、张军主编：《刑法罪名精释——对最高人民法院最高人民检察院关于罪名司法解释的理解和适用》（第三版），人民法院出版社 2007 年版，第 897 页。

② 刑法第 313 条规定的是“拒不执行判决、裁定罪”。根据立法解释，国家机关工作人员收受贿赂或者滥用职权，有上述第 4 项行为，即“被执行人、担保人、协助执行义务人与国家机关工作人员通谋，利用国家机关工作人员的职权妨害执行，致使判决、裁定无法执行的”，同时又构成刑法第 385 条、第 397 条规定之罪的，依照处罚较重的规定定罪处罚。周道鸾、张军主编：《刑法罪名精释——对最高人民法院最高人民检察院关于罪名司法解释的理解和适用》（第三版），人民法院出版社 2007 年版，第 614 页。

复（2000 年 5 月 4 日）

（9）最高人民法院关于未被公安机关正式录用的人员、狱医能否构成失职致使在押人员脱逃罪主体问题的批复（2000 年 9 月 22 日）

（10）最高人民检察院关于合同制民警能否成为玩忽职守罪主体问题的批复（2000 年 10 月 9 日）

（11）最高人民检察院关于属工人编制的乡（镇）工商所所长能否依照刑法第三百九十七条的规定追究刑事责任问题的批复（2000 年 10 月 31 日）

（12）最高人民检察院关于工人等非监管机关在编监管人员私放在押人员行为和失职致使在押人员脱逃行为适用法律问题的解释（2001 年 3 月 2 日施行）

（13）最高人民检察院关于企业事业单位的公安机构在机构改革过程中其工作人员能否构成渎职侵权犯罪主体问题的批复（2002 年 5 月 16 日施行）

（14）最高人民检察院关于买卖尚未加盖印章的空白《边境证》行为如何适用法律问题的答复（2002 年 9 月 25 日）

（15）最高人民检察院关于对海事局工作人员如何适用法律问题的答复（2003 年 1 月 13 日）

（16）最高人民检察院法律政策研究室关于非司法工作人员是否可以构成徇私枉法罪共犯问题的答复（2003 年 4 月 16 日）

（17）最高人民法院关于审理破坏土地资源刑事案件具体应用法律若干问题的解释（2000 年 6 月 22 日施行）

（18）最高人民法院关于审理破坏森林资源刑事案件具体应用法律若干问题的解释（2000 年 12 月 11 日施行）

（19）最高人民法院关于审理破坏林地资源刑事案件具体应用法律若干问题的解释（2005 年 12 月 30 日施行）

（20）最高人民法院关于审理环境污染刑事案件具体应用法律若干问题的解释（2006 年 7 月 28 日施行）

（21）最高人民法院、最高人民检察院关于办理危害矿山生产安全刑事案件具体应用法律若干问题的解释（2007 年 3 月 1 日）

（22）最高人民法院、最高人民检察院、公安部关于严格执行刑事诉讼法，切实纠防超期羁押的通知（2003 年 11 月 12 日）

（23）《国务院关于特大安全事故行政责任追究的规定》（2001 年 4 月 21 日）

（仅从司法解释的名录上可以发现，渎职罪的规定具有专门性，即对应

特定领域而作的专门性规定)

需要说明的是，定罪过程在法律上实际上是一个犯罪构成要件成立与否的证明和判断过程。从诉讼证明的角度看，犯罪构成要件在一定意义上对应的是一个规范体系，其中不仅仅是刑法条文（包括修正案）的规定，而且还包括了相关的立法或司法解释。这些具有法律效力的规定虽然是“解释”而非“立法”，但在解释的过程中，条文的概括性规定被细化为具体的规定，实际上增加了对构成要件诉讼证明的内容。以1997年刑法第404条徇私舞弊不征、少征税款罪为例，该罪系结果犯，指税务机关工作人员徇私舞弊，不征、少征应征税款，致使国家税收遭受重大损失的行为。2006年《立案标准》第14条将该罪危害结果具体量化为“致使国家税收损失累计达10万元以上”，同时还规定，“徇私舞弊不征、少征税款不满10万元，但具有索取或者收受贿赂或者其他恶劣情节的”也应予以立案。这样，审理此类渎职案件时，如果现有证据能证明被告人不征税款导致的国家税收损失不足10万元，则还要证明行为人的行为是否属于“徇私舞弊不征、少征税款不满10万元，但具有索取或者收受贿赂或者其他恶劣情节”的情形。

（三）法律冲突下的刑法适用规则

认定渎职罪适用法律的过程中，既要注意适用法律的层次性、递补性，以体现法的效力等级，同时，还要注意法律适用的充分性，以确保断案依据的周延，从而对案件事实作出准确评价。

1. 依据效力等级有序适用的规则

在具体实践中，需要鉴别以下三种情形分别处理：

(1) 涉及法律依据为同一效力等级的竞合及冲突现象

一是竞合现象。在刑法分则第九章中，根据刑法第397条规定，国家机关工作人员滥用职权或者玩忽职守，致使公共财产、国家和人民利益遭受重大损失的，处3年以下有期徒刑或者拘役；情节特别严重的，处3年以上7年以下有期徒刑。本法另有规定的，依照规定。其中，“本法另有规定的，依照规定”的表述，表明该条是对玩忽职守罪和滥用职权罪的概括性规定，属于普通法。该章另外规定的玩忽职守罪和滥用职权罪，如国家机关工作人员签订、履行合同失职被骗罪（第406条），徇私枉法罪（第399条第1款）等，属于特别法。这样，刑法第397条规定的滥用职权罪和玩忽职守罪与第九章中于该条之外规定的特别渎职罪之间存在着法条竞合关系。这涉及法律的择一适用，进而关系到准确定罪。

法规竞合是一个犯罪行为，因为法条的错杂规定，以致同时触犯数个法条。法规竞合的情况下，在竞合的不同罪名或条款中，需要分别情况依一定的原则，确定一罪名，适用一法条而排斥其他法条的适用。我国刑法中法规竞合的法律适用原则主要有：①特别法优于普通法；②吸收法优于被吸收法；③重法优于轻法，即依据我国刑法罪刑相适应的基本原则，当一种犯罪行为触犯两个以上法条，如依据特别法优于普通法，吸收法优于被吸收法原则适用法律有悖于基本原则而适用重法优于轻法原则又符合基本原则时，应适用重法，排斥轻法。这种情况通常发生在交叉重合形式的法规竞合中。① 刑法第 149 条第 2 款规定，生产、销售刑法第 141 条至第 148 条所列产品，构成各该条规定的犯罪，同时又构成生产、销售伪劣产品罪的，依照处罚较重的罪定罪处罚。该规定即是上述原理的具体应用。

根据上述法规竞合的法律适用原则，刑法第 397 条规定的“本法另有规定的，依照规定”即确立了发生法条竞合时，规定具体犯罪的条文应当优先于规定普通犯罪的条文适用的处理原则。详言之，在第九章内，第 397 条滥用职权罪和玩忽职守罪，相对于第九章中规定的其他渎职罪，为普通法，其犯罪构成与其他渎职罪之间的关系是全包含关系。第 397 条滥用职权罪和玩忽职守罪与第 398 条至第 419 条所规定之罪形成的法规竞合属于“一个行为同时触犯同一法律的普通条款与特别条款”的情形。对此，在通常情况下，应依照特别法优于普通法的原则定罪。这是因为，立法者在普通条款之外又设特别条款，是为了对特定犯罪给予特定处罚，或因为某种犯罪特别突出而予以特别规定。但是，在特殊情况下，如法律明文规定或按特别条款优于普通条款不符合罪刑相适应原则，则按重法优于轻法的原则来适用法律。② 在第九章外，第 397 条的规定与刑法分则其他犯罪的规定在具体构成上可能出现交叉重合，形成法规竞合关系，其法律适用原理同上。

二是冲突现象。主要是渎职罪中存在的司法解释冲突现象，如关于徇私的对象仅指徇“个人”之私，还是可以包括徇“单位和集体”之私，检法两家司法解释认识不同。在行为人“徇单位之私”的情况下，按法院的解释，应适用刑法第 397 条第 1 款的规定定罪处罚，而按检察机关的解释，应适用相应的特别条款，认定为特殊的滥用职权罪；又如，关于环境监管失职犯罪的立案标准问题，检法两家司法解释的规定亦不相同。同样的行为，分别按

---

① 马克昌主编：《犯罪通论》，武汉大学出版社 2000 年版，第 638 页。

② 王作富主编：《刑法分则实务研究（上）》（第二版），中国方正出版社 2003 年版，第 268 页。

照2006年7月21日最高人民法院颁布的《关于审理环境污染刑事案件具体应用法律若干问题的解释》(以下简称《解释》)第1条的规定、最高人民检察院2006年7月26日《立案标准》第19条的规定，可能会得出罪与非罪截然不同的结论：一些被检察机关立案侦查的环境监管失职刑事案件会被法院认定为不是犯罪，如环境污染事件造成个人财产直接经济损失18万元，按照《立案标准》，应当立案，但按照《解释》，却不够追究刑事责任的标准；一些按照《解释》规定应予追究刑事责任的环境监管失职案件，因为《立案标准》没有规定相应的立案标准或者规定了更高的立案标准而最终不能被立案侦查，如环境污染毁坏基本农田的行为，按照《解释》的规定，"致使基本农田、防护林地、特种用途林地5亩以上，其他农用地10亩以上，其他土地20亩以上基本功能丧失或者遭受永久性破坏"，应当追究刑事责任；按照《立案标准》的规定"造成基本农田或者防护林地、特种用途林地10亩以上，或者基本农田以外的耕地50亩以上，或者其他土地70亩以上被严重毁坏的"应予立案。[①] 当环境污染毁坏基本农田的面积在6亩到9亩之间时，适用《解释》应当追究刑事责任，而适用《立案标准》则不应当立案。

法的效力的高低首先取决于其制定机关在国家机关体系中的地位。人民法院和人民检察院均为国家司法机关，在国家机构体系中地位等同，所制定的司法解释的效力亦不分高下。在二者发生冲突时如何选择，与其说是法律问题，不如说是机制问题，需要由有权机关制定相应的规定，统一规范、协调最高司法机关司法解释权的行使。

以上两种现象中，法规竞合在渎职罪中表现得非常典型，一个根本性的原因在于刑法分则第九章渎职罪的立法体系结构，其采用的是"一般与特殊相结合的总分式"的立法体例。这一结构特征是刑法分则其他九章犯罪所不具有的。作为这一独特的体系特征的标志法条是刑法第397条。以刑法分则第九章为参照，该条在本章以内，是本章的其他犯罪的概括性规定，属普通法；在本章以外，根据具体案件的实际情况，其概括性的客观行为可能与分则其他章节规定的犯罪交叉重合而发生竞合。

至于司法解释冲突的问题，就渎职罪的法律适用而言，它明确了法律完善的方向，权宜的解决方案就是由立法机关对发生冲突的司法解释中涉及的问题，以修正案或立法解释的方式，对同一事实或行为作出统一的法

---

① 张兆松、李志雄、章晓民：《渎职犯罪的理论与实践》，中国检察出版社2008年版，第237页。

律规定。

（2）涉及法律依据为不同效力等级时的法律适用规则

根据宪法第 79 条第 1 款规定，法律的效力高于司法解释、行政法规、地方性法规和规章。依据法律效力等级规则，法律、法规、规章对同一事项的规定不一致，按照上位法优于下位法、特殊法优于普通法、一般法优于特别法、新法优于旧法的规则适用法律。因此，依据上述宪法规定精神，在适用法律处理渎职案件时，首先应考虑刑法、单行刑法及刑法修正案的相关规定，在此基础上，可进一步考察司法解释的相关规定。当立法规定与司法解释对同一问题的规定出现冲突时，立法规定优先，但立法解释并不绝对排斥司法解释的适用。当立法规定的结论并不唯一且包含了司法解释的结论时，司法解释将对在依据立法规定而得出的多种结论进行选择时发挥辅助的判断功能。对此，将在下文的综合实例中作进一步说明。

（3）与竞合无关的单纯的法律适用问题

主要指行为人的行为不符合特殊法条的规定，但符合普通法条（刑法第 397 条）的规定时的法律适用问题。对此，能否适用刑法第 397 条这一普通法的规定而认定其为滥用职权罪或玩忽职守罪？这种情形是否属于竞合现象？

根据 2006 年《立案标准》的规定，滥用职权案第 3 款规定，“国家机关工作人员滥用职权，符合刑法第九章所规定的特殊渎职罪构成要件的，按照该特殊规定追究刑事责任；主体不符合刑法第九章所规定的特殊渎职罪的主体要件，但滥用职权涉嫌前款第 1 项至第 9 项规定情形之一的，按照刑法第 397 条的规定以滥用职权罪追究刑事责任”。玩忽职守案第 3 款规定，“国家机关工作人员玩忽职守，符合刑法第九章所规定的特殊渎职罪构成要件的，按照该特殊规定追究刑事责任；主体不符合刑法第九章所规定的特殊渎职罪的主体要件，但玩忽职守涉嫌前款第 1 项至第 9 项规定情形之一的，按照刑法第 397 条的规定以玩忽职守罪追究刑事责任”。据官方解释，上述滥用职权案和玩忽职守案第 3 款的规定，主要是解决一些严重的渎职犯罪，虽然实施的行为或者侵害的客体都符合特殊渎职罪的构成要件，但其主体不具备特殊渎职罪规定的特殊身份，或者虽符合特殊渎职罪规定而又不具备主观上的徇私动机，但也给国家和人民利益造成了重大损失，即可以按照刑法第 397 条的规定立案侦查。第 3 款的规定掌握了两个原则：一是体现刑法第 397 条第 1 款和第 2 款中“本法另有规定的，依照规定”的精神，对于符合刑法第 398 条至第 419 条规定的渎职行为，按照特殊规定立案追究；二是对于主体要件不符合特殊渎职罪规定，而滥用职权、玩忽职守行为造成严重后果的，以滥用职权、玩忽职守罪追究。[①] 这一解释中的第一个原则是法规竞合中特别法优于普通法的法律适用原则在渎职罪立法中的具体体现；而第二个原则则是与竞合无关的单纯的法律适用问题。因为在这种情形下，行为人的行为只符合一个法律规定，不涉及数个法条的冲突，因此也就无所谓法律的择一适用。2006 年《立案标准》上述规定所体现的原则在刑法中已有先例，根据刑法第 149 条第 1 款所规定的“生产、销售本节第一百四十一条至第一百四十八条所列产品，不构成各该条规定的犯罪，但销售金额在五万元以上的，依照第一百四十条的规定定罪处罚”。

2006 年《立案标准》的规定是合理的。从逻辑上讲，特别法是在普通法的基础上又附加了更为严格的要求，所以，凡是以特别条款定罪的，必然是以符合普通条款为前提，如果不符合普通条款，就不可能涉及特别条款；反之，不符合特别条款，尽管不能以特别条款定罪，但如果符合普通条款的话，则应当以普通条款定罪。[②] 从性质上讲，“一个行为适用特别法无罪而适用普通法有罪”实际是一个无罪与有罪的问题。对此，有学者认为，“一个有罪一个无罪，不属于法条竞合的问题，应直接适用有罪的条文，而不能采用特别法与普通法的原则来处理，用特别法宣告无罪。”[③]

综上所述，由于法条竞合指的是刑事立法上的法规重合现象，解决的是一犯罪行为，因法律的错杂规定而同时触犯数个法条的情况下，法律的择一适用问题。而上述《立案标准》中，滥用职权案和玩忽职守案第 3 款所列行为只符合一个法律规定，不涉及数个法条的冲突，也就无所谓法律的择一适用，故不属于法条竞合。其实质上阐明的是刑法第 397 条与第 398 条至第 419 条的适用关系。

以上论述中的前两种情况属于冲突情况下的法律适用问题；第三种情况是递补适用，即在不符合特别法的情况下，如果符合普通法的规定，即适用普通法。不同情况下的适用规则不同，所以，这两个问题不能混淆。递补适用时不涉及适用规则的选择，但要做到真正“补”全，必须要遵循下一个规则，即全面穷尽适用规则。

---

① 倪爱静：《与时俱进惩渎职严密法网治侵权——就〈立案标准〉相关问题访最高人民检察院渎职侵权检察厅副厅长宋寒松》，载《人民检察》2006 年第 16 期，第 13 页。

② 转引自张兆松、李志雄、章晓民：《渎职犯罪的理论与实践》，中国检察出版社 2008 年版，第 170 页。

③ 转引自张兆松、李志雄、章晓民：《渎职犯罪的理论与实践》，中国检察出版社 2008 年版，第 171 页。

2. 全面穷尽适用规则

这一原则是上述第三种情形（递补适用）的延伸，确保法律适用的周延。

从内容上讲，该原则包括两个方面，一是不同层级法律依据适用的全面（除了立法依据，还要充分考虑到相关的司法解释）；二是同一法律规定内部，法律适用依据的穷尽（如下述引用立案标准中的兜底条款）。立法上严密法网的努力必须经过正确的司法适用才能有效落实。

从方法上看，遵循该规则常常用到两种方法，一是逻辑推定法。这种方法具有鲜明的客观性，因为其依据的是法律规定之间的逻辑关系，即如上文所言，当法条之间是一种包含关系时，如果不符合特别法的规定，尽管不能以特别法定罪，但若符合普通法，则应当以普通法的规定定罪。二是解释的方法。这种方法体现了主客观因素的融合。一方面，运用这种方法实际是一种主观分析和判断；另一方面，这种分析和判断不是臆断，而是基于一定的客观理由。对渎职罪而言，主要涉及对兜底条款的准确适用。2006 年《立案标准》对所有渎职犯罪案件统一规定了兜底条款，与对其他条款的适用不同的是，对兜底条款不能直接适用，必须要经过刑法适用解释的过程，确定涉案行为在被类型化之后能否纳入法定情形。“兜底”是对法定类型的兜底，只有可以被解释进法定情形的行为才可能适用兜底条款。也正因为是“兜底”，只有在没有具体法定情形一一对应时，可以被解释进法定情形的行为才需要适用兜底条款。

综合示例。现以不报、谎报安全事故行为为例，对上述规则的具体适用予以举例说明。该行为类型可能涉及四个法律规定：

①1997 年刑法第 397 条滥用职权罪和玩忽职守罪的规定。

②《刑法修正案（六）》（2006 年 6 月 29 日）第 4 条增订了“不报、谎报安全事故罪”作为刑法第 139 条之一：在安全事故发生后，负有报告职责的人员不报或者谎报事故情况，贻误事故抢救，情节严重的，处 3 年以下有期徒刑或者拘役；情节特别严重的，处 3 年以上 7 年以下有期徒刑。

③2006 年《立案标准》规定，应以滥用职权罪予以立案的情形之一是，国家机关工作人员“弄虚作假，不报、缓报、谎报或者授意、指使、强令他人不报、缓报、谎报情况，导致重特大事故危害结果继续、扩大，或者致使抢救、调查、处理工作延误的”应予立案。

④《最高人民法院、最高人民检察院关于办理危害矿山生产安全刑事案件具体应用法律若干问题的解释》（2007 年 2 月 28 日颁布）（以下简称“两

高"《若干问题的解释》）第9条规定，应依照刑法第397条的规定定罪处罚的情形之一是，国家机关工作人员滥用职权或者玩忽职守，危害矿山生产安全，"在矿山生产安全事故发生后，负有报告职责的国家机关工作人员不报或者谎报事故情况，贻误事故抢救，致使公共财产、国家和人民利益遭受重大损失的，依照刑法第三百九十七条的规定定罪处罚"。

按照规定①，当主体为国家机关工作人员时，不报、谎报安全事故，贻误事故抢救，情节严重的行为构成滥用职权罪或玩忽职守罪。

按照规定②，负有报告职责的人员不报、谎报安全事故，贻误事故抢救，情节严重的，构成"不报、谎报安全事故罪"。

按照规定③，国家机关工作人员"弄虚作假，不报、缓报、谎报或者授意、指使、强令他人不报、缓报、谎报情况，导致重特大事故危害结果继续、扩大，或者致使抢救、调查、处理工作延误的"的行为，应依照刑法第397条的规定以滥用职权罪定罪处罚。

按照规定④，对"负有报告职责的人员"是国家机关工作人员时，不报、谎报安全事故，贻误事故抢救，情节严重的行为，应依照刑法第397条的规定以滥用职权罪或玩忽职守罪定罪处罚。

从主体角度看，对于不报、谎报安全事故行为，其主体必须是"负有报告职责的人员"。在上述四项规定中，只有在"负有报告职责的人员"是国家机关工作人员时，才涉及对规定①（1997年刑法第397条）的适用（也即，从主体角度而言，规定①的外延最窄，为其他三项规定所包含）；而只有在主观出于故意的情况下，才涉及对规定③（2006年《立案标准》）的适用。从行为角度看，规定①的行为外延最广，包含另外三项规定的行为表现。而规定③的行为外延最窄，仅限于滥用职权的情形（从主观角度和行为角度而言，规定③外延均是最窄，为其他三项所包含）。规定②［《刑法修正案（六）》］和规定④（"两高"《若干问题的解释》）虽然行为性质同一，但在犯罪对象上，规定②以及其他两项规定均包含了规定④，后者仅适用于矿山生产安全事故（从对象角度而言，规定④的外延最窄，为其他三项规定所包含）。只有在出现四项规定的交集时才会涉及法律择一适用问题，通过上述分析，设定当出现这样的情形，即在"矿山生产安全事故"中（规定④），当"负有报告职责的人员"是国家机关工作人员（规定①），客观上有"弄虚作假，不报、缓报、谎报或者授意、指使、强令他人不报、缓报、谎报情况，导致重特大事故危害结果继续、扩大，或者致使抢救、调查、处理工作延误的"的行为（规定③）时，将涉及对上述四项规定的择一适用问题。

以下分两个层次分析这一设定情形如何运用前述法律适用原则，择一适用。

（1）对效力等级的分析

规定①（1997年刑法第397条）和规定②［《刑法修正案（六）》］均为立法规定，二者处于同一效力等级。

不报、谎报安全事故罪的主体为“负有报告职责的人员”。依据《中华人民共和国安全生产法》以及《最高人民法院、最高人民检察院关于办理危害矿山生产安全刑事案件具体应用法律若干问题的解释》（2007年3月1日实施）的相关规定，“负有报告职责的人员”通常指生产经营单位的主要负责人，对安全生产、作业负有组织、监督、管理职责的部门的监督检查人员，地方政府负有安全生产监督管理职责的部门直接负责的主管人员以及直接造成安全事故的责任人员。[①] 由此，该罪主体包括了国家机关工作人员。当主体为国家机关工作人员时，上述行为在构成不报、谎报安全事故罪的同时也触犯了刑法第397条滥用职权罪。这就涉及法律的择一适用问题。从效力等级上看，刑法修正案与1997年刑法同为立法规定，具有同一效力等级。按前文所述，同一效力等级的法律规定出现竞合现象时，法律适用原则首先是特别法优于普通法。不报、谎报安全事故罪和滥用职权罪对应法律规定何者为普通法条，何者为特殊法条，依据的标准不同，得出的结论亦不相同。以犯罪主体为标准，刑法第397条是特殊法条，以犯罪行为为标准，则规定不报、谎报安全事故罪的刑法第139条之一为特殊法条。这意味着，当“负有报告职责的人员”是国家机关工作人员时，定性结论包括不报、谎报安全事故罪和滥用职权罪两种可能。进一步的问题是，如何在这两者之间作出最后的选择？

规定③（2006年《立案标准》）与规定4（“两高”《若干问题的解释》）均为司法解释，在设定情形下，适用二者的定性结论均为滥用职权罪。在效力等级上，两规定与规定①和规定②处于不同的效力等级，依据法律效力等级规则，按照上位法优于下位法，应优先适用后者。

（2）对竞合关系的分析

在效力等级上，规定①和规定②优先于规定③和规定④。但是，从内容上看适用前两项规定与适用后两项规定可能得出的定性结论不是相斥，而是包容关系。这意味着，当适用前两项规定出现适用上的选择困境时，作为下

---

① 黄太云：《立法解读：刑法修正案及刑法立法解释》，人民法院出版社2006年版，第111页。

位法的后两项规定就会对上位法发挥解释功能，辅助判断。这是由立法规定和司法解释的关系所决定的。按照这一思路，设定情形的定性结论应为滥用职权罪。

可以从渎职罪最核心的元素，即客体角度验证上述结论。由于国家机关工作人员渎职行为主要是对国家机关声誉的危害，因而在法条适用选择上，应当优先按照主体身份的特殊性决定法条的适用选择。[①] 据此，设定情形中的行为应定性为滥用职权罪。

针对规定②［《刑法修正案（六）》］和规定③（2006年《立案标准》），有学者提出，"最高人民检察院的司法解释与《刑法修正案（六）》存在冲突。高检的司法解释是刑法条文的具体化、明确化，它必须以刑法条文为根据。刑法条文修改了，依附于刑法条文的司法解释也应作出相应的修改。同时，司法解释与刑事立法有冲突的，司法解释自然失效。《刑法修正案（六）》规定，重大安全事故不报、谎报罪的主体既包括国家机关工作人员，也包括非国家机关工作人员（生产经营单位的主要负责人，对安全生产、作业负有组织、监管职责的部门的监督检查人员）。负有报告职责的国家机关工作人员，在安全事故发生后，不报或者谎报事故情况，贻误事故抢救，情节严重的，既构成重大安全事故不报、谎报罪，也构成滥用职权罪，根据新法优于旧法、特殊法优于普通法原则，应按重大安全事故不报、谎报罪定罪处罚。因此，高检司法解释所规定的国家机关工作人员弄虚作假，不报、缓报、谎报或者授意、指使、强令他人不报、缓报、谎报情况，导致重特大事故危害结果继续、扩大，或者致使抢救、调查、处理工作延误的，应按重大安全事故不报、谎报罪定罪处罚，而不应该再定滥用职权罪，高检司法解释的第7项的规定不应再适用。"[②] 这一观点存在两个问题：其一，其只看到了司法解释，而忽略了司法解释所依附的立法规定。任何一个司法解释都有一个对应的立法规定。这是由司法解释的性质所决定的。司法解释作为法律解释，是对法律文本的意思的理解和说明。1981年法律解释决议把法律解释的内容区分为两大类，即"法律条文本身"的问题和"法律具体应用"的问题，规定前者由全国人大常委会解释，后者由有关司法和行政机关分工解释。[③] 上述"两高"司法解释的第7项的规定对应的立法规定应是刑法第397

① 龚培华：《渎职罪司法适用疑难问题研究》，载《法学》2005年第12期，第98～99页。

② 张兆松：《高检立案标准第七项不应再适用》，载《民主与法制时报》2006年10月23日，第A16版。

③ 张志铭：《法律解释操作分析》，中国政法大学出版社1998年版，第241页。

条。司法解释的功能主要是使其所解释的法律在适用中更为明确，而不是对法律本身的增加或减少。这意味着，司法解释中所涉及的行为并非在司法解释出台之后才可以追究，在司法解释出台之前，只要符合相关的法律规定依然应予追究。对上述“两高”司法解释第7项所列行为，从犯罪构成上分析，完全符合刑法第397条关于滥用职权罪的规定，即便没有该条解释，也应适用刑法第397条以滥用职权罪定罪量刑。也就是说，与《刑法修正案（六）》相关规定出现冲突的不是2006年《立案标准》，而是处于同一效力等级的刑法第397条的规定。相关的启发是，分析现象或评析观点时，要注意还原出这一现象或观点隐含的前提。研究问题的着眼点是该前提而非依据该前提所推导出的某一结论或观点，这样才能从根源处找到症结。其二，在法律适用上没有遵循全面穷尽适用规则。显然，如果是国家机关工作人员实施了不报、谎报安全事故，贻误事故抢救，情节严重的行为，其触犯的法律将不仅仅是《刑法修正案（六）》第4条不报、谎报安全事故罪的规定，而且还触犯了1997年刑法第397条的规定。

规定①（1997年刑法第397条）很容易被遗漏，因为它是概括性的规定，不能直观对应具体的行为表现。具体案件事实必须经过类型化的分析才能确定能否适用该规定。正因为如此，处理具体案件时，这类概括性规定可能会成为适用的盲点。直接的后果就是可能导致定性结论的错误或结论虽然正确但推导结论的过程错误的后果，而无论哪种情形，都是正确适用法律应予避免的。

（四）渎职罪的溯及力问题

与法律冲突不同的是，溯及力只发生在同一位阶的法律之间。

1. 有关溯及力立法及理论概况

刑法不溯及既往原则是罪刑法定原则的应有之义。追溯既往法律就是许可对该法律颁布以前的无罪行为追究责任的法律。追溯既往的法律不符合“先喻后行”的公正理念，不利于社会生活的稳定和民权的保障。[①] 美国法律哲学家博登海默指出：“公平与正义的一个基本要求是，构成一个法律纠纷的有关事实应当根据这些事实产生时现行有效的法律来裁定，而不是根据事后制定的法律——因为在导致此一纠纷的交易或事件发生之时，该法律必然

① 储槐植：《美国刑法》（第三版），北京大学出版社2005年版，第21页。

不为当事人所知——来裁定。”[①] 罗马法学家西塞罗认为，民事法不得有溯及既往的规定，但在刑法中如涉及绝对的犯罪行为，不妨溯及既往。查士丁尼《民法大全》亦反对适用溯及既往的法律，法律原则上不得溯及既往，但立法者可随时作例外规定。[②]

刑法不溯及既往原则最早出现在1789年法国的《人权宣言》中，该宣言第8条规定，“不依据犯罪行为前制定、颁布并付诸实施的法律，不得处罚任何人”。后为许多国家的刑法所采用。同时，基于刑法理论的“从轻原则”，该原则存在例外，也即在新法不认为是犯罪和新法与旧法都认为是犯罪，但新法规定的刑罚比旧法规定的刑罚轻时，得适用较轻的新法，即在此种情形下，新法具有溯及既往的效力。这同样为多数国家的刑法所公认。[③]例如，美国宪法关于禁止立法机关通过追溯既往的法律的规定，要求作为犯罪来控告的行为必须在实行这种行为时就被法律规定为犯罪，排除法律的溯及力。根据该原则，一项已被废除的法律不能作为对其废除生效之后的“违犯行为”进行定罪的根据。同时，宪法禁止法律追溯既往的规定，通常被理解为“加重不得追溯，减轻不受此限”。也就是说，新法颁布以前实施的某一犯罪行为按旧法处罚较重而新法处罚较轻的，适用新法。这样做主要是出于政治考虑。[④]

《中华人民共和国立法法》第84条规定，法律、行政法规、地方性法规、自治条例和单行条例、规章不溯及既往，但为了更好地保护公民、法人和其他组织的权利和利益而作的特别规定除外。这里的例外是有条件的，即例外地溯及既往需与法治原则不相抵触。我国现行刑法第12条关于溯及力的规定采取的是从旧兼从轻原则。有学者指出，该原则比较符合罪刑法定原则。因为“从旧”表明了对行为时不受处罚的行为，不能适用裁判时的法律给予处罚；即使行为时应受处罚的行为，原则上也应按行为时的法律处罚。这正体现了定罪判刑以行为时有法律的明文规定为限的思想。另一方面，罪刑法定原则包含着保障行为人的自由的观念，因此，当适用新法有利于行为人时，

---

① ［美］E. 博登海默：《法理学：法律哲学与法律方法》，邓正来译，中国政法大学出版社2004年修订版，第330页。

② 孔祥俊：《法律方法论——法律规范的选择与适用》（第一卷），人民法院出版社2006年版，第331页。

③ 高铭暄主编：《刑法学原理》（第二卷），中国人民大学出版社2005年版，第329页。

④ 储槐植：《美国刑法》（第三版），北京大学出版社2005年版，第21页。

应例外地适用新法。[1] 当然，罪刑法定原则的价值取向是既保障人权，又保护社会。所以，是否有利于被告人是但不是唯一是否具有溯及力的判断标准。[2]

2．渎职罪的溯及力问题

在渎职罪刑法应用中，需要澄清刑法第 12 条中所言及的“犯罪”。其中，旧法所指的“犯罪”和新法所指的“犯罪”对应的是同一行为，但两犯罪并不必然相同，即不局限于同一罪名。以执行判决、裁定失职罪和执行判决、裁定滥用职权罪为例，这是《刑法修正案（四）》增设的新罪名，对应的行为是司法工作人员在执行判决、裁定活动中，严重不负责任或者滥用职权，不依法采取诉讼保全措施、不履行法定执行责任，或者违法采取诉讼保全措施、强制执行措施，给当事人或者他人的利益造成重大损失的行为。这一行为在《刑法修正案（四）》颁布前对应的犯罪是玩忽职守罪和滥用职权罪。同一行为在立法修改前后对应的是两个不同的罪名。强调上述内容旨在说明，法律适用中涉及溯及力问题时，应当以行为为参照考察法律修订前后其分别对应的罪名，而不是仅仅依立法修订后增设的罪名在修订前没有规定，就认为增设罪名对应的行为如发生在立法修订前就属于法无明文规定的行为，不应追究刑事责任。这种认识错误的根源在于，将新法旧法中同一行为所指的“犯罪”理解为“同一犯罪”或“同一罪名”。

（五）实务工作中应予注意的两个问题

1．诉讼证明程度与法律适用效果

诉讼证明是适用法律的前提和基础。诉讼证明程度关系到适用法律定罪（有罪与无罪）还是定性（此罪与彼罪）的应用效果。适用法律的结果，将会得出行为是否有罪以及构成何种犯罪的判断，与之相应，证据的证明程度也依次关系到犯罪事实能否在法律上得到确认，以及得到确认后适用哪一罪名的问题。在现有证据可以确定案件基本事实的前提下，事实内部的某些情

---

① 张明楷：《刑法学》（第三版），法律出版社 2007 年版，第 72 页。

② 我国关于溯及力问题的司法解释主要有：《最高人民法院关于适用刑法时间效力规定若干问题的解释》（1997.10.1）；《最高人民检察院关于检察工作中具体适用修订刑法第十二条若干问题的通知》（1997.10.6）；《最高人民法院关于适用刑法第十二条几个问题的解释》（1998.1.13）；《最高人民检察院关于对跨越修订刑法施行日期的继续犯罪、连续犯罪以及其他同种数罪应如何具体适用刑法问题的批复》（1998.12.2）；《最高人民法院、最高人民检察院关于适用刑事司法解释时间效力问题的规定》（2001.12.17）；《最高人民法院关于九七刑法实施后发生的非法买卖枪支案件，审理时新的司法解释尚未作出，是否可以参照 1995 年 9 月 20 日最高人民法院〈关于办理非法制造、买卖、运输非军用枪支、弹药刑事案件适用法律问题的解释〉的规定审理案件请示的复函》（2003.7.29）。

节可能仍然无法确证。其中，有些是影响“定罪”的情节，有些则是虽不影响定罪但影响“定性”，即关系法律适用的情节，比如，在一起案件中，现有证据可以确定被告人收受了贿赂，以及被告人有民事枉法裁判的行为，基本的犯罪事实可以确定。但是，被告人收受贿赂和枉法行为之间是否有关联，现有证据无法确定，而这直接关系到能否适用刑法第399条第4款的规定。“未证明和不确定视为不存在”① 这一格言应仅限于对犯罪事实存在与否的认定。如果未证明或不确定的仅仅是犯罪事实存在前提下影响法条适用的情节，那么，就不存在有罪无罪的问题，而是适用哪一个法条的问题。

2. 法律条款的援引与法律适用过程

援引法律条款应当准确体现法律适用过程。实务工作中，正确适用法律不仅意味着得出准确的定性结论，而且还包含了适用法律过程正确性的要求。后者主要体现为，在相关法律文书中完整、有序、准确地援引法律条文。对法条的援引并不是简单地罗列法律依据，它反映了司法人员对案件的法律认识，展示了基于这一认识适用法律的过程。正确适用法律包括适用法律的过程以及定性结论，两者缺一不可。适用不同的法律条文可能会得出同一的定性结论，所以，结论正确不等于适用法律正确。在前文对渎职罪定罪要素的研究中，根据渎职罪双重违法性特征，在法律文书中应当引用认定渎职犯罪的第一层次的法律依据，如主体证明中表明其职责根据的相关法律。另外，渎职案件中涉及数罪而适用罪数规则的情况下，应当依次完整地引用涉罪条文，说明所适用的罪数规则，进而导出定性结论，如行为人在涉渎犯罪中成立关联罪的共犯情形，以及需要适用刑法第399条第4款的情形等，均应注意法律文书中对相关条文的引用，以准确反映司法人员运用法律规则及适用法律的过程。

二、渎职罪定罪的政策依据

在研究了法律依据之后，紧随的问题是，现有的规范体系能否为司法者提供解决可能面临的一切法律问题的答案？如果法律的正式渊源在某些案件中不能满足司法工作者需要的话，又如果发生了法律制度所不能回答的情形

---

① 如果某项犯罪事实没有得到证明，就应认为不存在该犯罪事实，所以，未证明等同于不存在。不仅如此，承担举证责任的起诉方，必须通过证据使所追诉的犯罪事实在法律上确定无疑，因为不确定视为不存在。张明楷：《刑法格言的展开》，法律出版社2003年版，第315页。

的话，那么司法工作者为弥补法律制度的这种缺陷而可以诉诸何种手段呢？[①]这涉及法律的非正式渊源。

一方面，由国家确立的实在法制度必然是不完整的、支离破碎的，而且它的规则也充满着含义不清的现象。有些理念、原则和标准同正式的法律渊源相比，可能更加不明确，但是不管怎样，它们还是给法院裁决提供了某种程度的规范性指导，而只有诉诸这些理念、原则和标准才能克服实在法制度所存在的那些缺点。如果没有法律非正式渊源的理论，那么在确定实在法规定的范围以外，除了法官个人的独断专行以外，就什么也不存在了……这种状况会削弱法律权威性所依凭的基础，并会在一段时间以后导致司法危机。法国学者弗朗索瓦·惹尼指出，法律的正式渊源并不能够覆盖司法活动的全部领域。总是有某种领域要依靠法官的自由裁量权来决定，在这种领域中，法官必须发挥其创造精神和能动性。惹尼指出，这种自由裁量权不应当根据法官那种不受控制的和专断的个人感情来行使，而应当根据客观的原则来行使。法官应当努力在符合社会一般目的的范围内最大可能地满足当事人的意愿。所以，法理学家认为，除了正式法律以外，法官还可以获得一些其他方面的指导，而且尽管这些指导不如实在法的许多规则那么具体、那么直接，但它们却比法官依赖其无法控制的自由裁量权要可取的多。[②]

另一方面，思维的视野必须超越法律自身才能真正理解和准确适用法律。美国法哲学家认为，法律实证主义的特征就是注重法律的形式和结构，而不是它的道德内容和社会内容；就是考察法律制度，而不考虑其间的法律规范是否正义；就是力图尽可能彻底地把法哲学同其他学科区分开来。至少是为了分析的目的，凯尔森把法律视作一种封闭的东西，就好像法律是在一个封闭且密封的容器中一般。但是，正如美国法官弗兰克福特先生指出，“将‘法律’的概念局限于那些能在成文法典中找到的东西并且无视生活所给它做的注释，显然是一种狭隘的法理学观念。”美国社会学法学认为，不考虑人类社会生活的实际情势，就不可能理解法律。主张法学与其他社会科学分支学科相结合；认为法官想要满意地完成其任务，就必须对形成和影响法律的社会因素和经济因素有充分的认识。法律的生命始终不是逻辑，而是经验。只有熟悉法律的历史、社会和经济因素的法官和律师，才能够适当地履行其

---

① ［美］E. 博登海默：《法理学：法律哲学与法律方法》，邓正来译，中国政法大学出版社2004年修订版，第458页。

② ［美］E. 博登海默：《法理学：法律哲学与法律方法》，邓正来译，中国政法大学出版社2004年修订版，第461－462、153、460页。

职责。美国法官本杰明·N. 卡多佐强调，司法必须与社会现实相适应。在审判过程中，对社会政策的考虑颇为重要。他确信，许多社会力量——逻辑、历史、习惯、功利和公认的是非标准等——都有助于形成被称之为法律的规范体系。①

在法律的非正式渊源中，政策居于首要地位。这是因为，一方面政策有较强的“综合性”，其本身即是对上述其他各类社会力量综合考量的结果。各项具体的社会政策，都是国家各个阶层的管理者基于特定的管理目的、主流观念、现实需要以及社会历史和现状等多种因素而形成的、作用于社会生活各个领域的权威力量。另一方面，相比正义的标准、社会取向、习惯、公认的道德标准这些法律的非正式渊源，政策无论在与法律关系的密切程度、对现实社会生活的实际影响力以及有利司法操作的适用便利性程度等方面，均表现出突出的代表性，是审理案件时分析、判断体系中不可缺失的重要因素。同时，政策相比法律有更强的灵活性，能够及时反映社会的主要矛盾和亟待解决的主要问题，是实现国家管理目标和标示其发展导向的重要工具。如果说正确适用法律突出的是处理案件的法律效果，那么，在法律框架内使案件的处理符合当时的政策，则更有助于在强调法律效果的同时兼顾社会效果，实现两种效果的双赢。

（一）政策的含义

《现代汉语词典》（第5版）对“政策”的解释是，国家或政党为实现一定历史时期的路线而制定的行动准则。② 现代意义的政策概念是建立在现代政治制度基础之上的。中西方学者对“政策”的含义有不同的解读。戴维德·伊斯顿认为：“政策是政治系统权威性决定的输出，是为整个社会所作的权威性价值分配。”托马斯·戴伊指出，政策是涉及大量人力和资源或关系到很多人的政府决定；凡是政府决定做或是不做的事情就是公共政策。迈克尔·罗斯金等人认为，政策就是政府正在试图去做的事情。③ 我国大陆学者普遍认为，政策是国家机关、政党及其他政治团体在特定时期为实现或服务于一定社会政治、经济、文化目标所采取的政治行为或规定的行为准则，它是一系列的谋略、法令、措施、办法、方法等的总称。还有学者认为，政

① ［美］E. 博登海默：《法理学：法律哲学与法律方法》，邓正来译，中国政法大学出版社2004年修订版，第136、486、157～160页。

② 中国社会科学院语言研究所词典编辑室编：《现代汉语词典》（第5版），商务印书馆2005年版，第1741页。

③ 卢建平主编：《刑事政策学》，中国人民大学出版社2007年版，第3页。

策是国家、政党为实现一定历史时期的任务与目标而规定的行动准则和行动方向。综合上述观点，有学者将政策的概念界定为：以政府为主导的公共机构为实现特定的社会管理目的，而对特定的社会公共事务所采取的一系列管理调控活动及其过程的总称。此外，通说认为，政策就是公共政策。在现代民主社会，政府是民众选举的产物，政府的权力是民众赋予的公共权力，政府行为的目的是根据民众意愿履行公务。而现代民主政治程序又使得政策的制定和推行既能体现民众意愿又能受到民众的监督。在这个意义上，政策既来自公众的授权（或者说代表公众），也需要服务众多的对象，所以也被称作是公共政策。① 博登海默在其著述中将“公共政策”解释为，“主要是指尚未被整合进法律之中的政府政策和惯例”。主要包括某些政治或社会紧急措施的准则。紧急措施在法律秩序的价值等级序列中表现为一种低于法律安全和正义的价值。法律非正式渊源在法律渊源等级中只居次要地位。②

（二）刑事政策及其与法律的关系

1. 刑事政策的含义、结构和功能

政策涉及政治、外交、经济、法律等国家权力运作的方方面面。法律政策中的刑事政策是刑法研究中主要关注的内容。

我国早在公元前2300年左右即有“临下以简，御众以宽；罚弗及嗣，赏延于世；宥过无大，刑故无小；罪疑惟轻，功疑惟重；与其杀不辜，宁失不经”的治国之论，其中包含了极其丰富的治国思想、刑事政策思想、刑法思想与基本原则等。③ 此外，还有“礼刑并用、德主刑辅”、“刑罚世轻世重，因势制刑”以及“用刑宽缓及慎刑”等刑事政策思想。但这仅仅是一些刑事政策思想，真正提出刑事政策概念的则是19世纪的西方学者，他们在批判古典刑法的过程中提出刑事政策的概念，并在向现代化国家迈进的过程中逐步发展了刑事政策理论。④ 德国刑法学家冯·李斯特被认为是刑事政策学派的奠基人。他认为，刑事政策是国家和社会据以与犯罪作斗争的原则的总和，并作出“最好的社会政策，也就是最好的刑事政策”的论断。法国法学家马克·安塞尔将刑事政策视为“观察的科学”与“组织反犯罪斗争的艺术与战略”。他指出，刑事政策是由社会，实际上也就是由立法者和法官在认定法

---

① 参见卢建平主编：《刑事政策学》，中国人民大学出版社2007年版，第4～5页。

② ［美］E. 博登海默：《法理学：法律哲学与法律方法》，邓正来译，中国政法大学出版社2004年修订版，第487、489页。

③ 参见卢建平主编：《刑事政策学》，中国人民大学出版社2007年版，“前言”，第1页。

④ 参见卢建平主编：《刑事政策学》，中国人民大学出版社2007年版，“前言”，第2页。

律所要惩罚的犯罪，保护“高尚公民”时所作的选择。自马克·安塞尔等为刑事政策重新定义以后，西方大多数法学家或刑事政策学家都倾向于认为，刑事政策既是打击和预防犯罪的斗争策略，是一个国家总政策的组成部分；同时也是研究犯罪现象及其对策的科学。①中国的刑事政策概念是从西方引进而来的。随着社会的更迭变迁、理论的不断探索、观念和认识的冲突融合、选择整合，刑事政策也经历了一个不断演化的过程：“刑事政策的主体从最初的单纯的国家发展为市民社会与政治国家结合的二元结构，治理对象从原来的狭义犯罪拓展为广义的犯罪现象，内容从惩罚、打击发展为预防与打击并重。”我国的刑事政策从镇压与宽大相结合，到惩办与宽大相结合，再到宽严相济，反映了中国社会经济体制的深刻变革、社会结构的深刻变动、利益格局的深刻调整以及思想观念的深刻变化，社会环境的剧烈变动直接影响着治理犯罪的基本方略。②

储槐植教授将刑事政策定义为：国家和社会依据犯罪态势对犯罪行为和犯罪人运用刑罚和诸多处遇手段以期有效地实现惩罚和预防犯罪目的的方略。他强调，良好的刑事政策对提高刑事立法质量和刑事司法效能具有直接的促进作用。③

根据储槐植教授的研究成果，刑事政策是一个系统，是具有一定结构和功能的整体。宏观刑事政策系统的结构组成形式可分为两大类，一类是纵向结构（即层次结构），由基本刑事政策和具体刑事政策构成；另一类是横向结构（即过程结构），由定罪政策、刑罚政策和处遇政策构成。此外，以法律过程（即功能）为标准还可将刑事政策分为刑事立法政策（指导并体现在立法上的刑事政策）和刑事司法政策（指导并体现在司法中的刑事政策），后者常是前者的延伸和进一步具体化。

刑事政策与刑事立法（实体法、程序法、组织法）和刑事司法（含处遇）构成犯罪控制大系统。刑事政策的功能主要指刑事政策在犯罪控制这一社会系统中所起的功效和作用，具体说来是对刑事立法和刑事司法的作用。就性质而言，刑事政策有导向和调节两大功能，即主要表现为对刑事实体法、刑事程序法以及组织法的导向功能和对刑事立法与刑事司法之间、刑事法律与社会状况之间的调节功能。④

---

① 参见卢建平主编：《刑事政策学》，中国人民大学出版社2007年版，第11~13页。

② 卢建平主编：《刑事政策学》，中国人民大学出版社2007年版，“前言”，第2~3页。

③ 储槐植：《刑事一体化论要》，北京大学出版社2007年版，第80、78页。

④ 储槐植：《刑事一体化论要》，北京大学出版社2007年版，第80、81~91页。

定罪活动中主要运用的是刑事司法政策及在此范畴内的定罪政策。[①]

2. 刑事政策与法律的关系

政策与法律的关系与政策的功能息息相关。对这个问题的说明，旨在明确政策发挥作用的空间。政策（主要是刑事政策）在定罪中功能的发挥是以罪刑法定原则为前提的。一方面，刑事立法和刑事司法以刑事政策为导向；另一方面，刑事政策在刑事立法的框架内发生作用。[②]

（1）我国政策混同法律的历史现象

历史上，政策一度具有法律身份，如中国共产党领导下的新民主主义运动时期，党所制定的一系列政策曾被直接作为法律依据。新中国成立后，由于刑事立法的空白，政策在很大程度上继续发挥准刑事法律的作用，正如董必武所说："我们通常说依据党和国家的政策办事，这里所指的政策也起着法律的作用。"[③] 政策法律化的观念根深蒂固，随着社会的发展表现出巨大的惯性，时至今日，在司法实践中，仍会出现"先谈政策再讲法律"的现象。尽管在一般情形下，政策的内容与法律规定是一致的，但在罪刑法定的基本框架内，在政策与法律之间，法律在任何情况下都是第一要件。政策作为法律的非正式渊源始终是具有辅助功能的配角，在司法定罪过程中更是如此。

（2）政策功能与法律完善程度的关系

有学者根据1949年2月发布的《中共中央关于废除国民党的六法全书与确立解放区的司法原则的指示》（以下简称《指示》）[④] 认为，政策的重要性与法律的完善程度直接相关。随着我国法制的逐渐完备，政策的空间逐渐缩小。[⑤] 笔者认为，上述《指示》反映了政策作为法律的非正式渊源对法律的补充功能，但法律的完善与政策作用的空间大小之间并无上述观点认为的此消彼长的因果关系。产生上述认识的根源在于，将政策之于法律的功能紧缩

① 狭义的刑事司法政策就是指审判机关在适用刑事实体法的活动中所奉行的刑事政策，内容包括司法定罪政策和刑罚裁量政策。参见卢建平主编：《刑事政策学》，中国人民大学出版社2007年版，第245页。

② 储槐植：《美国刑法》（第三版），北京大学出版社2005年版，第4页。

③ 卢建平主编：《刑事政策学》，中国人民大学出版社2007年版，第18～19页。

④ 根据该指示："在人民的法律还不完备的情况下，司法机关的办事原则应该是：有纲领、法律、命令、条例、决议规定者，从纲领、法律、命令、条例、决议之规定；无纲领、法律、命令、条例、决议者，从新民主主义的政策。"参见孔祥俊：《法律方法论（第一卷）——法律规范的选择与适用》，人民法院出版社2006年版，第113页。

⑤ 孔祥俊：《法律方法论（第一卷）——法律规范的选择与适用》，人民法院出版社2006年版，第113页。

在“补充”这一个点上，而事实上，政策的功能远不止于此。法律和政策是两种关系密切的治国工具，在治国理政层面高度统一。尽管二者相互补充、相互制约，但二者作用的领域、发挥作用的方式和实现途径等均有不同。法律完善永远只是一个相对的概念，这是由法律自身的属性所决定的。同时，政策的功能也不限于填补法律空白或弥补法律其他缺陷，其本身有独立的调整领域。

（3）罪刑法定原则为政策框定了基本的运作空间

虽然政策的内容有相当数量没有对应的法律规定，但政策发挥作用必须恪守罪刑法定的基本原则。法律没有规定的，所诉诸的政策应符合法律的基本原则或立法精神。值得注意的是，政策在不同的部门法中，其作用空间不同。例如，根据宪法规定，刑法和民法均属国家的基本法律，但政策在这两部基本法律中作用范围不同。我国民法通则第 6 条规定了“遵守法律和政策原则”，即“民事活动必须遵守法律，法律没有规定的，应当遵守国家政策”。而根据我国 1997 年刑法第 3 条规定，“法律明文规定为犯罪行为的，依照法律定罪处刑；法律没有明文规定为犯罪行为的，不得定罪处刑。”显然，站在定罪的立场上，在法无明文规定的情况下，不得定罪的决定是刚性的，政策没有适用的余地。在刑法领域，从司法适用的角度看，政策的功能主要体现在对法律的适用解释中，即在法律的基本框架内，针对可能发生多种不同理解的法律规定，以及有不止一种法律处理方案可供选择且会导致不同适用结果的情形下，政策将为解读法律及作出何种适用选择提供判断的基本方向和依据，其在法律框架内对司法实践发挥指导作用。

此外，从国际视野看，政策赋予一国法律浓厚的“本土特色”。一般地，法律中的原则分为两种：一是通用原则，是从纯粹法律意义上凝练地体现法的精神、法的理念、法的价值的，没有政治色彩、没有社会背景、没有文化差异的普世性原则；二是特别原则，它专属于一个国家的刑法，是这个国家国家意志在刑法理解和适用中的体现，是将通用原则在本国法域内的具体化、特色化，常常以政策的面目出现，决定本国刑法的价值取向并指导着本国刑法的实践。

在法律的框架内，政策的适用应有严格的限制，即便是在拥有更为广泛适用空间的民事领域。约翰·洛克指出，由于立法者并不能预见所有可能对社会有益的东西并通过法律加以规定之，所以按照普通自然法，操握权力的执法者在国内法没有指出方向的许多情形中有权为社会之利益而运用权力，直至立法机关能按当时情形之需要召集起来对该情形予以规定之。洛克援引

“普通自然法”意在支持这样的观点，即当社会利益危如累卵之时，政府权力的行使是不能出现真空状态的。当然，人们仍有充分的理由坚持认为，这种剩余权力的适用范围应当受到行使这些权力的时机的限制，而且这些权力的行使还要受到所有可适用的宪法限制规定的约束。①

最后作一点说明。上述内容虽使用的是“政策”而非刑事政策，但从逻辑上讲，上述原理均同时适用刑事政策。为了更集中地论证本书的主题，故而将上述实际可以作为“政策与法律的关系”论述的内容放在了“刑事政策与法律的关系”的标题之下。

（三）宽严相济的刑事政策及其在打击渎职犯罪中的应用

1．宽严相济刑事政策的背景

宽严相济的刑事政策是“惩办与宽大相结合”刑事政策的继承和发展。“惩办与宽大相结合”是在新中国成立初期提出的，当时的提法是“镇压与宽大相结合”。新中国成立初期，面对数量较大的历史反革命和现行反革命，为了维护新生的革命政权，既要严厉打击罪行严重的反革命分子，又要分化瓦解反革命营垒，所以提出“镇压与宽大相结合”的政策。之后，由于这一政策也适用于其他犯罪人，因而1956年将之改为“惩办与宽大相结合”。②此后，我国1979年刑法在第1条中将“惩办与宽大相结合”政策列为刑法的立法依据之一。1997年刑法对刑事政策没有新的规定。2005年12月，全国政法工作会议在构建社会主义和谐社会的背景下提出宽严相济的刑事政策。

2．对宽严相济刑事政策的解读

与“惩办与宽大相结合”刑事政策“惩办”在前，“宽大”在后，侧重于“惩办”不同的是，宽严相济刑事政策“宽”在前，“严”在后。因此，其侧重点在于“宽”。这一变化不仅是不同时代背景的反映，同时也体现了国家对刑法功能以及社会稳定与犯罪关系等问题在认识上的发展和观念上的更新。在“宽严相济”的表述中，“宽”与“严”是一对矛盾的概念。第二次世界大战后，世界各国的刑事政策朝着“宽松的刑事政策”和“严厉的刑事政策”两个不同的方向发展。这种现象被称为刑事政策的两极化。日本学者论及“两极化的刑事政策”这一概念时指出，“宽松的刑事政策，其适用对象乃是‘轻微犯罪、无被害人的犯罪及偶发犯’，其策略为：刑事立法上

---

① ［美］E. 博登海默：《法理学：法律哲学与法律方法》，邓正来译，中国政法大学出版社2004年修订版，第477页。

② 马克昌：《论宽严相济刑事政策的定位》，载赵秉志主编：《改革开放30年刑法学研究精品集锦》，中国法制出版社2008年版，第179页。

的‘除罪化’、刑事司法上的‘除刑罚化’及刑事执行上的‘除机构化’，而其目的不外乎让刑事司法体系较为经济。相反地，严格的刑事政策，其适用对象则为‘重大犯罪、帮派分子、药物滥用者、累犯、精神病质者及恐怖主义分子’，其策略为：刑事立法上的‘入罪化’、刑事司法上的‘从重量刑，或剥夺其犯罪所得’及刑事执行上的‘隔离与长期监禁’，目的在于，让刑事司法体系更能保护大众。宽严相济刑事政策与两极化刑事政策基本功能相同。”①

宽严相济刑事政策是我国当前的基本刑事政策。适用范围贯穿刑事立法、刑事司法和刑事执行等各个领域，具有整体性、全局性的指导意义。在刑事立法活动中，其表现为立法政策；在刑事司法活动中，其表现为刑事司法政策；在刑事执行活动中，其表现为刑事执行政策。

3．宽严相济刑事政策在打击渎职犯罪中的应用

以定罪研究为视角，在罪刑法定原则的框架内，宽严相济刑事政策的适用范围虽然非常有限，但异常关键——对行为性质是“质”的判断而非“量”的调节。

宽严相济作为刑事司法政策在“两高”报告中均有明确阐述。根据《最高人民检察院工作报告》，认真贯彻宽严相济的刑事政策。坚持区别对待，对严重刑事犯罪坚决严厉打击，依法快捕快诉，做到该严则严；对主观恶性较小、犯罪情节轻微的未成年人、初犯、偶犯和过失犯，贯彻教育、感化、挽救方针，慎重逮捕和起诉，可捕可不捕的不捕，可诉可不诉的不诉，做到当宽则宽。根据《最高人民法院工作报告》，按照罪刑法定和罪刑相适应原则，对罪行极其严重的犯罪分子，依法判处死刑。贯彻宽严相济的刑事政策，对罪当判处死刑具有法定从轻、减轻处罚情节或者不是必须立即执行的，依法判处死缓或无期徒刑。对认定事实不清、证据不足的案件，依法发回重审。具体到对渎职犯罪的惩治，宽严相济刑事政策主要表现为以下三个方面：

（1）立法方面

在立法方面，主要是在刑法结构上表现出“严而不厉”的特征

首先是“不厉”。从现象上观察，刑法第九章关于渎职罪的规定，存在危害后果严重与处刑偏轻的矛盾，且该章是刑法中唯一没有规定死刑的；而在刑法其他章节的规定中，国家机关工作人员在刑罚处遇上表现出“不同的

---

① 马克昌：《论宽严相济刑事政策的定位》，载赵秉志主编：《改革开放30年刑法学研究精品集锦》，中国法制出版社2008年版，第180～181页。

待遇”——其涉及国家机关工作人员的犯罪一般从重处罚，而作为渎职罪犯罪主体的国家机关工作人员，无论法定刑还是宣告刑均普遍偏低。① 这种乍看起来矛盾的现象，实际上是合乎逻辑的。其合乎逻辑的理由不在法律而在政策。这是基于两个不同视角的政策考虑：一个是从主体的视角，旨在从严治吏；一个是从犯罪性质的视角，渎职犯罪有其在事实上（多因形成且原因复杂）和政治上的特殊性（对这类特殊的犯罪群体打击过重会形成政治上的消极后果）。明确这些政策考虑，不仅解释了渎职罪刑法规定中上述独特的立法现象，而且也回应了实务界关于渎职罪刑罚偏轻的立法现象是否有违罪刑相适应原则的质疑。

其次是“严”，即严密刑事法网。一是立法及司法“入罪化”，如《刑法修正案（六）》第20条将枉法仲裁行为增加规定为犯罪，《全国人大常委会关于〈中华人民共和国刑法〉第九章渎职罪主体适用问题的解释》将刑法典第九章渎职罪主体解释为：除国家机关工作人员外，还包括“在依照法律、法规规定行使国家行政管理职权的组织中从事公务的人员”、“在受国家机关委托代表国家机关行使职权的组织中从事公务的人员”以及“虽未列入国家机关人员编制但在国家机关中从事公务的人员”，这三类人员和国家机关工作人员一样，在代表国家机关行使职权时，发生渎职行为，构成犯罪的，依照渎职罪追究刑事责任。二是针对新出现的特定领域的渎职犯罪相应增加司法解释，如《最高人民法院关于审理破坏林地资源刑事案件具体应用法律若干问题的解释》（2005年12月30日施行）、《最高人民法院关于审理环境污染刑事案件具体应用法律若干问题的解释》（2006年7月28日施行）等。三是“情节犯对结果犯的递补”。以1997年刑法第404条徇私舞弊不征、少征税款罪为例，根据2006年《立案标准》第14条规定，该罪为结果犯，需致使国家税收损失累计达10万元以上。但该标准并非绝对、封闭，因为该条同时规定，“徇私舞弊不征、少征应征税款不满10万元，但具有索取或者收受贿赂或者其他恶劣情节的”也应予以立案。这一规定符合司法实践中渎职罪常与贿赂犯罪交织在一起的犯罪特征，通过规定这些常与渎职犯罪交织的犯罪情节，弥补纯粹将结果犯的危害结果量化而可能出现的法律漏洞。刑法第九章渎职罪中许多犯罪为结果犯，在司法解释中对结果犯予以量化有助于统一标准，便于司法操作。同时，针对渎职罪的犯罪特征，在对结果犯量化的基础上，规定相关的特定情节作为量化规定的例外，有助于严密刑事法网。

① 从目前渎职案件的判决情况看，许多单纯渎职案件的宣告刑为免予刑事处罚。

四是司法解释中严密刑事法网的具体体现。主要体现在2006年《立案标准》的规定中，对此，在前文渎职罪法律特征的研究中已有详述。

一方面，渎职犯罪的社会危害严重，不仅关系国计民生，而且危及国家政权根基，需要严密法网；另一方面，渎职犯罪原因的复杂性和惩罚效果的局限性又决定了刑罚适用的有限性。因此，严而不厉的刑法结构与渎职罪的特征及惩治渎职犯罪的刑法目的相适应。

（2）司法实践方面

在司法实践中主要表现为两个方面，一是罪与非罪的判断，主要涉及刑法适用解释问题；二是刑法保护重点的选择。在司法实践中，宽严相济的刑事政策不仅体现在对法律的适用上，还体现在司法工作重心的选择上。根据2005年全国政法工作会议精神，"贯彻宽严相济的刑事政策，一方面，必须坚持'严打'方针不动摇，对严重刑事犯罪依法严厉打击，什么犯罪突出就重点打击什么犯罪，在稳准狠上和及时性上全面体现这一方针"。

高效的刑事司法政策一定是建立在对犯罪规律准确把握的基础上的，而犯罪规律是从具体犯罪所表现出的林林总总的犯罪特征中提炼总结得来的。在此意义上，刑事司法政策具有针对性：不同性质的犯罪对应不同的刑事司法政策，同一性质犯罪的不同类型对应的刑事司法政策亦有所差异。如上所述，对待单纯的渎职罪和与其他犯罪交织（如贪污贿赂、诈骗、走私等）的混合型渎职罪，无论在立法还是在司法实践中均表现出不同的政策取向。

三、小结

在"以法律为准绳"的主旨下，司法框架部分所构建的是认定渎职罪适用依据的规范体系，包括作为基本依据的法律规定和作为补充或修正或调适依据的政策规定。其中，在法律规定的研究中，本书系统梳理了认定渎职罪的法律依据，并将这些数量众多的规定依据不同的效力层级整理、归纳为立法规定、立法解释、司法解释及其他规范性文件三类。在此基础上，重点研究了法律冲突下的刑法适用规则、渎职罪的溯及力以及与之相关的典型的实务问题。

在政策依据的研究中，本书重点分析了宽严相济刑事政策在打击渎职犯罪中的应用，具体体现为渎职罪刑事立法规定"严而不厉"的特征以及司法实践中罪与非罪的判断及刑法保护重点的选择等问题。通过这些具体研究旨在明确，在定罪过程中，刑事司法政策作用的空间是有限的，严格限定在罪刑法定原则允许的范围内。其发挥作用的场合主要是，需要依据但书作出判断，以及刑法关于犯罪构成的规定不明确，而这种不明确带来的理解上的分歧足以形成罪与非罪截然相反判断结论的情形。在此意义上，政策是刑法适用解释参照系统中的重要内容。在恪守罪刑法定原则的前提下，借助政策之于犯罪的针对性、之于社会保护重点的导向性、之于服务社会的前瞻性和具体应用的灵活性，及其在刑法适用解释中的参照功能，运用政策调节法律适用效果，以引导个案审理达到较好社会效果，实现标本兼治。

综上所述，如果说正确适用法律突出的是处理案件的法律效果，那么，在法律框架内使案件的处理符合适时的政策，则更有助于在强调法律效果的同时兼顾社会效果，实现两种效果的双赢。

第三节　渎职罪刑法应用实践对刑法应用观念的启示

刑法应用观念对实务工作者至关重要。它不仅仅是一种法理、法律原则、法律精神等方面的专业素养，还包含了分析案件的思考方法，后者直接关系到高效处理案件信息以及合理调配法律资源的能力。因此，“观念”不仅是纯粹意识领域中的理念，还包含方法要素。实践中，产生争议的法律，要么在适用中因存在适用解释的空间而可以形成多种合理、合法但结论不同的观点，要么在理论上不同的观察视角和多样性的论据形成结论迥异但均可自圆其说的论断。就像政治家间流行的一句行话：“有多少种研究社会的方式，就有多少种描述社会变迁的方式”。[①] 而科学观念加上具体实践则是使许多法律适用中或理论上纠缠不清的争论形成共识的两大支撑。

一、应用观念“科学性”的标准

科学的应用观念应当有利于实现刑法功能，服务刑法目的。后者体现为一国的刑法价值取向。储槐植教授指出，现代法治国家刑法的两大功能是“保护社会”和“保障人权”。其中，刑法分则的直接任务在于确定犯罪构成要件和法定刑。刑法分则的核心是确定刑法的调控范围，编织刑事法网，同时对所规定的犯罪配置适当的刑罚，使犯罪分子受到应得的惩罚。刑法分则最基本的价值取向是：严密刑事法网、确定应得刑罚，突出刑法分则的保护

---

① ［美］史蒂文·瓦戈（Steven Vago）：《社会变迁》（第5版），王晓黎等译，北京大学出版社2007年版，第6页。

功能。[①] 作为刑法分则组成部分的渎职罪的刑法规定，其价值定位也自然涵盖于上述价值取向之中。

科学的应用观念包含了公平、正义等基本的价值内涵，并于“合法性”之外，在理论研究和司法实践中发挥着“合理性”的判断功能。作为规范性力量的事物性质的表现形式之一是“它可能立基于人们对构成某个特定社会形态之基础的基本必要条件或前提条件的认识”。在这种情形中，一些法律规范产生于人们对社会经济、政治和法律等制度在生成与发展的历史背景和社会环境中具有的某些基本功能特征所进行的思考和观察。德国法学家海因里希·德恩伯格认为，“从某种程度上讲，生活关系本身就含有它们自身的标准和它们自身的内在秩序。隐于这种关系中的内在秩序被称之为‘事物之性质’。善于思考的法学家在没有实在规范或在规范不完善或模糊不清时肯定会诉诸这一观念。”[②] 因此，诸如公平、正义的理念应始终贯穿于法律适用的始终。在法律应用的链条中，它处于比法律规定更为前端的位置，影响着司法者对法律的理解，决定着适用法律过程中，对从逻辑的角度看似乎都合理的各种冲突现象所作的任何选择，是一种根植于观念中既抽象又具体、既无形又实实在在的，与法律并行并影响司法判断的力量。

科学的应用观念应当有利于提高诉讼效能。诉讼中的应用观念主要体现在证明观念和方法上。能否提高诉讼效能，取决于证明观念及方法是否符合犯罪规律和刑法特点，是否符合认识规律和逻辑规则。

将前文对渎职罪刑法应用研究的具体内容在观念和方法层面加以提炼、总结，分别形成以下在实体刑法应用和诉讼证明观念上的若干启示。

二、对实体刑法应用观念的启示

（一）变通观念

1. 解读“变通”

变通，是指依据不同情况，作非原则性的变动。[③] 变通是一种法律智慧，是在法律基本原则框架内打破教条束缚的随机性的智慧。变通有助于防止观念惰性钝化对客观变化及发展趋势的敏感性，体现了一种开放的理念，符合

---

① 储槐植：《刑事一体化》，法律出版社 2004 年版，第 365～366 页。

② ［美］E. 博登海默：《法理学：法律哲学与法律方法》，邓正来译，中国政法大学出版社 2004 年修订版，第 474～479 页。

③ 中国社会科学院语言研究所词典编辑室编：《现代汉语词典》（第 5 版），商务印书馆 2005 年版，第 84 页。

事物在客观上不断发展变化的运动本性。同时，变通具有“渐进性”，反映了事物从“此”到“彼”之间的由量变到质变的发展过程。因此，它不同于“突破”，更非“颠覆”，而是换一个角度或换一种方式分析问题、解决问题。肯定说、否定说、折中说随着治学方式的进化已经成了制约思维方式的“八股”，如果不更新、拓展思考格局，其在治学途中，必然是路越走越窄。

2. 变通的理论根据

(1) 社会学上的依据

社会变迁如同时间的经过，不可逆转、无法阻却，所以，人不能两次踏进同一条河流（赫拉克利特）。对社会学家而言，法律首先是一种社会现象。历史法学观和比较法学观的观察和比较都证明了“法律规定本质上的暂时性”，没有一种法律（即便是刑法）不服从永久变化这一规律。人的任何一个行为，本身都无所谓无辜或有罪，“在我们看来最为可憎的犯罪行为，如杀害父母罪，在某些社会群体里是允许的；而另一些在某些原始群体中受到严厉惩罚的犯罪行为，如违反某些宗教迷信的禁忌，在我们看来却是无所谓的。”① 同时，法律的变化不是被动的。社会学家将法律作为应对社会变迁的一种策略，视法律为指导和塑造未来行为和社会形式的工具，认为法律和社会变迁之间的关系是互惠的，法律既可被看做社会变迁的结果，也可被看做社会变迁的起因。② 无论是“策略”还是“工具”，法律必定且必须处于不同程度的变化中。“变通”即是在方法上对这种变化的反应，反映了对现有法律“改变的需要”，并为实现这种变化提供前期适应性的过渡。

(2) 法理上的依据

法律是一门实践性很强的科学。“客观现实世界的变化运动永远没有完结，人们在实践中对于真理的认识也就永远没有完结。”（毛泽东）无论是法律本身还是法学理论都处在一个不断更新的过程中。变通观念是推动这一过程的重要力量。我国古代法家学派立法上的一条根本指导思想，就是“礼法以时而定，制令各顺其宜……治世不一道，便国不法古”，法律应随时代变化而发展的历史进化思想。③ 变通能够针对变化了的情况对原有的认识作出修正，使立法更为完善，并引发人们认识问题和研究问题方法的变革，这种

---

① ［法］亨利·莱维·布律尔：《法律社会学》，许钧译（根据法国大学出版社1981年第6版译），上海人民出版社1987年版，第18～29页。

② ［美］史蒂文·瓦戈（Steven Vago）：《社会变迁》（第5版），王晓黎等译，北京大学出版社2007年版，第306页。

③ 刘海年：《战国秦代法制管窥》，法律出版社2006年版，第334页。

变革又直接催化了理论的更新，使现有的理论系统保持开放性，并在吐故纳新的过程中不断进化，为复杂多样的司法实践提供科学、有效的指导。

（3）方法论上的依据

方法是解决问题的手段、路径或程序。刑法界定犯罪而非制造犯罪，从法条到案件之间存在一段观察、分析和判断的过程。有时通过观察可以直接确定彼此之间的对应，有时形式的观察会排除法律的适用，但实质的分析却揭示出二者内在的必然联系。变通便是这种“实质分析”的常用方法，其以非原则性的灵活机能实现法律和案件之间的连通，赋予静态的法律以一定的应变性，以增强其对现实的适应能力。

3．变通的规则及途径

变通在本质上是自由裁量权的体现，因此，它的规则是罪刑法定，途径主要是刑法适用解释。以适用解释为载体，借助变通，“软化和缓解法律的刚性”。正如英国法学家克里斯多夫·圣·杰曼所言，“在某些案件中，有必要摒弃法律中的词语，有必要遵循理性和正义所要求的东西，并为此目的而实现衡平；这即是说，有必要软化和缓解法律的刚性”。西塞罗在论及法律越严苛对无辜者伤害就越大的准则时表达了这样一种观点，即刚性适用不受衡平法制约的严格不变的法律规则，往往会导致巨大的灾难和重大的不正义现象。博登海默提出，正义观念是实施法律的指导原则之一，而且其意义并不只局限于要求把法律规则和规范性标准公正地适用于所有属于它们调整范围之内的案件。在一起诉讼案中，有时会出现一系列具有奇特特点的事实，而这些事实既不适于按先存规则加以裁判，也无法同早期的已决判例相比较。在这种情形中，正义之考虑会在狭小严格限定的范围内要求背离某条业已确定的规范或对该规范作扩大解释，以达到公正满意地裁判该案件。①

4．变通观念的实践

（1）对待“通说”

“通说”是我们在理论研究的多样性中形成的经典、权威的共识。同时，司法实践中各种新情况、新问题的层出不穷，又要求我们不能将“共识”绝对化而使之成了认识问题、思考问题的羁绊。变通理念为我们在共识中打开了一道通往探索的大门，让丰富的司法实践检验并丰富着理论，并使二者之间形成良性互动。变通理念认同通说之所以为通说的客观因素，只是强调通

① ［美］E. 博登海默：《法理学：法律哲学与法律方法》，邓正来译，中国政法大学出版社2004年修订版，第479～480页。

说地位并非一劳永逸，需要进行适时的调整。正如张岱年先生所言："不能单纯地拘泥于已有的个别结论，而应该依据这些基本原理，考察实际的情况，对具体问题进行具体分析。在科学研究的过程中，总要依靠已经达到的理论成就作为指导来研究新的情况，而研究新的情况的结果反过来又可能使一般的原理更加丰富起来。我们不能把唯物论的基本原理当成简单的公式，不问客观实际情况如何，教条式地到处套用。如果是这样，就不是科学的研究方法了，也根本不能解决实际问题……唯物主义方法应该从实际出发，对于客观事实进行具体的考察。已经发现的规律乃是进一步研究的指导。"①

（2）对待"例外"

有原则才会有例外。例外形式上是对原则的突破，但实质上是使原则具有了一种内容得以不断更新的开放属性。当对应于原则的例外经历了量变到质变的过程后，"例外"自然融合到了原则之中，成为后者的一部分。原则也在例外带来的对立冲突的运动变化中，通过整合新的元素而得以更新，从而能够始终映照现实的法律生活。正如博登海默所言，当英国的大法官第一次允许强制照约履行合同时，他所依据的是衡平或良心，因为他认为普通法上的损害赔偿救济手段并不能充分补偿原告因被告违约而使他遭受的损害。然而，一旦当强制照约履行合同被作为一种理所当然的做法而在其他和类似的案件中被准许时，一开始在衡平法上背离普通法规则（将损害赔偿作为唯一的救济方法）的做法就转变成了一种衡平法规则……随着时间的推移，许多在开始时因主张"抵制法律"而行使自由裁量权的东西或为实现"不据法司法"的东西，后来则构成了一种补充普通法规则的法律规则体系。②

"原则"之外总有"例外"构成变通的客观基础，同时，也正是通过变通完成了原则在适应性的发展进化中"例外"的形成。立法和司法实践中的示例比比皆是，如我国《立法法》第 84 条关于法的溯及力的规定：法律、行政法规、地方性法规、自治条例和单行条例、规章不溯及既往，但为了更好地保护公民、法人和其他组织的权利和利益而作的特别规定除外。因此，法不溯及既往是原则，同时，如果法律的规定是减轻行为人的责任或增加公民的权利，也可以具有溯及力。《立法法》第 66 条第 2 款规定，自治条例和单行条例可以依照当地民族的特点，对法律和行政法规的规定作出变通规定，

---

① 张岱年：《中国哲学史方法论发凡》，中华书局 2003 年版，第 3 页。

② ［美］E. 博登海默：《法理学：法律哲学与法律方法》，邓正来译，中国政法大学出版社 2004 年修订版，第 485 页。

但不得违背法律或者行政法规的基本原则，不得对宪法和民族区域自治法的规定以及其他有关法律、行政法规专门就民族自治地方所作的规定作出变通规定。1997 年刑法第 404 条徇私舞弊不征、少征税款罪系结果犯，2006 年《立案标准》第 14 条对该罪作了“致使国家税收损失累计达 10 万元以上”的量化解释后，基于严密法网的考虑，同时确定了可以排除前述限制的例外情形，即“徇私舞弊不征、少征应征税款不满 10 万元，但具有索取或者收受贿赂或者其他恶劣情节的”。中国历史上，以我国婚姻制度发展的历史为例，最初，作为婚姻制度例外情形的一夫一妻制仅通行于被统治阶级，然而，随着历史发展的推演，一夫一妻制逐渐上升为普遍适用的唯一婚姻制度。例外变成原则，部分变成整体，反映了婚姻制度的辩证历史发展过程。① 在国外，禁止从重溯及被认为是近代刑事立法的一个原则，不从重溯及是近代刑法的民主原则之一。然而，美国为了对付有组织犯罪，不惜对 200 年来形成的刑法民主原则有所变通，容许有条件的从重溯及。② 又如，犯意规则的例外，维拉曼特指出，除非有一种受禁止的行为（犯罪行为 actus res），再伴以一种特定的心理状态（犯罪意图 mens rea）——通常是故意或者过失不会被判犯罪的。这两者都必须被证明是确凿无疑的……可以假定，一切犯罪都需要有两种成分——身体的行动和精神状态；刑法上的解释是，推定犯罪必须有犯罪意图，除非刑法明确地作了相反的规定。犯罪必须有精神因素的规则是有例外的，不管精神状态如何而可给予惩罚的严格责任的罪过是存在的，并且事实上在不断增加。尽管乍一看来惩罚一个无过错的人似乎是不公正的，但更紧迫的公共政策的需要可以要求采取这种步骤……严格责任罪过的范围越来越扩大，因为社会利益揭示了需要适用这一原则的新领域。③

当然，“例外”不是无根据的“例外”。博登海默指出，当我们在讨论那些在裁判法律争议时可以为法院合法诉诸的法律非正式渊源的时候，我们的首要重点必须放在法官于裁判法律诉讼案时运用衡平原则的权力上面。传统的英美衡平法制度在其初创之时，是被当做一种针对普通法的普遍性与僵化性的亚里士多德的矫正剂来使用的，后来它渐渐演变成了一种与普通法规则或制定法规则相区别的规则体系……作为一项未来的政策，重新赋予法官在异常棘手的案件中以有限的权力去实施个别衡平，而不管应予适用的法律规

① 蔡枢衡：《中国刑法史》，中国法制出版社 2005 年版，第 14 页。

② 储槐植：《刑事一体化》，法律出版社 2004 年版，第 67 页。

③ ［澳］维拉曼特：《法律导引》，张智仁、周伟文译，上海人民出版社 2003 年版，第 303 页。

则是制定法规则还是司法规范，看来不仅是可行的，而且也是可欲的……然而，我们必须坚持认为，如果我们赋予法官以实施个别衡平的权力，那么我们必须要注意的是，这种权力的行使不应达致侵损规范性制度的程度。首先，法官行使这种衡平裁量权，必须始终受到上诉审查的约束。法官只能在罕见的情形中行使这种特权，即在适用实在法规则会导致一种被绝大多数有理性的人斥责为完全不能接受和完全不合理的结果的情形中行使这种特权。另外，在法官背离一项制定法规则的情形中，法官还必须能够从研究该法规的背景中得出这种结论，即如果立法者在当时能够预见会发生这种情形，他肯定会对该规则创设一种例外。如果以此方式将该权力视为一种高度例外的权力，又如果法官完全深信，仅仅是个人不同意某项实在法规则，在任何情形下都不能构成行使这一权力的充分根据，那么承认亚里士多德的 epiekeia 会对公正执法所带来的危险，就可以降到最低限度，而且这种最低限度的风险也是行使任何司法权力都会遇到的。① 可见，“例外”实际是对原则出现“适用危机”时的救济。“例外”是原则进化的必然产物。在原则作用穷尽的特殊情形下，通过对原则的变通形成“例外”，以增强原则的适应性。例外的合理性表现在它是对“原则”建设性的完善和补充，是原则更新的经历和完成进化的过渡。例外的产生和上述功能的实现即是借助“变通”完成的。

在渎职罪主观方面的研究中，一个罪名一种罪过形式是原则，是通说；刑法第 397 条滥用职权罪在司法实践中于同一罪名下 A 案为故意而 B 案为过失的现象，即为例外，是变通。此外，“徇私”虽属犯罪动机，却是定罪要素，这是“犯罪动机不是犯罪构成要件”这一通说的例外，其依据即在于刑法分则的明文规定。

（二）双赢观念

“双赢”，是指法律效果和社会效果的双优，强调适用法律对两种效果的兼顾。尽管这是两个不同的概念，但这两种效果在社会总体价值上是一体的，表现为两个不同的层次，是一种表里关系。法律效果是“表”，体现的是通过查办案件对法律信息的准确传递，发挥法的宣传、教育、警示、惩罚等功能，实现法律保护社会、保障人权的初衷；社会效果是“里”，体现的是案件查办的过程及结果在社会上实际产生的影响。这种影响可能波及社会各个领域，是法律适用后的社会反应。反应的内容超越法律本身，而是映射甚至

① ［美］E. 博登海默：《法理学：法律哲学与法律方法》，邓正来译，中国政法大学出版社 2004 年修订版，第 484 页。

直指公平、正义、制度等价值及社会体制机制等更深层次、更广范围的领域。适用法律定分止争是法的直接作用的体现，同时，法律不仅仅是规则。适用法律的价值终端最终要从法律延及社会。司法人员在审理具体案件时常会遇到申诉、上访案件，即使那些以法律标准衡量堪称“秉公”的案件也未能避免上述情形。于是，“案结事了”成了司法机关衡量工作绩效的重要指标。此外，一些具有重大社会影响的案件，宣判后，舆论如潮，社会各界争论不休。上述办结却未能了事的案件，引起强烈社会反响的案件，都是适用法律的社会效果的不同程度的写照。这使司法人员切身体会到办理案件需要考虑的绝不仅仅是法律。在罪刑法定的前提下，自由裁量的空间内，必须关注诸如政策、民意等宏观或微观的社会因素，这些因素将会为法律适用解释提供具体的指导性或参照性标准。正是这些标准可以使司法人员对适用法律社会效果的好坏，事先有一个大概的评估。政策，是国家或政党为实现一定历史时期的路线而制定的行动准则，国家根据社会发展需要而作出的管理决策，体现了国家意志、社会发展需要和大多数民众的利益，因此，政策符合性是评估的主要依据。比如，当对一个案件中的具体问题或对案件本身的处理意见基于对法律的不同适用解释而出现不同观点，各观点都有一定的道理且能够在法律上站得住脚时，应当针对各种解释方案评估社会效果，以社会效果的好坏作为选择的标尺和客观依据。一个真正的精品案件，一定是法律效果和社会效果双优的案件。

（三）正义是“观念”而非“依据”

法律包含了正义、秩序等多样价值。在刑法适用中，这些价值在适用观念上并非等量齐观，在特殊情形下发生价值冲突时，价值分层观念可以帮助司法人员快速作出选择。在价值因素中，公正优先！“当指向不同方向并导向不同结果的两个实在法原则或两个司法先例从逻辑的角度看都可以适用于某个案件时，有关正义的考虑也可以起到决定性的权衡作用。……法院在解释宪法和法规文件中含糊不清的条款时，也一直诉诸有关正义的考虑。”① 对于仅凭外观适用法律会导致实质不公正的情形，不应再机械地照搬法律条文，而是要借助适用解释，将法律规定变通地适用，使其在形式不违背罪刑法定原则的前提下，在适用效果上尽可能地趋于公正。这并不意味着“正义”可以作为司法依据，而是表明正义是“司法观念或态度”。也就是说，在具体

① ［美］E. 博登海默：《法理学：法律哲学与法律方法》，邓正来译，中国政法大学出版社 2004 年修订版，第 466～467 页。

适用中，“正义”这个带有强烈价值色彩的概念欠缺作为适用标准而应具有的内容理解上的客观性、确定性和认识上的一致性。它更适合对某一做法或某一结果进行是否合乎主流正义观的评价，但不适宜作为如同法律条文般的对具体案件的结果作出裁决的依据。尤其是在其与法律规定发生冲突时更是如此。博登海默认为，正义观念得到了司法机关颇为广泛的使用，而且在审判争议的案件中也起到了显著的作用。这应当被认为是任何人所应采取的一种可望的和可欲的态度，亦即他在不忽视或不牺牲正义之基本规定和要求的情形下把法律看成是用来实现社会和平、稳定和秩序的一种制度时所采取的一种态度。① 同时，他也强调，在实施法律的过程中，总会出现一些情况，如法律确定性的要求与正义的要求发生了冲突，又如法官必须在两种相互对立的价值之间作出明确的选择。就一般情形而论，法官必须适用宪法和法规中实在的和明确的命令，即使他坚信这些命令不符合或不再符合当今正义的基本观念……换言之，当实在法规定提供了一种秩序参照系时，法官通常都要受它的约束，而且不能为了正义而背离它。②

尽管正义不是“依据”，但作为观念，其仍然对法律适用具有深刻的影响力，如维拉曼特所言，“尽管难下定义，但一切法律制度仍然把正义观念看作是一种永久性的鼓舞力量。在 1980 年 12 月向全世界发布的一个重要通谕‘上帝的垂怜’中，教皇约翰·保罗二世提醒人们，形式化的法律制度会腐蚀、侵犯和压制人民，并否认人民的基本权利。当法律制度离开正义观念发挥作用时，这个有影响的文件及时提醒世界人民，法律制度是有局限性的。”③

（四）归纳思维与理论的司法定位

1. 关于理论的司法价值

一方面，学界对一些立法和司法现象的思考，随着共识范围的扩大和深入，会逐步在理论上凝结为“理论概念”，其中包含了这些概念在适用中的运行规则。这些概念抽象出了立法及司法现象的共性特征和内在一致的规律性，便于理论界在统一的语境下，对立法和司法进行研究。研究人员以这些概念为标本，基于法理的、逻辑的以及司法实践的需要，总结这些概念应然

① ［美］E. 博登海默：《法理学：法律哲学与法律方法》，邓正来译，中国政法大学出版社 2004 年修订版，第 468 页。

② ［美］E. 博登海默：《法理学：法律哲学与法律方法》，邓正来译，中国政法大学出版社 2004 年修订版，第 469 页。

③ ［澳］维拉曼特：《法律导引》，张智仁、周伟文译，上海人民出版社 2003 年版，第 219 页。

的适用规则，从而形成相关的理论命题。这些命题为其所映照的立法规定构筑深入的理论支撑，为立法完善进行前瞻性的探索，为司法实践提供适用法律的学理参考。另一方面，如亨利·莱维·布律尔所言，“法理并非一种法律渊源”。他解释说，从术语看，“法理”一词指的是那些从事法律工作的人，即广义上所称的法学家（法律教授、法官、律师、从事司法或司法以外的法律工作的人员）陈述的观点。相对于习惯法、法令、判例这些法律的直接渊源而言，法理至多只是法律的一种间接渊源……法理在我们的时代只不过是法律变化的因素之一而已，与政治、道德、经济、宗教等因素处于同一地位……只要这些规则不被社会群体所接受，那制定这些规则的人的意见仍然只是他自己的意见，不会对法律生活产生影响。①

2. 关于理论的司法定位——“依据”还是“说明”

以牵连犯为例，1997 年刑法第 399 条第 4 款的规定涉及了这一理论概念。

从理论上考察，牵连犯的理论地位正在萎缩。最早见到的有关牵连犯及其处断原则的立法规定见于德国的费尔巴哈（1775 ~ 1833 年）在 1824 年起草的《巴伐利亚刑法典（草案)》，其中把牵连犯和想象竞合犯一起作了如下的规定：“犯罪人①以同一行为违反不同的刑罚法规，或者②确以不同的行为实行了不同的犯罪，但这一行为仅是实现主要犯罪的手段，或是同一主犯罪的结果，应视为附带的情形，可考虑不作加重情节，只适用所违反的最重罪名之刑。”② 在此后对牵连犯所作的大量研究中，观点不一，主存主废各方都各执一词。但从各国的立法实践来看，牵连犯的理论命运并不乐观。世界上多数国家或地区的刑法没有对牵连犯作出规定，曾经对牵连犯作出规定的日本和我国台湾地区也都废止了牵连犯。1974 年日本刑法改正草案废除了牵连犯。我国台湾地区“刑法”部分修正草案于 2005 年 1 月 7 日通过，2 月 2 日公布，2006 年 7 月 1 日施行。其中，“刑法”第 55 条原文为：“一行为而触犯数罪名者，或犯一罪而其方法或结果之行为犯他罪名者，从一重处断”，修改为：“一行为而触犯数罪名者，从一重处断，但不得科以较轻罪名所定最轻本刑以下之刑”。从中可以看出，原条文中的“或犯一罪而其方法或结果之行为犯他罪名者”即牵连犯的规定，在修改的条文中已经删除。修正的

---

① ［法］亨利·莱维·布律尔：《法律社会学》，许钧译（根据法国大学出版社 1981 年第 6 版译），上海人民出版社 1987 年版，第 78 ~ 79 页。

② 刘宪权：《我国刑法理论上的牵连犯问题研究》，载《政法论坛》2001 年第 1 期，第 52 页。

"刑法"之所以删除牵连犯的规定，理由在于："牵连犯之实质根据既难有合理之说明，且其存在亦不无扩大既判力范围，而有鼓励犯罪之嫌，实应予删除为当。至牵连犯废除后，对于目前实务上以牵连犯予以处理之案例，在适用上，则得视其具体情形，分别论以想象竞合犯或数罪并罚，予以处断"。[①]这为原属于牵连犯的犯罪现象的刑法适用和处罚原则提供了更为明确、清晰的路径。对于贪赃且渎职的情形，显然不属于想象竞合犯，这样，适用数罪并罚就成了最后的结论。

但是，刑法第399条第4款规定的则是"依照处罚较重的规定定罪处罚"。这一罪数适用规则引起理论界对该规定罪数形态类型的研究兴趣。法规竞合、想象竞合犯、牵连犯、吸收犯等一系列的理论概念和相关主张被纷纷提出，让人觉得对该款规定的适用似乎异常复杂。然而，从罪数研究一章中对该款的适用分析过程来看，并未涉及如此众多的罪数概念。整个分析过程实际只有三个环节：一是比对形式依据，即刑法规定，确定犯罪构成的个数；二是比对实质依据，即案件中被侵害的法益（即犯罪客体）的个数；三是比对法定的罪数适用规则的条件，判断受贿行为与刑法第399条前3款的枉法行为是否具有内在关联性。由此，联系前述牵连犯的实践命运和理论前景，或许能引起我们对在司法实践中如何应用"理论概念"及"理论规则"的反思——理论规则的定位是适用"依据"还是适用"说明"？

从逻辑方法的角度讲，将理论概念及其规则定位为适用"依据"时，用的是"演绎"思维；将之定位为适用"说明"时，用的是"归纳"思维。当我们把已有的理论概念及其规则作为适用依据时，意味着在刑法适用解释时，将法律规定作了趋向于该理论概念的解释，引起的解释效果是将该理论概念的规则引入了法律适用（以下简称"依据论"）。当我们把已有的理论概念及其规则作为适用说明时，意味着理论概念仅仅是法律适用结论的佐证，其不在法律适用的过程中，不影响适用法律的选择，仅是在选定适用法律后，对这种选择结果于法理上的正当性、合理性进行的理论验证（以下简称"验证论"）。以下对两种定位分别分析如下：

在"依据论"的情况下，会引起以下质疑：

（1）是否具有作为"依据"应当具有的"权威性"和"稳定性"？

"理论概念"及其规则是一定时期、一定范围内，特定法律问题或事实

---

① 马克昌：《我国台湾地区"刑法"修正评述》，载《中国刑事法杂志》2005年第4期，第103、108～109页。

现象在理论上的概括，是理论界普遍认可的“研究语言”或“研究术语”。这些“概念”不是单一的，而是包含了适用条件、适用效果等因素在内的概念体系。尽管理论界对概念本身所代表的问题或现象认识一致，但对概念的适用条件、应用规则以及概念之间虽细微但影响识别的差异，却有不同见解。而且，这些概念和规则毕竟是“理论”上的，因此，其不仅缺少权威，而且没有立法所必须经历的程序的约束，更易随着司法实际中的新情况、新问题的出现而不断地、快速地推陈出新。牵连犯的实践命运就是生动的实例。因此，理论概念及其规则欠缺作为依据应当具有的权威性和稳定性。

（2）是否有利于诉讼？

如果将理论概念及其规则作为适用依据，便会增加证明环节，以确认适用对象是否符合适用条件，这将形成入罪的“理论门槛”。

（3）对于立法和实践的应用价值如何？

一旦将“理论”定格为“依据”，其对实践的接纳即从开放转为封闭。实践是理论新陈代谢的新鲜素材，缺少实践给养的理论是僵化的理论，其对立法的检讨和前瞻价值将会大幅缩水。这又会反过来动摇理论作为适用依据的地位。

相比之下，以归纳方法替代演绎思维，采用“验证论”的立场能够有效地排除上述对“依据论”的质疑。在“验证论”的情形下，理论是一种参考、一种思路、一种分析方法，其无须普遍的权威，并与实践水乳交融，不断更新、不断发展，对立法和实践具有持续、重要的指导和参考价值。当然，“验证论”也并不全面。在缺少相关法律规定时，具有普遍共识的理论概念及其规则在自由裁量范围内，对裁判发挥着实质上的判断依据的作用。

综上所述，在被立法实践化之前，理论作为审案依据的适用范围仅局限于自由裁量的区间内。在此范围内，实务人员对理论成果的应用是演绎的思维方式，即从理论规则到案件事实。除此之外，理论成果在案件审理中只是对适用法律选择结果的理论上的验证，为这种选择提供理论上或法理上的支持，但不具有审案依据的功能。

（五）简化观念与排除方法

简化观念的哲学基础是透过现象看本质。排除方法强调的是思考或处理问题的非常规路径。在实体方面，如储槐植教授在研究罪数问题时提出：建立罪数不典型概念的价值在于：以否定式的比较替代肯定式的论证。具体地说，无须正面论证某个不典型犯罪构成形态究竟属于一罪还是数罪，而只需要否定它属于一罪或是数罪。在关系复杂的条件下，否定一事物要比肯定一事物方便，而且进行现象的比较要比进行理论的论证省力。[①] 在诉讼方面，典型的适例是“排除合理怀疑”的证明标准。它要解决的问题是，案件事实的结论要求具有一定的确定性，当这种确定性不好把握时，如何处理？它的思路是，对于不能从正面来把握的问题，可以从反面来把握。因此，一个结论如果能够排除对它的合理疑问，它就具有确定性。这种确定性对于一个具有正常理智的人而言，具有合理的可接受性。[②]

（六）环境聚合意识与开放思维

实践中，司法工作人员不妨将实体法规定、程序法规定及审理案件中可资利用的各种因素，包括一些工作制度都视为解决案件的“资源”。对各种资源的整合和驾驭，体现了司法人员的法律功底和司法智慧，反映审理案件的水平和处理案件的效率（法律效果和社会效果的综合）。“整合”不仅仅是相关资源形式上的综合利用，更重要的是，凭借这种整合弥补单一资源应用功能上的缺陷。同时，通过资源的多维聚合，避免思维过程可能出现的不周延等片面性错误。当前，学术研究中引入了“生态”[③] 这一概念。笔者认为，这一概念实际强调的是一种“环境”观念。上述审理案件所需或可能、可以用到的各种资源构成了一个特定的“环境”。只有将具体案件置于特定“环境”中观察、分析，才能对案件作出相对公正、合理的判断。

开放思维体现在两个方面：一是突破学理范畴的界限，进行资源整合。比如，我们不仅可以进行实体和程序的整合，还可以进行以实体问题为素材的理论和属于程序问题的证据的整合。在前文研究案件事实的认定时，我们已指出，司法实践中的诸多疑案、错案，主要症结往往不是实体法问题，而是证据问题。由此我们才认为，某些理论实际是为一些事实情节模糊且缺乏足够证据使之清晰明朗，但又必须通过司法程序给出定论的案件，提供一种“证据或事实困境”下的解决方案，是以实体法为素材的理论对诉讼证据证明不足的弥补。二是突破解决问题路径的界限。比如，我们除了在实体法、

---

① 储槐植：《刑事一体化》，法律出版社2004年版，第322页。

② 樊崇义主编：《刑事诉讼法实施问题与对策研究》，中国人民公安大学出版社2001年版，第236页。

③ 生态，是指生物在一定的自然环境下生存和发展的状态，也指生物的生理特性和生活习性。生态环境，是指生物和影响生物生存与发展的一切外界条件的总和。由许多生态因素综合而成，其中非生物因素有光、温度、水分、大气、土壤和无机盐类等，生物因素有植物、动物、微生物等。在自然界，生态因素相互联系，相互影响，共同对生物发生作用。[参见中国社会科学院语言研究所词典编辑室编：《现代汉语词典》（第5版），商务印书馆2005年版，第1220页。] 有一种形象的说法，即为了研究某种植物，可能要先说明某种动物，即哪一类动物食用这种植物。

程序法等法律框架内寻求问题的解决方案外，还可以用工作制度这种“民间”方式解决前者未能企及的领域中出现的新问题，尤其是属于程序方面的问题。

上述两个方面，后者提倡“开放”，前者强调“周延”。语义上，“周延”是一个封闭的概念，似乎难以与“开放”兼容。而实际上，二者并不冲突，而是一种在动态中形成的方法与目的的关系。“开放”能够包容更多的信息和资源，使得对问题的分析、判断更趋准确、合理。周延是相对的周延，其精确度取决于其据以作出判断的信息的“质”和“量”。信息的质量取决于思维的开放度。显而易见，思考问题的视角越广，受到已有思维套路、理论模块的束缚越小，整理出来的信息的质量就越高。

三、对诉讼证明中证明观念的启示

以定罪研究为视角，在观念上对“定罪”和“证明结果”应作双重理解，即其包含了“入罪”和“出罪”两种可能，绝不能片面理解为“有罪证明”。定罪中的证明观念，既有保障人权、维护实体正义和程序正义等基本理念，同时也包含了证明思路或证明模式，有时也表现为具体的证明方法。构成要素是证明的起点和归宿。在从起点到终点这段距离中，体现的则是调动证据锁定事实，并用事实固定犯罪要素的组织证据、应用证据的过程。

（一）联动一体的证据网观

联动一体的证据网观是前文资源整合意识在诉讼证明中的具体体现，即以犯罪构成为框架，整合各个犯罪构成要素所对应的证据资源，使各要素形成互补互证、连接一体的证据网，使作为网络结点的各构成要素在证据网上得到固定、确证。

如果说证明案件事实时，针对具体事实情节的证明，各证据在逻辑上表现为环环相扣的串联特征的话，那么，证明构成要件时，作为对一个“体系”的证明，在证明效果上，证据间则呈现互补互证的并联关系。站在证明的立场上，各构成要素分别规定了不同的证明视角，从不同视角展开证明活动，证明结论将最终分别回流到“是否构成犯罪”这一定罪中心。尽管各构成要素的证明视角和重点各不相同，但在同一客体的统领下，各要素之间存在密切的关联性。对一个要素的证明，同时关系到其他要素的成立与否。因此，在组织证据时，既要明确目标，使证明具有针对性，又要避免孤立证明某一要素而忽略其他已证要素的佐证功能。

（二）因案制宜的证明观

一方面，诉讼证明有其自身的运作规则，既要符合法律规范的要求，又要遵循逻辑思维的普遍规律；另一方面，诉讼证明又因个案的不同而表现出具体性、针对性特征。每一个刑事案件的性质不同、涉嫌犯罪的特征不同，证据资源状况不同，因而证明方式也不可能千篇一律。司法实践中，应当因“案”制宜、因“罪”制宜，以符合此类型案件涉嫌犯罪的犯罪规律和法律特征的方式，确定证明对象，制订证明方案。实践中，侦查部门总结出渎职犯罪“由果溯因，以因定责，归责到人”的一般性的侦查规律，他们将这一规律和案件事实相结合，以判定新领域内案件侦查方向。① 上述侦查规律结合渎职罪双重违法性的特征，即可形成组织证据的两条主线，一条是反映上述一般性侦查规律的证据，即固定危害结果和确定因果关系的证据，明确“归口”进而确定责任单位和责任人的证据；一条是案发领域的相关规章制度及涉案人员职责，以确认其行政违法性。

（三）辨析证明体系观与证据链条观

这源于前文“渎职罪案件事实的分析方法”部分研究推定规则时的启发。在我国，有罪证明的标准是“排除合理怀疑”，体现了刑事诉讼证明的基本要求。证明体系观，是将现有证据材料根据一定的规则归纳后，得出某一判断结论。其强调的是对未知结论的推导。证据链条观，则是在已知结论的情形下，用现有证据材料说明该结论的成立。办案中，首先应以证明体系观求证结论；其次，才是以证据链条观进一步说明该结论的正确性。上述顺序不能颠倒，否则可能出现错误的结论。原因在于：一是从证明体系观来看，一个具体案件包括的若干证据材料的证明方向并非一致，有的甚至指证方向截然相反。此时，就需要综合全案证据资源进行系统的比对、分析和判断。证明体系观即是基于这种系统思维，对全案各种证据进行全面综合的考察和整理，进而导出证明结论的证明观念。在逻辑方法上，从证明体系到证明结论使用的是归纳方法。由于证明体系中包罗了各种不同证明方向的证据材料，证明结论是对这些材料统合分析的结果，因此，从证明体系归纳而来的结论较为客观、周密，具有符合客观案件事实的高度盖然性。二是从证据链条观来看，要形成完整的证据链，就要保证链条上各证据的密切衔接，使得这些证据能够紧密地咬合在一起。而事实上，一个案件所包括的证据材料往往不

① 王新友：《首届十大反渎职侵权获奖案件三大鲜明特点》，正义网，http://news.jcrb.com/xwjj/200807/t20080707_35129.html。

是甚至不可能有如此天然纯正的证据资源，必然掺杂了指向不同证明结论的其他证据材料。要形成证据链条，链条上的证据必然是司法人员对案件中诸多证据材料进行选择的结果。如果只有单一的证据链条观，就会形成司法实践中按图索骥的误区。具体而言，在依据现有证据材料，既可以形成得出有罪结论的证据链条，又可以组成得出无罪结论的证据链条时，如果司法人员先入为主，凭主观印象和认识形成断案结论，就会主动寻找支持其内心定向结论的证据。这样的证据链其形式可能是完整的，但其结论却可能是错误的。在审判实践中，公诉人常常会以“控方所举证据环环相扣，已经形成完整的证据链”为由，笼而统之、一劳永逸地应对辩护人的质证，这样的答辩缺少说服力并会为辩方提供支持辩护理由的举证空间。公诉方只有树立证据体系的证明观念，综合考察各种证明方向的证据材料，既考虑到了指控证据，又分析了辩护证据，得出的结论是综合各方证据材料，全面、系统判断的结果，这样的指控体系才不会给辩护方留下质证的余地，才会在举证过程中始终保持主动。

综合上述内容，“证据体系”与“证据链条”两种证明观并非非此即彼的排斥关系，而是在内容上前者包含后者，在功能上相对独立、相辅相成、彼此印证，在逻辑方法上，“体系”对应“归纳”、“链条”对应“演绎”，两种方法、两种功能相呼应并聚合在证明结论这一共同目的的中心节点上，形成总分式的论证结构。

（四）双向对合证明观

双向对合证明观，即有罪证据与无罪证据的双向论证、对合确认。其强调以客观、中立的立场审查证据，避免“入罪情结”与“证据盲区”现象。这种观念源于犯罪构成体系结构类型的启发。大陆法系国家的犯罪构成体系为：构成要件该当性→违法性→有责性的递进式的逻辑结构，英美法系国家采取的是实体法意义上的要件和诉讼法意义上的要件相结合的双层次逻辑结构。两种犯罪构成体系体现了应用排除法的证明观念。我国犯罪构成体系采用的是犯罪客体、犯罪主体、犯罪主观方面、犯罪客观方面并列互赖的平面结构，证明模式上体现为应用整合法的证明观念。在理论上，上述三类犯罪构成体系各具特色、界限分明，但从证明角度看，应当突破理论界限，根据这类犯罪的构成特征灵活选择证明模式。如果说，大陆法系的递进结构中的要件概念与我国犯罪构成要件概念有较大差异，在运用时存在障碍，那么，英美法系的双层犯罪结构则可以在不突破我国犯罪构成结构的前提下，有效嫁接到我国的刑事诉讼证明中。双层犯罪结构实际上是使司法证明从单向思维和平面思维转向双向立体思维。在完成定罪的过程中也同步完成了法庭上证据调查阶段的质证答辩和辩论阶段的综合答辩的准备工作。所以，从司法意义上讲，英美的双层结构与其说是理论概括，不如说是一种证据审查与证明的观念。当然，根据各个案件所具有的不同的证明条件，有些案件无须双向证明即可达到充分确证，但是，作为证明的思维格局，双向证明观无疑是必要合理的。

双向对合证据观有助于避免“入罪情结”和“证据盲区”现象。在侦查和公诉领域，入罪往往成为一种“职业惯性”，常常以“假定有罪”为证明起点，寻求入罪证据，除非在此过程中出现了否定或反向证据时才会考虑到出罪的可能。双向对合证明观就是要改变这种“入罪”为先，出罪在后的思维模式，以客观中立的立场，对案件事实进行全面审查。在分析案件时，一项重要的工作是，从繁杂的案件事实中完整理出行为人在本案中都有哪些行为，避免遗漏，排除不具有法律意义的行为，逐一分析每一行为的性质。避免初步审阅案件后凭直觉对定性形成的先入为主的意见。因为这种凭直觉形成的假象结论必然会导致后期工作中带有倾向的求证。这样，一些能够证明假想结论的行为便很容易进入视线而被强调，但其他的一些重要信息可能因此而成为视觉盲区而被忽略。

第五章　渎职罪刑法应用研究对立法观念的启示

——兼论宏观视野下对渎职罪的立法完善

立法规定是应用的根据，应用效率最根本的决定因素在于立法质量。对立法质量的评价主要源于实践的反馈。立法是规则，司法是对规则的实践，二者存在于互动的运行机制中。司法实践运用、丰富并检讨着法律规定，而法律规定作为有效依据指引司法实践的同时，立法质量的高低影响着司法效率，影响着法律实施的实际效果。本书以定罪研究为视角，对渎职罪的主体、客观行为、主观方面等定罪要素法律规定的合理性、理论完善性、诉讼可行性进行了系统的分析、论证，并在现有法律框架内，以理论研究为支点，对具体法律规定进行了诉讼化的应用实践，进而以此为据，检视各个定罪要素的立法规定，有针对性地提出立法建言。将分散在各个研究板块中对立法检讨的结论归纳整理，可以得出以下立法观念上的启示。

第一节　关于立法内容观念上的启示——以诉讼规律符合性验证立法规定

立法质量集中体现为三项指标，即法网严密（有效）、操作便利（可用）、适用长久（稳定）。高质量的立法首先要符合实际。“实际”是一个运动的概念，如何在动态过程中使相对稳定的法律尽可能适应实际，是立法质量的硬指标。同时，“实际”不仅仅是“社会生活实际”，而且也指“司法实际”，即应符合人们认识问题的规律、符合诉讼规律、符合司法工作机制。当然，上述所言的“符合”不是一方对另一方单向的符合，而是一个彼此不断调整的互动的过程。具体到刑法中来，这种“实际”表现为当代的刑法思想或价值观念，如储槐植教授所言的，风险社会背景下，反映功利价值观的法定犯由结果本位到行为本位立法模式的转变，以突出刑法预防功能的刑法思想；这种“实际”还表现为所“立”之罪的构成要素所体现的该罪的本质特征。然而，能够最终使这些“实际”付诸立法实效的，则是“司法实际”，其核心内容为诉讼规律。换言之，应当将诉讼规律符合性纳入影响立法的实体法理论研究的视野、纳入实体法立法实践的视野。在渎职罪主观方面刑法应用研究过程中提到，理论上行为故意的观点不仅渐成学术观点的主流，甚至已成为故意理论的发展趋势。这并非学者们基于学术立场纯粹思辨的结果和学派的分化，而是关注实践现象在实体法理论研究中的自然反应。诉讼规律符合性的要求是催生这些更新理论的客观的、内在的成因。

源于对渎职罪主观方面刑法应用研究的启示，实现诉讼规律符合性可尝试两种方案：

一是从定罪要素的排他性定型向类型化选择转变。渎职罪主观方面的研究表明，实践中，渎职罪主要是滥用职权罪的罪过形式可能是过失也可能是故意。理论上只能是故意的观点实际对主观要素进行了排他性的定型，这种立场必然面临现实的质疑。而类型化的选择，是指故意、过失这两种我国刑法所规定的、与客观行为相匹配的罪过类型（这里暂不讨论罪过类型是否全面）。具体犯罪究竟属何种类型，应具体问题具体分析，除非刑法对具体犯罪的罪过形式作了明确、唯一的排他性规定（如刑法第 398 条故意泄露国家秘密罪、过失泄露国家秘密罪）。根据经由证据所证明的案件的实际情况，选择确定其中一种作为本罪在本案中的罪过类型。我国刑法第 397 条第 1 款关于滥用职权罪和玩忽职守罪的规定并未涉及对两罪罪过形式的限定，因此，将传统理论先把滥用职权定型为故意犯罪，并在实践中表现为“依法适用”的观念，转变为上述“具体判断”的做法既不违背罪刑法定原则，又符合客观实际。

二是将法律条文中含义模糊、难以通过客观可证方式链接具体案件事实的规定“去规范化”，可以将该规范所包含的内容转化为事实问题、证据问题（如主观方面研究中的“徇私”问题），用证据描述的事实来说明相关的定罪要素。

第二节 关于立法技术观念上的启示——避免立法规定制造司法难题

将分散在第三章对各个定罪要素研究中关于各自立法规定的检讨集中起来，会从发现的问题中得到几点关于立法技术方面的观念上的启示。

一是法律条文中的关键术语应当法典化。对于法律规定中的某些关键概念如果欠缺配套的解释，将会基于对概念不同的解读而造成司法适用上的混乱。对此，在渎职罪主体部分的刑法应用中表现得颇为典型。最高人民检察院2006年《立案标准》体现了对这一问题的高度重视。在该《立案标准》的“附则”中，对规定中涉及的关键概念，如“国家机关工作人员”、“徇私舞弊”等均作了专门的解释。但这种改进仅是权宜方案。在低位阶的司法解释中定义其与高位阶的立法规定中共同使用的关键术语，在适用立法规定时，还需同步引用司法解释对条文术语的定义，对此，无论在效力上，还是在内容上，都割裂了原本属于一个整体的组合；同时，无论是从内容布局的合理性方面，还是从司法操作的便利性方面，类似上述的方案也都有失妥当。对此，国外有关立法例提供了可资借鉴的典范。例如，《美国模范刑法典》，在其界定具体犯罪的每一节罪名中，绝大多数都在该节犯罪的第一条专设了“定义”，对相关术语及其在法典中的适用范围作出了专门的解释。以与本书研究有关的第240节“贿赂和腐败性影响”为例，该节项下的第240.0条“定义”规定，“在第240节至第243节中，除明显应理解为其他含义外，术语的含义如下：……”随后，分别定义了“利益”、“政府”、“损害”、“公务程序”、“政党职员”、“经济利益”、“公务员”、“行政程序”等8个术语。① 又如，《加拿大刑事法典》，在其每一章的具体规定中，均以“解释”为首，对后文法条中涉及的主要概念或用语的含义或范围作出了明确的界定，保证了对以这些概念或用语为载体的法条在理解及适用上的统一。以第四章的规定为例，在本章首部列有“解释”，其中对本章中“证据”或“陈述”、“政府”、“公职”、“官员”、“证人”等概念作出了明确的界定。② 即便术语仅适用于某一法条，对术语的解释亦有必要，如《丹麦刑法典与丹麦刑事执行法》第152条分别规定了3款，前两款分别规定了履行公职之人非法传递

① 刘仁文、王祎等译：《美国模范刑法典及其评注》，法律出版社2005年版，第180~181页。

② 卞建林等译：《加拿大刑事法典》，中国政法大学出版社1999年版，第94~107页。

或者使用因公职而获得的机密信息，及为获取非法利益而传递或利用该机密信息的罪刑，第3款则专门定义了本条所称的“机密信息”这一概念，[①] 从而形成条文与对条文术语的定义在同一法典中密切链接的组合。不仅使法典规定含义明确、清晰，而且有利于司法适用。

与之相关的另一个问题是法律依据中“不确定概念”现象的存在。在处理民事案件时，由于民法原则上不实行法定主义，对合法权益的保护不以民法有明文规定为条件，因此，法官有较大的裁量余地，[②] 可以用案件事实将不确定概念具体化，即对不确定概念予以价值补充。[③] 但刑法不同，不确定概念的使用会虚化罪刑法定这一基本原则，更重要的是，当不确定概念模糊法律规定而直接影响到罪与非罪的界定时，将严重威胁人权或放纵犯罪，损害法治权威。例如，2006年《立案标准》第14条关于1997年刑法第404条徇私舞弊不征、少征应征税款罪立案标准的规定，应予以立案的情形之一为“徇私舞弊不征、少征税款不满10万元，但具有索取或者收受贿赂或者其他恶劣情节的”，其中的“其他恶劣情节”标准不明确，这意味着在司法实践中，对案件中某些具体情节的认识不同将直接导致罪与非罪截然相反的定罪结论。尽管有时立法中使用不确定概念是出于一种拉大规则适用空间、放宽裁量余地的立法策略，但正如意大利刑法学者帕多瓦尼所言，虽然减轻处罚的规范可以稍微放松一点，但是规定罪与非罪界限或加重处罚的法律规范，需要规定得非常明确。[④]

因此，基于解决前述权宜方案中存在问题的需要，同时借鉴国外法典示例，建议对法律条文中的关键术语法典化。同时，在法条或解释等作为法律依据的规定中减少乃至消除对尤其是关系定罪的不确定概念的使用。

二是在罪状表述中应尽量减少使用实质上属于“评价性”的表达，如“徇私”、“舞弊”、“为他人谋取利益”。这实际上是结合案件事实将罪状表述具体化后对行为的“概括性的描述”或“评价”，而非行为或事实本身。罪状本应属于构成要素的事实行为对应的刑法上的规范表述，罪状中的每一表述均应是构成犯罪不可或缺的要素，包括表明是故意或过失的主观要素以

---

① 谢望原译：《丹麦刑法典与丹麦刑事执行法》，北京大学出版社2005年版，第45～46页。

② 孔祥俊：《法律方法论（第三卷）——裁判模式、自由裁量与漏洞填补》，人民法院出版社2006年版，第1465页。

③ 梁慧星：《裁判的方法》，法律出版社2003年版，第39页。

④ 参见［意］杜里奥·帕多瓦尼：《意大利刑法原理》，陈忠林译，法律出版社1998年版，第28页。

及客观方面的行为要素等。而“徇私”、“舞弊”、“为他人谋取利益”等表述，内涵模糊、定位不清，有的将之视为客观要素，有的将之视为主观要素。但它们有一个共同的特点，即可以成为对具体的渎职行为客观方面的表现或主观方面的动机概括性的评价，如评价某种渎职行为是一种舞弊行为，某种利用职务的行为是为他人谋取利益，某种渎职行为的实施系出于“徇私”动机等。这类实质上属于评价性的表述属于证据及刑法适用解释的内容，置于罪状中会引起理解上的混乱和适用上的困难。

第三节　宏观视野下对渎职罪立法规定的完善

渎职罪主体部分的研究表明，渎职罪的立法完善有一定的依附性，主要表现在确定犯罪主体时的责任划分问题，即责任追究到职务链的哪一个环节。在渎职罪的刑法应用中，刑事责任的追究范围以及范围之内责任大小的划分并非刑法自身可以解决的问题。它有赖于政治体制改革的推进，有赖于科学的行政管理体制、机制的建立和实践。因此，在渎职罪中解决责任划分这一直接关系罪与非罪基本问题的关键不在刑法之中，而在其外，即在于有关的行政规范对岗位职责的界定和公务权限的划分。只有这一环节的内容规定清楚了，在适用刑法划分责任时才有基本的法律依据。尽管提升渎职罪立法效率有其难为之处，但仍有其可为的空间。在前文第三章，从微观视角，针对各个定罪要素的立法规定，提出了对应的立法建言。以下则是从宏观视角探寻对渎职罪立法规定完善的路径。

一、现有法律框架之内：对渎职罪立法结构体系的调整

任何一种完善建议都源于现存问题引发的反思。从1997年刑法整体内容上来考察渎职罪的结构体系，对渎职罪的立法规定存在“名不副实”的问题。“名”即为该类罪的同类客体之名“渎职罪”。“实”即为刑法第九章所规定的具体犯罪。首先关于“渎职罪”。“职”指“公职”，渎职罪，即亵渎公职的犯罪。社会学家的研究表明，法律远非仅是社会现实的简单反应，而是一个实现现实——也即塑造社会现实或形成现实——的有力工具。[①] 刑法设定渎职罪的功能在于，通过禁止性规定，划定公务人员职务行为的底线，

---

① 参见［美］史蒂文·瓦戈（Steven Vago）：《社会变迁》（第5版），王晓黎等译，北京大学出版社2007年版，第306～307页。

使其对履行公职的负面行为的禁止性规定和处罚成为规范国家公权执行者行为模式之制度体系的组成部分。因此，“渎职罪”对应的应为“公务犯罪”。除了刑法第九章的规定外，公务犯罪还应包括贪污贿赂犯罪以及国家工作人员利用职权实施的侵犯公民人身权利、民主权利罪。[①] 其次，关于刑法第九章中规定的具体犯罪，这些犯罪对应的客体为国家机关的正常管理活动。显然，“实”仅为“名”的一部分。审视刑法全文，将同时覆盖了第四章部分内容和第八章的“渎职”之名仅冠于第九章规定的犯罪，逻辑上有失严谨，功能上亦不利于集中体现刑法从国家内部对“公职公权”法益的专门保护。以下从“名”着手，沿着上述思路从三个方面展开分析：

一是客体。上述公务犯罪所包含的三类犯罪的客体具有共性特征，即均为复合客体，且其复合性均表现为“常量和变量的组合”。“常量”即“国家公权”，这是任何公务犯罪恒定不变的犯罪客体；“变量”即其中的具体犯罪对其作用的一定社会领域中某种特定秩序或法益的破坏。

二是从与诉讼法协调的角度，根据我国刑事诉讼法第 18 条第 2 款的规定，贪污贿赂犯罪，国家（机关）工作人员的渎职犯罪，国家机关工作人员利用职权实施的非法拘禁、刑讯逼供、报复陷害、非法搜查的侵犯公民人身权利的犯罪以及侵犯公民民主权利的犯罪，由人民检察院立案侦查，即上述三类犯罪在刑事诉讼中对应于同一管辖机关。

三是从对国内外立法例考察来看，本书第一章对渎职罪立法考察的研究表明，国内从古代刑法至 1979 年刑法，渎职犯罪均是在广义上使用的，除 1997 年刑法第九章规定的内容外，还包括贿赂犯罪的内容；国外，美国、加拿大、俄罗斯、菲律宾等国也均将渎职罪与贿赂犯罪等合并规定在同一章节的犯罪类型之中。至于法国、丹麦、荷兰等国关于职务犯罪的规定更是与我国刑诉法职能管辖分工所划分的公务犯罪类别具有高度的一致性。例如，《法国新刑法典》第四卷第三编（危害国家权威罪）第二章“由履行公职的人实施的危害公共行政管理罪”中分别规定了“针对行政部门滥用权势罪”、“针对个人滥用权势罪”（包括妨害个人自由罪、歧视罪、妨害住所不得侵犯罪、侵犯通信秘密罪）、“违反廉洁义务罪”（包括违法加收或减免税款罪、履行公职之人员收贿受贿罪、非法牟取利益罪、妨害参与公共工程之自由及投标人之平等罪、窃取或隐匿财产罪）等内容。[②] 又如，《丹麦刑法典与丹麦

① 对此，本书第二章已有详述。

② 罗结珍译：《法国新刑法典》，中国法制出版社 2003 年版，第 149 ~ 155 页。

刑事执行法》分则第十六章规定了“履行公共职责时所犯之罪”。[①] 内容除涉及我国刑法中的贿赂犯罪（如第144条、第145条[②]）、渎职犯罪（如第146条、第148条、149条、第150条[③]等）外，还涉及我国刑法第四章中国家机关工作人员的职务犯罪（如第147条[④]）。

综合上述分析，笔者认为可以尝试调整渎职罪的刑法结构体系，基于“从国家内部对公职公权法益专门保护”的立场，将上述公务犯罪的三种类型在刑法中统合为独立的一章并按类型划分为三节。

二、现有法律框架之外：双轨制立法模式的构想

（一）渎职罪立法模式的现状及其弊端

刑法第九章“渎职罪”除第397条外，其余基本上是以行业为标准对具体渎职犯罪进行列举式的规定。一般情况下，列举式的规定存在外延不周的固有缺陷。但在渎职罪的立法规定中之所以采用这种立法模式是由渎职罪的特性所决定的。换言之，如果将具体渎职罪规定在刑法中，这种立法模式就只能是必然的选择，包括不得不选择这种模式的缺陷。1997年刑法注意到了这一缺陷，在第397条对玩忽职守罪和滥用职权罪作了概括性规定，形成刑法第九章总分式的罪刑体系。但这并未从根本上解决问题。顺应社会发展和执行社会公共职能过程中出现的新情况、新问题而产生的动用刑法规制的需要，使得立法机关、司法机关不得不通过单行刑法、刑法修正案、附属刑法等多种形式的立法规定，以及数量不断攀升的大量的立法、司法解释来应对刑法不足，表现出法源较多的特点并使得立法格局呈现被动局面。前文定罪要素研究中，渎职罪主体法律依据的更迭现象即是现有关于渎职罪法典式的

---

① 谢望原译：《丹麦刑法典与丹麦刑事执行法》，北京大学出版社2005年版，第44~48页。

② 例如，第145条规定，履行公共职务或职责之人，以获取个人利益为目的，索要或者接受与官方职责、税收或者不正当费用有关之款项的，应当处以……收受他人款项时并没有意识到为非法，但是在知道自己所实施之错行后，以获取个人利益为目的，继续保留已经收受之前述款项的，应当处以……

③ 第148条规定，被授予司法权力或者其他决定法律问题之公权力之人，或者其职责是行使国家刑事处罚权力之人，故意地或严重过失地不遵守法律规定之有关案件审理或执行司法活动之特别程序以及逮捕、监禁、侦查、搜捕之程序，或者有其他类似性质之违法行为的，应当处……第149条规定，负责囚犯监禁或者刑罚执行之人，允许涉案人员逃跑、阻止刑罚执行或者非法地使对被告人适用之刑罚被减轻的，应当处以……第150条规定，履行公共职务或者职责之人，滥用其职权强迫他人做令其痛苦之事情或者不做任何事情的，应当处以……

④ 第147条规定，具有行使国家赋予之刑事处罚权力之人，以使用非法手段获取口供或者证据为目的，对他人非法逮捕、监禁、侦查或者搜捕的，应当处以……

立法弊端在构成要素上的具体反映。随着国家法治化程度的提高、纳入国家管理视野的社会领域范围的扩大和细化以及社会管理风险系数的不断加大，法源较多的特点将会越来越突出，这会使得渎职罪的刑法规定显得非常零散，不利于法律适用。同时，被动立法将会导致“补丁效应”。单纯修补某一类问题不仅容易顾此失彼，而且还会破坏整个法律适用体系的逻辑结构。一些相关法律因不能及时作出相应调整，而导致体系逻辑结构的混乱和松散，结构上的漏洞使一些犯罪行为得不到应有的惩处，形成渎职黑数并会造成司法适用上的困难。

（二）双轨制立法模式的借鉴

立法“科学性”的表现之一是立法规定与其所规范的对象自身规律的符合性。立法模式与立法对象属性的符合性程度越高，其科学性就越强，就越有利于实现立法初衷。现有法典式的立法模式显然不适应渎职罪法定犯的犯罪属性。作为法定犯，渎职罪刑事立法和与同属于法定犯的经济刑法、行政刑法、环境刑法等法定犯的共性特征在于：它们都与社会发展相联系，从宏观意义考察，均利弊交织，经济活动或职务活动的合法与非法、罪与非罪界限的确定具有很强的政策性；犯罪的认定对非刑事法律规范有较强的依附性，表现在犯罪构成上，均属于需要补充的构成要件或开放的构成要件（威尔兹尔）；受发生领域和犯罪内容的影响，都属于复杂多变的犯罪，使得犯罪形式的复杂多变性与刑法规定的相对稳定性之间的差距表现为一种无法调和的矛盾[①]等。正是这些共通的特性，启发我们可以尝试将刑法理论对经济犯罪、行政犯罪、环境犯罪等法定犯罪刑法立法模式的研究范例移植、借鉴到渎职罪的立法模式中来。经济刑法中“独立性的散在型立法方式”具有灵活、适时的特征，指在经济法规中设置具有独立罪名和法定刑的刑法规范。这种立法方式有助于从根本上克服法典型立法方式所无法避免的刑法与经济关系之间始终存在差距的弊端。[②] 与这种立法方式要旨相同的即为“双轨制”的立法模式，即按犯罪不同的属性类别，将刑事犯（自然犯）规定在刑事法律中，将法定犯规定在非刑事法律中，这样既能在保证刑法相对稳定的情况下应对法定犯的易变性，又可基于这些法定犯罪被置于其所依附的非刑事法律（如经济法律、行政法律等）中而便利司法操作。[③] 因此，建议在刑法中对渎

① 参见陈兴良主编：《经济刑法学》（总论），中国社会科学出版社1990年版，第51页。

② 陈兴良主编：《经济刑法学》（总论），中国社会科学出版社1990年版，第64～65页。

③ 参见储槐植：《刑事一体化》，法律出版社2004年版，第453页。

职罪只作原则性规定，同时，鉴于渎职罪众多的法源，不适宜也难以统合在刑法中，故而对具体渎职罪规定应采用附属刑法规范的形式，将相关罪状乃至法定刑规定在对应的非刑事法律规范中。

在第一章对渎职罪的立法考察中，笔者曾总结，在从 1979 年刑法到 1997 年刑法的演变过程中，包括渎职罪在内的职务犯罪的立法经历了从“泛”到“专”的体系化的整合过程。1997 年刑法修订时，将大量分散于刑法之外的职务犯罪规定结合现实情况整理、吸纳、集中到刑法中来，以利于实践的具体操作。这一结论与当下笔者所提出的对渎职罪采用双轨制立法模式的建议并不矛盾。因为就当时的社会发展程度和法制环境来看，国家管理范围基本仍属于传统领域，相应地，已有领域的法制规范数量非常有限。因此，在当时的条件下，以刑法统合已有规范较之分散规定，利大于弊。而在当今时代，一方面，社会高速发展，丰富多元的经济活动促进了社会发展，也带来了许多新的社会问题，从而刺激了国家新的管理需要；另一方面，法治化程度的不断提升，促使国家以各种规范形式建立相应秩序，实现管理目的。如果仍以 1997 年刑法的模式逐一将渎职犯罪纳入其中，既不现实，也不科学。因为，在法治化国家中，以规范形式确立的新秩序与社会发展进程呈正比例互动，刑法相对稳定的本性决定了其所规定的渎职罪始终滞后于国家管理的需要，无论用单行刑法还是刑法修正案等都只会挂一漏万，非常被动。因此，从适用渎职罪的刑法过程来看，对于情节严重达到犯罪程度的渎职行为，既要适用规范公职行为的行政法规、规章等前提性规范，又要适用刑法规范，不妨将适用依据在其所依附的前提性规范中“捆绑适用”，其中，规范公职行为的依据证明了职务行为的违法性，追究刑事责任的定论则表明违法程度和责任后果。

参考文献

一、专著、论文集、学位论文、报告

1. 张岱年. 中国哲学史方法论发凡［M］. 北京：中华书局，2003.

2. 甘添贵. 罪数理论之研究［M］. 台湾：元照出版公司，2006.

3. 蔡枢衡. 中国刑法史［M］. 北京：中国法制出版社，2005.

4. 陈宝树，袁作喜，冯锐著. 刑法中的若干理论问题［M］. 沈阳：辽宁大学出版社，1986.

5. 高铭暄. 刑法学原理［M］. 北京：中国人民大学出版社，2005.

6. 储槐植. 美国刑法［M］. 北京：北京大学出版社，2005.

7. 储槐植. 刑事一体化论要［M］. 北京：北京大学出版社，2007.

8. 高铭暄. 刑法专论（上编）［M］. 北京：高等教育出版社，2002.

9. 赵秉志. 外国刑法原理（大陆法系）［M］. 北京：中国人民大学出版社，2000.

10. 储槐植. 刑事一体化［M］. 北京：法律出版社，2004.

11. 马克昌. 犯罪通论［M］. 武汉：武汉大学出版社，2000.

12. 张绍谦. 刑法因果关系研究［M］. 北京：中国检察出版社，2004.

13. 江伟. 证据法学［M］. 北京：法律出版社，1999.

14. 高铭暄，马克昌. 中国刑法解释［M］. 北京：中国社会科学出版社，2005.

15. 高铭暄，马克昌，赵秉志. 刑法学［M］. 北京：北京大学出版社、高等教育出版社，2000.

16. 高铭暄，赵秉志. 中国刑法立法文献资料精选［M］. 北京：法律出版社，2007.

17. 高铭暄，马克昌. 刑法学［M］. 北京：中国法制出版社，1999.

18. 赵秉志. 改革开放30年刑法学研究精品集锦［M］. 北京：中国法制出版社，2008.

19. 赵秉志. 新刑法典的创制［M］. 北京：法律出版社，1997.

20. 赵秉志，肖中华，左坚卫. 刑法问题对谈录［M］. 北京：北京大学出版社，2007.

21. 何家弘. 刑事审判认证指南［M］. 北京：法律出版社，2002.

22. 郎胜. 走向完善的刑法——正解刑法修正案的决定、刑法修正案、刑法法律解释［M］. 北京：中国民主法制出版社，2006.

23. 李海东. 刑法原理入门：犯罪论基础［M］. 北京：法律出版社，1998.

24. 张明楷. 刑法格言的展开［M］. 北京：法律出版社，2003.

25. 张明楷，黎宏，周光权. 刑法新问题探究［M］. 北京：清华大学出版社，2003.

26. 张明楷. 外国刑法纲要［M］. 北京：清华大学出版社，1999.

27. 张明楷. 刑法学（第三版）［M］. 北京：法律出版社，2007.

28. 教育部社会科学研究与思想政治工作司. 马克思主义哲学原理［M］. 北京：高等教育出版社，2004.

29. 贾济东. 渎职罪构成研究［M］. 北京：知识产权出版社，2007.

30. 王作富. 刑法分则实务研究（下）［M］. 北京：中国方正出版社，2003.

31. 刘海年. 战国秦代法制管窥［M］. 北京：法律出版社，2006.

32. 张明楷译. 日本刑法典［M］. 北京：法律出版社，1998.

33. 周道鸾，张军. 刑法罪名精释——对最高人民法院最高人民检察院关于罪名司法解释的理解和适用［M］. 北京：人民法院出版社，2007.

34. 孔祥俊. 法律方法论（第三卷）——裁判模式、自由裁量与漏洞填补［M］. 北京：人民法院出版社，2006.

35. 焦宝乾. 法律论证导论［M］. 济南：山东人民出版社，2006.

36. 袁彬. 典型刑事改判案例精析［M］. 北京：中国法制出版社，2005.

37. 梁慧星. 法学学位论文写作方法［M］. 北京：法律出版社，2006.

38. 梁慧星. 裁判的方法［M］. 北京：法律出版社，2005.

39. 蒋小燕，王安异. 渎职罪比较研究［M］. 北京：中国人民公安大学出版社，2004.

40. 周振想. 公务犯罪研究综述［M］. 北京：法律出版社，2005.

41. 敬大力. 渎职罪［M］. 北京：中国人民公安大学出版社，2003.

42. 黄太云. 立法解读：刑法修正案及刑法立法解释［M］. 北京：人民

法院出版社，2006.

43. 缪树权. 渎职罪疑难问题研究［M］. 北京：中国检察出版社，2006.

44. 中国社会科学院语言研究所词典编辑室. 现代汉语词典（第5版）［S］. 北京：商务印书馆.

45. 张兆松，李志雄，章晓民. 渎职犯罪的理论与实践［M］. 北京：中国检察出版社，2008.

46. 2007年中国法治蓝皮书［M］. 北京：中国检察出版社，2008.

47. 彭聃龄. 普通心理学（修订版）［M］. 北京：北京师范大学出版社，2004.

48. 钱大群，夏锦文. 唐律与中国现行刑法比较论［M］. 南京：江苏人民出版社，1991.

49. 蔡文辉，李绍嵘. 社会学概要（第3版）［M］. 北京：世界图书出版公司，2007.

50. 方金刚. 案件事实认定论［M］. 北京：中国人民公安大学出版社，2005.

51. 李林. 中国法治发展报告（2007）［M］. 北京：社会科学文献出版社，2007.

52. 林随安，褚玉梅. 行政渎职违法犯罪的认定和处理［M］. 北京：中国方正出版社，2001.

53. 陈为钢，张少林. 刑事证明方法与技巧［M］. 北京：中国检察出版社，2008.

54. 陈兴良. 经济刑法学［M］. 北京：中国社会科学出版社，1990.

55. 罗豪才，应松年. 行政诉讼法学［M］. 北京：中国政法大学出版社，1990.

56. 李晓明. 行政刑法学导论［M］. 北京：法律出版社，2003.

57. 樊崇义. 刑事诉讼法学［M］. 北京：中国政法大学出版社，2002.

58. 樊崇义. 证据法学（第三版）［M］. 北京：法律出版社，2004.

59. 樊崇义. 刑事诉讼法实施问题与对策研究［M］. 北京：中国人民公安大学出版社，2001.

60. 苏惠渔. 刑法学（修订本）［M］. 北京：中国政法大学出版社，1999.

61. 梁根林. 刑法方法论［M］. 北京：北京大学出版社，2006.

62. 张穹. 职务犯罪概论［M］. 北京：中国检察出版社，1991.
63. 张穹. 贪污贿赂渎职“侵权”犯罪案件立案标准精释［M］. 北京：中国检察出版社，2000.
64. 林山田. 经济犯罪与经济刑法［M］. 台北：台湾三民书局，1981.
65. 黄河. 行政刑法比较研究［M］. 北京：中国方正出版社，2001.
66. 文盛堂. 反职务犯罪论略［M］. 北京：北京大学出版社，2005.
67. 孙谦. 国家工作人员职务犯罪研究［M］. 北京：法律出版社，1998.
68. 陈泽宪. 经济刑法新论［M］. 北京：群众出版社，2001.
69. 卢建平. 刑事政策学［M］. 北京：中国人民大学出版社，2007.
70. 董鑫. 国家公务员犯罪及其防治［M］. 成都：成都科技大学出版社，1995.
71. 何秉松. 职务犯罪的预防与惩治［M］. 北京：中国方正出版社，1999.
72. 曾粤兴. 刑法学方法的一般理论［M］. 北京：人民出版社，2005.
73. 吴在存. 渎职犯罪的法律适用［M］. 北京：人民法院出版社，2001.
74. 张志铭. 法律解释操作分析［M］. 北京：中国政法大学出版社，1998.
75. 刘志伟，周国良，侯书栋，杨静编. 刑法规范总整理（第二版）［M］. 北京：法律出版社，2006.
76. 卞建林等译. 加拿大刑事法典［M］，北京：中国政法大学出版社，1999.
77. 陈志军译. 菲律宾刑法典［M］. 北京：中国人民公安大学出版社，2007.
78. 罗结珍译. 法国新刑法典［M］. 北京：中国法制出版社，2003.
79. 谢望原译. 丹麦刑法典与丹麦刑事执行法［M］. 北京：北京大学出版社，2005.
80. 冯军译. 德国刑法典［M］，北京：中国政法大学出版社，2000.
81. 黄道秀译. 俄罗斯联邦刑法典［M］. 北京：中国法制出版社，2004.
82. ［日］大谷实. 刑事政策学［M］. 黎宏译，北京：法律出版社，2000.

83. [法] 亨利·莱维·布律尔. 法律社会学 [M]. 许钧译（根据法国大学出版社 1981 年第 6 版翻译），上海：上海人民出版社，1987.

84. [美] E. 博登海默. 法理学法律哲学与法律方法 [M]. 邓正来译，北京：中国政法大学出版社，2004.

85. [意] 贝卡里亚. 论犯罪与刑罚 [M]. 黄风译，北京：中国大百科全书出版社，1993.

86. [美] 史蒂文·瓦戈（Steven Vago）. 社会变迁（第 5 版）[M]. 王晓黎等译，北京：北京大学出版社，2007.

87. [美] E. H. 萨瑟兰. 白领犯罪 [M]. 赵宝成，徐静磊，胡旭，于国旦译，北京：中国大百科全书出版社，2008.

88. [美] 路易斯·谢利. 犯罪与现代化 [M]. 何秉松译，罗典荣校，北京：中信出版社，2002.

89. [日] 大塚仁. 刑法概说（各论）[M]. 冯军译，北京：中国人民大学出版社，2003.

90. [日] 大塚仁. 刑法概说（各论）[M]. 东京：有裴阁，1992.

91. [美] 保罗·H. 罗宾逊. 刑法的结构与功能 [M]. 何秉松，王桂萍译，北京：中国民主法制出版社，2005.

92. [英] 尼尔·麦考密克. 法推理与法律理论 [M]. 姜峰译，北京：法律出版社，2005.

93. [澳] 维拉曼特. 法律导引 [M]. 张智仁，周伟文译，上海：上海人民出版社，2003.

94. [德] 考夫曼·法律哲学 [M]. 刘幸义等译，北京：法律出版社，2004.

95. [德] 卡尔·恩吉施. 法律思维导论 [M]. 郑永流译，北京：法律出版社，2004.

96. [德] N. 霍恩（Norbert Horn）. 法律科学与法哲学导论 [M]. 罗莉译，北京：法律出版社，2005.

97. [美] 斯蒂文·J. 伯顿. 法律的道路及其影响——小奥利弗·温德尔·霍姆斯的遗产 [M]. 北京：北京大学出版社，2004.

98. Andrew Halpin. Definition in the Criminal Law[M]. Oxford:Hart Publishing,2004. 78.

99. Chaim Perelman. The New Rhetoric:a Theory of Practical Reasoning, The New Rhetoric and the Humanities:Essays on Rhetoric and its Applications[Z]. D.

Reidel Publishing Company,1979. 15.

100. M. Cherif Bassiouni. Substantive Criminal Law[M]. 1978.

101. Peter Murphy. See Murphy on Evidence[M]. London: Blackstone press limited,2000.

二、期刊论文

102. 游伟，谢锡美. 对牵连犯处罚的思考［J］. 法治论丛，2006，21（6）.

103. 龚培华. 渎职罪司法适用疑难问题研究［J］. 法学，2005，（12）.

104. 高铭暄，叶良芳. 再论牵连犯［J］. 现代法学，2005，27（2）.

105. 钟莉，范冬明. “公务”视角下的渎职犯罪主体之认定［J］. 政法学刊，2007，24（5）.

106. 聚焦刑罚制度与渎职犯罪——中国法学会刑法学研究会2005年年会述要［J］. 人民检察，2005，（23）.

107. 杜国强. 渎职罪共犯及其相关问题研究［J］. 法学，2005，（12）.

108. 李晓明，陈平. 渎职罪犯罪主体内在的逻辑构成要素——从徇私舞弊不移交刑事案件罪的主体认定谈起［J］. 人民司法，2003，（5）.

109. 倪爱静. 与时俱进惩渎职严密法网治侵权——就《立案标准》相关问题访最高人民检察院渎职侵权检察厅副厅长宋寒松［J］. 人民检察，2006，8（下）.

110. 陈谞，聂立泽. 试论渎职罪的立法缺陷［J］. 法学评论，2001，（5）.

111. 陈连福. 渎职行为的证据收集与证明［J］. 人民检察，2008，（8）.

112. 陈连福. 反渎职侵权工作30年回顾［J］. 人民检察，2008，（17）.

113. 张明楷. 渎职罪中“徇私”、“舞弊”的性质和认定［J］. 人民检察，2005，12（上）.

114. 黄明儒. 论我国刑法中“徇私”的含义［J］. 法学家，2006，（5）.

115. 广东省人民检察院反渎职侵权局. 徇私舞弊类渎职犯罪司法认定共性问题调查与研究［J］. 人民检察，2008，（8）.

116. 武小凤. 关于徇私枉法罪罪名存在的问题［J］. 云南大学学报，

2006，(2).

117. 牛克乾，阎芳. 试论徇私枉法罪中的“徇私”的理解与认定 [J]. 政治与法律，2003，(3).

118. 杨书文. 查办重大责任事故所涉渎职罪的几个问题 [J]. 人民检察，2008，(10).

119.《人民检察》学习问答组. 如何正确理解渎职犯罪中“徇私”的含义 [J]. 人民检察，2006，10 (下).

120. 苏彩霞. 徇私舞弊型犯罪共性问题研究 [J]. 云南大学学报，2004，(2).

121. 张利兆. 宽严相济刑事政策的贯彻与严格依法定罪 [J]. 人民检察，2008，(10)（刑事政策文件夹).

122. 关福金，郭开元. 渎职行为及其类型 [J]. 中国检察官，2008，(4).

123. 蒋熙辉. 滥用职权罪相关问题之思考 [J]. 中国刑事法杂志，2000，(5).

124. 周琼华. “侵权”犯罪与渎职犯罪的区别及对侦查的影响 [J]. 人民检察，2000，(12).

125. 岳文华，曹忠良，李顺新，郭献民. 渎职罪原案立案管辖研究 [J]. 人民检察，2001，(1).

126. 杨进，董瑞森. 徇私舞弊犯罪案件原案问题之探讨 [J]. 人民检察，2001，(1).

127. 陈国庆，韩耀元.《关于渎职侵权犯罪案件立案标准的规定》的理解与适用 [J]. 人民检察，2006，8 (下).

128. 张鹏. 查处徇私舞弊类案件中的问题及原因 [J]. 人民检察，2001，(11).

三、报纸文章

129. 包健. 处理渎职罪共犯的三大问题 [N]. 检察日报，2007-01-16 (3).

130. 宋晓俐. 渎职犯罪：“临时工”与“正式工”没区别 [N]. 法治早报，2006-08-07 (4).

131. 张栋. 渎职罪主体问题研究 [N]. 文化时报，2007-03-30 (7).

132. 刘飞. 滥用职权罪主体应包括村官 [N]. 检察日报，2007-04-

27 (3).

133. 关福金. 谈谈渎职及其本质 [N]. 中国纪检监察报, 2006 - 12 - 30 (4).

134. 关福金. 渎职, 社会不和谐的诱因 [N]. 检察日报, 2005 - 06 - 02.

135. 政治新闻 [N]. 人民日报, 2006 - 7 - 27 (10).

136. 杜萌. 最高检披露渎职侵权犯罪6大趋向 [N]. 法制日报, 2006 - 12 - 20 (8).

137. 查办事故背后渎职犯罪仍是办案重点 [N]. 检察日报, 2008 - 03 - 12.

138. 突出重点　严查事故背后职务犯罪 [N]. 检察日报, 2007 - 04 - 16.

139. 徇私类渎职犯罪中的"徇私"如何理解 [N]. 人民法院报, 2002 - 10 - 21.

140. 梁捷. 渎职侵权就是对人民犯罪 [N]. 光明日报, 2007 - 05 - 11.

141. 最高人民法院正制定新规解决案件量刑失衡问题 贪贿渎职案慎用非监禁刑 [N]. 法制日报, 2006 - 11 - 10.

142. 王新友. "徇私舞弊"不应成为渎职罪要件 [N]. 检察日报, 2008 - 05 - 10.

143. 施晓生, 陆健辉. 从宽严相济解读渎职罪的"徇私"要件 [N]. 检察日报, 2007 - 04 - 03 (3).

144. 储槐植, 真善美: 司法官刑法适用解释的标准 [N]. 检察日报, 2008 - 06 - 30 (3).

145. 周光权. 厘清职务权限是认定渎职罪的前提 [N]. 检察日报, 2003 - 09 - 15.

146. 周光权. 依"职权论"也不能任意扩大渎职罪主体范围 [N]. 检察日报, 2006 - 04 - 28.

147. 王琳. 渎职犯罪损失为何17倍于贪污 [N]. 北京青年报, 2007 - 05 - 26.

148. 渎职罪案为何"发现难" [N]. 北京青年报, 2007 - 05 - 12.

149. 职务犯罪侦查: 理论与实践融合 [N]. 检察日报, 2008 - 01 - 24.

150. 张兆松. 高检立案标准第七项不应再适用 [N]. 民主与法制时报, 2006 - 10 - 23 (A16).

四、电子文献

151. 王振川. 领导干部渎职侵权犯罪逐年上升［EB/OL］. 新浪网 http://news. sina. com. cn/c/l/2007 - 05 - 10/010512949667. shtml,2007 - 05 - 10/2008 - 12 - 14.

152. 访谈直播：最高检渎检厅宋寒松副厅长在线谈反渎职侵权［EB/OL］. 中国职务犯罪预防网 http://www. yfw. com. cn/shownews. asp? id = 63045,2007 - 05 - 23/2008 - 6 - 23.

153. 中国法律检索系统［EB/OL］. 北大法律信息网 http://vip. chinalawinfo. com/index. asp.

154. 王新友. 首届十大反渎职侵权获奖案件三大鲜明特点［EB/OL］. 中山网 http://www. zsnews. cn/ZT/ZSJCY/2008/09/23/938227. shtml,2008 - 07 - 07/2008 - 08 - 07.

155. 梁洪，杨志族，黎晓萍. 玩忽职守致国家损失 190 余万 发改局局长被判刑三年六个月［EB/OL］. 正义网 http://review. jcrb. com/200805/ca713397. htm, 2008 - 05 - 26/2008 - 08 - 12.

156. 艾琳. 渎职案件“轻处轻判”的四大成因［EB/OL］. 新华网 http://news. xinhuanet. com/comments/2007 - 06/24/content _ 6278230. htm, 2007 - 06 - 24/2008 - 08 - 12.

157. 王洪青. 舒伟庆等徇私枉法案. 《中国法律检索系统》［EB/OL］. 北大法律信息网 http://vip. chinalawinfo. com/case/displaycontent. asp? gid = 117527234.

158. 王琳. 渎职罪案为何“发现难”［EB/OL］北青网 http://bjyouth. ynet. com/article. jsp? oid = 20508884,2007 - 5 - 12/2008 - 11 - 21.

159. 牛克乾，徐薇. 徇私类渎职犯罪中的“徇私”如何理解［EB/OL］. 中国法院网 http://www. chinacourt. org/html/article/200210/21/14638. shtml.

160. 黎宏：论徇私枉法罪的若干问题［EB/OL］. 京师刑事法治网 http://www. criminallawbnu. cn/criminal/Info/showpage. asp? pkID = 10330.

诉讼法学文库书目

Ⅰ 刑事证据法原理与适用
Ⅱ 刑事诉讼法实施问题与对策研究
Ⅲ 刑事程序的法哲学原理
Ⅳ 视听资料研究综述与评价
Ⅴ 刑事司法体制原理
Ⅵ 刑事证人证言论
Ⅶ 刑事一审程序理论与实务
Ⅷ 非法证据排除规则研究
Ⅸ 美国的外国法院判决承认与执行制度研究
Ⅹ 我国未成年人刑事案件诉讼程序研究
Ⅺ 侦查程序原理论
Ⅻ 侦查讯问程序正当性研究
XIII 死刑案件程序问题研究
XIV 刑事上诉程序研究
XV 程序正义与刑事证据法
XVI 司法改革原理研究
XVII 刑事诉讼行为基础理论研究
XVIII 无罪辩护
XIX 刑事诉讼中的禁止双重危险规则论
XX 刑事证据可采性研究
XXI 刑事诉讼模式的演进
XXII 正当程序文献资料选编
XXIII 刑事程序法功能研究
XXIV 论行政诉讼审查标准
XXV 清末刑事司法改革研究
XXVI 民事诉讼标的论
XXVII 现代公诉制度研究
XXVIII 民事司法现代化的探索
XXIX CEPA 框架下的经贸争端解决机制与程序
XXX 证据能力论
XXXI 刑事诉讼主体论
XXXII 刑事程序性裁判研究
XXXIII 案件事实认定论
XXXIV 正当法律程序研究
XXXV 强制执行立法的探索与构建
XXXVI 行政行为的可诉性研究
XXXVII 清末民初刑诉法典化研究
XXXVIII 底限正义论
XXXIX 行政诉讼类型研究
XXXX 公诉权原论

诉讼法学文库2006

1 刑事正当程序原理
2 自白制度研究
3 警察作证制度研究
4 司法公正的理念与制度研究
5 人本精神与刑事程序
6 刑事诉讼平衡论
7 刑事诉讼关系的社会学分析
8 刑事证明责任分配研究
9 刑事司法权力的配置与运行研究
10 行政诉讼原告论

诉讼法学文库2007

1 刑事诉讼交叉询问之研究
2 检警关系论
3 鉴定结论论
4 检察职能研究
5 美国死刑程序研究
6 行政诉讼问题研究与制度改革
7 刑事司法民主论
8 被追诉人的宪法权利
9 刑事裁判权研究

诉讼法学文库2008

1 论证据与事实
2 法院调解制度研究
3 弱势群体的法律救助
4 刑事赔偿制度研究
5 秘密侦查比较研究
6 非法证据排除规则：话语解魅与制度构筑
7 民事当事人证明权保障
8 现代社会中的诉讼功能
9 诉讼认识、证明与真实
10 中国刑事审前程序制度构建

诉讼法学文库2009

1 检察官证明责任研究
2 刑事诉讼生态化研究
3 对质权制度研究
4 无效刑事诉讼行为研究
5 刑事诉讼中的财产权保障
6 论对抗式刑事审判
7 案件事实认定方法
8 中国区际刑事司法协助研究

诉讼法学文库2010

1 侦查程序诉讼化研究
2 媒体与司法关系研究
3 刑事诉讼中的公正审判权
4 证明标准研究
5 刑事诉讼客体论
6 审查判断证据
7 民事判决既判力主观范围研究
8 刑事诉讼程序的人性分析
9 检察监督与公诉职能关系论
10 中国检察制度改革与探索
11 证明力判定论
12 侦查学基础理论研究

诉讼法学文库2011

1 减刑假释程序研究
2 论刑事证据排除
3 刑事被害人作证制度研究
4 渎职罪定罪事实暨证据研究
5 民事既判力扩张问题研究